钱理群作品精编

钱理群

周作人论

生活·讀書·新知 三联书店

图书在版编目（CIP）数据

周作人论/钱理群著. —北京：生活·读书·新知
三联书店，2014.10 （2024.10 重印）
（钱理群作品精编）
ISBN 978 – 7 – 108 – 04749 – 6

Ⅰ．①周… Ⅱ．①钱… Ⅲ．①周作人（1885～1967）–
人物研究 Ⅳ．① K825.6

中国版本图书馆 CIP 数据核字（2013）第 251694 号

责任编辑 卫 纯
装帧设计 蔡立国
责任印制 董 欢
出版发行 **生活·讀書·新知** 三联书店
　　　　　（北京市东城区美术馆东街 22 号 100010）
网　址 www.sdxjpc.com
经　销 新华书店
印　刷 河北鹏润印刷有限公司
版　次 2014 年 10 月北京第 1 版
　　　　2024 年 10 月北京第 3 次印刷
开　本 880 毫米 ×1230 毫米 1/32 印张 13.375
字　数 327 千字
印　数 07,001 – 10,000 册
定　价 58.00 元
（印装查询：01064002715；邮购查询：01084010542）

和研究生同班同学在一起（1981 年）

讲课风采

80 年代与门下两位研究生合
影（右一为孔庆东，左一为
吴晓东）

与同为现代文学研究者的老同学们合影（90 年代）

作者关于周作人还有《周作人传》、《周作人研究二十一讲》、
《话说周氏兄弟》等多部专著

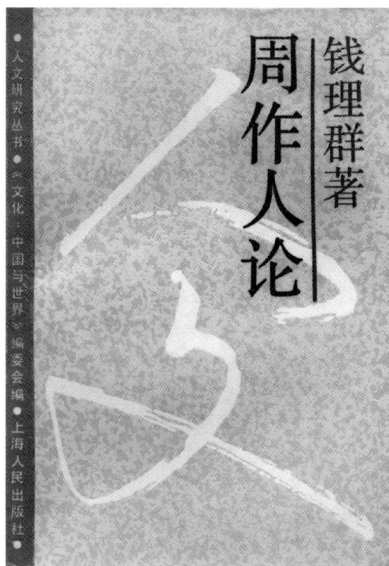

《周作人论》初版（上海人民
出版社，1991 年）

总序：大时代里的个体生命史

感谢北京三联书店的朋友，要为我编选"作品系列"，这就给了我一个机会，对自己的研究与著述，作一番回顾与总结。

尽管我从 1962 年第一个早晨写《鲁迅研究札记》，就开始了业余研究，但将学术研究作为专业，却是以 1978 年考入北京大学研究生班，师从王瑶和严家炎先生为起端的。记得第一篇公开发表的学术论文，是刊载于《中国现代文学研究丛刊》1980 年第 2 期的《鲁迅与进化论》；从那时算起，我已经笔耕三十三年了。粗略统计，出版了六十四本书，编了五十一本（套）书，写的字数大概有一千三四百万。写的内容也很广，我自己曾经归为十个系列，即"周氏兄弟研究"、"中国现代文学史研究"、"20 世纪中国知识分子精神史研究"、"毛泽东及毛泽东时代研究"、"中国当代民间思想史研究"、"中国教育问题研究"、"志愿者文化与地方文化研究"、"思想、文化、教育、学术随笔"、"时事、政治评论"、"学术叙录及删余文"。我曾经说过，我这个人只有一个优点，就是勤奋，整天关在书房里写东西，写作的速度超过了读者阅读的速度，以至于我都不好意思给朋友赠书，怕他们没有时间看。在这个意义上，我是为自己写作的，我整个的生命都融入其中，并因此收获丰富的痛苦与欢乐。

这一次将一大堆著作归在一起，却意外地发现了它们之间的内在联系。我的文学史研究、历史研究，关注、研究的中心，始终是人，人的心灵与精神，是大时代里的人的存在，具体的个体生命的存在，感性的存在，我所要处理的，始终是人的生存世界本身，存在的复杂性与丰富性，追问背后的存在意义与人性的困惑。而且我的写作，也始终追求历史细节的感性呈现，具有生命体温的文字表达。这些关注与追求，其实都是文学观照世界的方式。我因此把自己的研究，概括为"用文学的方法研究、书写历史"。

多年来，特别是退休以后，我更是自觉地走出书斋，关注中小学教育、农村教育，地方文化与民间运动，关注的也依然是一个个具体的，有血有肉的生命个体，我和他们的交往也是具体的、琐细的，本身就构成了我的日常生活。同时，我又以一个历史研究者的眼光、思维和方法，去观察、思考、研究他们，在我的笔下，这些普通的乡人、教师、青年……都被历史化、文学化、典型化了。因此，也可以说，我是"用历史与文学的方法研究、书写现实"的。

现在，他们——这些在留存于历史长河中的生命，这些挣扎于现实生活里的生命，都通过我的系列著作，奔涌而来。他们中间，有历史大人物，也有民间底层社会的普通人，都具有同样的地位与分量，一起构成了大时代里的个体生命史，一部20世纪的中国精神史，中国"人史"。我所有的研究，所写的上千万的文字，因此构成了一个有机整体，并且都渗透了我自己的个体生命史。

为了能展现这样的属于我自己的研究图景，本系列作品的编选，分为两个部分。第一系列是我的五部代表性研究专著：《心灵的探寻》、《周作人论》、《丰富的痛苦——堂吉诃德和哈姆雷特的东移》、《1948：天地玄黄》、《我的精神自传》，以展示我的学术研究的基本风貌。第二系列是重新编选的文集，计有：《世纪心路——现代作家篇》、《熠火不息——民间思想者篇》、《大地风雷——历史事件篇》、《精神梦乡——北大与学者篇》、《漂泊的家园——家人与乡人篇》、《情系教育——教

师与青年篇》。这本身也形成了一个结构：从五四新文化运动的开创者
陈独秀开始，到曾经的精神流浪汉、某当代大学博士生王翔结束，我
大概写了将近一百位"大时代里的个体生命史"。为便于读者理解我的
研究与书写背景，每一卷的开头都有"前言"，主要讲述我和本卷书写
对象的关系，借此呈现研究者与研究对象的生命纠结，同时召唤读者
的生命投入，以形成所描述的历史、现实人物与作者、读者的新的生
命共同体。——这设计本身，就相当的诱人，但却有待读者的检验。

2013 年 3 月

谨以此书献给

我 的 导 师 们

目 录

第三编　周作人与同时代人

第一编

"周作人道路" 及其意义

一、20世纪中国大变革中的历史抉择

——周作人、鲁迅思想发展道路的比较

（一）

20世纪是以"亚洲的觉醒"与"欧洲先进无产阶级夺取政权的斗争的展开"为其开端的。"被称为长期完全停滞的国家的典型"的中国的觉醒，无疑在"亚洲的觉醒"中占据特殊重要的地位；中华民族的崛起，是20世纪最伟大的历史事件之一。

东方巨人中国沉睡的时间是过于长久了。但谁会料到，这个几乎已经"老化"了的民族，竟然潜藏着那么巨大的生命活力。本世纪初，她刚刚从"中世纪的停滞状态"中"觉醒过来"[1]，短短的几十年间，就以风驰电掣般的速度，走了欧洲几个世纪的思想历程。这一往无前的民族进取精神在本世纪内一再使举世为之震动。但中国作为世界上最古老的国家之一，传统思想的枷锁比任何国家都更沉重。每前进一步，都要与历史的惰力进行搏斗。时代发展的道路竟是如此之艰难与曲折，也为举世所罕见。历史跨入20世纪之后，中华民族伟大觉醒的进程，始终交织着前进与倒退，突变与停滞，苦闷与追求，彷徨与抉择，充满了饱含血泪的痛苦，也有着最巨大的欢乐。在这历史的起伏中，造就了一大批新的知识分子。其最有典型意义的代表，就有鲁迅与周作人。

鲁迅的道路完整地体现了中华民族觉醒的历史发展方向及其全部

丰富性与深刻性。他首先比较充分地接受了西方资产阶级民主精神的熏陶，与古老中国的封建传统实行了最彻底的决裂，成为坚定的革命民主主义者；而后在十月革命新思潮影响下，他又在人民革命的伟大实践中，接受了马克思列宁主义，成为中国无产阶级文化思想的伟大先驱。鲁迅的这一道路，给中国知识分子以至整个中华民族以巨大的影响，至今仍闪烁着不朽的光辉。

周作人的道路，以悲喜剧的色彩表现了中华民族觉醒过程中的全部复杂性和曲折性。他曾经背叛封建士大夫阶级，成为资产阶级人道主义、自由主义的启蒙思想家；但他拒绝接受马克思列宁主义，渐渐远离时代的主流，漠视民族的奋起，反对人民的斗争，虽几经挣扎，仍不能冲破封建传统思想的罗网，并沦为帝国主义的附庸。

将鲁迅与周作人的思想发展道路作一综合的比较研究，将有助于我们更深刻地认识本世纪以来中华民族觉醒的历史和知识分子走过的道路，并从中引出必要的历史教训，以为后人借鉴。

（二）

我们的分析从 1907 年鲁迅发表《文化偏至论》、《摩罗诗力说》、《破恶声论》，周作人发表《论文章之意义暨其使命因及中国近时论文之失》开始，乃是因为在这之前，他们总的说来还是处于学习阶段——和当时多数"新派"青年知识分子一样，先是受严复、梁启超、林琴南的影响[2]，接受了西方新思想、新文学的启蒙教育，以后又在资产阶级革命派与改良派的大论战中，转向章太炎[3]，并更广泛地接触了西方各种新思潮以及俄国和被压迫民族的文学，成为资产阶级革命派。从 1907 年发表上述文章开始，鲁迅与周作人以独立姿态并肩出现于中国思想文化界，发出了自己的声音。

　　早在 19 世纪末叶，西方资本主义列强的大炮就轰开了古老中国的大门。中国从"宇宙之中心"的幻梦中醒来，发现自己远远落后于西方。严重的民族危机感引起整个民族（通过自己的先进分子）进行严肃的反省：西方强盛、中国落后的原因是什么？中国应该向西方学习什么？什么是根本的民族复兴之道？——正在关怀着民族命运的周氏兄弟也面临着同样的问题。有两个现成的答案：或以为西方强盛在于"物质文明"，遂"竞言武事"，热衷于"制造商估"；或以为西方强盛在于"社会民主政治"，遂"以众治为文明"，而热心于"立宪国会之说"。鲁迅却力排众议，明确提出"欧美之强……根柢在人"，物质文明、民主政治等等，"此特现象之末"。鲁迅由此得出结论："是故将生存两间，角逐列国是务，其首在立人。人立而凡事举；若其道术，乃必尊个性而张精神"，"则国人之自觉至，个性张，沙聚之邦，由是转为人国。人国既建，乃始雄厉无前，屹然独见于天下"[4]。鲁迅不同凡响地提出了一个以"立人"为中心的思想纲领，其内容包括争取人的个性解放、思想自由和启发"国人之自觉"两个方面。前者是鲁迅与周作人共同关注的问题，又各有侧重；后者是鲁迅的思想出发点。

　　马克思说过，封建"专制制度的唯一原则就是轻视人类，使人不成其人"[5]。他曾经强调指出，德国从中世纪得到解放的唯一实际可能是"从宣布人本身是人的最高本质这个理论出发的解放"[6]。在有着几千年封建专制主义传统的中国，对于人的价值的贬抑，个性的压制，思想的束缚，远比欧洲历史上的封建国家为甚，这是中国基本国情之一。因此，人的价值的发现与强调，对于冲破中国封建专制主义长期统治，唤起民族自觉，具有特殊的重要性与迫切性。在鲁迅之前，严复、章太炎等人已经接触到这个问题，提倡过资产阶级的个性解放和自由[7]。但是，包括当时最激进的革命者在内，对于思想战线上"专制永长，昭苏非易"[8]的严重性都估计不足，他们甚至把争取整个民族的独立自由与争取个人自由绝对对立起来，认为"吾侪求总体之自由者也，非求个人之自由者也"[9]。因此，他们的实际注意力都集中于民族革命的具体政治目标，个性解放和自由的呼喊淹没在反清排满的主旋律之中。现在，鲁迅如此明确地把人的个性解放、人的思想自由置于"立国"根本之道的地位，这不能不说是鲁迅的独特贡献，表明他对于封建专制制度的本质以及资产阶级民主革命的历史要求的认识，对于中国国情的了解，都超过同时代人，最鲜明地表现出启蒙思想家的特色。

为争取人的个性解放，鲁迅考察了两种流行的人的价值观念。一种鲁迅称为"社会民主之倾向"，即把人首先看作是"社会之一分子"。因此，必然地将人的社会责任放在第一位，把社会平等与民主的要求置于个性解放与自由之先。另一种鲁迅称为"极端之个人主义"的倾向，"以己为中枢，亦以己为终极：即立我性为绝对之自由者也"。"真之进步，在于己之足下"，社会进步以个性发展为前提，因此主张"绝义务"、"惟发挥个性，为最高之道德"[10]。鲁迅的立场包含着互相矛盾的两个方面：作为爱国主义、民族主义者，他十分重视人的社会责任，他所提倡的个性是拜伦式的个性，其基本特征就是"尊侠尚义，扶弱者而平不平"[11]，"凡有危邦，咸与扶掖"[12]；但另一方面，他又力主个人解放为社会解放的前提，认为强调个性服从社会国家的要求，必然导致"灭人之自我，使之混然不敢自别异，泯于大群"[13]。对于个人超越社会的"无上之价值"的强调，几乎是中国知识分子在其思想发展初期的共同特点[14]。这是因为在中国几千年的封建社会里，封建统治者总是打着"国家"、"社会"的旗号来贬抑个人价值，强迫人的个性服从于共同的封建社会伦理原则（即孔孟之道）。因此，一旦人们从封建思想束缚下觉醒，就必然对所谓社会责任抱有本能的反感，将人的个人价值强调到极端，鲁迅说这是"物反于极"[15]，也可以说是一种历史的惩罚。这种惩罚在思想发展的初期，不仅带有历史的必然性，而且具有历史的必要性和进步性。它的锋芒所向，是戕害人性、否定个人价值的封建专制主义，从而成为知识分子以至整个民族觉醒的开端。

周作人在日本时期更关心的是"人性"的全面发展。他的独到之处，在于他深刻地探讨了物质与精神在人的发展中的地位与作用。在《论文章之意义暨其使命因及中国近时论文之失》中，周作人肯定"人生之始，首在求生"，因此"衣服饮食居住之需，为生活必须"。但周作人更认为人毕竟不同于动物，他于"求生意志"之外，还要求"天赋之性灵"的自由发展。在周作人看来，所谓人的解放、人性的全部发展，包括物质的生存欲望的满足及精神的自由发展两个方面，而后者是更为重要的。

周作人的这一思想同样具有消极、积极两个方面的意义。一方面，从"人的精神自由发展"的要求出发，他对禁锢思想自由的封建帝王专制统治及儒学思想专制进行了极为猛烈的攻击。周作人将孔子儒学与封建专制统治联系起来进行考察，指出：在中国，孔子儒学已成为"字之帝王之教"，"盖孔子定经而后，遂束思想为一缚"，"夭阏国民思想之春华，阴以为帝王之右助。推其后祸，犹秦火也"。他的结论是："吾国……独亚于他国而希更始之机者，正以惟吾国有孔子故。"他大声疾呼，欲思想解放必"摈儒者于门外"。——这已经是"五四""打倒孔家店"的先声了。但另一方面，对主观精神力量的极度夸大，就出现了谬误。周作人鼓吹："一书之力，恒足以左右人间。……斯妥夫人《汤姆之小舍》书出，致兴南北美之战，而黑奴终解。"[16]因此他以及鲁迅都把伦理的改造、人性的改造（包括国民性的改造）置于解决中国问题的中心位置，这就陷入了历史唯心主义。中国好几代知识分子在开始探求中华民族自强之路时，都犯过这种"夸大主观精神力量"的历史错误。这里根本的原因是，半封建半殖民地的中国，现实物质力量过于薄弱，以及在与人民结合之前知识分子所感到的自身力量的薄弱，都使得人们不能不到主观精神那里去寻找力量，有意无意地把人的主观能动作用膨胀为"脱离了物质，脱离了自然的神化了的绝对"[17]，因此，当鲁迅在人民群众变革社会、经济的实践中，找到了依靠力量，他就走向了历史唯物主义；而脱离人民实践的周作人则始终未能摆脱历史唯心论的束缚。

当鲁迅、周作人这样的少数先进分子强烈地要求个性解放与自由的时候，广大人民群众却依然处于封建思想严密统治及小生产者狭隘意识的严重束缚之中。从少数先觉者的觉醒到整个民族的觉醒，需要一个历史的发展过程。于是，一切首先觉醒的知识分子都要面临"如何对待不觉悟的人民群众"这个严峻的问题。资产阶级改良派的回答是：正因为人民不觉悟，因此，"今日中国国民""只可以受专制，不可以享自由"[18]。以孙中山为首的革命派一方面主张给人民以权利，另一方面却又认为由于人民不觉悟，必须由"先知先觉"者掌握"治权"，对人民加以训练，然后才能由"训政"转而施行"宪政"。鲁迅固然也为人民的不觉悟感到愤激，但是，他却在一定程度上看到了人民的作用。他强调："败拿破仑者，不为国家，不为皇帝，不为兵刃，国民而已。"[19]认为先觉者的全部历史作用就在于"发国人之内曜"，使"素为吾志士所鄙夷不屑道者"，"咸入自觉之境"[20]。运用文化的武器，改造国民性，促进民族的觉醒，这就是鲁迅在本世纪初所选择的救国之途。可以说，战斗伊始，鲁迅的生命就与"中华民族的觉醒"这一具有世界意义的伟大事业结合在一起了。

就这样，鲁迅与周作人在日本时期形成了以"立人"为中心的人道主义、民主主义思想。在这一时期，他们的思想保持着总体的一致性，而其思想中包含的积极与消极两个方面的矛盾因素，以及不同的着重点，和他们对革命实践的不同态度，都决定着他们今后不同的发展道路。

（三）

尽管早在本世纪初，鲁迅与周作人就已经显示出思想的独创性与深刻性，但是，历史条件的不成熟，迫使他们不得不沉默了将近十个年头。直到标志着中华民族觉醒新阶段的五四新文化运动才给他们及其同时代人提供了一个创造历史的机会。

在同样的历史机会面前，能够在多大程度上发挥历史作用，取决于对历史提出的任务的认识深度。1918年底、1919年初，鲁迅与周作人先后在《渡河与引路》和《思想革命》两篇文章中，明确提出中国所需要的"文学革命"应该包括"文字改革"与"思想改革"两个部分，"文字改革是第一步，思想改革是第二步，却比第一步更为重要"[21]。他们警告说，"我们不可对文字一方面过于乐观，闲却了（思想）这一方面的重大问题"[22]，"倘若思想照旧，便仍然换牌不换货"[23]。鲁迅与周作人说这番话时充满了历史的责任感。中国近代史上，出现过太多的"换牌不换货"的悲剧，其中一个重要原因，就是中国始终没有进行过比较彻底的反封建的思想革命。鲁迅与周作人同时自觉地意识到并且提出了这个关系着中国革命前途的历史课题，从而抓住了在促进民族觉醒的斗争中具有决定意义的一环，这就奠定了他们在五四新文化运动以至中国近代思想史上"反封建的启蒙思想家"的历史地位。

因此，鲁迅与周作人在五四新文化运动中毫无疑问是并肩战斗的。他们不仅面临着共同的历史任务，而且有着日本时期已经奠定的共同思想基础：对于"人"的价值的高度重视。因而他们也有着共同的战斗领域：一致地向着封建禁欲主义宣战，勇敢地宣布"人类的身体和一切本能的欲求，无不完善洁净"[24]，"觉醒的人应该洗净了东方固有的不净思想，了解夫妇是伴侣，是共同劳动者，又是新生命的创造者的意义"[25]。他们共同为争取妇女与儿童的"人"的地位大声呐喊，猛烈攻击封建贞操观、节烈观，提倡"祖先为子孙而生存"、牺牲的"幼者本位道德"[26]。他们同时强调人的个性解放，主张"改造社会，还要从改造个人做起"[27]，鼓吹"利己而又利他，利他即是利己"的新道德观[28]。所有这些共同点几乎都是欧洲文艺复兴和法国启蒙运动思想家所提出的思想原则的再发现。历史的无情安排使中国比之西欧各国落后几个世纪。当西欧已由资本主义进入帝国主义时代，中国依然面临着反封建的任务。因此，"西欧已成重新估定价值的问题，中国却还很新鲜"[29]。鲁迅与周作人在"五四"时期运用西方资产阶级人道主义的思想武器批判封建主义，促进民族觉醒，其革命意义是毋庸置疑的。

但是，时代毕竟不同。五四新文化运动不可能是文艺复兴运动、启蒙运动原封不动的"再版"。耐人寻味的是，当五四新思潮超出了文艺复兴运动、启蒙运动的范围，显示出新的时代特色时，鲁迅与周作人的思想就显出了不同。

五四新文化运动发生时，世界资本主义各种弊病已经充分暴露，在十月革命影响下，"社会主义"成为世界性思想潮流。因此，"五四"时期的中国知识分子几乎是天然地对于社会主义表示同情。不仅先进的共产主义知识分子进行马克思主义宣传，而且许多小资产阶级和资产阶级知识分子也争谈"社会主义"，一时"社会主义""成了一种口头禅"。敏感的周作人是"五四"时期鼓动小资产阶级社会主义思潮的主要代表人物之一。他到处讲演、著文，提倡"新村主义"，鼓吹

"平民文学"，并且是"工读互助团"发起人之一。周作人的出发点依然是在日本时期已经提出的"人的全部发展"的思想。他说："新村的思想，简单的一句话，就是人的生活"：物质方面"各尽所能，各取所需"；精神方面，则是"自由发展"[30]。他又鼓吹以劳动作为人"在自己发展上的必要手段"，强调在"手的工作"与"脑的工作"的结合中获得人的协调发展[31]。恩格斯说过："就其理论形式来说，现代社会主义开始时表现出总是18世纪法国伟大启蒙学者们所提出的诸原则之往前的、表面更为一贯的发展。"[32]周作人就是这样对法国启蒙学者的人道主义思想作了新的解释，表现出某种空想社会主义的倾向。在"五四"时期，几乎所有的先进知识分子在一开始都不同程度地为空想社会主义所吸引。因此，和周作人一起发起工读互助团的还有李大钊、陈独秀、毛泽东、恽代英、蔡和森等都曾是周作人所倡导的新村运动的积极参加者[33]，毛泽东还登门向周作人请教[34]（但并未访问过鲁迅）。可以说，"五四"时期先进知识分子在思想发展过程中很少有人跳越过空想性的过渡阶段。

只有鲁迅，似乎是一个独特的例外。当大家都沉湎于未来新社会光明图景的种种设想之中，1920年10月，鲁迅在《头发的故事》里通过小说主人公提出了这样的问题："改革么，武器在那里？工读么，工厂在那里？"，"我要借了阿尔志跋绥夫的话问你们：你们将黄金时代的出现预约给这些人们的子孙了，但有什么给这些人们自己呢？"因此，鲁迅翻译了武者小路实笃的《一个青年的梦》，对他所倡导的新村运动却只字不提；在私人信件中还表示周作人宣传新村运动的文章"不是什么大文章，不必各处登载"[35]。鲁迅对于中国社会根深蒂固的封建性远比同时代人有着更深刻清醒的认识。他充分估计到中国封建专制长期统治的严重性："自由主义么，我们连发表思想都要犯罪……人道主义么，我们人身还可以买卖呢。"[36]他更充分估计到封建传统意识、习惯势力的顽固性及其可怕的腐蚀作用:"即使偶然有些外来思想也立刻变了颜色。"[37]因此,他从来不愿沉醉于空想之中。周作人式的对抽象的"人"的理想生活的主观构制,于鲁迅是格格不入的。鲁迅当然"希望着新的社会的起来"[38],他也确实从十月革命看见了"新世纪的曙光",他同样深切地感受到了十月革命后世界社会主义思潮的影响。但是,他以为"要更看重现在;无论怎样黑暗,却不想离开"[39]。他把伟大的热情倾注于现实的反封建斗争实践,在"五四"时期,他几乎是全力以赴地批判阻碍民族觉醒和思想解放的形形色色的封建复古派,连"扶乩,静坐,打拳"之类也不放过。鲁迅这种充分估计到封建传统势力的强大,而又执着、顽强的现实主义战斗精神,充分显示出他思想的深刻性和彻底性,是周作人所不能企及的。

因此,这是必然的:在主观空想中比鲁迅远为激进的周作人一旦接触到现实问题,就立刻露出了保守的本相。可以拿周作人与鲁迅在"五四"时期影响最大的两篇文章《人的文学》与《狂人日记》作一个比较。在周作人的《人的文学》里轰鸣着不协调的两种音响。一面是对"违反人性的不自然的习惯制度"、"古代礼法"的抗争,一面却是甜蜜蜜的"爱"的说教:"这种'人'的理想生活,实行起来,实于世上的人,无一不利。富贵的人虽然觉得不免失了他的尊严,但他们因此得从非人的生活里救出,成为完全的人,岂不是绝大的幸福么?"在这里,穷人与富人,被吃者与吃人者的对立已经消失,只剩"成为完全的人"的共同利益。这在周作人并非出于偶然。他在另一篇文章里,就这样明白宣布,中国和存在着"贵族"与"劳农"对立的俄国不同,"早已没有固定的阶级"[40]。因此,周作人直言不讳地承认,他所提倡的"现代文学上的人道主义思想,差不多地都从基督教精神出来",其最"博大的精神"就是"要爱你的仇敌"这一"爱的福音"[41]。中国软弱的上层小资产阶级和自由资产阶级知识分子尽管有着反封建的要求，但在强大的革命潮流面前，他们又本能地感到恐惧。只有乞求于改良主义的阶级调和论，妄图通过说服、宣传、示范，使"不劳而获"的"特殊阶级""翻然改悔"[42]，平和地造成新秩序，"以免将来革命"。这甚至比他们欧洲启蒙运动的前辈还后退了一步。与周作人相反，鲁迅在他的第一篇宣言书《狂人日记》里，一开始就把整个封建专制制度及其意识形态置于历史的审判台前，无情揭露其"吃人"本质。鲁迅明确地把人的解放与彻底消灭人吃人的封建旧制度、旧礼教联系起来，严正宣告："将来容不得吃人的人活在世上。"这战斗的、彻底的民主主义的呼声表现了民族觉醒在"五四"时期所达到的新的水平。

　　鲁迅在"五四"时期彻底的民主主义精神的另一表现是对下层人民的关注。鲁迅在《英译本〈短篇小说选集〉自序》里说得很清楚，引起他从事文学活动的基本动力之一，是认识到他所熟悉的农民及其他下层人民，他们"和花鸟并不一样"，是"毕生受着压迫，很多苦痛"的"人"。正是对于历来被非人对待的以农民为主体的下层人民的"人"的价值的认识与发现，使得鲁迅自觉地把他探索民族复兴之路的重心集中到探索下层人民（首先是农民）的命运、价值、力量上来。这是日本时期"立人"思想在新的历史条件下的重大发展。抽象的"立人"、"人的解放"的人道主义理想现在获得了阶级的物质内容：即首先是以农民为主体的下层人民的解放。鲁迅不同于一般浅薄的人道主义者之处还在于，他不是站在高处，或者以旁观者的身份，用廉价的同情与赞美给"下等人"以空虚的布施（读周作人"五四"时期所写的以劳动人民为题材的诗歌，如《两个扫雪的人》、《路下所见》等等，就有这种感觉），而是和他们站在一起，亲身感受着他们的呻吟、苦难、挣扎与反抗。正是出于对下层人民最深刻的理解，鲁迅在探讨狼子村的佃户、单四嫂、闰土、阿Q、华大妈一家……的命运时，最使他感到痛心的是，人民不但被剥夺了作为"人"的起码物质生活条件，而且连"人"所特有的精神力量也被摧毁与曲扭。鲁迅给自己规定了一项伟大的任务：写出"像压在大石底下的草一样，已经有四千年"的中国普通的"百姓"的"魂灵"，唤起他们"自己觉醒，走出、都来开口"[43]。从本世纪初提出促进"国人之自觉"的历史任务，到"五四"时期明确地以唤起下层人民"觉醒"为己任，这是革命的深入在鲁迅思想上的反映。鲁迅终于在民族解放事业中给自己找到了"被压迫人民的代言人"的位置。这就使鲁迅的思想发展获得了最坚实的基础，随着人民斗争的发展及人民新的觉醒，鲁迅的思想也将不断升华到新的更高阶段。

而这时，周作人还浮在半空中。和鲁迅把目光转向以农民为主体的人民相反，周作人在"五四"时期所写的新诗《小河》及宣传新村主义的文章里，一再流露出对于人民革命满怀"忧虑"的心情。他担心人民革命的胜利，会"借口大同，压迫特殊的文化思想"，"带来扼杀人的个性"的"新式的专制"[44]。因此，在周作人那里，"人的解放"与"人民的解放"不仅是不同范畴，而且是互相矛盾、对立的。

周作人的反封建立场，也不能说是真正彻底的。在他关于新村运动的"激进"宣传里，就隐隐露出了灵魂深处封建隐逸的锈斑。在五四革命高潮中周作人主观上并无隐逸的要求，但客观潜伏着的隐逸习气在另一种政治形势下就必然要顽强地表现出来。周作人这位"五四"时期反封建的骁将，对于封建主义的一切外在表现形式是那样敏感，批判中充满了机智，但对渗透在自己灵魂深处的封建主义的阴魂却浑然不觉，表现出极大的盲目性。这个事实正是说明了封建主义传统思想对于中国知识分子（包括其中的先进分子）毒害之深。唯有鲁迅，一再地诅咒自己身上的"毒气"与"鬼气"，对潜伏的封建主义的病菌保持着高度警惕。这种自我革命的自觉性，是鲁迅能够冲决封建罗网的重要原因之一。

在日本留学时期，由于没有处于现实政治斗争的第一线，鲁迅与周作人的思想保持着总体的一致性；而现在，在"五四"时期政治、思想、文化的尖锐斗争中，鲁迅与周作人一面并肩战斗在同一统一战线中，另一方面又鲜明地表现出不同的思想政治倾向，出现了资产阶级改良主义、小资产阶级空想社会主义与反映以农民为主体的人民大众利益要求的彻底的民主主义、战斗的现实主义之间的裂痕，由此出发，他们终于走上了不同的道路。

（四）

五四运动以后，人民革命运动向着更加深入的阶段发展，整个民族思想也处于进一步深化的历史过程之中。在这样的背景下，鲁迅与周作人都陷入了思想的苦闷与彷徨。但周作人的思想斗争远远没有鲁迅那样痛苦、艰难，历时也不长[45]，这恰好说明周作人的苦闷不具有鲁迅那种"根本改造"的深刻性。"五四"时期周作人思想的主流是资产阶级人道主义，但他接受了西方长期发展过程中出现的各种形态的人道主义的影响，因此，既有个人主义、自由主义、改良主义，也有空想社会主义，是一个杂货铺。"五四"以后革命的深入，统一战线的分化，迫使每一个知识分子对思想中所受庞杂影响作一番清理，从中选择自己的归宿。周作人由此产生了择路的苦闷。周作人没有也不可能根本放弃资产阶级人道主义，只是适应形势的发展，作了适当的调整：他摒弃了"五四"时期人道主义思想中最激进的部分——空想社会主义，而其他方面则继续保留与发展。1922 年前后，他提出了一个包括"认识人自己"，个人主义、自由主义等内容在内的人道主义思想体系。而要求"思想文化的自由、多元发展"、"对异己思想的宽容"、"保护少数"的自由主义是其中的核心。周作人采取调整而不是根本改造的方式,迅速获得了精神上的相对平衡,从而失去了在历史新的前进运动中实现思想飞跃的大好机会。他的思想始终停留在资产阶级人道主义的水平上,逐渐落后于整个民族革命实践和思想发展的历史进程。这对他来说,是一个悲剧性的开端。

但是,由于整个革命的性质仍是资产阶级民主革命,因此,周作人上述以自由主义为核心的人道主义思想在"五四"以后的思想、文化、政治斗争中依然起着两个方面的作用。一方面由于在现实生活中,对思想自由发展的主要威胁,来自帝国主义、封建军阀政府、买办资产阶级知识分子,因此,周作人在女师大风潮[46]、五卅运动[47]、"三一八"惨案[48]、反对甲寅派、现代评论派[49]这一系列重大政治思想斗争中,都是旗帜鲜明地站在以鲁迅为代表的进步营垒一边,并且在斗争中对于自己思想上的偏颇(如一度主张"不打落水狗")有所纠正[50]。在强调要"增强实力"、进行武装斗争问题上,得出与鲁迅大体一致的结论[51]。周作人还以极大的努力与各种形式的封建复辟倒退倾向进行斗争[52]。当然,更见周作人个人特色的,还是他对"五四""反对旧道德提倡新道德"的战斗方向的坚持:他继续猛烈批判封建禁欲主义,提倡新的两性道德和以儿童为本位的新道德观[53]。在这方面他很打了几次大仗,在当时都产生了极大影响。事实说明,在反帝反封建的资产阶级民主革命中,资产阶级人道主义思想与马克思主义之间存在着世界观的根本对立与斗争,在一定的范围与条件下又可以成为马克思主义的同盟军。认为马克思主义在我国思想文化界占据统治地位以后,资产阶级人道主义思想就只能起着反动的作用,一切不赞成马克思主义、坚持自由资产阶级思想的知识分子都是革命营垒的敌人,这种观点不符合客观实际,是一种混淆反帝反封建的资产阶级民主革命性质的"左"的倾向。

但是，另一方面，周作人又大大发展了日本时期反对"众志"压制的思想，把"民众"与（反动军阀）"政府"、"外国人"（帝国主义）并列为压制思想言论自由的元凶，一再申明："我是不相信群众的。群众就只是暴君与顺民的平均罢了。然而因此凡以群众为根据的一切主义与运动，我也就不能不否认。"[54]明确地反对马克思主义。与此同时，离开阶级分析的立场，笼统地宣扬对一切少数的"宽容"与"保护"，也必然与无产阶级革命专政的思想相抵触。这样，他的"反对一切压迫专断"的自由主义思想刀刃的这一面，从根本上说，又是指向马克思主义的领导地位、革命群众运动与革命专政思想的。

正因为周作人以自由主义为核心的人道主义思想具有反帝反封建以及反对马克思主义、革命群众运动和革命专政的两面性，在现实生活中，周作人经常感到左右夹攻的苦恼。这几乎是一切企图走第三条路的上层小资产阶级和自由资产阶级知识分子的共同命运。处于这样的苦境，隐藏在周作人思想深处的封建士大夫的鬼魂像胆瓶中的恶魔一样乘隙而出。1923年，周作人写了一篇题为《寻路的人》的文章，声称人生之"路的终点是死，我们便挣扎着往那里走"。在周作人看来，在这无可逃避的命运面前，一切努力奋斗都是徒劳的，唯有乐天知命，顺其自然，"尽量的享受"，以求得个人刹那间的满足。就在这虚无悲观情绪支配下，周作人"不禁神往"于"焚香静坐的安闲而丰腴"的封建士大夫阶级的生活和情趣[55]，把"隐逸"作为摆脱思想困境的"唯一的路"[56]。这使人们很容易想起鲁迅《过客》里的老翁：时代、人民的呼声已经"记不清楚"，厌倦于斗争，渴望着"休息"，而且不可避免地要"回转去"。正是周作人在1924年提出要"复兴千年前的旧文明"的口号[57]，呼唤着原始的"礼"与"中庸"的复活，认为"舍此中国别无得救之道"[58]。在本世纪初，周作人曾振臂高呼"摈儒者于门外",现在又要恭恭敬敬请回孔孟的尊神,这无疑是一次思想上严重的"封建复辟"。这种自身思想上的"封建复辟"与上述对社会上复辟倾向的批判几乎是同时发生的,这充分显示出周作人这类过渡时期知识分子思想的复杂性。周作人一再申说的所谓"叛徒"与"隐士"两个鬼的搏斗,正是反映了周作人对封建传统既反对又留恋的矛盾心境。这个矛盾只有靠革命实践来解决。正是1925、1926年的革命高潮把周作人卷入革命的洪流,"叛徒"鬼终于占了上风。这说明,1923、1924年短暂的封建思想"复辟"仅仅是周作人思想发展过程中的一段曲折,不能改变周作人这一时期总的进步倾向。它是"五四"时期潜伏着的隐逸思想的一次爆发,又预伏着30年代中后期思想全面没落的危机。

不能回避这一事实:在五四运动以后,鲁迅也曾经历过退隐到"学术的殿堂"里去的危机[59]。鲁迅在给许广平的信中谈到"人道主义"与"个人的无治主义"两种思想的消长起伏[60],就透露了这方面的信息。鲁迅在《译了〈工人绥惠略夫〉以后》中,曾经把"个人的无治主义"解释为"人生的目的只在于获得个人的幸福与欣悦,此外生活上的欲求全是虚伪"。因此,所谓"人道主义"与"个人的无治主义"两种思想的消长起伏,实际上是两种人的价值观念的斗争:或者"以群众为基础",积极地为社会、国家、民族而奋斗牺牲,在社会发展和民族解放事业中提高和发展个人价值("人道主义");或者"以个人为基础"[61],放弃社会义务,只求"获得个人幸福与欣悦",以狭隘的个人个性的发展为满足("个人的无治主义")。应该说,对于以作"被压迫人民代言人"为己任的鲁迅来说,退隐的危机是比较容易克服的。在《过客》里,"老翁"劝说"过客"休息,"过客"确实有过刹那的犹豫,但他"忽然惊醒、倾听",斩钉截铁地回答:"不,我不能,我还是走好",因为"还有声音在前面催促我，叫唤我，使我息不下"。鲁迅也是如此。他不能如周作人那样对人民的呼唤、民族的期待、历史的召唤置之不理。他只能走一条为民族解放、为人民大众奋斗牺牲的道路。

鲁迅扩大他的视野，考察了整个中国民族发展的历史，把中国人民的不幸命运归结为一点："中国人向来就没有争到过'人'的价值。"不仅中国历史上的动乱时代是"想做奴隶而不得的时代"，就是所谓"太平盛世"也"不过是暂时做稳了奴隶的时代"，无论何时都没有挣脱过奴隶的地位。鲁迅号召中国青年奋起"创造这中国历史上未曾有过的第三样的时代"[62]。这"第三样时代"必然是千千万万人民争得做"人"的资格的时代。

鲁迅面对着现实，从现实斗争经验的总结中艰苦地探索着人民的力量与价值。"五四"后暂时的革命低潮，使鲁迅曾经和周作人一样地夸大了人民的消极面："群众——尤其是中国的——永远是戏剧的看客。"[63]但周作人由此而蔑视人民，进而要求"统治"群众[64]。鲁迅尽管也表示"现在没奈何，也只好从知识阶级一面先行设法，民众俟将来再谈"[65]，却丝毫也不含有根本否定群众的意思。因此，一旦人民在五卅运动、女师大风潮、"三一八"惨案中显示自己的力量，鲁迅立刻从人民的新觉醒中汲取思想发展的养料，热情赞扬"中国女子的勇毅"、"百折不回的气概"，宣布自己从人民革命的汹涌潮流中看到了"真的猛士"[66]，最后得出了"世界却正由愚人造成"的结论[67]，终于认识了"不读书"的愚人即普通人民创造世界的历史价值[68]。这样，鲁迅通过对人民命运、力量和价值的探索，接近了历史唯物主义关于"人民群众是历史发展的动力"的观点。

对于人民解放斗争道路的探讨，鲁迅同样经过漫长的路程。在日本时期，他企图通过文学的启蒙，思想的革命，"立人"而改造社会。在五四运动以后的一段时间里，他仍然坚持这样的信念。以后由于事实的教训，总结了历史的经验，鲁迅终于认识到单靠文学启蒙、思想批判不能改变中国的"社会情状"，必须通过"实地革命战争"根本改变社会基础[69]。这样，就从另一个侧面接近了历史唯物主义关于社会存在决定社会意识、"历史的动力以及宗教、哲学和任何其他理论的动力是革命，而不是批判"[70]的基本观点。

就这样，从1907年日本留学时期的"立人"思想到"五四"时期的"下等人"的"解放"，再到1927年广州时期的"工农大众的解放"——鲁迅经过漫长的二十年的艰苦探索，从资产阶级民主主义、人道主义走到了马克思主义。鲁迅从本世纪初开始寻求民族复兴之路，到20年代末终于得出明确的结论：唯有马克思主义才能拯救中华民族。这不是从书本上抄来的抽象公式，而是鲁迅对于中国历史和社会的犀利解剖，对历史与现实斗争经验深刻总结的结果，是鲁迅思想发展的内在逻辑必然导致的结论。这个科学的结论，正是体现了中华民族觉醒的新方向。

（五）

大革命失败，国民党封建法西斯买办政权的建立，是中国现代史上一次空前的大复辟。中国知识分子又一次走到历史的十字路口。鲁迅走上马克思主义的道路，更高地举起了五四反帝反封建的旗帜。周作人死抱人道主义、自由主义不放，在夹缝中苦苦挣扎，又不可避免地沿着历史的斜坡向下滑行。

以"思想杀人"的国民党封建法西斯专制主义使渴望思想自由的周作人感到受压抑的痛苦。在1930年12月30日写给俞平伯的信里，谈到他所做的梦，梦中充满了"大哭"、"强乞"、"惊醒"、"狼狈而醒"的情节[71]，就是这种压抑感潜意识的反映。周作人用"有暇而无闲"概括他的心境："我所有的只有焦躁……中国是我的本国，是我歌于斯哭于斯的地方，可是眼见得那么不成样子，……真不禁令人怒从心上起也。"[72] 在他后期所写的几乎每一篇序跋里，都充满了这样的叹息：

> 有好些性急的朋友以为我早该谈风月了！……我自己也未尝不想谈，不料总是不够消极，在风吹月照之中还是要呵佛骂祖，这正是我的毛病，我也无可如何。[73]

想谈风月而不能尽谈风月，不断谴责自己"不够消极"，而又"无可如何"地要写积极的文章，渴望做不问世事的隐士，而事实上做不到，这里最根本的原因是：资产阶级人道主义、自由主义思想与国民党封建法西斯专制主义之间存在着矛盾；只要周作人坚持这一理想，五四反封建的火就不会完全熄灭。曹聚仁说他"心头的火虽在冷灰底下，仍是炎炎的燃烧着"[74]，在这个意义上不无一定道理。正因为如此，周作人在北京沦陷前所写的大量貌似出世的散文中，时时流露出讽世之意：或隐晦反对国民党大兴思想文字狱[75]，或不满意于国民党实行不抵抗政策[76]，或批判思想文化上的倒退、复辟[77]，或为妇女与儿童的人权呼吁[78]……尽管周作人的批判、抨击，是基于人道主义、自由主义的立场，与鲁迅站在马克思主义立场上的批判，存在着质的区别[79]；但正如鲁迅所分析的那样，"旧的和新的往往有极相同之点……如个人主义者和社会主义者往往都反对资产阶级"[80]，"在进军的途中，对于敌人，个人主义者所发的子弹，和集团主义者所发的子弹是一样地能够制其死命"[81]。正是鲁迅，对于周作人闪烁其词中的"讽世之意"有着最深切的理解。当有人看不到周作人在消极中的积极因素，对他的五十自寿诗全盘否定时，鲁迅却在私人信件中这样为周作人辩护：

> 周作人之诗，其实是还藏些对于现状的不平的，但太隐晦，已为一般读者所不憭，加以吹擂太过，附和不完，致使大家觉得讨厌了。[82]

鲁迅在这里正是提醒人们：必须看到周作人与完全投靠大地主、大资产阶级的反动知识分子之间的区别，对他进行全面的、实事求是的评价。

周作人在"五四"时期曾宣布他的人道主义的核心是"个人主义的人间本位主义"。在1927年以前的革命发展时期，这种"个人主义的人间本位主义"主要表现为对压抑个性自由发展的封建黑暗势力的积极反抗；在大革命失败以后的低潮时期，就成了消极的"苟全性命于乱世"。周作人在"五四"时期以及"五四"以后一再流露出的士大夫阶级"穷则独善其身"的隐逸思想，在反动派的高压下终于恶性发展。他提出了著名的"闭门读书论"，妄想避难于封建士大夫阶级的生活、思想、文学之中[83]。鲁迅精辟地分析了周作人这类知识分子的复杂心理过程：他们追求"对于现实要'蔽聪塞明'麻木冷静，不受感触"的境界，"先由努力"，确有几分勉强与痛苦，"后成自然"，"忘却了真，相信了谎"，"也就心安理得，天趣盎然了起来"[84]。周作人逐渐地完全满足于这样的生活："读古书，看花，生病，问病……闲游，闲卧，闲适，约人闲谈，写楹联，买书，考古，印古色古香的信封信笺，刻印章，说印泥，说梦，宴会，延僧诵经，搜集邮票，刻木板书，坐萧萧南窗下。"[85]在这里，从生活方式到情趣，都彻底封建士大夫阶级化了。生活上潜移默化的倒退的背后，隐藏着更加深刻的思想上的蜕化。周作人早在1924年就提出过"复兴千年前的旧文明"的口号，现在，"闭门读书"的结果，更加系统地提出了要恢复据说是被汉朝以后的儒学家严重歪曲了原来意义上的儒学，即孔孟所主张的礼、中庸、恕与仁，并在孔孟儒学的基础上，糅合道家与法家，创造出一个新的文明[86]。周作人回到孔孟那里去的主张，与早期资产阶级改良主义思想家康有为托古改制的思想在形式上有某些相似之处，却有着截然相反的政治意义：如果说康有为的托古改制是在封建思想占绝对统治地位的历史条件下，"强迫封建圣人来宣传资产阶级改良主义"，其"资产阶级民主主义的内容严重地从内部破坏了封建正统思想体系"[87]，具有一定的进步性；那么，周作人在30年代鼓吹回到孔孟那里去，则是要以儒家为中心的封建正统思想体系来冒充、代替资产阶级民主主义，对抗马克思主义，这显然是一种倒退。与此同时，周作人在文学上鼓吹五四新文学运动是明末公安派文学运动的再现，提倡"闲适小品"[88]，实际上也是要用封建士大夫阶级的文学主张、情趣来改造新文学。这样，从生活到思想、文学主张，周作人实际上已经走上了封建复古的道路。这就不能不与坚持反封建斗争的革命营垒发生尖锐的矛盾。

一方面，与国民党封建法西斯专制主义存在矛盾，有着某种程度的反封建的民主要求，不同于国民党民族主义文学家；另一方面，与革命营垒相对抗，有强烈的封建复古倾向。这互相矛盾的两个方面，贯串于周作人1927年到1937年10年活动的始终。但其斗争的主要矛头却显然有一个转化过程。大体说来，1927年到1928年，周作人比较着重于对国民党专制统治的批判，表现出更多的进步性[89]；从1930年编辑出版《骆驼草》，开始转向消极[90]；从1934年后，就把攻击矛头主要指向左翼文艺运动[91]。这是他自身反封建的一面逐渐减弱，封建复古倾向逐渐上升的必然结果。而在这十年的末尾，周作人身上的封建的反人民的一面已经占据主导地位。与此同时，对帝国主义的态度也发生明显的变化：在 1927 年，周作人对于日本帝国主义鼓吹的"共荣共存"的谬论曾痛加驳斥，尖锐揭露其为"侵略的代名词"[92]。而到 1935 年至 1937 年，周作人竟然跟在日本侵略者背后鼓噪"中日同是黄色的蒙古人种"，文化同一，"究竟的命运还是一致"[93]。沿着这样的斜坡滑下去，周作人必然地要堕入汉奸的泥坑。

周作人及其同类知识分子的堕落在鲁迅那里引起的反应是极其强烈的。他在私人信件中，不只一次地发出感叹，"语丝派的人，先前确曾和黑暗战斗，但他们自己一有地位，本身又便变成黑暗了"[94]。鲁迅绝不能容忍任何倒退，他理所当然地要进行反击。他揭露周作人们"在风沙扑面，狼虎成群的时候"，提倡闲适小品，其实质就是要"靠着低诉或微吟，将粗犷的心磨得渐渐的平滑"[95]，这无异于充当统治者的"帮闲"以至"帮凶"。鲁迅的批判击中了周作人们的要害，而对他自身来说，也具有严峻的意义。这意味着他与《新青年》时期和《语丝》时期的战友在思想上的最后决裂。这决裂并非一般浅薄的人想象的那样容易。鲁迅在悼念刘半农的文章里这样说：

> 我爱十年前的半农，而憎恶他的近几年。这憎恶是朋友的憎恶，因为我希望他常是十年前的半农。他的为战士，即使"浅"罢，却于中国更为有益。我愿以愤火照出他的战绩，免使一群陷沙鬼将他先前的光荣和死尸一同拖入烂泥的深渊[96]。

这同样可以视为是鲁迅对于周作人的感情。这表现了一个真正的马克思主义者的原则立场、历史眼光、科学态度和伟大胸怀，是十分感人的。

历史无情。从 20 世纪初到 30 年代末，不过三十年，周作人这样的知识分子由反封建出发，转了一个圈子，竟又回到了封建主义的怀抱。将反封建斗争进行到底的，唯有马克思主义者的鲁迅和他的同志们。鲁迅不仅与国民党封建法西斯专制主义进行了针锋相对的斗争，不仅及时揭露了周作人之类的封建复古倒退行径，而且对于革命阵营内封建主义的复活，保持着高度警惕。20世纪中华民族觉醒的速度是迅猛的，很短时间内就完成了从封建思想到资产阶级民主思想到马克思主义的过渡，同时也不可避免地产生一些后遗症：资产阶级民主主义思想没有得到真正普及，封建主义思想未能彻底清算，甚至被带进了革命队伍内部。在20年代末及30年代中期革命阵营的内部争论中，一些同志身上表现出来的对待马克思主义的教条主义态度、"官僚主义"[97]、"宗派主义与行帮现象"，特别是不允许提出不同口号、不容发表不同意见的"锻炼人罪，戏弄威权"的专断作风，等等，实际上正是封建主义在革命队伍内部的一种反映。鲁迅十分敏锐地抓了一些主观上也要求反封建的革命同志身上的这根封建主义的尾巴，他是那样愤怒地谴责革命阵营中出现的"以鸣鞭为唯一的业绩"的"奴隶总管"[98]。乍一看，似乎有些过分，属于偏激之辞。但如果我们跳出人事的纠葛，站在历史的高度，把鲁迅的这些话看作是对一种历史现象的批判，而不是对某一具体个人的指责，那么，就不能不承认，鲁迅是真正高瞻远瞩的。他在封建主义在革命阵营内部刚刚冒头的时候，就以这样尖锐的形式向不成熟的革命者敲起了警钟。鲁迅在30年代所发出的要警惕封建主义在革命队伍内部复活这一警告，无疑是对他在20年代末所得出的唯有马克思主义才能拯救中华民族的科学结论的一个深化与发展[99]。当然，由于当时革命队伍中封建主义的暗流还处于萌发的阶段，矛盾并未充分暴露与展开，因而鲁迅仅能有一些敏锐的感受，天才的预见，但它的深刻意义和深远影响却是不可低估的，它甚至在一个侧面预示了中华民族觉醒的新内容、新方向[100]。

1936 年 10 月，鲁迅走完了一生战斗路程时，人民授予他"民族魂"的称号，这就充分肯定了鲁迅作为中华民族觉醒的伟大代表的历史地位。周作人却与中华民族觉醒的历史潮流背道而驰，一步步地走上民族叛徒的歧路。周作人终于以这种屈辱的形式埋葬了自己光荣的历史，走到了政治生命的尽头。这无论对他个人，还是他所代表的中国的终生未能摆脱封建主义传统的魔影并最后被其吞噬的知识分子，都是一个悲剧。

（六）

恩格斯在谈到欧洲文艺复兴时期时说："这是人类从来没有经历过的最伟大的、进步的变革，是一个需要巨人而且产生了巨人——在思维能力、热情和性格方面，在多才多艺和学识渊博方面的巨人的时代。"[101] 20 世纪中华民族的伟大觉醒，近代中国社会所进行的伟大变革，同样"需要巨人而且产生了巨人"。就"思维能力"和"学识渊博"而言，周作人似乎具有某些巨人的特征。也确有人把他和鲁迅并称为中国近代"深刻的思想家和战士"[102]，但这毕竟是一个肤浅的错误的观察。

每一个时代都有自己特定的历史任务与要求。能够在多大程度上满足历史提出的客观要求，决定着历史人物的价值。鲁迅与周作人生活的时代，中国革命的基本性质是资产阶级民主革命，它在思想文化战线上的主要任务是批判帝国主义与封建主义的思想文化。这是一个极其艰巨的任务——人们经常因为对这种艰巨性估计不足而受到历史的嘲弄。中国有着几千年的封建专制主义统治的历史，发展极为完备的封建主义意识形态渗透于中国社会、政治、经济、文化生活的一切方面，甚至渗透到民族意识之中。到近代，封建主义文化又与帝国主义文化"结成文化上的反动同盟"[103]，窒息着中华民族的生命。恩格斯说，传统是历史上的巨大惰力。对于古老中国来说，封建传统阻碍历史前进的作用就显得特别突出，特别严重。20世纪中华民族的觉醒，最基本的任务与内容之一就是要从根深蒂固的封建传统的罗网中挣脱出来，这简直是一场生死决斗。在这场决斗中，并不是任何人都是胜利者。周作人作为一个资产阶级人道主义、自由主义启蒙思想家，曾经与封建主义旧传统进行过英勇的奋战，对促进中华民族的觉醒起过积极的作用，其战斗业绩是不可抹煞的。但是，资产阶级的软弱性决定了他反封建不可能彻底；而他又始终不能摆脱灵魂深处的封建主义阴魂。他终于屈服于封建传统的几乎是不可抵御的巨大压力，他的历史作用随着自身封建思想的上升而减弱，最后堕落到积极宣扬中国封建文化，为帝国主义侵略服务。周作人从时代前进的动力蜕变为阻力的历史，对于20世纪中华民族觉醒的历史，无疑是一个"反题"——但却是极为深刻的"反题"。它所包含的丰富的历史内容对于不断在历史的反省中前进的中华民族是一份宝贵财富。鲁迅，作为中国封建社会最后一个知识分子，与封建传统实行了最彻底的决裂。他对中国封建传统力量的严重性，认识最深刻，估计最充分，因而他的战斗也最自觉、最坚决、最彻底。为完成历史所赋予的任务，他上下求索，终于找到了马克思主义。从此，鲁迅不仅具有战胜封建主义旧传统不可缺少的韧性，而且拥有了强大的思想武器。因此，在似乎无以抗衡的封建旧传统面前，鲁迅是真正的强者。他以令人叹服的识别力，抓住封建主义一切表现形式，穷追不舍，战而胜之。他和他的战友在思想文化战线上所向披靡的辉煌战斗，唤起了整个民族的觉醒。鲁迅对中国封建传统的批判，在中国人民反封建的斗争中（这个斗争还要长期进行下去），是取之不尽用之不竭的思想宝库之一。

现代中国社会历史条件决定了中国资产阶级革命自然有自己的特点，它必然是有着最广大人民群众参加的真正的人民革命。列宁早在本世纪初就指出："只有革命人民群众的英雄主义才能'复兴'中国。"[104] 20世纪中国民族的崛起，最重要、最根本的标志，就是在这个世界上人口最多的国家里，亿万人民的觉醒与发动。因此，对人民觉醒与人民斗争的态度，就成为历史取舍历史人物的基本尺度。周作人初期和中期的反封建斗争无疑是代表了人民的利益的；但他的资产阶级人道主义、自由主义思想却使他本能地抗拒无产阶级的领导，反对马克思主义，本能地对人民革命怀有忧惧。这样，他的历史作用与民族的觉醒，与无产阶级领导的人民革命的发展成了反比，最后为时代潮流席卷而去。周作人的悲剧是一个脱离人民的知识分子的悲剧。他的沉沦正好反衬出他所生活的时代的伟大。

注释

[1]　以上引文均引自列宁：《亚洲的觉醒》。

[2]　周作人：《瓜豆集·关于鲁迅之二》，"在南京的时候，豫才就注意严几道的译书，自《天演论》以至《法意》，都陆续购读。其次是林琴南，自《茶花女遗事》以后，随出随买，……末了是梁任公所编刊的《新小说》、《清议报》、《新民丛报》，的确都读过，也很受影响……"

[3]　参看本书《周作人与章太炎》一节有关部分。

[4]　[15]　鲁迅：《坟·文化偏至论》。

[5]　马克思：《摘自〈德法年鉴〉的书信》。

[6]　马克思：《黑格尔法哲学批判·导言》。

[7]　章太炎在《国家论》中，针对封建国家对个人的压抑，把"个人"强调到极端的地步，所谓"个体为真，团体为幻，一切皆然"，"村落，军旅，牧群，国家亦一切虚，惟人是真"（《辛亥革命前十年间时论选集》第二卷）。严复在《原强》里也把政治民主归结为"个人自由"："夫所谓富强云者，质而言之，不外利民云尔。然政欲利民，必自民各能自利始。民各能自利，又必皆得自由始。"

［8］ 这里是借用鲁迅《〈越铎〉出世辞》（《集外集拾遗》）里的话。

［9］ 陈天华：《论中国宜改创民主政体》，见《辛亥革命前十年间时论选集》第2卷。

［10］ 鲁迅：《坟·文化偏至论》。

［11］ 鲁迅：《坟·摩罗诗力说》。

［12］［13］ 鲁迅：《坟·破恶声论》。

［14］ 毛泽东在早年所写的《伦理学原理》一书的批语中，就这样说："个人有无上之价值，……使无个人（或个体）则无宇宙，故谓个人之价值大于宇宙之价值可也。"陈独秀也有个人是社会的基础、"满足欲望是个人生存的根本理由"的主张。参看李锐：《青年毛泽东的思想方向》（收《纪念五四运动六十周年学术讨论会论文选之三》）。

［16］ 周作人：《读书杂拾（二）》。

［17］ 列宁：《谈谈辩证法》。

［18］ 梁启超：《中国人之缺点》，收《辛亥革命十年间时论选集》第1卷下册。

［19］ 鲁迅：《坟·摩罗诗力说》。

［20］ 鲁迅：《集外集拾遗补编·破恶声论》。

［21］［22］ 周作人：《谈虎集·思想革命》。

［23］ 鲁迅：《集外集·渡河与引路》。

［24］ 周作人：《谈龙集·爱的成年》。

［25］ 鲁迅：《坟·我们现在怎样做父亲》。

［26］ 周作人：《谈虎集·祖先崇拜》；鲁迅：《坟·我们现在怎样做父亲》。

［27］ 参看周作人：《艺术与生活·新村的精神》，鲁迅：《热风·随感录六十二·恨恨而死》。

［28］ 参看周作人：《艺术与生活·人的文学》，鲁迅：《坟·我之节烈观》。

［29］ 瞿秋白：《饿乡纪程》。

［30］ 周作人：《艺术与生活·新村的理想与实际》。

［31］ 周作人：《艺术与生活·日本的新村》。

［32］ 恩格斯：《反杜林论》。

［33］ 参看汪澍白等：《青年毛泽东世界观的转变》，《历史研究》，1980年第5期；守和：《恽代英同志革命思想的发展》，《纪念五四运动六十周年学术讨论会论文选之三》。

［34］ 周作人日记：1920年4月7日："……毛泽东君来访。"这正是毛泽东同志第二次去北京期间。此时，周作人与毛泽东都颇热衷于新村运动。周作人先后写了《新村的精神》（1919年11月8日）、《新村运动的解说》（1920年1月18日）。

毛泽东也起草了建设新村的计划书，并将其中《学生之工作》一章发表于 1919
年 12 月出版的《湖南教育》月刊。

[35] 鲁迅致钱玄同书（1919 年 8 月 13 日）。

[36] 鲁迅：《热风·随感录五十六·来了》。

[37] 鲁迅：《热风·随感录五十九·圣武》。

[38] 鲁迅：《且介亭杂文·答国际文学社问》。

[39] 冯雪峰：《回忆鲁迅》。

[40] 周作人：《艺术与生活·文学上的俄国与中国》。

[41] 周作人：《艺术与生活·圣书与中国文学》。

[42] 周作人：《艺术与生活·新村的理想与实际》。

[43] 鲁迅：《集外集·俄文译本〈阿 Q 正传〉序及著者自叙传略》。

[44] 周作人：《艺术与生活·新村的理想与实际》。

[45] 这段苦闷、彷徨大体发生在 1920 年 12 月—1921 年 9 月周作人在西山养病期间
和 1924 年左右。

[46] 在女师大风潮中，周作人写了大量文章，支持学生正义行动，批判章士钊、杨
荫榆等反动当局"取缔思想"、"取缔文章"（《论章教长之举措》），侮辱女性人
格（《答张崧年先生书》），禁止白话，实行思想文化上的倒退（《老虎报质疑》）。
周作人上述文章与鲁迅的战斗是互相配合的。

[47] 周作人在五卅运动中，从人道主义立场出发，谴责英帝国主义"不拿中国人当
人"（《对于上海事件之感言》），并提醒人们不要"对于军阀官吏没有反抗的表
示"（《演讲传习所》），"切不可相信什么公理正义此以抵炮弹"，主张"他们用
机关枪打进来，我们用机关枪打出去"（《文明与野蛮》）。以上意见与鲁迅的主
张是接近的。

[48] 周作人在"三一八"惨案中，写了大量文章，批判锋芒明确指向帝国主义，特别
是日本帝国主义（《排日》），北洋军阀反动政府（《对于残杀的感想》、《恕府卫》）
及其御用文人（《陈源口中的杨德群女士》），与鲁迅战斗方向大体上也是一致的。

[49] 参看本书"周作人与现代评论派、新月派诸君子"一节。

[50] 1925 年 11 月，章士钊辞职，11 月底女师大学生回到石驸马大街原址，斗争取得
了初步胜利，周作人于 12 月 7 日，写了《失题》一文，提出"不打落水狗"的
主张，表现了某种程度的动摇。12 月 14 日，陈西滢、王世杰等成立"教育界公
理维持会"（次日改名"国立女子大学后援会"），并在致北京国立各校教职员联
席会议函中，声称对支持女师大学生的教职员"即不能投畀豺虎，亦宜摒诸席
外，勿与为伍"。这个事实给周作人以很大教育，他遂于 12 月 20 日（即鲁迅写

《论"费厄泼赖"应该缓行》前八天），以"岂明"的署名，在《京报副刊》第363号发表《大虫不死》一文，对"有绅士气的乱党……挂出不打死老虎的招牌"提出批评，实际上是进行了自我批评。文章指出："章士钊决不是孤立的，他是中国恶劣旧势力的代表……他一个人偶然倒了，他背后那些……多数的无名的老虎是不会倒的。"事实说明，周作人的"不打死老虎"的主张主要是一个思想上的错误，鲁迅的批评，属于内部的思想斗争。

[51] 五卅运动以后，周作人就提出了要"有实力"的主张（《不宽容的问题》）。以后他又宣布他"由理想的弭兵主义而变为理想的主战主义"。他说："现在觉悟的时期应当到了：兵是最要紧，最可贵的东西，我们应该自己当，大人（即兵头）也要我们自己做；那时我们才会有自由"（《别十与天罜》）。以后在《钢枪趣味》中，周作人还谈到他与托尔斯泰的不同在于他是"承认战争的"。1926年周作人在《外行的按语》中，否定了自己曾经提倡过的新村主义的"和平感化"的主张。

[52] 1922年4月23日，周作人针对学衡派，发表《思想界的倾向》，对"国粹主义勃起"提出警告。1923年，周作人又连续写了《还不如军国主义》等文，批判国家主义。1924年，周作人在短短的寒假一个多月里，就写了"十二篇杂感"，对"各方面复旧倾向"大加挞伐。

[53] 参看本书《性心理研究与自然人性的追求》《儿童学、童话学、神话研究与传统文化的反思》有关部分。

[54] 周作人：《谈虎集·北沟沿通信》。

[55] 周作人：《雨天的书·北京的茶食》。

[56] 周作人：《自己的园地·玩具》。

[57] [58] 周作人：《雨天的书·生活之艺术》。

[59] 首先指出这种危机的存在的是冯雪峰，参看《回忆鲁迅》。

[60] 《鲁迅致许广平书简》。在1933年出版的《两地书》以及以后的《两地书》各版本中，均将"个人的无治主义"改为"个人主义"。

[61] 斯大林：《无政府主义还是社会主义》。

[62] 鲁迅：《坟·灯下漫笔》。

[63] 鲁迅：《坟·娜拉走后怎样》。

[64] 周作人在《谈虎集·乡村与道教思想》中引用英国作家蔼来则的话，强调"聪敏的少数人"必然要"管辖""迟钝的多数"。

[65] 鲁迅：《华盖集·通讯二》。

[66] 鲁迅：《华盖集·纪念刘和珍君》。

[67] 鲁迅:《坟·写在〈坟〉后面》。

[68] 鲁迅在认识人民创造世界的历史价值的同时，没有忽视人民身上所负有的历史因袭的重担，他仍然强调启发人民觉悟的极端重要性。他所抛弃的仅是前期"国民性改造"思想中历史唯心主义的因素，作为一个以唤起民族觉悟为己任的启蒙思想家，鲁迅是前后一贯的。

[69] 鲁迅:《而已集·革命时代的文学》。鲁迅在认识到"武器的批判"的极端重要性时，并没有忽视"批判的武器"的意义。他所否定的仅仅是"以为文艺可以改变环境"的"'唯心'之谈"(《三闲集·现今的新文学的概观》)。

[70] 马克思:《德意志意识形态》。

[71] 周作人:《周作人书信·致俞平伯书·二一》。

[72] 周作人:《瓜豆集·自己的文章》。

[73] 周作人:《瓜豆集·题记》，在《苦茶随笔·后记》、《苦竹杂记·后记》、《秉烛谈·序》中都有类似的话。

[74] 曹聚仁:《周作人先生的自寿诗——从孔融到陶渊明的路》(1934 年 4 月 24 日《申报》副刊《自由谈》)。

[75] 周作人:《风雨谈·书法精言》:"孟先生〈闲之录〉案中云:'无怪乾嘉士大夫屏息百务，专以校勘考据为业，借以消磨其文字之兴，冀免指摘于一时，盖亦扪舌括囊之道矣'，孟先生写此文时在民国六年，概乎其言之，今日读此亦复每人慨然也"。周作人论及文字狱的文章还有:《秉烛谈·赋得猫》、《谈文字狱》(1937 年 5 月 16 日《宇宙风》第 41 期) 等。

[76] "九一八"事变后，周作人应北大学生会抗日救国会之邀，发表《关于征兵》的演说 (收《看云集》)，要求追究"无抵抗"而"失地"的责任，反对"迷信公理，依赖国联"。1935 年当有人标榜岳飞、文天祥"俾一般高官戎将有所法式"时，周作人即著文予以揭露，指出要以岳飞、文天祥作为模范，"必须先国亡了"(《关于英雄崇拜》，1935 年 4 月)，而同年 3 月 7 日，鲁迅在《寻开心》一文中，也指出这种宣传，其实质是要把人"捉弄得发昏"，不妨"查查岳武穆们的事实，看究竟是怎么样的结果，'复兴民族'了没有"。在这个问题上周作人与鲁迅的意思大体上是一致的。

[77] 1928 年国民党政府明令规定孔子纪念以后，周作人连续写了《国庆日颂》、《妇女问题与东方文明》(均收《永日集》)等文，明确地把批判锋芒指向国民党政府。1934、1935 年间，周作人又写了《关于林琴南》、《〈苦茶随笔〉后记》、《现代散文选序》(均收《苦茶随笔》)等，对提倡中小学读经、中小学举行会考、男女不准同校、赞美林琴南等复古现象进行抨击。

[78] 周作人在《秉烛谈·女人的命运》中指出："妇女的解放，乃更大难，而此事不了，天下事亦仍是行百里而半九十。"在《瓜豆集·鬼怒川事件》中，他重申在"五四"时期曾经表示过的意见："英诗人凯本德有言，妇女问题须与劳动问题同时解决，这话大约是不错的。"他在《水浒里的杀人》（1936年10月17日《世界日报》副刊《明珠》）里指出："这种轻视人命，特别对于女人小孩的'他虐狂'的态度，是要不得的，与民族的生命有极重大的关系。"在《家的上下四旁》（《瓜豆集》）、《谈中小学》（《苦竹杂记》）、《孔德学校纪念会上的讲话》等文中，他多次谈到了对儿童的教育问题，强调对儿童"要少干涉多引导，让他们自由发展"。

[79] 例如，"九一八"事变后，鲁迅与周作人都著文反对国民党实行不抵抗政策，"依赖国联"。鲁迅运用马克思主义观点，有力地揭露国民党政权对内镇压人民、对外投降帝国主义的反动阶级本质（《友邦惊诧论》）。周作人仍用"国民性弱点"的观点，指责国民党"依赖国联"是迷信公理战胜，"与原有的怯弱、取巧等等劣根性相结合"（《关于征兵》）。二者思想的距离是十分明显的。

[80] 鲁迅：《三闲集·我的态度气量和年纪》。

[81] 鲁迅：《二心集·非革命的急进革命论者》。

[82] 鲁迅致杨霁云书（1935年5月6日）。

[83] 周作人：《永日集·闭门读书论》。

[84] 鲁迅：《且介亭杂文·病后杂谈·四》。

[85] 阿英：《夜航集·周作人的书信》。

[86] 参看本书《走向深渊之路》一节有关部分。

[87] 李泽厚：《中国近代思想史论·康有为思想研究》。

[88] 周作人：《中国新文学的源流》。

[89] 大革命失败以后鲁迅曾发出过这样的感慨："大家现在又在骂人道主义了，不过我想当反革命大屠杀革命者，倘有的人道主义者出而抗议，这对于革命者为什么会有损呢？"（冯雪峰：《回忆鲁迅》）。周作人正是站在人道主义的立场上，抗议国民党的残酷屠杀与思想专制（《谈虎集·偶感之三》；《吴公何如》，《语丝》第141期；《谈虎集·后记》），怒斥帝国主义的污蔑（《谈虎集·日本人的好意》），为李大钊等烈士"以身殉主义"的精神辩护（《谈虎集·偶感》），谴责胡适、吴稚晖等知识分子附逆国民党（《谈虎集·偶感之四》，《谈虎集·人力车夫与斩决》）。1928年，周作人继续发表文章，指出国民党大吹大擂的"国民革命的胜利"不过是"革命的北京化"（《通讯》，《语丝》第4卷第28期），含蓄地指责蒋介石的统治与墨索里尼一样，都是"愚民"所"喜欢"的"英雄"的"专制"统治（《永日集·愚夫与英雄》）。并对国民党统治区发生的复古倒退逆流表示强

烈不满（《永日集·新旧医学斗争与复古》）。

[90] 《骆驼草》于 1930 年 5 月 12 日创刊，标榜"不谈国事"、"不为无益的事"。主要撰稿人有周作人、废名、俞平伯、徐祖正等。

[91] 从 1934 年开始，周作人写了大量或明或暗与左翼文艺运动论战的文章。在这些文章里，他攻击鲁迅等人的转变是"投机趋时"（《瓜豆集·老人的胡闹》）；攻击马克思主义是一种"新礼教"（《苦茶随笔·长之文学论文集·跋》）；反对文艺中一切必要的思想斗争，认为所有"打架的文章"，"如不是卑怯下劣，至少有一副野蛮神气"（《苦茶随笔·关于写文章》）；反对鲁迅"遵命文学"的主张，不加分析地把一切反映无产阶级革命要求的革命文学都攻击为"八股"、"载道文学"，实际上是反对文艺与工农大众及其斗争相结合（《风雨谈·谈策论》、《苦茶随笔·儿童故事·序》），他并且在《关于写文章》、《科学小品》（《苦茶随笔》）、《谈养鸟》（《瓜豆集》）等文章中，为他及林语堂等人所提倡的"闲适小品"辩护，抗拒鲁迅的批评。周作人在与左翼文艺运动论战中基本立场是错误的，但也有歪打正着的地方，包含若干合理因素，要作具体分析。

[92] 周作人：《谈虎集·排日平议》。

[93] 周作人：《苦竹杂记·日本的衣食住》。

[94] 鲁迅致章廷谦书（1930 年 2 月 22 日）。

[95] 鲁迅：《南腔北调集·小品文的危机》。

[96] 鲁迅：《且介亭杂文·忆刘半农君》。

[97] 鲁迅致萧军、萧红书（1934 年 12 月 6 日）。

[98] 鲁迅：《且介亭杂文末编·答徐懋庸并关于抗日统一战线问题》。

[99] 对于鲁迅来说，这两个命题绝不是对立的。对于马克思主义队伍内部封建专断主义的批判，正是表明他对马克思主义的确信。

[100] 20 世纪中华民族有两次伟大的觉醒。第一次是从孔孟之道束缚下解放出来，找到了马克思主义，鲁迅是这次觉醒的伟大代表。第二次是从将马克思主义教条化倾向的束缚下解放出来，实现马克思主义与中国社会实际的结合。鲁迅在 30 年代对于革命队伍内部教条主义、宗派主义和封建专断主义的斗争是一个伟大的先声。

[101] 恩格斯：《〈自然辩证法〉导言》。

[102] 康嗣群：《周作人先生》，载 1933 年 11 月 1 日《现代》第 4 卷第 1 期。

[103] 毛泽东：《新民主主义论》。

[104] 列宁：《中国的民主主义和民粹主义》。

二、探索中国现代文学发展的道路

——周作人、鲁迅文学观的比较

（一）

本世纪初，鲁迅在决心提倡文学运动，以改变愚弱的国民精神时，周作人几乎是他唯一的支持者与合作者。他们在共同创办《新生》杂志失败后，又转向外国文学翻译。阴冷的冬天，在日本中越馆的空洞的大架间里，周作人翻译起草，鲁迅修改誊正，严肃地默默工作，如置身毫无边际的荒原[1]。周氏兄弟在寂寞中苦斗时，当然不会意识到，他们正在掀开中国文学史上新的一页。他们在本世纪初所作的文学选择与努力，虽然在当时得不到反应，却实在是历史性的。

鲁迅在《朝花夕拾·琐记》里，曾经生动地回忆了在南京求学期间，阅读严复译述的赫胥黎《天演论》所引起的思想震动，周作人在日记里也有读《天演论》的记载。其实这本先后出版于1898、1901年的薄薄小书，岂止震动了周氏兄弟！它唤醒了中国整整几代知识分子，成为20世纪中华民族觉醒的一个伟大开端。中国爱国的知识分子正是从《天演论》物竞天择的理论中，清醒地意识到了自己的民族在世界大竞争的历史舞台上所处的随时可能被帝国主义列强并吞的可怜地位，产生了强烈的民族危机感，并由此激发出振兴中华以自立于世界民族之林的伟大民族意志及历史使命感。这种危机感与使命感，成为20世纪中国民族意识的中心。争取中华民族的独立、富强与繁

荣的历史任务不仅始终是 20 世纪中国一切政治、思想、经济斗争的
焦点，而且在现代中国意识形态的一切领域都打上了鲜明的印记。

　　在文学领域，第一个意识到、并提出了这一新的历史任务的，是
敏感的、常常得天下风气之先的梁启超。他在 1901 年所写的《新民
说》里，提出了这样的思想："今日欲抵当列强之民族帝国主义，以
挽浩劫而拯生灵，惟有我行我民族主义之一策，而欲实行民族主义于
中国，舍新民末由"；"为中国今日计，必非特一时之贤君相而可以弭
乱，亦非望草野一、二英雄崛起而可以图成，必其使吾四万万之民德、
民智、民力，皆可与彼（按，指外国帝国主义）相埒，则外自不能为
患，吾何为而患之。"梁启超把改造民族精神、创造"新民"作为拯
救民族危亡的中心，固然有回避推翻封建专制政权这一根本问题的保
守性的一面，但显然又具有某些历史的合理性与深刻性。一年之后，
即 1902 年，梁启超又发表《论小说与群治之关系》，进一步提出："欲
新一国之民，不可不先新一国之小说。故欲新道德，必新小说；欲新
宗教，必新小说；欲新政治，必新小说；欲新风俗，必新小说；欲新
学艺，必新小说；乃至欲新人心，欲新人格，必新小说。"对小说作
用言过其实的夸大浮辞，与对小说在塑造民族新性格、振兴民族精神
上的特殊影响的深刻认识，如此不协调地混杂在一起，这从文风到思
想都颇能显示出梁启超的特色；而在这两方面，在当时以至很长历史
阶段都产生了极大影响。在此之后，有关小说的理论大都不出《论小
说与群治之关系》的范围。例如一篇题为《论小说之势力及其影响》
的文章就这样断言：由于新小说的作用，"庶几卧倒之雄狮，奋跃雄
风于大陆"。在这幼稚的乐观主义中，人们可以感受到渴望民族复兴
自强的爱国主义精神的强大冲击力。历史正是这样要求着：文学必须
与民族解放的伟大事业同命运。人们也许可以从这里听到中国现代文
学最初的历史足音。

鲁迅与周作人的文学观正是在这样的历史氛围下形成的；他们受到梁启超的巨大影响是必然的。周作人曾这样回忆："民族革命运动逐渐发展，《新广东》、《革命军》公然流传，康梁的立宪变法一派随之失势，但是对于我们，《新小说》的影响还是存在，因为对抗的同盟会这一方面没有什么工作"[2]；"梁任公的《论小说与群治之关系》，当初读了的确很有影响……（主要是）主张以文学来感化社会，振兴民族精神"[3]。政治上已经抛弃了康梁，却仍然在文学思想上接受其影响，这恰恰反映了历史前进运动固有的复杂性。

对于思想远为深刻的鲁迅、周作人来说，梁启超的思想当然只是一个起点。1908 年，鲁迅、周作人在《河南》上先后发表《摩罗诗力说》、《文化偏至论》与《论文章之意义暨其使命因及中国近时论文之失》等皇皇大文，系统地提出了自己的文学观，这才真正开始了独立的文学道路。

鲁迅、周作人在构制自己的文学观时，不是从书本的抽象的逻辑推理出发，而是从深广的历史考察开始；他们的目光不局限于古老的中国——井底观天的中国文人把她视为"世界中心"———隅，而是面向整个世界。首先，这方法与眼光就是全新的，它只能产生于打开了世界大门以后的 20 世纪。这种方法与眼光，对于当时以民族革命志士姿态出现的鲁迅、周作人来说，则是一个重要的保证，使他们不致"成为一个狭隘的民族主义者，更没有成为头痛医头，脚痛医脚的，又近视又迂阔的那样的救国思想家"[4]。在鲁迅、周作人上述历史性著作里，一开头就在人们面前展现了一部"罗马统一欧洲以来"的西方政治、思想、文化史，印度、希伯来、伊朗、埃及等文明古国"中道废弛"的民族衰亡史，以及波兰、保加利亚、亚美尼亚等被压迫民族"挫而复振"的民族振兴史。鲁迅、周作人的着眼点在文学艺术与民族盛衰兴废的关系，他们得出了如下结论：在"列国""角逐"的世界，唯有"人国"才能"雄厉无前，屹然独见于天下"；"立国""其首在立人，人立而后凡事举"；"立人"之"道术""乃必尊个性而张精神"[5]；唯有通过文学艺术"声发自心，朕归于我，而人始自有己；人各有己，而群之大觉近矣"[6]，才能真正振奋民族精神，"文章或革，思想得舒，国民精神进于美大，此未来之冀也"[7]。这个逻辑严密的理论体系，以文学艺术为拯救民族的根本之道，其唯心主义的空想性质是显而易见的。然而，正是在这个唯心主义的理论框架之内，却蕴含着极其深刻而丰富的实质性内容。这种情况，在人类思想发展史上，也是屡见不鲜的。

剥开鲁迅、周作人在本世纪初形成的文学观唯心主义的理论外壳，人们可以看到如下内核：（1）文学艺术必须与民族命运紧密结合在一起，它的根本任务是"涵养人之神思"[8]，促进"国民精神进于美大"[9]。它首先是民族功利主义的，而与"谓著作极致在怡悦读者，令得兴趣，有美感也"的"纯艺派"即为艺术而艺术的文艺相对立[10]；（2）"文章者，国民精神之所寄也"[11]。文学艺术必须"阐释时代精神"，"白描人生"[12]，而与"谓文章绝端在于自由"，"借以见作者之情状，而外此即无余蕴焉"的"自（我）表现"的文艺相对立[13]；（3）文学艺术与思想革命密切相关，"文章者，人生思想之形现也"[14]，思想对于文学具有极端重要的意义。不能想象"文章可离思想以孤立"，放弃思想性的追求，"文胜质亡"，即文学的衰亡，因此，文学家"必思想家而后可"[15]。另一方面，文章思想"又必独立不羁"，"或模拟肖似有类袭于他人，皆所弗贵"，而与"尽为圣人立言"的文艺根本对立[16]；（4）文学艺术有自己的规律与特点。"思想在文，虽为宗主"，但"必有中尘焉为之介"才能妙夺人意。"中尘非他，即意象、感情、风味三事"。因此，"文章中有不可缺者三状：具神思，能感兴、有美致也"[17]。在这个意义上可以说，文章仅有

"远功"而"非实用"[18]。"立劝惩为臬极","文章与教训浸无畛畦",必将文学趋于"最隘之界",是不足取的[19];（5）文学的任务既在唤醒民心,以改良社会人生,就必须"作至诚之声"[20];"事之善者著之,恶者亦未尝晦","无取乎掩天下之恶,以粉饰太平而阻改革之机"[21];（6）"诗人者,撄人心者也"[22]。文学绝不是民族精神的消极反映,而是要"发扬神思,趣人生以进于高尚也"[23];对于"固态永存"的中华古国,当务之急是"别求新声于异邦",以"力足以振人"的战斗的反抗的文学,打破人心中"污浊之平和"[24],才能有社会改革、民族再造的希望。

　　以上六个方面,将时代历史的客观要求与文学艺术本身的规律有机地统一起来,以"改造民族灵魂"为中心,形成了一个具有时代和民族特色的完整的文学观。中国现代文学的历史特点——它与民族解放人民革命运动的天然联系,它所具有的巨大的思想性与广阔的社会内容,它的昂扬的战斗精神与现实主义传统——在这一文学观里已初见端倪。毫无疑问,这一文学观的提出,在中国文艺思想发展史上,具有革命的意义。因此,无论是鲁迅,还是周作人,在阐述他们的文学观时,都把批判的锋芒明确指向以儒教诗学为中心的传统文学观。他们尖锐地指出,孔子以"思无邪"的"儒教之宗""删《诗》定礼",将文学纳入"特准一人为言"的轨道,"阴以为帝王之右助"[25];充斥封建时代的"颂祝主人,悦媚豪右之作","心应虫鸟,情感林泉"的避世之作,"悲慨世事,感怀前贤,可有可无之作",无不"拘于""图圄","夭阏国民思想之春华"[26];因此,要建立起20世纪的民族新文学,切要之图在实行"文章改革","摈儒者于门外","夺之一人,公诸百姓"[27]。文学必须根本摆脱封建儒教的束缚,文学必须回到人民自己手中——这是本世纪在文学领域彻底反封建的要求民主的最初呼声。

鲁迅、周作人改造民族灵魂的文学观，无疑是20世纪面临帝国主义侵略威胁的半封建半殖民地的中国社会的产物，它同时与世界被压迫民族文学息息相通。鲁迅与周作人在提倡改造民族灵魂文学时，首先着手于对俄国和东欧被压迫民族文学的介绍，就充分证明了这一点。周作人回忆说，他们在日本曾广泛接触了"十九世纪下半叶"欧洲文学，却因其"过分强调人性，与人民和国家反而脱了节"而不满，于是，转向了"具有革命与爱国精神"的俄国与东欧被压迫民族文学[28]。鲁迅在《祝中俄文学之交》里，也回顾了在上世纪末与本世纪初中国人民对外国文学的注意，由"伦敦小姐之缠绵和非洲野蛮之古怪"转向"被压迫者的善良的灵魂，的酸辛，的挣扎"的历史过程。20世纪的中国现代文学（连同它的文学观）在其酝酿期就与世界被压迫民族文学取得了如此密切的血缘关系，这同样有着重大的意义。

周作人在这个时期对文学艺术的考察，除了与鲁迅一样，十分注意文学艺术与民族振兴事业的关系外，还有着自己独特的视角，即"人"的健全发展。周作人在留日期间，接触并接受了英国性心理学家蔼理斯将"人从社会的存在还原为自然的存在"的理论，认为人于动物性的"求生"意志之外，还有高于动物的"天赋之性灵"自由发展的要求，文学艺术正由此而产生。因此，他反复强调文学艺术必须"不为他物所统"，"得尽其情"，"自然而流露"[29]。周作人这一思想在这个时期的文学观中并不居于主导地位，却预示着今后不同的发展方向。

（二）

今索诸中国，为精神界之战士者安在？有作至诚之声，致吾人于善美刚健者乎？有作温煦之声，援吾人出于荒寒者乎？[30]

　　本世纪初鲁迅向荒寒的祖国及文坛发出呼唤，迟至十年之后，才听到历史的回音。1917 年 2 月，继胡适《文学改良刍议》之后，陈独秀高张"文学革命军"的大旗，大声疾呼：推倒"与吾阿谀夸张虚伪迂阔之国民性互为因果"的封建贵族文学、古典文学、山林文学，建设国民的、写实的、社会的新文学。这是期待已久、历史条件终于成熟了的革命。早已把文学看作是促进国民精神的改造与解放的根本环节的鲁迅与周作人，第一次在这场革命中看到实现自己理想的希望。他们理所当然地站到了五四文学革命第一线，成为"五四"时期社会的为人生的文学的主要倡导者。鲁迅以后在回顾"五四"时期"为什么做小说"时这样说到自己："以为必须是'为人生'，而且要改良这人生。我深恶先前的称小说为'闲书'，而且将'为艺术的艺术'，看作不过是'消闲'的新式的别号。"[31] 周作人在"五四"时期不但起草了文学研究会宣言，宣告"将文艺当作高兴时的游戏或失意时的消遣的时候，现在已经过去了"，而且在《文学上的俄国和中国》、《新文学的要求》等演讲里，中国的"新兴文学当然的又自然的也是社会的、人生的文学"，"与唯美及快乐主义不能多有同情"。在五四文学革命中，鲁迅与周作人更加自觉地坚持文学的现实主义创作原则，强调文学必须面向人生，"抒写本心，毫不粉饰"，"揭发隐忧，亦无讳意"[32]。他们的目的仍然是在用"醒过来的人的真声音"[33] 去唤醒依旧沉睡在铁屋子里的人们，"造成精神上的影响"[34]。这种启蒙主义思想显然是他们在本世纪初提出的"改造民族灵魂"文学观的深化与发展。

　　五四文学革命虽然是鲁迅与周作人在本世纪初就期待着的一场革命，但它毕竟晚来了十年，就必然具有新的时代的特征。完全崭新的文化生力军——共产主义的文化思想的产生与发展，政治生力军——中国无产阶级和中国共产党登上政治舞台，中国革命历史进程由旧民主主义转向新民主主义新阶段，决定着中国文学也必然地由旧民主主义的资产阶级文学转向无产阶级领导的、人民大众的、反帝反封建的新民主主义革命文学，同时要求着文艺思想上新的突破与发展。

在这样的新的历史潮流面前，鲁迅把他对文学命运的探索的中心，转向了文学与被压迫的人民大众的关系。如果说本世纪初鲁迅是作为一个民族革命志士出现于中国文坛，现在在五四新文化运动中，鲁迅则更鲜明突出地表现了革命民主主义斗士的姿态。这当然不是意味着鲁迅放弃了振兴中华以自立于世界民族之林的爱国主义奋斗目标（这是他萦怀终生，须臾不曾忘的神圣目标）；恰恰相反，正是由于他把民族振兴的希望寄托于被压迫人民，把他的爱国思想的深根栽植在爱人民的思想上面，把反对帝国主义压迫的民族革命的任务与反封建的民主革命的任务更有机地统一起来，鲁迅的爱国主义就获得了更深广的、更具有时代特色的内容。经过了从本世纪初到五四运动十年沉思的鲁迅，总结与消化了辛亥革命的历史经验，对背着几千年的历史重负的中华古国的国情与民情，已经有了远比同时代人更为深刻与清醒的认识。因此，当他把目光转向与上层社会相对立的下流社会的不幸的人们时，对于根深蒂固的封建制度、封建传统所施加于他们身上的政治的、历史的，社会的、思想的镣铐，有着最充分的估计与深切的体验。唯其爱之太深，期望过殷，人民的麻木与不觉悟状态就越使鲁迅感到难以忍受，并造成了极大的精神痛苦。正是这种与被压迫人民同命运的感情，促使鲁迅在表现下层人民的不幸时，把笔力集中于"揭出"人民精神上的"病苦"，以"引起疗救的注意"[35]。在这里，我们看到"改造民族灵魂"的文学观在新的历史条件下获得了更坚实的基础：通过对人民精神弱点的揭示及其形成的社会、历史、思想根源的剖析，首先唤起作为民族基础的大多数——下层人民的觉醒。这种由民族本位主义向人民本位主义的发展，是与中国革命的历史进程相适应的，并且奠定了鲁迅的文学观必然地向无产阶级文学观发展的思想基础。

在鲁迅由民族本位主义转向人民本位主义的时候，周作人却有了另一个发展方向。周作人曾经说过，"坚持民族主义计有十年之久"之后，"五四时代我正梦想着世界主义"[36]。正是着眼于世界文学的发展，周作人建造起了他的人本位主义的文艺观体系。按照周作人自己的解释，这种文艺观有两种理论支柱："一、这文学是人性的，不是兽性的，也不是神性的"[37]。周作人发展了日本留学时期将"人"还原为生物的"人"的观点，首先强调"人"是"动物"。他据此提出了"人的一切生物本能，都是善的美的"的道德观与美学观[38]，要求文学冲破封建禁欲主义的禁锢，大胆表现人的本能冲动、情欲和人的兽性方面，宣扬人的自然欲望的合道德性；同时又强调"人"作为"进化的动物"，它有高于一般动物的精神的要求，这就是"人"的"神性"方面。"兽性与神性，合起来便是人性"。周作人据此而要求文学从"兽性"与"神性"、"肉"与"灵"的统一中去表现"人"；不仅表现人的生物欲望，而且表现人精神世界的"内面生活"[39]。周作人的人本位主义文学观的第二根理论支柱是强调"文学是人类的，也是个人的；却不是种族的，国家的，乡土及家族的"[40]。按照周作人的观点，文学经过了"人类的文学"、"阶级的文学"的初级阶段，进入了"个人的文学"的阶段[41]，所要表现与确认的是排斥了人对社会、阶级、民族责任的纯粹个人价值。周作人所提出的人本位主义文艺观基本上是欧洲文艺复兴时期人文主义思想在中国的再发现。应如何认识这种"再发现"的意义呢？列宁在评价俄国民粹派时曾提醒我们："应该记住恩格斯的名言：'在经济学的形式上是错误的东西，在世界历史上却可以是正确的。'"[42]恩格斯的名言是具有方法论的普遍意义的：对于任何一种思想理论的评论，不仅应该注意其纯理论形式是否正确，更要把它放到一定的历史条件与环境下，考察其具体的历史的实践作用与意义。"五四"时期的中国社会面临着反封建的严重任务，五四新文化运动实质上是一场反封建的思想与文学革命运动。在这样的具体历史条件下，人性论抽象的理论形式中包蕴着反封建旧传统、旧礼教、旧道德、旧文学的具体的历史的阶级的内容。周作人的人本位主义文艺观其主要矛头是指向封建禁欲主义、封建旧制度、旧礼教对于人的个性的压抑，以及宣扬这种封建道德观念的封建文学（周作人把它斥为"非人的文学"）。因此，周作人在"五四"时期所提出的"人的文学"的口号，在当时产生了极大影响，成为五四文学革命重要的理论旗帜之一，其实践作用的主导方面无疑是积极的。

（三）

五四文学革命高潮过去以后，中国文坛进入了一个在苦闷中反思、求索的时期。文学的作用，文学的本质、规律，成为文艺理论家与作家思考、探索的中心。应该说，这是五四文学革命运动合乎逻辑的深化与发展。

对于文学作用的思考，是与文学家道路问题的探求联系在一起的。鲁迅与周作人，从完全不同的立场、角度，对早期文艺观中夸大文学与精神力量作用的唯心主义理论框架，提出了怀疑。鲁迅最善于根据现实阶级斗争的实践来纠正自己思想理论上的偏颇。早在五卅运动中，他就看到了"空手鼓舞民气"的无力与无用，强调"必须同时设法增长国民的实力"[43]，认为"改革最快的还是火与剑"。[44]三一八惨案中，北洋军阀政府在帝国主义指使下对爱国学生运动的血腥镇压，更使鲁迅"对于一向所知道的前人所讲的文学的议论，都渐渐的怀疑起来"。他痛苦地自问："被压迫的人""天天呐喊，叫苦，鸣不平，而有实力的人仍然压迫，虐待，杀戮，没有方法对付他们，这文学于人们又有什么益处呢？"[45]鲁迅在这里思考问题的出发点依然是"被压迫的人"。显然，鲁迅已经意识到：仅仅依靠"批判的武器"是不能使被压迫的人真正获得解放的，于是他把目光转向"武器的批判"。他认为，要改变"中国现在的社会情状，止有实地的革命战争，一首诗吓不走孙传芳，一炮就把孙传芳轰走了"[46]。这个由事实的昭示而得出的新结论对于鲁迅来说是至关重要的。因为这不仅意味着他早期文艺思想中唯心主义理论框架的彻底"轰毁"，而且表示着鲁迅已经把中华民族与人民解放的希望，文学发展的希望，寄托于以工农大众为主体的人民革命以及这一革命所将开创的新时代。这样，鲁迅对于文学道路的探讨就出现了一个新的中心点：文学与无产阶级领导的人民革命的关系。鲁迅的结论是：文学不仅不能远离人民革命，而且应该自觉地加强与人民革命的血肉联系。作者必须"和革命共同着生命，或深切地感受着革命的脉搏"[47]，表现革命的时代，表现在革命中涌现出来的自觉地把个人命运"和穷困的大众联结"在一起的新人的性格与灵魂[48]。正是在这样的思想背景下，苏联十月革命的经验，苏联无产阶级革命文学运动的经验，对鲁迅产生了极大的吸引力。正像许多评论家所注意到的那样，鲁迅从1925年开始，特别是1926年离北京去厦门之前，对《文学与革命》、《无产阶级艺术论》，《无产阶级的文化》等无产阶级文学理论著作进行了认真研究，并对苏联无产阶级文艺运动及其论争作了严肃的考察与思考。在本世纪初，鲁迅向世界资产阶级民主主义文学和被压迫民族文学"别求新声"；到本世纪20年代末，就转向世界无产阶级文学寻求出路。这有决定意义的转移，不仅属于鲁迅个人，而且代表着中国现代文学发展的方向。其意义不仅是一个文学道路的选择，而且是由革命民主主义转向马克思主义的重要标志：文学观的转变是世界观转变的重要组成部分。

　　在鲁迅站在被压迫人民的立场上，强烈地感到"批判的武器"的局限性的同时，周作人得出了"教训无用"的结论。他认为"思想的力量在群众上面真可怜地微弱"[49]，一切思想的宣传、运动至多"有言行流传"，"至于期望他们教训的实现，有如枕边摸索好梦，不免近于痴人"[50]。周作人直到晚年仍认为这是"迷妄"里的"觉醒"[51]，但这"觉醒"的实际意义却是复杂的。离开了物质的基础，妄图单纯依靠思想的宣传、文学的启蒙来改变人民群众的精神面貌，这种夸大思想启蒙作用的迷信无疑是应该破除的，但周作人却由此根本否定了群众觉醒的可能性和思想启蒙的作用与意义，就又陷入了虚无主义的"迷妄"。这种根植于对大多数人民群众深刻的不信任感的虚无主义新结论，与上述鲁迅的结论形式相似而实质不同；它对于周作人文艺思想的发展同样是至关重要的，是他以后一系列理论倒退的出发点。周作人由此而根本否定新文学与人民群众结合的可能性，认为大众只能欣赏"改良"的"旧剧"，"完全摆脱旧传统"的新文艺"享受者总限于少数"，"新的艺术决不能克服群众，这是永远的事实"[52]。对文学的思想教育作用与社会意义的追求，同样成了毫无意义的"虚妄"。周作人公开宣称："有益社会"并非"著者的义务"[53]。割断了与人民、时代、社会的联系，文学就成了纯粹个人的玩物。周作人直言不讳地宣布："文艺只是自己的表现"[54]，文学的作用仅仅在于使自己得到满足，并"供有艺术趣味的人的欣赏"[55]。这样，周作人终于失去了作为中国现代知识分子、现代作家最可宝贵的品格——对于时代、国家、民族与人民的使命感与责任感，钻进了艺术的象牙塔，这就从根本上背离了中国现代文学最可宝贵的战斗传统，在一定程度上也背叛了他自己——因为在本世纪初及"五四"时期，周作人本人也是新文学上述传统的重要开创人之一。这对于周作人当然不只是一个文学观的倒退，而是人生态度、政治立场的一个转折，他由此逐渐走上（当然不无痛苦、犹豫、曲折）远离时代主流、漠视民族奋起、反对人民斗争的道路。这是一个危险的斜坡的开端，历史将无情地显示，沿着这个斜坡会滑到哪里去。

鲁迅在 1927 年所作的一篇题为《无声的中国》的演说里，曾经把"五四"以来社会思潮的发展概括为由"文学革命"的鼓吹，到"思想革命"的提倡，到"社会革命"的发动。鲁迅的思想正是沿着这条线索发展前进的，他始终站在时代思潮的最前头。周作人在"五四"时期曾不失为思想革命的先驱，但在"五四"以后的革命深入发展中，却终因为对于社会革命的疑惧而倒退。尽管 1925 年以后的现实斗争仍然把周作人推在思想斗争的第一线，他还没有完全失去思想革命战士的品格（但也仅只于此），他也曾一度部分地回到原来的基点上，提倡过"唤起个人的与国民的自觉"的"国民文学"[56]，但对社会革命的疑惧却始终如梦魇般缠绕着他的灵魂，他的思想倒退的趋势于是不可逆转。

对文学作用的思考，不可能离开对于文学本质与规律的探寻。下面这个写作日程表，是发人深省的：1918 年末、1919 年初，正是五四运动高潮时期，周作人连续写了《人的文学》（1918 年 12 月）、《平民文学》（1918 年 12 月）、《思想革命》（1919 年 3 月），而到 1921 年 1 月，在五四运动趋向低潮的时候，周作人又写了《个性的文学》，提倡"有个性的新文学"。应该说周作人对文学思潮的发展趋向是相当敏感的。在周作人发表《个性的文学》以后，郭沫若在 1921 年秋所写的《论诗三札》里，也提出了"个性最彻底的文艺便是最有普遍性的文艺，民众的文艺"的主张，以后又进一步强调文学"是灵魂与自然的结合"[57]，"真正的艺术作品应当是充实了主观的产品"[58]。1922 年沈雁冰在《文艺批评杂说》里，也批评泰纳的批评方法"完全忽略了作家个性的重要"，又在《文学与人生》里指出"大文学家的作品，那怕受时代环境的影响，总有他的人格融化在里头"。而鲁迅，如人们所熟知的，从 1924 年起，对日本文艺理论家厨川白村产生了浓厚兴趣，特别重视他强调表现内心感受、表现个性的思想。在这一时期鲁迅翻译的文章中，也有不少是强调文学的个性表现的（如武者小路实笃的《凡有艺术品》）。1926 年鲁迅在《〈穷人〉小引》中，更是肯定了陀思妥耶夫斯基不但真实地描写了"贫穷的人物""灵魂的深"，而且"将自己也加于精神底苦刑"，认为这是一种"在高的意义上的写实主义"。鲁迅、周作人以及沈雁冰、郭沫若这些对"五四"以后的新文坛具有重大影响的作家的上述文艺思想发展动向，显示了时代文艺思潮发展的共同趋向：在作品中鲜明地表现作家的个性，成为文艺理论的探讨与创作追求的重要课题。课题提出本身，应该看作是文艺思想深化的表现；而不同倾向的作家对于这一课题的不同回答，则是更深刻地表现了他们之间文艺思想的分歧。在这方面鲁迅与周作人具有极大的典型性。

　　对于鲁迅来说，作品个性化问题的提出，是他的现实主义文艺思想的一个深化。"五四"以后，鲁迅一直高举着战斗的现实主义的旗帜：1925 年，在《论睁了眼看》里，鲁迅旗帜鲜明地批判了"瞒和骗"的反现实主义的传统文艺，号召作家"取下假面，真诚地，深入地，大胆地看取人生，并且写出他的血和肉来"；1922 年，鲁迅在《〈穷人〉小引》里强调作家要在作品中显示人物对象及作家自己"灵魂的深"，正是要求将"敢于正视现实"的现实主义战斗精神彻底化，不仅敢于正视人生外在表现形式，而且敢于正视人生内面的灵魂；不仅敢于正视与揭露客观世界的矛盾弊端，而且敢于正视与揭露作家自己主观世界的矛盾与弱点。这与鲁迅在这一时期反复申说的"我自己总觉得我的灵魂里有毒气和鬼气，我极憎恶他"[59] 的思想是相一致的。这里完全没有任何沾沾自喜的自我表现欲，而是表现出一种渴望着突破自己、以更好地跟上时代和人民前进步伐的伟大的自我解剖精神，同时还表现了作家对于时代、人民的伟大责任感与使命感：不能以自己灵魂中的毒气与鬼气影响时代的青年。鲁迅说，如把青年"引入危途，我就该得谋杀许多人命的罪孽"[60]。因此，他绝不愿意充当人民、青年的"导师"，而只愿意向他们不加掩饰地坦露自己的灵魂，共同探寻真理的道路。正因为鲁迅的灵魂与人民、时代息息相通，因此，鲁迅重视与强调作品的主观真实性，要求作品真诚地表现作家自己的思想、情感与个性，绝不是将作家的这种自我表现，与时代、人民对立起来，其根本意义恰恰是在：要求作家按照文学艺术本身的规律更深刻、更艺术地表现社会人生，反映人民的呼声与时代要求。鲁迅曾经作了这样的历史考察："以前的文艺，如隔岸观火，没有什么切身关系；现在的文艺，连自己也烧在这里面，自己一定深深感觉到"，"连我们自己也写进去；在小说里可以发见社会，也可以发见我们自己"[61]。文学艺术之不同于科学，一个重要方面就在于作家绝不可能绝对客观地去观察表现现实，而一定要把"自己也烧在里面"，把自己全部思想感情融注到作品的客观描写中，或隐或显地显示出作家自己的个性。鲁迅正是从作家必须通过自我去表现社会、时代这一基本规律出发，得出了一个极为重要的结论："根本问题是在作者可是一个'革命人'"[62]；只有作家思想感情与人民的思想感情相通，作家的个性与时代要求和谐一致，作家的主观自我表现与反映时代、人民呼声的客观要求才能得到高度的统一。这样，问题的归结点，就不能不是作家与人民、时代的结合，这正是鲁迅后期文艺思想的核心。

在周作人那里，就完全是另一种情况。周作人对于自我内面灵魂的审视与表现，产生于对外部人生世界的幻灭感。他强调表现"自我"，实质上是对黑暗现实的逃避，对作家社会责任的推卸，表现了政治热情的衰退与动摇；因此，其理论表现形态，就必然是将作家的自我表现与反映人民、时代呼声的要求绝对对立起来。周作人宣布：要求文学表现"社会心理"、时代精神，就是"牺牲了个性"[63]；要求作家"体察"、反映"大众的心情"，就必然是"驱使"作者"去做侍奉民众的乐人"，而抹煞作家"自己"[64]。这实际上反映了周作人这样的自由资产阶级知识分子与人民大众的真实关系，阶级地位、生活方式与文化教养决定了他们本能地与人民大众格格不入，他们害怕人民的解放会束缚、妨碍自己个性的发展；周作人将这种贵族心理普遍化，赋予某种"规律性"的色彩。他的理论——不论其主观意愿如何——就具有了极大的欺骗性，其实际意义就在于掩盖和否认这一客观事实：所谓"文艺只是自己的表现"，实质上就是要求文学艺术自由地去表现自由资产阶级及其知识分子的个性。当然，处于半封建半殖民地旧中国的自由资产阶级，他们微弱的反帝反封建的民主要求与人民大众确有某些相通之处，因此，他们在文学作品中的自我表现在一定条件、范围内就仍然有一定的积极意义；但是，由于自由资产阶级害怕人民的本质，使他们远离人民生活，由于自身生活天地与思想的狭隘性，就决定了他们纯粹自我表现的文艺理论与实践，必然地把文学引入"咀嚼着身边的小小的悲欢，而且就看这小悲欢为全世界"的死胡同，"从率直的读者看来，就只见其有意低徊，顾影自怜之态"[65]。

（四）

这又是一个发人深省的历史现象：尽管到20年代末，鲁迅与周作人已经走上了完全不同的文学道路，但在20年代末、30年代初的革命文学论争中，鲁迅与周作人竟然被无产阶级革命文学的倡导者们置于完全相同的被批判的地位。他们居然嘲笑鲁迅"反映的只是社会变革期中的落伍者的悲哀，无聊赖地跟他弟弟说几句人道主义的美丽的说话"[66]。这一历史的误会，充分反映出无产阶级革命文学倡导者思想的不成熟。正像瞿秋白所正确指出的，"新兴阶级的文艺思想，往往经过革命的小资产阶级作家的转变，而开始形成起来"，这就使"一些小集团居然自以为独得了'工人阶级的文化代表的委任状'——包办代表事务"[67]。这种情况，使建立无产阶级革命文学的历史必然要求，竟然被包容在一种夸大与歪曲的形式之中。从被歪曲的形式中抢救出深刻的历史内容；纠正夸大的错误，在与文学创作实践及文艺运动实践结合的过程中，发展与完善并捍卫中国无产阶级革命文学理论，这就是鲁迅在他最后十年的战斗中所全力从事的事业。这是不必再重复叙述鲁迅在这一时期所提出的许多具体思想观点，需要特别强调的却是鲁迅的如下态度：对无产阶级文学运动中的幼稚病——这种幼稚病不断以"左"或右的形式出现——的斗争，毫不留情，对因此而来的"否定"无产阶级文学运动的罪名（这个罪名曾多次加到鲁迅身上），置之不顾。鲁迅的这种坚定性是人们很难企及的。但鲁迅从来没有因为对幼稚病的厌恶反感，而对无产阶级文学运动本身，对于马克思主义历史唯物主义基本原理，产生任何的怀疑与动摇。对于由此而来的"投降"、"贰臣"之类的诬蔑，鲁迅同样嗤之以鼻。鲁迅捍卫无产阶级文学基本原则，捍卫马克思主义基本原理的坚定性，更是无与伦比的。鲁迅这样回答那些因无产阶级文艺运动的错误而对之采取否定态度的"第三种人"理论家："自然，自从有了左翼文坛以来，理论家曾经犯过错误"，甚至有的人由左而右，转到敌人一方面，"然而这些讨厌左翼文坛了的文学家所遗下的左翼文坛，却依然存在，不但存在，还在发展，克服自己的坏处，向文艺这神圣之地进军。"[68]鲁迅的回答里充满了革命的辩证法，没有任何形而上学的庸人气息。这种态度，与周作人形成了鲜明的对比。周作人在文学革命论争以及以后很长时间内，不断抓住左翼理论家某些幼稚病，对无产阶级文学运动本身竭尽嘲弄之能事。在这些嘲弄中，有时也不乏机智的成分[69]，正是这些机智处恰恰暴露出周作人的阶级偏见。在整个30年代，周作人除了重复20年代所提出的"文艺只是个人表现"的老话之外，再也拿不出新的货色，后来他干脆宣布"文学店"关门了事。这种文艺思想的贫乏症，对于脱离社会实践，"到艺术世界里""避难"[70]的周作人，几乎成了不可治愈的顽症。30年代中期，围绕着"性灵文学"展开的论战，是鲁迅与周作人之间第一次站在不同的营垒进行的正面思想交锋；它标志着曾经是无产阶级领导的革命运动与文学运动同路人的周作人，已经站到了对立面地位，这是一个质的变化。性灵文学，是周作人纯自我表现文学的"老"货"新"卖（林语堂在《生活的艺术》里说得很清楚："这学派就是一个自我表现的学派，'性'是指一个人之'性'，'灵'指一个人之'灵魂'或'精神'。"）；新鲜之处，仅仅在涂了一圈"传统"的灵光。周作人在他的影响很大的讲演《中国新文学的源流》里，把他所主张的"以表达出作者的思想感情为满足的，此外再无自由之可言"的纯自我表现文学称为言志派文学。他断言言志派的文学是中国传统文学的主流，明末的公安派、竟陵派将其发展到顶端，并成为"五四"新文学的直接渊源。周作人的兴趣显然不在历史，而在现实：要把整个新文学纳入纯自我表现文学（言志派文学）的轨道。在这关系到现代文学性质与命运的原则问题上，鲁迅当然不会让步。鲁迅以其特有的敏锐的判断力，一语道破周作人们纯自我表现文学的实质：在"风沙扑面，狼虎成群的时候"，"靠着低诉或微吟，将粗犷的人心，磨得渐渐的平滑"[71]，这是十足的"抚慰劳人的圣药"[72]，"麻痹"民族灵魂的"麻醉性的作品"[73]。本世纪初，周作人与鲁迅怀着沉痛的民族危机感，共同倡导"改造民族灵魂"的文学，呼唤"力足以振人"的反抗之声来震醒沉睡中的民族；到了 30 年代中，面临着严重的民族危机，周作人竟然鼓吹"以自我为中心，以闲适为格调"的性灵文学来麻醉已经开始觉醒的民族的灵魂，这是怎样可悲的历史倒退！

（五）

历史是会嘲弄人的。和鲁迅进行了那一番论战之后，不到几年的工夫，人们又看到了周作人的如下表白：文学必须"以'有益于人'为主"，不能"以满足自我表现的欲望为主"[74]；载道、言志的区分并不科学，"不如直截了当的以诚与不诚区别"，"如若有诚，载道与言志同物"，"即使貌似闲适……其宗旨则一，即是有益于世，谓之明道殆无不可"[75]；文艺"是政治的一部分"，不能"完全独立自由"，"即使重在创造，其个人要求总不能不属于国家或民族之下"[76]；"我是不会做所谓纯文学的，我写文章总是有所为"，如果"抽去"自己文章中"道德的或是政治的意义"，"剩下的便只有空虚的文字与词句，毫无价值了"[77]，等等。这真是戏剧性的转折！但就周作人自我表现的理论而言，倒也是合乎逻辑的：因为此时周作人的"自我"已经由苦雨斋里的老僧，一变而为日本侵略军麾下的督办，由自由资产阶级的思想、文化代表蜕变为附庸于帝国主义的买办文人。鲁迅早就说过，在中国并无真的"隐君子"，"隐"而"官"正是中国隐士的"正途"[78]。尽管如此，这种身份的转变，仍然是有几分难堪的。此时此境，周作人的"自我"本能地要求给自己叛变行为涂上一层"有益于人"、"有益于世"，为国家民族牺牲个人的神圣油彩，以获得心理上某种平衡，既欺骗别人，也欺骗自己。然而，正如冯雪峰同志所说，"将一切的屈辱，都要做成为全出于志愿"，出于"崇高"的目的，"这真够说明那堕落与颓丧的不可收拾了"[79]。

　　但这仍是有意义的。因为周作人用自己的行动，给鲁迅早就揭示的真理，作了有力的佐证："完全超于政治的所谓'田园诗人'，'山林诗人'，是没有的。完全超出于人间世的，也是没有的。"[80]特别是半封建半殖民地的中国，人民解放、民族独立的问题压倒了一切，支配着、影响着每一个中国人民的生活，没有一个作家能够回避这一最尖锐的政治问题，总要和一定的政治发生关系。周作人自命清高，不屑与人民大众的、无产阶级的政治发生关系，却与日本侵略者最肮脏的政治结下了不解之缘；不愿意将个人文学事业与民族解放、人民革命事业联结在一起，却终于成了帝国主义侵略"事业"的殉葬品。历史的客观逻辑确实是无情的。

　　但历史的前进道路始终是曲折的。1933 年，鲁迅在批判周作人等的性灵文学、闲适小品时，在针锋相对地指出"生存的小品文，必须是匕首，是投枪，能和读者一同杀出一条生存的血路"之后，认为有必要特地加上一句："但自然，它也能给人愉快和休息"[81]。这是一个有深刻含义的提醒：周作人等纯自我表现文学观理论体系上的谬误并不排斥仍然可以包含某些合理的因素——尽管这种合理因素也是采取了被歪曲的形式的。因此，鲁迅紧接着又说了一句："然而这并不是'小摆设'，更不是抚慰和麻痹，它给人的愉快和休息是休养，是劳作和战斗之前的准备。"[82]如果我们在完全正确地批判错误的思想体系时，对其包含的某些合理因素也针锋相对地采取"反其道而行之"的态度，就会把自己陷入另一种片面性。任何真理往前跨一小步，就会变为谬误。这个提醒，显示了鲁迅后期文艺思想的深刻与成熟。然而，先驱者的提醒，要为社会所重视、接受，变为大多数人的认识，却需要一个过程。人们只有经过长时间的痛苦的实践经验，才可能达到先驱者的思想水平。现代文艺思想的发展，正是遵循着人类思想史的这个客观规律。

周作人纯自我表现文学观的破产，使当年许多周作人的追随者在实践的教育下，逐渐接受了"文艺必须反映时代、人民的呼声"、"文艺必须是战斗的"等新的文学观，这是中国历史的巨大进步。然而，就在这巨大进步的同时，鲁迅当时的提醒却在一个相当长的时间内为人们所忽视、忘却，以至否定；文学的战斗作用与文学的娱乐性，文学的人民性、时代性与文学的个性表现，在一些人眼里竟然成了绝对不能相容的两个极端。于是，批判者陷入了与被批判者同样的形而上学，尽管他们是出于两个截然相反的立场。历史在进步中同时又孕育着历史的曲折。只有经过这样漫长的成功与失败的经验，人们才终于体会到鲁迅思想的深刻性，发现了鲁迅的预见性。

在历史的反思中，自然也会有人趋向全面地"回到周作人那里去"的极端。然而，真正成熟的历史总结却必然是辩证的：在肯定周作人文艺思想的历史地位、贡献的同时，绝不忽视它的根本性的弱点、谬误、局限及其必然的恶性发展，不仅从周作人历史失误中汲取教训，也从周作人思想中汲取某些合理因素，加以革命的改造，以丰富、发展自己的思想。历史总结的成熟性同样表现在：经过历史的曲折，人们对鲁迅思想（包括他的文学观）的深刻性及其对于民族思想、文学发展的深远意义有了新的认识与发现；但也不会简单地"回到鲁迅那里去"。鲁迅的文学观及其道路，对于我们来说，只是一个光辉的起点，伟大的基础，绝不是终点与顶端。鲁迅在本世纪初曾引用尼采的诗句表示对文学新生命的期待："嗟我昆弟，新生之作，新泉之涌于渊深，其非远矣。"[83]在20年代，又一再呼吁：在中国，"早就应该有一片崭新的文场，早就应该有几个凶猛的闯将"，"没有冲破一切传统思想和手法的闯将，中国是不会有真的新文艺的"[84]——穿过半个世纪时间的长河，鲁迅的呼唤今天仍然保持着新鲜的活力。

注释

[1] 周作人：《知堂回想录·七八，翻译小说（下）》。

[2] 周作人：《鲁迅的青年时代·鲁迅与清末文坛》。

[3] 周作人：《瓜豆集·关于鲁迅之二》。

[4] 冯雪峰：《鲁迅和俄罗斯文学的关系及鲁迅创作的特色》。

[5] 鲁迅：《坟·文化偏至论》。

[6] 鲁迅：《集外集拾遗补编·破恶声论》。

[7] 周作人：《论文章之意义暨其使命因及中国近时论文之失》，原载《河南》第 4 期（1908 年 5 月出版）。

[8] 鲁迅：《坟·摩罗诗力说》。

[9]［10］［11］［12］［13］［14］［15］［16］［17］［18］［19］ 周作人：《论文章之意义暨其使命因及中国近时论文之失》，原载《河南》第 4 期（1908 年 5 月出版）。

[20] 周作人：《〈红星佚史〉序》。

[21]［22］［24］［26］［30］［83］ 鲁迅：《坟·摩罗诗力说》。

[23]［25］［27］ 周作人：《论文章之意义暨其使命因及中国近时论文之失》。

[28] 周作人：《鲁迅的青年时代·鲁迅的国学与西学》。

[29] 周作人：《论文章之意义暨其使命因及中国近时论文之失》。

[31]［35］ 鲁迅：《南腔北调集·我怎么做起小说来》。

[32] 周作人：《点滴·〈不自然淘汰〉前记》。

[33] 鲁迅：《热风·随感录四十》。

[34] 鲁迅：《热风·随感录四十三》。

[36] 周作人：《雨天的书·元旦试笔》。

[37] 周作人：《艺术与生活·新文学的要求》。

[38]［39］ 周作人：《艺术与生活·人的文学》。

[40]［41］ 周作人：《艺术与生活·新文学的要求》。

[42] 列宁：《两个乌托邦》,《列宁选集》第 2 卷，第 431 页，

[43] 鲁迅：《华盖集·忽然想到·十》。

[44] 鲁迅：《两地书·十》。

[45]［46］ 鲁迅：《而已集·革命时代的文学》。

[47] 鲁迅：《二心集·上海文艺之一瞥》。

[48] 鲁迅：《译文序跋集·〈毁灭〉后记》。

[49] 周作人：《雨天的书·"大人之危害"及其他》。

［50］ 周作人：《雨天的书·教训之无用》。

［51］ 周作人：《知堂回想录·一三二，小河与新村（下）》。

［52］ 周作人：《艺术与生活·中国戏剧的三条路》。

［53］［54］［55］ 周作人：《〈自己的园地〉序》。

［56］ 周作人：《雨天的书·与友人论国民文学书》。

［57］ 郭沫若：《文艺论集·文艺的生产过程》。

［58］ 郭沫若：《文艺论集·论国内的评坛及我对于创作上的态度》。

［59］ 鲁迅致李秉中书（1924 年 9 月 24 日）。

［60］ 鲁迅：《华盖集·北京通信》。

［61］ 鲁迅：《集外集·文艺与政治的歧途》。

［62］ 鲁迅：《而已集·革命文学》。

［63］ 周作人：《自己的园地·自己的园地》。

［64］ 周作人：《自己的园地·诗的效用》。

［65］ 鲁迅：《且介亭杂文二集·〈中国新文学大系〉小说二集序》。

［66］ 冯乃超：《艺术与社会生活》。

［67］ 瞿秋白：《鲁迅杂感选集序言》。

［68］ 鲁迅：《南腔北调集·论"第三种人"》。

［69］ 参看周作人《苦茶随笔·阿 Q 的旧账》。

［70］ 周作人：《永日集·〈燕知草〉跋》。

［71］［73］ 鲁迅：《南腔北调集·小品文的危机》。

［72］ 鲁迅：《且介亭杂文二集·〈题未定〉草·七》。

［74］ 周作人：《立春以前·文坛之外》。

［75］ 周作人：《药堂杂文·汉文学的前途》。

［76］ 周作人：《文学杂谈》，原载 1944 年 6 月 15 日《求是月刊》第 1 卷第 4 期。

［77］ 周作人：《苦口甘口·序》。

［78］ 鲁迅：《且介亭杂文二集·隐士》。

［79］ 冯雪峰：《谈士节兼论周作人》。

［80］ 鲁迅：《而已集·魏晋风度及文章与药及酒的关系》。

［81］［82］ 鲁迅：《南腔北调集·小品文的危机》。

［84］ 鲁迅：《坟·论睁了眼看》。

三、动荡时代人生路的追寻与困惑

——周作人、鲁迅人生哲学的比较

在周氏兄弟的作品里，经常出现"路"的意象。周作人一篇著名的散文，题目就叫"寻路的人"。他宣布：

> 我是寻路的人。我日日走着路寻路，终于还未知道这路的方向。

鲁迅《过客》里的主人公，也是"从我能记得的时候起，我就在这么走，要走到一个地方去"，他终于"向野地里跄踉地闯进去，夜色跟在他后面"……

在"路"的寻找中，凝聚着周氏兄弟对宇宙、人生、社会、民族与自我，对于过去、现在与未来的思考；而"路"的不同选择，则显示出他们人生哲学的相互渗透与对立。

（一）

1921年大病中的周作人写了一首诗，题为《过去的生命》，交给前来看望的鲁迅；鲁迅"便低声的慢慢的读"了起来——

> 这过去我的三个月的生命，哪里去了？

没有了，永远的走过去了！
我亲自听见他沉沉的缓缓的，一步一步的，
在我床头走过去了。
我坐起来，拿了一枝笔，在纸上乱点，
想将他按在纸上，留下一些痕迹，——
但是一行也不能写。
一行也不能写。
我仍是睡在床上，
亲自听见他沉沉的缓缓的，一步一步的，
在我床头走过去了。

在朗读中，无论是鲁迅，还是周作人，都"仿佛真觉得东西在走过去了的样子"，直到晚年，周作人仍觉得"这情形还是宛然如在目前"[1]。应该说，周作人这首诗里所表现的在"生命流动感"中蕴含着的历史前进步伐的沉重，不可驻留、无以追回的怅然……都引发了周氏兄弟心灵的共振。

鲁迅与周作人共同确认：万事万物都是无穷发展历史中的一个环节，发展有阶段——过去，现在，未来，却永远没有终点。他们一致否定了一切"凝固"的"止于至善"的主观幻想——

倘使世上真有什么"止于至善"，这人间世便同时变了凝固的东西了。

——鲁迅：《而已集·黄花节的杂感》

至于成熟那自然是好事，不过，不可强求，也似乎不是很可羡慕的东西——成熟就是止境，至少也离止境不远。

——周作人：《艺术与生活·自序一》

他们也共同否定了关于"完美"的社会、"黄金世界"的虚假的"理想主义"——

> 我疑心将来的黄金世界里，也会有将叛徒处死刑。
> ——鲁迅：《两地书·致许广平（四）》
> 我并非绝对不信进步之说，但不相信能够急速而且完全地进步；我觉得世界无论变到那个样子，争斗，杀伤，私通，离婚这些事总是不会绝迹的。
> ——周作人：《雨天的书·与友人论性道德书》

更重要的是，他们达到了对于自己所处的时代以及"自我"的过渡性质的清醒把握——

> 我不过一个影，要别你而沉没在黑暗里了。然而黑暗又会吞并我，然而光明又会使我消失。
> ——鲁迅：《野草·影的告别》
> 我们是永远在于过渡时代。在无论何时，现在只是一个交点，为过去与未来相遇之处……
> 不久就要有人从后面来，追上我们。我们所有的技巧，便是怎样的将那光明固定的炬火递在他的手内，我们自己就隐没到黑暗里去。
> ——周作人译蔼理斯：《性的心理研究·第二卷跋》，
> 引自周作人：《雨天的书·蔼理斯的话》

打破了对于"过去"与"未来"的粉红色的梦，使周氏兄弟清醒地面对现实，牢牢地把握"现在"；破除了对于"自我"及"时代"

的迷信，充分地认识"自我"及"时代"的局限，使周氏兄弟获得了
精神上的超越。

（二）

但这共同（渗透）仅是表面层次的；深入下去，就出现了周氏兄
弟选择上的分歧。

周作人高度赞扬蔼理斯《性的心理研究·第二卷跋》中的上述
引文，以为"是一种很好的人生观"[2]，并对其作了这样的解释与发
挥："蔼理斯只看见夜变成晨光，晨光变成夜，世事长此转变，不是
轮回，却也不见得就是天国近了。"[3]这就是说，既不是后退，也不
具有前进的性质，历史运动实质是中性的，完全类似于"夜变成晨光，
晨光变成夜"的自然现象。人们很容易发现，在周作人的历史观中，
"过去"、"现在"与"未来"是一个纯粹客观的自然的时间概念，并
不包含任何价值判断；在周作人的字典里是没有"新"、"旧"、"是"、
"非"之分的。周作人十分欣赏"日光之下并无新事"这句西方格言；
这里固然包含着新、旧互相渗透的朴素辩证法思想因素，但因此而否
认新与旧的质的界限，就走向了历史的谬误。周作人曾在一篇评论文
章里，表示了他对于一种艺术境界的向往：

> 好象是在黄昏天气，在这时候朦胧暮色之中，一切生物无生
> 物都消失在里面，都觉得互相亲近，互相和解。[4]

这实际上也是周作人的人生追求。这种相对主义的历史观发展到
极端，也就自然否定了客观真理的存在及对客观真理的追求。周作人
曾经嘲笑批评家们"相信世间有一种超绝的客观的真理"[5]，是一种

历史的虚妄。

早在30年代，批评家们就已经指出周作人的历史观中的历史循环论的色彩。许杰在他很有影响的《周作人论》里，站在左翼立场指责周作人"堕入机械循环论的谬误"；政治倾向迥然不同于许杰的苏雪林也指出周作人"有一个很特别的历史观念，即所谓历史轮回观"。[6] 正像苏雪林所说，周作人有一些"常用的名词"，是最能够显示他的历史观的[7]。周作人曾经说过：

> 我很喜欢佛教里的两个字，曰业曰缘，觉得颇能说明人世间的许多事情，仿佛与遗传及环境相似，却更带一点儿诗意[8]。

在他的著作里，一再地使用"业"的概念，表示自己时时"痛切地感到""这'业'——种性之可怕"[9]。"五四"时期，周作人又深受法国社会学家吕滂（Le Bon）及易卜生的影响，深信"人世的事都是死鬼作主"，产生"僵尸"复活、故鬼"重来"的恐惧[10]。应该实事求是地说，周作人这类命题对揭露封建传统思想与习惯势力对后来人的束缚及对革命营垒的侵蚀，以引起警戒，具有一种历史的深刻性，是周作人思想遗产中最具有生命力的部分。问题在于，周作人将其推演到极端，得出如下结论："已有的事后必再有，已行的事后必再行，此人生之所以为虚空之虚空也欤。"[11] 这样他就必然地陷入了历史循环论的虚无主义。以此观察中国社会变革与国民性的改造，结论也是悲观的。周作人不只一次承认自己"对于中国国民性根本地有点怀疑"[12]，"我读了中国历史对于中国民族和我自己先就失了九成以上的信仰和希望"[13]。

鲁迅对于中国传统力量的可怕及中国国民性之难变，有着最充分的估计，其批评的尖锐与激烈比周作人有过之无不及，他的某些论断如"祖母的模样，就预示着那娃儿的将来"[14]，也明显地具有循环论的色彩。周氏兄弟对中国社会历史的观察在这里存在着深刻的内在的一致。但鲁迅同时有历史进化论与变革论与之抗衡："我并不说古来如此，现在遂无可为，劝人们对于'过去'生敬畏心，以为它已经铸定了我们的运命。"[15]鲁迅也引用吕滂"死人之力比生人大"的观点，以为"诚然也有一理"，但鲁迅接着指出："然而人类究竟进化着。"[16]鲁迅最后的归结点是："中国改革之不可缓。"[17]在鲁迅看来，历史运动是一个新陈代谢的前进运动。"未来"与"过去"的交替，并非中性的；一般说来，"未来"是代表历史前进方向的、历史运动中的新的肯定因素，"过去"虽然在历史上曾经起过积极作用，但随着历史的前进，已转化为历史运动中旧的否定因素。因此，鲁迅坚信，在人类进化的长途中，"后起的生命，总比以前的更有意义，更近完全，因此也更有价值"[18]。在鲁迅的历史观中，历史前进道路必定是曲折的，随时可能出现局部倒退与回复；但他确认"生命的路是进步的"，因而必然是"乐天"的[19]。尽管鲁迅的历史观中含有悲观主义的成分，但他在根底上仍然是历史的乐观主义者，与彻底的历史悲观者的周作人，代表着中国现代知识分子在复杂万端的、充满前进与倒退的历史运动中的不同选择；他们的分歧更突出地表现在实践行为的选择上。

（三）

在周作人译述的蔼理斯的历史观中，把历史运动描绘为一种自然的"顺程"，这是很值得注意的。在蔼理斯（影响及于周作人）的观念中，"过去"与"未来"的交替，如同"落日"与"晨光"的交替一样，不但是一种中性的自然现象，而且是自然发生的过程。这就是说，它首先是与人的主观干预无关的：干预也好，不干预也好，都不会对这一自然发生过程产生什么影响与作用；后者从根底上是排斥人的主观能动作用的。更彻底地说，"过去"与"未来"的自然交替，也不需要经过事物内部"过去"的因素与"未来"的因素的矛盾与斗争。在蔼理斯（以及周作人）虚构的这样一个历史"自然顺程"运动面前，人唯一可采取的明智态度就是"顺应自然"。废名曾经用"渐近自然"四字来概括周作人[20]；如果我们承认废名的概括有一定道理，那么，"顺应自然"的人生观应该是周作人"渐近自然"的核心部分。所谓"顺应自然"，首先是既不要"热心的想攀住过去"，也不要"热心的想攫得他们所想象的未来"，"对于二者都不能有什么争向"[21]。概言之，应该是无信仰（既不信仰"过去"，也不信仰"未来"），中立的，采取闲静的观照态度，而无须参与：

　　　　最好是闲静地招呼那熹微的晨光，不必忙乱的奔向前去，也不要对于落日忘记感谢那曾为晨光之垂死的光明。[22]

　　对于必然发生的"后来者"与"自我"的交替，也应该采取听其自然的态度，既无须阻挡，也没有为其开辟道路的义务；从根本上说，"自我"与"后来者"只有时间上的差异，"自我"对"后来者"，既无权利，也无义务。这就是周作人的人生选择：它的"正题"是顺应自然，冷静观照；"反题"是无信仰，不参与，绝义务。

　　这与鲁迅的"历史中间物"意识是根本对立的，这是最能显示周氏兄弟之间的真正分歧的。鲁迅的中间物意识，一方面把"自我"置于无限的时空中，最充分地认识与把握"自我"生命的短暂性、局限性与过渡性；另一面又自觉地干预社会历史变革，无论对于"过去"还是"未来"，都承担着几乎是超负荷的历史责任：它既与作为"旧营垒"的"过去"对立，"反戈一击"，制之于死命[23]，又清醒于"自己"

与"过去"割不断的历史联系，"陪着做一世的牺牲"[24]；既甘愿为"未来"作出牺牲，"肩住黑暗的闸门"，放后来者"到宽阔光明的地方去"[25]，又明确意识到"未来"世界里没有自己的位置，"自我""应该和光阴偕逝"[26]。这种超负荷的干预与牺牲，使鲁迅的人生选择具有一种历史的悲壮性，形成了鲁迅式的特殊精神矛盾与痛苦。而周作人，是自觉地采取冷静的观照态度的：对于"过去"——那几千年的封建传统，他没有鲁迅那样的"非扑死它不可"的强烈义愤，没有批判与改造的急迫感，更不会如鲁迅那样感到自己与传统的联系而产生深刻的痛苦；他是用一种欣赏的态度，心平气和地"评点"传统，赞赏自己心以为然的东西，又议论自己不以为然的部分。对于"未来"，周作人本来就抱有一种怀疑，他以"冷漠"把"未来"推到一定的距离之外，当然也就不会有鲁迅那样的对于未来的企望，焦躁，不安……这一类心灵的熬煎。这样，周作人就在一定程度上避免了中国现代知识分子所特有的灵魂不安定的命运，获得了他所渴望的心理的相对平衡和良好的自我感觉。——但他同时也就失去了以鲁迅为代表的中国现代知识分子心灵世界所特有的深刻性，而趋于平庸化。

问题更在于，周作人式的"顺应自然"的冷静观照态度是以历史的"自然顺程"运动为前提的；而这恰恰是一个虚妄的、主观臆造的命题。这意味着周作人的人生选择是建立在沙滩上的，周作人人生道路的悲喜剧正由此而产生。周作人所生活的时代，是一个历史的大过渡、大变革的时代；"过去"与"未来"的交替，封建的落后的旧中国向社会主义的现代新中国的转变，是一个充满了空前尖锐、激烈、复杂斗争的历史过程。在"新"与"旧"、"前进"与"倒退"、"革命"与"反革命"的生死搏斗中，周作人根本不可能中立，也不可能不介入：他的主观选择与实际实现之间，必然出现巨大的偏差。

周作人在本世纪初大声疾呼"驱儒学于国门之外"时，他就已经站到了"过去"——封建旧制度、旧文化的对立面。而当周作人转而"闭门读书"以后，他是否就真正"中立"、"不介入"了呢？请看周作人的自白："我知道自己是很旧的人，有好些中国的艺术及思想上的传统占据着我的心。"[27]当他在理智上追求所谓"不介入"的超然境界时，他的本能却驱使他倾向"过去"；特别是他怀着"古老的忧惧"——害怕"未来"的社会变革会破坏自己固有的生活方式与安宁——去反观"过去"时，"过去"就失去了原有的客观性，成为经过主观"加减"的"净化"了的（也是理想化的）存在；用周作人自己的话来说，"即是昨夜的事情也要比今日有趣，……实在是因为这些过去才经得起我们慢慢地抚摩赏玩，就是要加减一两笔也不要紧"[28]。这是悄悄发生的感情的潜意识的转移，但却是更本质的变化。当周作人宣布他躲进"苦雨斋"时，实际已经介入了"过去"与"未来"、"旧"与"新"的斗争——他已经牢牢地坐在"过去"的旧营垒里了。

（四）

但也不能认为周作人的人生道路是绝对消极的。至少说周作人自己就不承认这一点。他曾经表示十分钦佩诸葛亮"不可为而为之"的精神，他说，这"确是儒家的精神，但也何尝不是现代之生活的艺术呢"[29]？这使我们想起鲁迅在许广平的印象里也是"以悲观作不悲观，以无可为作可为，向前的走去"[30]的。周作人还表示：

> 知道他是虚空，而又偏去追迹，去察明，那么这是很有意义的，这实在可以当得起说是伟大的捕风。[31]

这与鲁迅所说的"明知道前路是坟而偏要走，就是反抗绝望"[32]，似乎也有某些相通之处。如前所述，周氏兄弟在清醒地把握了时代与自我的局限，充分地认识了现实的黑暗以后，都明确地主张，要积极地把握"现在"，执着于"现实"。问题是：如何把握（利用）短暂的"现在"？在"现实"中执着于什么？一句话，如何在有限的生命中实现最大限度的自我价值？——鲁迅与周作人的分歧正发生在这里。

鲁迅选择了一条"与黑暗捣乱"的道路。他对许广平说："你的反抗，是希望光明的到来罢？……我的反抗，不过是与黑暗捣乱而已"[33]。他一再声明：

> 我的戒酒，吃鱼肝油，以望延长我的生命，倒不尽是为了我的爱人，大半乃是为了我的敌人，要使他的好世界上多留一些缺陷。[34]

鲁迅企望在与敌人的生死搏斗中，体验憎的极致与爱的极致，达到生命飞扬的极致。鲁迅神往于那样的生活："站在沙漠上，看看飞沙走石……乐则大笑，悲则大叫，愤则大骂"，"即使被沙砾打得遍身粗糙，头破血流"[35]，也会感到生命的自由，那自有一种特殊的美与价值。因此，鲁迅说：我爱这样的"粗暴的魂灵"，"因为这是人的魂灵"[36]。

鲁迅从不把"自我"看作是孤立的个体，他把它还原到历史发展的链条中去，从个体发展与群体发展（民族、国家、社会、人类）的相互联结上寻找"自我"的位置，由此而产生了"历史中间物"意识，他选择了一条"牺牲自我与发展自我矛盾对立统一"的人生道路。这条道路给他带来了巨大而真实的欢乐，也伴随着同样巨大而真实的痛苦。

周作人也有过鲁迅式的、充满凌厉之气的战斗的人生，周作人也有过鲁迅式的粗暴的魂灵；而且他并非不神往于这样的人生。请注意他的如下评论："在现代乱世青年只有两条出路，强的冲上前去，做个人类进化的'见证',弱的退下来,叹息诅咒,以终天年"[37],"哥萨克勇士,北方之强也。此等人对于人生细细尝味,如啜苦酒,一点都不含胡,其坚苦卓绝盖不可及,但是我们凡人也就无从追踪了"[38]。这至少说明周作人是懂得战斗人生的价值与意义的;那是一种生命的强者的人生道路,对一贯主张人性自由发展、崇尚原始生命力的周作人,不可能没有吸引力。

但周作人终于从这条路上退了下来;他以忏悔者的口吻说道:"我只希望,祈祷,我的心境不要再粗糙下去,荒芜下去……"[39]他说他是凡人,是弱者,只能作另一种选择。在《寻路的人》里,周作人这样写道——

> 在悲哀中挣扎着正是自然之路。这是与一切生物共同的路,不过我们意识着罢了。路的终点是死,我们便挣扎着往那里去……我们谁不坐在敞车上走着呢?有的以为是往天国去,正在歌哭;有的以为是下地狱去,正在悲哭;有的醉了,睡了。我们——只想缓缓的走着,看沿途景色,听人家谈论,尽量的享受这些应得的苦和乐……

这是一条个人本位主义的享乐(游戏)人生的道路。以后,周作人又把这条道路作了更富于哲理与诗意的描述:"'忙里偷闲,苦中作乐',在不完全的现世享乐一点美与和谐,在刹那间体会永久……"[40]

这既是对于现实人生——现实生活的"忙"与"苦"、人生的"不完全"与"短暂"——的正视(这与鲁迅确有相通之处),又是逃避——用周作人自己的话来说,"现在中国情形又似乎正是明季的样子,手拿不动竹竿的文人只好避难到艺术世界里去"[41];周作人则是将"生活"也"艺术"化了[42]。在周作人生活在充满民族危难、社会动乱的时代,作这

样的"生活的艺术"的追求，不仅不合时宜，而且必然导致知识分子
精神的贫困；周作人自身历史的发展即证明了这是一条精神的死胡同。
但"生活的艺术"这一命题本身是包含着建筑在现代物质文明与精神
文明基础上的生活现代化的要求的，因此，它必然蕴含着属于未来的
因素；在以后的时代里，在另一种历史条件下，当中国人民重新选择
自己的生活方式时，也许重又会注意到周作人的"生活的艺术"——当
然，这需要另一种眼光，进行新的改造，这是自不待言的。

（五）

周作人提出的"在刹那间体会永久"这一人生命题本身，即是以
"死亡"作为前提与背景的。因此，人们自然会问：周作人是如何看
待"死亡"的呢？

周作人在《死之默想》里作出了回答——

> 大约我们还只好在这被容许的时光中，就这平凡的境地中，
> 寻得些须的安闲悦乐，即是无上幸福：至于"死后，如何？"的
> 问题，乃是神秘派诗人的领域，我们平凡人对于成仙做鬼都不关
> 心，于此自然就没有什么兴趣了。

在文章的另一处，他又说——

> 关于死的问题，我无事时也曾默想过，（但不坐在树下，大抵
> 是在车上，）可是想不出什么来——这或者因为我是个"乐天的诗
> 人"的缘故吧。……我不很能够感到死之神秘，所以不觉得有思
> 索十日十夜之必要，于形而上的方面也就不能有所饶舌了。[43]

周作人实际上是回避了"死亡"这一类"形而上"的问题：他把它推给了 20 世纪"神秘派诗人"。

当然不能简单地表面地看待周作人的上述自白，以为他真的对"形而上"的思考没有兴趣。在"五四"时期，正是周作人坚持于要求"有限的平凡的存在"（他称之为"平民精神"）之外，还必须有"无限的超越的发展"（即所谓"贵族精神"）。在周作人偶尔发出的关于自我的"无所归依"以及人类存在的"荒谬万分"的感叹中[44]，确也涉及到本世纪关于形而上人生意义思考中的一些根本性问题。但是，也不可否认这一事实，即对形而上层次人生意义的刨根问底的探寻，必然伴随酷烈的精神痛苦与自我灵魂的拷打与煎熬，而这一切正是追求心理平衡、生活安宁的周作人所不愿承受的[45]。因此，尽管周作人以他的敏感与才华，已经抓住了 20 世纪所提出的形而上层次的人生意义问题，包括"死亡"的命题，但他却缺乏足够的胆力将其深入下去。由此造成周作人思想浅尝即止的肤浅性与片面性，缺乏震撼人心的内在力量。这是周作人为他企鹅式的生活道路所付出的沉重代价。

真正有力量升入形而上人生意义探寻的思想家，是鲁迅。

在鲁迅的《野草》里响彻着这样痛苦而焦灼的询问——

"你是怎么称呼的？""你是从那里来的呢？""你到那里去？"——回答只是一个"我不知道"。（《过客》）

你生存的立足点在哪里？"黑暗"中么？"黑暗又会吞并我"；"光明"中么？"光明又会使我消失"；"彷徨于明暗之间"么？"然而我不愿"——终于"彷徨于无地"！（《影的告别》）

你将怎样生存？搏斗？"但暗夜又在那里呢？"（《希望》）——"在无物之阵中老衰，寿终"，"终于不是战士"！（《这样的战士》）

你生存着为谁？——"我的青春"早已"耗尽"，"身外的青

春也都逝去，世上的青年也多衰老"，"没有星，没有月光，以至笑的渺茫和爱的翔舞"……（《希望》）

对于"人"自身生存的思考、质疑竟至如此严峻，又如此彻底，充满如许浓重的孤独、悲凉、荒诞，以至绝望的色彩；但生存的力量也就来自这震撼人心的"彻底"，在思考的结论达到"绝望"的极致（连"绝望"本身也是"虚妄"）之后，就挣扎出一种抗战、奋进的力量。《过客》里，在一连串的"我不知道"以后，最后的归结点是："从我还能记得的时候起，我就这么走，要走到一个地方去，这地方就在前面"；《影的告别》尽管"彷徨于无地"，但仍然要"独自远行"，哪怕"我被黑暗沉没，那世界全属于我自己"；《这样的战士》哪怕面对着"无物之阵"，他仍然"举起了投枪"！

然而，《过客》同样无情地昭示人们："过客"奋然前行的终点毕竟也还是"坟"。一切人生选择都逃脱不了"死"的归宿。于是，对于"死亡"的思考成为贯串《野草》每一篇的基本母题。《题辞》里鲁迅写道：

> 过去的生命已经死亡。我对这死亡有大欢喜，因为我借此知道它曾经存活。死亡的生命已经朽腐。我对于这朽腐有大欢喜，因为我知道它并非空虚。

这是鲁迅才有的独特思路：他从"死亡"中感受到生命的存在（"它曾经存活"）与充实（"它并非空虚"）。"为我自己，为友与仇，人与兽，爱者与不爱者，我希望这野草的死亡与朽腐，火速到来"，鲁迅更从旧的生命火速死亡中，呼唤着新的生命的诞生（包括"自我"生命）。但在《死后》里，鲁迅却又揭示出，"人"不但不能把握自己的

"生"，被动地"抛入世界"；"人"同样不能主宰自己的"死"："这是那里，我怎么到这里来，怎么死的，这些事我全不明白，总之，待到我自己知道已经死掉的时候，就已经死在那里了。""人"终于明白：自己不但没有"任意生存的权利"，更没有"任意死掉的权利"，"死亡"并不是生之痛苦与荒谬的结束，却是这一切的继续；"完全失败，乌呼哀哉了"！这才是真正的"死的恐怖"。在鲁迅这里，"死亡"与"生存"是如此紧密地联结在一起：它既召唤着生的意志，又继续着生的苦痛、烦恼与荒谬。

但《野草·题辞》依然反复吟唱——

　　　　我坦然，欣然。我将大笑，我将歌唱。

鲁迅最后的归结点，仍是生之激情与欢乐。这是在孤独、悲凉、惶惑、荒诞、绝望……的冰水浸泡之后，经过"死"的冰谷的冻灭以后，仍然保留下来的火种，它就是真正强有力的，并且"不朽"。

如此巨大而真实、深刻的生之激情与欢乐，是不敢触动苦难与死亡，仅仅"偷"得片刻享乐的周作人，绝对不可能感受与享用的。而这恰恰是鲁迅人生哲理中真正属于未来的东西。

然而，不可否认的是，读完了《野草》，我们仍然有某种遗憾之感：鲁迅并未能将关于人的生存意义的形而上的思考充分地展开；毋宁说他只是提出了一些题目，向读者略略透露了他的思考中的某些闪光之点。鲁迅自己说过，我的思想"太黑暗了"，"发表一点，酷爱温暖的人物已经觉得冷酷了，如果全露出我的血肉来，末路正不知要到怎样"[46]。在我看来，正是关于"人"的生存意义的形而上的思考构成了鲁迅所说的他思想中"最黑暗"的部分，但这也正是他真正的"血肉"。鲁迅"未尝将心里的话照样说尽"[47]，这是无法弥补的历史的遗憾；鲁迅自己说，这是因为"在寻求中""怕我未熟的果实偏偏毒死了偏爱我的果实的人"[48]，但我以为，也许更为重要的是，鲁迅的思考本身即是超时代的：现代中国现实的政治问题过分突出，基本的温饱、生存问题尚且长期不能解决，诸如"生存意义"这类形而上的问题更远远没有提到历史的议程。鲁迅的思考实现了时代的超越，这是他的同时代人所不可企及之处；但他仍不能避免时代的限制：他终于未能将他的思考进行到底，也未能说出他想说的一切。

　　　　我们活在这样的地方，我们活在这样的时代！[49]

注释

[1]　周作人：《知堂回想录·一三五，在病院中》。

[2]　周作人：《雨天的书·蔼理斯的话》。

[3]　周作人：《苦茶随笔·蔼理斯的时代》。

[4]　周作人：《永日集·桃园跋》。

[5]　周作人：《谈龙集·文艺批评杂话》。

[6]　[7]　苏雪林：《周作人先生研究》。

[8]　周作人：《瓜豆集·结缘豆》。

[9]　周作人：《谈虎集·代快邮》。

[10]　周作人：《雨天的书·与友人论国民文学书》。

[11]　周作人：《看云集·伟大的捕风》。

[12]　周作人：《谈虎集·代快邮》。

[13]　周作人：《永日集·历史》。

[14]　[15]　[16]　[17]　鲁迅：《华盖集·这个与那个》。

[18]　[25]　鲁迅：《坟·我们现在怎样做父亲》。

[19]　鲁迅：《热风·随感录·六六，生命的路》。

[20]　废名：《知堂先生》，载《人间世》第13期。

[21]　[22]　周作人：《雨天的书·蔼理斯的话》。

[23]　鲁迅：《坟·写在〈坟〉后面》。

［24］鲁迅：《热风·随感录·四十》。

［26］鲁迅：《坟·写在〈坟〉后面》。

［27］周作人：《谈龙集·〈扬鞭集〉序》。

［28］周作人：《泽泻集·〈陶庵梦忆〉序》。

［29］周作人：《苦茶随笔·小引》。

［30］鲁迅：《两地书·五》。

［31］周作人：《看云集·伟大的捕风》。

［32］鲁迅致赵其文书（1925年4月11日）。

［33］鲁迅：《两地书·二四》。

［34］鲁迅：《坟·题记》。

［35］鲁迅：《华盖集·题记》。

［36］鲁迅：《野草·一觉》。

［37］周作人：《永日集·大黑狼的故事》。

［38］周作人：《看云集·麻醉礼赞》。

［39］周作人：《雨天的书·自序二》。

［40］周作人：《雨天的书·喝茶》。

［41］周作人：《永日集·〈燕知草〉跋》。

［42］关于周作人的"生活之艺术化"，详见本节"民俗学研究及对国民性的考察"有关部分。

［43］周作人：《雨天的书·死之默想》。

［44］参看周作人：《雨天的书·山中杂信（一）》、《看云集·论居丧·附记》。

［45］废名（冯文炳）对周作人有一个相当深刻的观察，他发现，周作人不但"对于自己外的一切"持"宽容"态度，他"对于自己"更是"这样的宽容"（《知堂先生》）。对于内心的矛盾，周作人也总是尽可能"宽容"地加以"消解"，这与老是与自己"过不去"、不惜将自我内心矛盾推向极端、充分激化，以至达到痛苦的极致的鲁迅，是截然相反的。

［46］［47］［48］鲁迅：《坟·写在〈坟〉后面》。

［49］鲁迅：《且介亭杂文·附记》。

四、两大文化撞击中的选择与归宿

——周作人与东、西方文化关系的考察

（一）

考察周作人这一代知识分子与西方文化（包括日本文化）的关系，必须注意如下历史背景：这一代人在开始接触社会人生、思考社会问题时，给他们的思想以巨大冲击的，是1894年中日甲午战争的失败以及随后掀起的帝国主义瓜分中国的狂澜。中国人民，尤其是他们中间最为敏感的知识分子，由此强烈地感到了帝国主义侵略和民族危亡的现实威胁。1898年，在十四岁的少年周作人的日记里出现了这样的字句："下午接（大哥自）绍二十九日函……有《知新报》，内有瓜分中国一图，言英、日、俄、法五国，谋由扬子江先取白门，瓜分其地，得浙英也。"周作人这一思想发展的起点具有极大的典型意义。与中国历史上西域文化对汉唐时代的影响不同，西方文明不是在正常的文化交流中传入现代中国，而是作为帝国主义侵略大炮的伴随物强制输入的。它所引起的中国社会、文化的变化具有两重性，既促进了中国封建社会的解体，又使中国迅速沦入半殖民地的悲惨地位；既对中国封建文化产生了巨大冲击，又具有明显的文化侵略性质。这就给这一代知识分子提出了一个重大的历史课题：如何正确地接受西方文化（包括日本文化）的影响，同时又不成为其附庸，保持思想文化上的独立性。这个问题缠绕了周作人一生，留下了许多足以使后人深思、警觉的东西。

甲午战争的失败所唤起的民族危机感，贯串了这一代人思想发展的全过程。作为半殖民地落后国家的知识分子，不能不首先是一个民族主义者，强烈地感受着西方政治、经济、文化侵略所造成的民族痛苦，又向西方寻求争取民族独立解放的道路；另一方面，作为东方封建大国的知识分子，又强烈地感受着几千年封建专制所造成的精神苦痛，渴望从西方寻找个性解放的道路。正是这两个方面的历史要求，成为他们接受西方文化的最初动力，并决定着对西方文化的选择与吸收方向。周作人的觉醒，也正是从这里开始的；他在日记里这样写下了自己在阅读了《天演论》等西方著作后获得的新信念："明明有我，且明明世界上占有一我字之地位"，"一切权我自主之，别人不得干涉"，同时在日记里发出了"吾国青年当自厉"的呼吁。这是自我意识的觉醒，也是民族意识的觉醒；这是在西方思潮启迪下，周作人觉醒的起点。民族意识与自我意识之间的统一、矛盾、对立、斗争，同样贯串了他的一生。

事实上，周作人这一代知识分子对于外国文化思潮的吸取，存在着两个不同的方向，即以俄国为代表的爱国主义、人道主义思潮，"为人生"的艺术观；以英美为代表的自由主义、个性主义思潮，"为艺术而艺术"的艺术观。前者把国家的富强、民族的独立与社会的平等置于至高无上的地位，强调人的社会价值、社会责任感和对于被侮辱被损害的下层人民的人道主义同情，重视文学的社会功能；后者则把个性的自由发展置于至高无上的地位，强调纯粹的"人"的独立价值，追求个人的绝对自由与享乐，国家、民族意识、人民观念相对薄弱，重视文学的超功利的纯美学价值。两种不同的思想文化体系与价值观念产生于不同的社会环境与历史条件：前者是面临巨大的政治、经济、民族危机的落后国家的产物，后者则根植于资本主义政治、经济、思想发展比较充分，资本主义民族国家已经稳固并向世界扩张的发达社会的土壤之上。但在最初阶段，这两种思想文化体系对于同时渴望民族解放与个性解放的最先觉醒的中国知识分子，是具有同样吸引力的。因此，一点也不奇怪，在日本留学时期，周作人一面倾倒于俄国无政府主义思想家克鲁泡特金及俄国民意党人的小资产阶级社会主义思潮，与鲁迅一起以巨大的热情阅读、翻译、介绍"具有革命与爱国精神"的俄国和匈牙利、波兰等被侮辱、被损害民族的文学[1]，提倡"改造民族灵魂"的文学，探索民族独立、社会解放的道路；另一面，又通过英国性心理学家蔼理斯、文化人类学者蔼莱则的学说，无限崇拜于英国自由主义文化传统，以同样巨大的热情追求着在"禁欲"与"纵欲"之间求得"节制"的个人小天地的"生活之艺术"[2]。这一时期，周作人与时代的主潮——反帝反封建的革命事业保持着密切的精神联系，从巨大的历史潮流中吸取了思想的活力，他所感到的是个人与人民、个性解放的要求与民族解放的要求之间的和谐与统一，即所谓"诗人所言莫非民心之所蕴，是故民以诗人为导师，诗人亦视民如一体，群己之间不存阻阂，性解者即爱国者也"[3]。正是在这种民族意识与个人意识统一的基础上，他将俄国文化与英美文化的影响统一了起来。

　　直到"五四"时期，周作人依然是以两种外来文化传统的积极介绍者、鼓吹者的姿态出现于新文化运动中。他反复强调："中国的特别国情与西欧稍异，与俄国却多相同的地方"[4]。他对空想社会主义的新村运动的倡导，他所翻译介绍的俄国与被压迫民族文学，在"五四"时期都产生了很大影响；他还一再地表示对下层人民的同情、关注，对民众觉醒的期待，断言"中国的生机，还未灭尽，就只在这一班'四等贫民'中间"[5]。耐人寻味的是，在同一时期他又与胡适一起鼓吹"个人主义的人间本位主义"[6]，以个人的自由发展为社会解放、进步的前提、基础；并积极鼓吹在"灵"与"肉"

的统一上表现人的欲望的"人的文学",反对压抑人性自然发展的封建主义的"非人的文学"[7];同时又一再地表示了对下层人民的疑惧心理,这些方面在"五四"时期同样产生了很大影响。周作人上述看似矛盾的理论与实践活动及影响,恰恰是反映了"五四"时代的历史特点的:那是一个历史的开放时期,各种思潮同时涌入,人们一时来不及加以选择与鉴别;只要能够充当反封建的武器,就一律"拿来",而不去重视不同外来思潮之间的矛盾与区别。

　　五四运动以后,外来思潮与本国实际结合的任务提到了历史的日程;"五四"时期同时涌入中国的各种外来思潮能否在中国生根,关键就在于,是否适合中国社会的需要。五四运动以后所出现的政治反动局面,以及随之引起的社会矛盾的尖锐化,五四思想革命迅速向社会革命、政治革命的转变,都把社会解放问题突出地摆在五四运动中觉醒了的知识分子面前;所谓"人道主义与个人主义的矛盾"问题,就是在这样的背景下提出来的[8]。从与外来文化的关系角度来看,这一矛盾实际上也就是在俄国文化传统与英美文化传统之间进行选择的问题;而这又是与政治上走"俄国人的路"(即无产阶级领导的新民主主义道路)还是"英美的路"(即资产阶级领导的旧民主主义道路)联系在一起的。由于十月革命的巨大影响,特别是俄国国情与中国国情的相近——这里还包括文化传统的某些相近,中国知识分子从来就有"天下兴亡,匹夫有责"的着重人的社会责任和社会价值的传统——都决定了以国家、民族、人民为本位的俄国文化比之以个人为本位的英美文化,对中国知识分子具有更大的吸引力,更容易在中国生根。正是在五四运动之后,"五四"时期个性解放的积极鼓吹者郭沫若以其特有的激烈口吻宣布:"我们要求从经济的压迫之下解放,我们要求人类的生存权,我们要求分配的均等,所以我们对于个人主义和自由主义要根本铲除。"[9]这正是以夸大的(因而多少有些歪曲的)形式显示了五四运动以后中国知识分子思想发展的历史趋向：逐渐脱离英美文化思想的核心——个性主义与自由主义的影响，而向俄国爱国主义、人道主义传统靠拢。但在同一时期的周作人那里，却发生了反方向的运动：他在宣布放弃对空想社会主义理想的追求的同时，也放弃了现代知识分子对国家、民族、社会的责任感与历史使命感，而神往于英美自由主义与个性主义的文化传统，并把个性解放的追求与人民解放的历史要求对立起来。也正是在这个时期，他大大发展了蔼理斯的思想，宣称："中国现在所切要的是一种新的自由与新的节制，去建造中国的新文明。"[10]一方面，在政治上，以理性的态度，有节制地要求个人自由；另一方面，在人生态度、生活方式上，调节"纵欲与禁欲"，有节制地追求个人享乐。值得注意的是周作人的如下说明：这种"新的自由与新的节制"，不仅"与西方文化的基础之希腊文明相合一"[11]，而且必然是孔孟"'本来的礼'与'本来的中庸'的复兴"[12]。这标示着周作人思想上的一个重要转折：在此之前，他主要是向西方寻找出路，借用西方文明来冲击东方传统文化，现在他开始着力于寻找西方文化与东方传统文化的共同点，让他所崇拜的西方现代自由主义思想和东方及中国古代文化传统中的中庸主义结合起来，并与他自己澹泊、温雅的个人气质取得和谐的统一。他所追求的"生活之艺术"就不仅有英国绅士味，而且更具有中国传统的封建士大夫色彩，同时显示着他的个性特征。周作人将外来文化民族化与个性化的努力，标志着他的思想趋于成熟。这对周作人自身来说，也许是一种本来面目的恢复，或者说表示着他终于找到了"自己"；但在中国现代思想文化史上，由积极宣传更具有革命色彩的俄国思想文化转向崇尚温和的英美自由主义、个性主义，则不能不说是一种倒退性的转折。周作人终于成为与封建地主阶级保持着深刻精神联系的现代中国软弱的自由资产阶级在思想文化上的代表。

（二）

　　这里，我们要研究的是散文家的周作人。周作人的散文有"浮躁凌厉"与"冲淡平和"两体。前者的思想意义与社会作用显然更加积极，因此常为论者所引述；但真正显示了周作人创作个性，并成为他对中国现代散文艺术独特贡献，而且在实际上影响更大的，却是后者。

　　谈到周作人这类冲淡平和的散文所受外来文化的影响，人们首先注意到的是英美作家的随笔；周作人自己在提倡"美文"时，也是首先介绍爱迭生（今译艾迪生）、兰姆、欧文、吉欣（今译吉辛[13]）等"英语国民"的美文作家，并强调了他们的散文夹杂叙事与抒情的特点[14]，以后周作人又把蒙田、兰姆、亨德·密伦与林特等的随笔的特点概括为"说自己的话"[15]。对照周作人的散文，是不难看出他们之间的渊源关系的。但在实质上给周作人的散文艺术真正以深刻影响的，仍然是蔼理斯的影响。蔼理斯理论的核心，是主张让人的生物本能、欲念自然发展、自由生长，同时又用人所区别于动物的道德、精神力量加以克制，以达到一种和谐的平衡。周作人将这种"自由"与"节制"相协调、相平衡的原则贯彻到了一切方面，把哲学观念、政治原则、道德准绳、人生态度、处世哲学、生活方式，以至于美学法则统一为一个和谐的有机整体，并且完整地体现在他的散文中，形成统一的独特"风格"：既是人格，也是文格。人格与文格的统一，政治观、道德观、哲学观、人生观与美学观在散文中的合而为一，使周作人的散文充满"真率"与"和谐"。在周作人的散文里，不仅在内容上着意表现返归自然，顺乎天性，自由率性而适度的生活情趣，而且在艺术表现上追求表现自己与隐蔽自己，感情的倾泻与控制，放与收，通与隔，丰腴与青涩，奇警与平淡，猥亵与端庄……之间微妙的平衡，达到不放不收，亦放亦收，不通不隔，亦通亦隔，不腴不涩，亦腴亦涩，不平不奇，亦平亦奇，不庄不谐，亦庄亦谐……的艺术境地。哲学观、政治观、道德观上的中庸之道，在艺术表现上却闪烁着某些艺术辩证法的光芒，在总体上却又缺乏"像热烈地拥抱着所爱一样，更热烈地拥抱着所憎"[16]的鲜明性与艺术热力，表现出"平和"的倾向：这正是同时包含着显著的优越性与局限性的周作人散文艺术的特色。

值得注意与研究的是，在现代文学史上，较多地受到英美传统文化影响、熏陶的作家，在美学上常有类似周作人这样的追求。新月派的诗人就曾提出"理性节制感情"的美学原则，徐志摩强调"情感不能不受理性的相当节制与调剂"[17]，梁实秋鼓吹"文学的纪律是内在的节制"，"以理性驾驭情感，以理性节制想象"，"文学的效用不在激发读者的狂热，而在引起读者的情绪之后，予以和平的宁静的沉思的一种舒适的感觉"[18]，都表现出共同的倾向，不过他们似乎比周作人更加突出"节制"的作用。这种美学追求与他们政治上的保守、调和倾向的联系是十分明显的，在艺术上也与他们"为艺术而艺术"的艺术观直接相关，并且成为反对更加强调文学的鼓动作用和战斗性的左翼文学的理论旗帜。但是，他们的美学原则确又反映了某些艺术发展的客观规律：在一定意义上可以说，艺术创作从放纵到控制，是艺术日趋成熟的标志；因此，他们在这一美学原则指导下所进行的艺术探索，无论在诗歌领域还是散文领域，都取得了一定成就。如前所述，英美传统文化产生于政治相对安定、社会发展比较平稳的资本主义社会，"自由"与"节制"相协调、相平衡的原则的提出，是反映了英美社会的特定历史环境下人们特定的审美要求的；而周作人这类中国自由资产阶级知识分子的代表，却在社会矛盾空前尖锐，处于大灾难、大动乱中的二三十年代的中国，提倡"自由"与"节制"，就必然与时代的审美要求相违背，犯了时代性错误。因此，在二三十年代，周作人们所提出的美学原则，所进行的艺术探讨，必然是寂寞的。但在另一个历史条件下，当中国社会发展相对稳定、社会矛盾趋向缓和的时候，社会的审美要求也会发生相应的变化，并趋向于多样化，周作人们的美学追求与尝试中的得与失，受到更多的重视，引起研究的兴趣，也是可以理解的。

周作人曾经说过，他所受的外来影响，"大抵从西洋来的属于知的方面，从日本来的属于情的方面为多"[19]；谈到自己对散文的要求时，周作人又说，除"文词与思想"外，"似乎还该添上一种气味"[20]。这种只能意会难以言传的"情"（调）、"气味"，或者"境界"，是周作人散文的艺术生命所在；它正是与日本文化有着密切的联系，在这个意义上，可以说周作人的散文是更接近日本的。周作人在中国是公认的"日本通"，他对日本社会与文化的观察、感受与吸收却颇为特别：他既没有如鲁迅那样受到民族歧视的刺激，产生强烈的反抗意识，也没有像大多数留日学生那样注目和倾心于日本善于模仿、吸收外来文化（当时主要是西洋文化）的特点，而是沉湎于日本所保持着的东方传统文化；他在日本民族的生活方式、习俗里，发现了"爱好天然"、"有礼、洒脱"[21]与"人情美"[22]；他从日本的民间艺术与文人创作中，强烈地感受到"闲适"、"诙谐"中深藏着的"东洋人的悲哀"。周作人曾一再地引述日本散文家永井荷风《江户艺术论》一书中有关日本民间绘画浮世绘鉴赏的一段话，反复吟味——

　　　　我非威耳哈伦似的比利时人而是日本人也，生来就和他们的运命及境遇迥异的东洋人也。……使威耳哈伦感奋的那滴着鲜血的肥羊肉与芳醇的蒲桃酒与强壮的妇女之绘，都于我有什么用呢？呜呼，我爱浮世绘。苦海十年为亲卖身的游女的绘姿使我泣。凭倚竹窗茫茫然看着流水的艺妓的姿态使我喜。卖宵夜面的纸灯，寂寞的停留着的河边的夜景使我醉。雨夜啼月的杜鹃，阵雨中散落的秋天树叶，落花飘风的钟声，途中日暮的山路的雪，凡是无常，无告，无望的，使人无端嗟叹此世只是一梦的，这样的一切东西，于我都是可亲，于我都是可怀。

　　这里所表现的人与人的关系，人与自然的关系，关于生命价值、人生意义的哲学思考，寂寞的、幽玄的、凄苦的、梦一般的，却又流泻着内在情热的意境，以及泣、喜、醉、叹、亲、怀的情感心绪，都是东方式的。这表明，周作人在考察日本文化时，首先注意并倾心的是它与中国传统文化的相同处、契合点[23]；周作人用"东洋人的悲哀"来加以概括。它表现了生活于绵绵无尽的历史与现实的苦难中的东方人"悲天悯人"的忧患意识，以及在"无常、无告、无望"中执着追求的现世精神与韧性力量。周作人在评价曾给他以深刻影响的日本俳句诗人小林一茶的诗时，着意强调他的恬淡、洒脱、诙谐的俳句中的悲哀，是一种"生之悲哀"，"读他的时候，引起的感觉，与读普通厌世的文章的时候不同"[24]。这说明周作人在日本文化与中国传统文化的契合点上发现的"东洋人的悲哀"有着十分丰富深刻的内涵，它至少含有两个侧面：闲适、诙谐与忧患。前者"别是一样淡淡的喜悦，可以说是寂寞的不寂寞之感"[25]，后者则充满了忧郁的苦味。周作人观察的深刻处在于，他注意到并努力揭示这两个侧面互为表里的关系：闲适、诙谐以忧患为根，就取得了历史的深度、厚度与深沉的感情力量，忧患以闲适、诙谐作底，就表现出洒脱、从容的气度与清明的理性力量。不能从闲适、诙谐中感到"潜伏的悲哀"，或者不能从忧患中把握内在的从容与乐观，都不能说真正尝识了日本、中国等东方国家文化的"真味"[26]。而东方文化中这种"情"与"理"的互相依存、制约，和英国传统文化中"自由"与"节制"之间的平衡，在基本精神上又是相通的；周作人正是在相通点上把两种文化的影响协调统一起来。

　　周作人在努力发掘、说明、表现东方文化的"真味"时，同样倾注了个人的情感、气质与个性。正是"忧患"意识终生追随着周作人：在他的文学活动与历史发展的主潮相联结的时候，更多地表现为忧国忧民的情怀；当他自身转向时代对立面，他的"忧患"就常常成为对人民革命的历史潮流的疑惧；在他投靠日本侵略军时，承受着"失节者"的沉重心理压力，对主子的"事业"并不抱有很大的信心，更体味着难以排解的"忧郁"。尽管周作人一再表示对隐逸生活的钦慕，世人也有真把他当作"隐士"的，实际上他最富有东方现世主义精神，一天也没有脱离过现实的"奋斗"。随着思想的蜕化，这种奋斗越来越具有反动的性质。他的内在精神是积极的，表现形态却是消极的"闲适"：他也是在以出世的精神做着入世的事情。而诙谐、幽默更是他个人气质中不可缺少的部分。在这里我们可以看到，周作人对日本文化的观察、吸收不仅着力于与中国传统文化的契合，而且着力于与个人气质、个性的契合，这与他对英美文化的态度是完全一致的。渗透在周作人散文中的"情调"、"气味"——那蕴含着苦味的闲适[27]、掺和着诙谐的忧郁[28]，已经完全溶化了日本文化的影响、民族传统的影响与个人的思想、气质，成为新的有机整体，以至要具体指出影响的迹象，反而不必要，也不可能。这种"化"的境界，是周作人对外来文化、传统文化融会贯通，并充分地把握着"自己"的结果；正是在这一点上，我们可以从周作人作品中学到很多东西，尽管对其作品的思想倾向与情感我们必须保持清醒的批判、分析态度。

注释

[1]　周作人：《鲁迅的青年时代·鲁迅的国学与西学》。

[2]　周作人：《关于自己》，载 1937 年 12 月 21 日《宇宙风》第 55 期。

［3］ 周作人：《哀弦篇》，载《河南》第9期。

［4］ 周作人：《艺术与生活·文学上的俄国与中国》。

［5］ 周作人：《艺术与生活·游日本杂感》。

［6］［7］ 周作人：《艺术与生活·人的文学》。

［8］ 鲁迅在给许广平的信中明确提出了这个问题。实际上包括周作人在内的不少知识分子都面临着这一矛盾。

［9］ 郭沫若：《文艺论集续编·革命与文学》。

［10］［11］ 周作人：《雨天的书·生活之艺术》。

［12］ 周作人：《礼的问题》，载1924年12月1日《语丝》第3期。

［13］ 吉辛（Gissing, G. R. 1857—1903），英国文学批评家、散文家、小说家。

［14］ 周作人：《谈虎集·美文》。

［15］ 周作人：《药味集·再谈俳文》。

［16］ 鲁迅：《且介亭杂文二集·再论"文人相轻"》。

［17］ 徐志摩：《白朗宁夫人的情诗》。

［18］ 梁实秋：《文学的纪律》。

［19］ 周作人：《知堂回想录·二〇五，拾遗（巳）》。

［20］ 周作人：《苦雨斋序跋文·杂拌儿之二·序》。

［21］ 周作人：《知堂回想录·六六，最初的印象》。

［22］ 周作人：《雨天的书·日本的人情美》。

［23］ 周作人直到1940年所写的《日本之再认识》时，才对他的日本研究作了重点由"异中求同"转向"同中求异"的"根本修正"。

［24］［26］ 周作人：《日本诗人一茶的诗》，载《小说月报》第12卷第11号。

［25］ 周作人：《立春以前·文载道文钞序》。

［27］ 周作人：《药味集·序》。

［28］ 周作人：《立春以前·文载道文钞序》。

五、走向深渊之路

——周作人后期思想研究

我们把 1927 年 10 月《语丝》被封作为划分周作人思想发展前后期的标志，是因为在此之前，周作人的思想虽几经起伏，但积极面始终占据主导地位；自此以后就逐渐走向消极，最后坠入民族罪人的深渊。对周作人后期思想，研究者向来语焉不详，稍有涉及，也多限于道义的谴责。但是，恩格斯说得好："这种诉诸道德与法的做法，在科学上丝毫不能把我们推向前进；道义上的愤怒，无论多么入情入理，经济科学总不能把它看作证据，而只能看作象征。"[1]科学研究的任务是从大量的事实材料出发，通过具体的分析，对周作人堕落的历史作出科学的说明与批判，并从中总结出历史的经验教训。

（一）

大革命失败以后，周作人感到了"凡人的悲哀"[2]，一种"萧寂的微淡的哀愁"[3]；周作人说，只有带着"败残之憾，或历史的悲愁那种情调来看"，才能体味这"哀愁"里的"别种的意趣"[4]。周作人正是怀着曾经作过种种努力，试图对历史运动施加自己的影响，而终于"无效"与"无用"的历史失败者的心绪，来看待无论其前进，还是曲折，都不以人的意志为转移的客观历史运动，于是，他产生了茫然若有所失的幻灭感与无能为力的悲哀。如果说"五四"时期周作人曾经因为与历史主潮运动的自觉联系而产生过战斗的激情，成为时代的先驱者，五卅运动、"三一八"惨案中，一定程度上恢复了这种联系，因而也在一定程度内遏制了"五四"退潮期所产生的思想危机；那么，现在，周作人却自动地割断与历史进步力量的联系，而且在主观上还企图割断与一切社会历史力量的联系，作为一个纯粹的、孤立的"个人"（即他所说的"凡人"），与历史运动的铁的法则相对峙，一方面是"清醒地都看见听见，又无力高声大喊"的渺小的"凡人"[5]，一方面是似乎不可捉摸、仿佛不受任何力量影响的无情的历史运动，周作人必然地陷入"虚无"的绝境。与历史前进运动的这种自动脱节，使得周作人再没有任何力量来克服自身的精神危机。

当历史进入 20 世纪的 30 年代，经过一段彷徨、苦闷，周作人终于宣布自己"由信仰而归于怀疑，这是我的'转变方向'了"[6]。转向哪里呢？周作人提出了著名的"闭门读书论"，鼓吹到中国传统文化中寻找精神出路。这与同时期鲁迅及其战友转向无产阶级文化思想即马克思主义那里寻找精神武器，是不同的方向。五四新文化运动的老战士到这时才真正完成了最后的分化。

对于周作人自身来说，这一转变是带有根本性的。如果说本世纪初周作人（及其同代人）努力地挣脱中国传统文化的精神羁绊，向西方寻找民族自强与自我解放的道路；那么现在，周作人却自动地回到中国传统文化的怀抱，而且不再怀有任何救国济世的目的，仅仅是为了自身"得体地活着"[7]。"得体地活着"，这成了周作人后半生全部生活目标与意识中心，人的生物性的生存本能被提炼为一种"活着就是一切"的人生哲学。但作为有教养的知识分子，周作人当然不会满足于纯动物的好死赖活般的"活着"；而要活得"得体"，首先就是要在道德的自我完善中求得心理的平衡。这是周作人一贯追求的：每逢历史转折点，思想、感情发生激烈矛盾、冲突时，他总是后退一步，

迅速寻找一个新的妥协点，来求得内心的平衡与安宁。中国传统文化
正是长于心理平衡。鲁迅说："我看中国书时，总觉得就沉静下去，与实
人生离开"[8]，鲁迅因此而规劝青年"不读或少读中国书"；周作人现在
恰恰要"沉静下去，与实人生离开"，一头钻进中国书里去"避难"[9]了。

　　他首先需要解决的是"出世"与"入世"的矛盾。这是中国知识
分子的一个古老的、近乎"永恒"的矛盾，对于周作人似乎更为尖锐。
内心情感、心绪在"有暇而无闲"[10]与"心闲故无碍"[11]之间波动起伏，
周作人苦苦地在儒家与道家乃至法家之间寻求共同点，终于有了新的
"发现"："道、儒、法三家原只是一气化三清，是一个人可能有的三
样态度，……却不是绝对对立的门户"[12]，"道家是消极的彻底"，"法
家则积极的彻底"，孔氏之儒则在法、道之间"弥缝"[13]。他进一步
解释说，中国道家所主张的隐逸，不同于西方"宗教的"隐逸，"是
社会与政治的"，即仍然怀有自己政治与社会的理想及对现实的不满，
精神实质"并不消极"。这就与儒家有了相通之处："二者还是一个源
流，因为都知道不可，不过一个还要为，一个不想再为罢了"；隐逸
之士为"苟全性命于乱世"不得不退遁于世，自然有说不出的苦味，
儒家就是在"知其不可为而为之"、拼命向前的时候，也掩藏不住浓重
的"悲凉之气"[14]。这表明，在中国传统中，"出世"与"入世"之间
并无严格的界限，两者互相渗透，互为补充。这样，周作人所面临的
"入世"则无能为力、心有所惧和"出世"则不肯甘心、心所不愿的矛盾，
就找到了一个中庸的解决法：以入世的精神出世，或以出世的精神入
世，既入世又非入世，既出世又非出世。总体上躲在苦雨斋里过着逃
避现实的隐逸生活，仿佛不食人间烟火；偶尔又从苦雨斋里伸出头来，
看看人间，发几句牢骚，仿佛仍是世间人。你说他逃避现实吗？他还
关心着世事；你说他热衷于仕途吗？他又悟彻一切；不过处处顺其自
然，想谈风说月就谈风说月，愿呵佛骂祖就呵佛骂祖。谈风说月自然

心平气顺，呵佛骂祖，出口鸟气，气顺自然心平：各有各的妙用。调和出世与入世的中庸之道对于周作人正是这样的自欺欺人的抚慰剂，它起着类似宗教的心理平衡作用，为周作人逃避现实、背离五四传统的行径提供心理的解脱。

　　周作人在儒家的"入世"与道家的"出世"之间寻求微妙的平衡，由激烈冲突达到了调和静穆，是显示了周作人后期思想以至文风特点的；周作人自己曾把它概括为"于杂糅间见调和"[15]。他一再宣称自己不是任何文化系统、学派的"信徒"，他追求的是以"爱智者"[16]的身份，对各种互相矛盾对立的思想学说一律采取"宽容"的态度，尽力从中寻找共同点，以便把它们调和起来，兼收而并蓄。周作人所强调的"一律宽容"自然是不可能彻底实现的，因为他对于无产阶级文化思想体系马克思主义，对于左翼文学运动，采取了绝对排斥态度，并无半点"宽容"可言。但他在考察西方文化、日本文化与中国传统文化的关系，以及中国传统文化中儒、法、道各学派之间的关系时，确实着眼于它们之间的互相契合处。他反复强调，作为西方文明渊源之一的希腊文化与中国传统文化"很有点相像"[17]，"西哲如蔼理斯等的思想实在与李（贽）俞（樾）诸君还是一鼻孔出气的"[18]，日本与中国有着共同的"东洋人的悲哀"[19]；他一再推崇的中国文人大都有思想通达、兼收各派学说的特点，如颜之推的思想"宽大"而"杂"，[20]傅山"于儒道佛三者都能通达，故无偏执处"[21]，等等。周作人的着眼点更在外来思想、传统思想与自己思想、个性的契合。一方面，他把自己的个性投影于中外思想上，使其具有某种"周作人"的色彩；另一方面，又广泛吸收中外思想来扩大与发展自己的个性，这是一个相互映照、交流的过程，其结果就形成了一个"杂糅中见调和"的思想统一体。他以蔼理斯调节"纵欲"与"禁欲"的思想以及儒家的"仁"、"恕"、"礼"、"中庸"、希腊文化的"中庸之德"[22]为基础，糅合了佛教"莫令余人得恼"的恕道精神[23]，道家的"通达"，日本文化中的"人情之美"[24]，构成了新的思想体系，其主要特点是以"得体地活着"为中心，在顺乎人情物理的自然发展与自我节制中求得平衡的中庸主义。为在"混乱"之中"能截断众流，站立得住"[25]，又吸取了儒家的"智"与"勇"[26]，佛教的"勇猛精进"[27]及法家的"实效"精神[28]，这样，周作人的中庸主义就具有了外柔内刚的特色，这恰恰又是显示了周作人"温雅中有铁"的个性特征的。[29]

鲁迅的下述观察、分析是真正鞭辟入里的：周作人这类现代"隐士"，"虽'隐'，也仍然要嗷饭，所以招牌还是要油漆，要保护的。泰山崩，黄河溢，隐士们日无见，耳无闻，但苟有议及自己们或他的一伙的，则虽千里之外，半句之微，他便耳聪目明，奋袂而起，好像事件之大，远胜于宇宙之灭亡者，也就为了这缘故"[30]。在30年代，周作人并非只是一味"中庸"、"宽容"；只要对于他的中庸主义思想招牌稍有触犯，周作人即如鲁迅所说"耳聪目明，奋袂而起"，既敏捷又锋利、无情，依旧俨然一位"勇士"。大革命失败以后，周作人在自动与进步社会政治力量脱节时，一再声称自己的目的不过要返归自然，还原为"纯粹的个人"，但在30年代激烈的阶级搏斗中，他没有、也不可能成为"纯粹的个人"，他与左翼思想文化界之间出现了越来越严重的对立，这或许是连周作人自己也不曾料及的。这样，抗战爆发前夕，一个新的历史转折点即将到来的时候，左翼力量为挽救周作人作了最后努力，由周建人出面，邀其南下，周作人断然拒绝[31]，就绝非偶然：他终于失去了历史提供的最后一个机会。

（二）

就在这新的历史转折的前夕，1934年12月，周作人写了一篇文章，宣布"弃文就武"[32]。敏感的鲁迅立即抓住这一新动向，尖锐地指出："这可分明的显出了主张'为文学而文学'者后来一定要走的道路来"[33]。周作人究竟要"走"向哪里呢？

1935 年 1 月，周作人在《关于日本语》中发出感慨：甲午以来四十年中日间"总还不能引起知己知彼的决心"；从同年 5 月发表《日本管窥》为发端，引人注目地开始了对日本文化与民族性的系统研究。把现实政治中中日之间侵略与被侵略的关系化为文化上互不了解的问题，这出发点与立足点本身就是谬误的；何况"研究"的结果，周作人的"日本观"发生了本质的变化。周作人一向对日本军国主义的侵略行径持反对态度，在驱逐溥仪事件（1924 年）、五卅运动（1925 年）、"三一八"惨案（1926 年）、国民党清党运动（1927 年）中，他一再强调日本"是中国最危险的敌人"[34]，"九一八"事变（1931 年）后，周作人也曾对国民党不抵抗政策提出过委婉的批评[35]，直到 1933 年还撰文谴责日本军国主义"外则不惜与世界为敌，欲吞噬亚东，内则敢于破坏国法，欲用暴烈手段建立法西斯政权"[36]。可是，现在，周作人却摆出一副教师爷的架势，要中国人民将日本军国主义的"英雄""搁在一旁"，而去体味与同情"同为人类为东洋人的悲哀"[37]，甚至要从沾满中国人民鲜血的日本武士道中去发掘"武士人情"[38]。当年周作人曾那样慷慨陈词，怒斥日本军国主义者关于"同文同种"、"共存共荣"的谰言不过是"侵略的代名词"[39]，现在，同一个周作人，却在"仔细思量""现在日本'非常时'的行动"（周作人连"侵略"这两个字也不敢用了！）。以后，仍然"明确地看明白日本与中国毕竟同是亚细亚人，兴衰福祸目前虽是不同，究竟的命运还是一致"[40]。周作人还以一个天真的"学者"口吻问道："日本人尽有他的好处，对于中国却总不拿出来，所有只是恶念，而且又是出乎情理的离奇，这是为什么呢"[41]？他"研究"的结果是汉文化与西洋文化对日本传统文化的"迫压"引起了日本的"反抗"[42]！我们可以假定承认，周作人在进行这些"研究"时，主观上是认真、甚至是真诚的（在实际历史运动中，主观动机的真诚与否本来就不具有重要意义），但这只是更深刻地说明，从个别人（人群）的道德水准与文化发展因素去寻找历史运动的原因的历史唯心主义（这种根深蒂固的历史唯心主义已经成为周作人的思维方式），可以将人们引向什么样的政治泥潭——不论其是否自觉，周作人实际上已经成为日本侵略的辩护士，向民族罪人的道路迈出了危险的第一步。

更能显示这种危险征兆的，是周作人从 1935 年 3 月开始，热心地为秦桧翻案。很难说这是认真的学术讨论，周作人显然有他的政治意图。他煞有介事地攻击所谓国民性的弱点："中国往往大家都知道非和不可，等到和了，大家从避难归来，都热烈地崇拜主战者，称岳飞而骂秦桧"，结论是：

> 和比战难。战败仍不失为民族英雄，和成则是万世罪人，故主和实在更需要有政治的定见与道德的毅力也。[43]

这时的周作人已经决心力主"和日"，但尚不敢冒天下之大不韪，公之于众，只在给梁实秋的私人信件中吞吞吐吐地透露了这个意图[44]。这里"政治的定见"、"道德的毅力"云云，既是给自己打气，也是在试探与制造舆论。尔后，周作人又连续撰文，宣传为"谋大图"而"忍辱负重"[45]，硬要给变节行为涂上自我牺牲的悲壮色彩，依然是自欺欺人，用心可谓良苦。"心有灵犀一点通"，正是民族失败主义这一点将历史上的秦桧与现实的周作人的心灵沟通。周作人引用古书分析秦桧心理，简直可以视为他自己的内心独白：失土"恢复无望殆系事实"，"当日之势岌乎，不能不和。战则……偏安之局亦不可得"，不如和以"保留半壁江山""后当逆夷之乱，一扫而复中原"[46]。且不论"一扫而复中原"云云是否一种伪饰，渗透于战局分析中的浓重的悲观主义情绪确确实实是周作人的，这是他对于民族、人民历史彻底丧失信心的无可救药的虚无主义恶性发展的必然结果。也许周作人自认这是一种冷静的理性主义与清醒的现实主义，但事实却更无情，更能决定历史的评价：在"中华民族到了最危险的时候"，周作人没有与养育了他的祖国、人民、民族同生死共命运，而把自己的政治生命、文学生命紧紧地与民族敌人联在一起。这个历史的结局应该说在"七七"事变之前已经决定；"七七"事变之后，"请勿视留北诸人为李陵，却当作苏武看为宜"之类"知堂来函"[47]，不过是照例的自欺欺人，正式下水之前的某种犹豫、扭捏（我们都不愿怀疑其主观"真诚性"），也都是应有的"文章"，如此而已。

（三）

周作人终于失足；这在 40 年代知识界中曾经引起很大震动。由于周作人在五四新文化运动中的特殊贡献，在鲁迅逝世以后，人们曾经对他寄予很大希望；耐人寻味的是，最鲜明地表示了这种期望的，还是左翼文化界。1936 年 12 月，许广平致书周作人，表示从 1926 年离开北平后继续从周作人著作中得到教益[48]；1937 年 6 月，周建人在《鲁迅先生对于科学》一文中公布了鲁迅生前对周作人的期望：希望他"保存着先前北京恐怖时代设法把李大钊先生的儿子护送出国的那种爱护青年的热忱，不要走到消极的路上去"[49]；据有关材料，冯雪峰与郭沫若也都对周作人以很高评价与期待[50]。因此，当周作人投敌消息传出后，在左翼进步青年中引起一种"被原来信任过的人欺骗了、侮辱了似的心情"，并因而产生一种深刻的"痛苦"[51]。我们灾难深重的民族吞下这个苦果也绝不轻松：曾经是她的一个优秀儿女最后背叛了自己！

实际上，这里并不存在着意的欺骗；在现代中国瞬息万变的历史大动荡、大分化中，每个人的历史面貌都在急剧变化，尤其在历史的急转弯中，更易发生脱出轨道的惊人之变，人们对此常常缺乏足够的思想与心理准备。出乎意料却也在情理之中，仍然有内在的线索可循。周作人的堕落既是他根深蒂固的历史虚无主义、民族失败主义恶性发展的必然结果，也是出于他彻底个人主义的人生观在历史转折关头的必然选择。大革命失败后，周作人自觉地将"得体地活着"置于至高无上的地位，这就必然导致民族意识的淡化。日本侵略所造成的民族危难与社会动荡，在周作人那里，并没有引起民族危亡、国土沦丧之痛，却唤起了由来已久的忧惧感。令周作人寝食不安的是侵略者不聪明的暴政将引起人民出于"求生意志"的反抗，而造成社会动乱，"己亦在人中，有沦胥及溺"之患[52]。正是这种"救出自己"[53]的明确意识唤起了周作人"积极"行动的热情，周作人晚年说他出任督办伪职"既非胁迫，亦非自动，当然是日方发动，经过考虑就答应了"[54]。大体是符合实际的；应该说这是基于共同利益——防止人民暴乱，建立稳定的统治秩序而进行的"合作"。这无可置疑的卑劣的叛卖，在周作人的自我感觉中却偏偏有一种"人不入地狱我入地狱"的悲壮感。在《立春以前·后记》里，他几分真诚，又几分伪善地写道：

> 个人捐弃其心力以至身命，为群生谋利益至少也为之有所计议，乃是中国传统的道德，凡智识阶级均应以此为准则。

中国传统的知识分子确实惯于陶醉在"为民"牺牲的主观幻觉中，但这不过是在自我欺骗里求得"良心"的安定与心理的平衡。周作人所谓为"群生""有所计议"，其实就是规劝侵略者"设法为百姓留一线生机，俾得大家有生路"[55]，以便让中国老百姓在异族统治下暂时"做稳了奴隶"。周作人这类"高等汉奸"的特殊作用也正在这里；周作人却以此相炫耀，足见其沉溺之深了。

在周作人对日本文化与汉文化关系的论述中，也多少透露了周作人最后事敌的一个并非主要、却也不可忽视的原因。周作人对中日文化的观察有一个特殊的视角：既突出日本文化与汉文化共同作为东洋文化与西洋文化的对立，又强调"日本文化古来又取资中土"[56]，以汉文化为基础。他在《日本管窥之三》里提出："人类文化中可以分作两部，其一勉强称曰物的文化，其二也勉强称曰人的文化"，在周作人看来，日本所有的是"物的文化"（即所谓"武化"），中国则有真正的"人的文化"。由此建立起了周作人的一个"理想"：借助于日本"物的文化"（经济与军事实力）来推广中国"人的文化"，使之成为整个"大东亚文化"的中心思想，与西方文化相抗衡。周作人的这一"理想"与日本侵略者所宣传的"大东亚文化"、"大东亚共荣圈"，尽管存在矛盾与差异，但在基本精神上却是相一致的；应该说，这正是周作人与日本侵略者"合作"的共同思想基础。周作人在敌伪时期对儒家学说的狂热宣传有两个特点：他一面竭尽全力地确立中国儒家思想的"中心"地位，强调"大东亚主义的思想的出发点，还是在儒家的思想之内"[57]，一面又着力于对充满矛盾的儒家学说本身的改造，使其具有足以与西方文化相抗衡的力量。他主张将"以孔孟为代表，禹稷为模范"的"原始的儒家思想"[58]，与后代（汉以后，特别是宋以后）加进了"法家成分"与"接受佛教影响"、"师爷化"与"禅和子化"、发展成为酷儒与玄儒的儒家严格区分开来[59]，推崇前者而否定后者；在"原始的儒家思想里"，周作人着意突出孔子的"仁"与孟子"民为贵，君为轻"的思想，并赋予了西方现代人道主义、民主主义思想的内涵，强调"仁"的根本是尊重"人之生物的本能"即"求生意志"，其核心是"把他人当做人看"[60]，"民为贵"即是"一切都为人民"[61]，周作人据此而提出了"儒家人文主义"的新概念，实际上是将儒家思想现代化，或将现代思想儒家化。周作人上述煞费苦心的努力，使人不禁想起了鲁迅《随感录三十八》（周作人一再声称他是这篇文章的作者）中所描绘的"爱国的自大家"，他们不也是在那里煞有介事地宣称"外国的东西，中国早已有过；某种科学，即某子所说的云云"么？正像《随感录三十八》所尖锐指出的那样，这种"古已有之"的论调，实质上就是张之洞"以中学为体西学为用"论的翻版，目的在于抵制西洋文化对中国传统文化的冲击，维护封建文化的思想统治；对这类打着"爱国"旗号的封建复古派，当年周作人作为资产阶级启蒙思想家，曾与之进行过坚决斗争，现在周作人竟然完全继承其衣钵，这不能不说是可悲的堕落。

周作人野心勃勃地想以儒家思想为代表的中国封建传统文化作为大东亚文化的"中心"，说不定还做着"同化"日本文化的美梦[62]。但他的主观愿望却必然要在历史客观法则的铁的逻辑面前碰壁：在殖民地的沦陷区中国，封建文化只能充当帝国主义文化的附庸。周作人实际行事只能是用儒家学说为日本帝国主义侵略事业这个"中心"服务，把太平洋侵略战争说成是"出之于儒家'己饥己溺'与'民胞物兴'的精神"[63]，到最后，连周作人自己也脱下苦雨斋斋主的长袍，穿上屠夫的军装，四处巡视，检阅军队，真正地"弃文就武"。分明是日本帝国主义的忠实奴才，却偏要作"汉文化中心"的自大梦，这是一种沦肌浃髓的伪善，伪善到了天真的地步！

但在日本主子看来，做这样的梦本身就是不忠实的表现。于是，由"转向"的日本军国主义文人片冈铁兵出面，指责周作人宣扬"古的中国的超越的事大主义"，并称其为"反动老作家"，给了一个不大不小的警告与惩罚。对爱国青年在法西斯匪徒毒刑下发出的惨叫充耳不闻的周作人，对此做出了强硬的反应，直到对日方提出抗议，但也只能证明周作人在同类汉奸中多少保留了一点自己的个性，丝毫不能为其洗刷背叛祖国的罪名。

　　但有一点可以肯定，周作人在这幕历史的闹剧里扮演"丑角"是并不轻松的。尽管周作人自身民族意识早已淡化，但作为中华古国的知识分子，他却不能不承受中国源远流长的爱国主义、民族主义传统（这个传统对一切背叛祖国、民族的失节行为从来给以最严厉的谴责）的强大心理压力。为求得解脱，他一再表白，自己"出山"并非为敌所迫，有着完全的自主："譬如为山，未成一篑，止，吾止也。譬如平地，虽覆一篑，进，吾往也"[64]，一切都出于窥知"国家治乱之原，生民根本之计"，"道义事功化"的自觉自愿的努力[65]。周作人自己或许从这里获得"正剧"扮演者的良好的自我感觉，但却无法使人相信。于是，周作人又有了不被理解的悲哀，"但思忍过事堪喜，回首冤亲一惘然。饱吃苦茶辨余味，代言觅得杜樊川"，"禹迹寺前春草生，沈园遗迹欠分明，偶然拄杖桥头望，流水斜阳太有情"，在这淡淡的哀愁里，周作人又体味着难以排解的悲剧感。这种悲剧感与周作人由来已久的对社会、人生的虚无主义相互纠结，加之周作人对于自己的命运及与之相联结的日本军国主义的侵略"事业"并不抱有信心（这一点他算是清醒的，与钱稻孙之流有所不同），这就使周作人的思想、心绪，乃至文风，都蒙上了一层特殊的苦味，即使是"闲适"文章里亦有或浓或淡的"忧郁"。但这种苦味并不能博得人们的同情；那个时候，每一个有爱国心的中国知识分子，因周作人的叛卖给他们的伤害过于深重，无论怎样也"无法从心底里真正原谅他"[66]。但作为"汉奸"众生相中的一个典型，这种苦味却是值得重视的；它不仅显示了周作人的"这一个"的个性，而且在同类知识分子中也具有一定的典型性，其内含的深刻的历史内容更是值得人们深思。

此后，周作人还走过相当长的人生旅程，特别是新中国成立之后，获得相对安定的生活环境，周作人又开始了他的大量译作，还有为数众多的书信。透过这些译作与书信，我们看到的还是那个周作人，还是那不可变更的自由主义、个性主义思想，还是那样苦苦经营个人小天地，还是那样闲适中暗含着苦味，只是多了一些喋喋不休，读来也颇动人，却仍不免徒劳的自我辩解。人们只会感到这是一个过去了的历史人物。是的，周作人的生命早已结束在那个祖国蒙受屈辱灾难，同时又是民族奋起的时代，而且是经由他自己之手埋葬的。这个结局对他个人自然是可悲的，却也因此证明了时代的前进；这才是真正可喜可贺的。

注释

［1］恩格斯：《反杜林论》。

［2］周作人：《看云集·麻醉礼赞》。

［3］［4］［5］周作人：《看云集·关于蝙蝠》。

［6］周作人：《艺术与生活·自序二》。

［7］周作人：《看云集·中年》。

［8］鲁迅：《华盖集·青年必读书》。

［9］周作人：《永日集·燕知草·跋》。

［10］周作人：致俞平伯书（1933 年 2 月 25 日）。

［11］周作人：致废名书（1931 年 2 月 3 日）。

［12］［27］［28］周作人：《秉烛谈·谈儒家》。

［13］周作人：《秉烛后谈·自己所能做的》。

［14］周作人：《苦茶随笔·〈论语〉小记》。

［15］周作人：《药味集·谈俳文》。

［16］周作人：《夜读抄·后记》。

［17］［22］周作人：《秉烛谈·朴丽子》。

［18］周作人:《药堂杂文·读书的经验》。

［19］周作人:《瓜豆集·谈日本文化书·其二》。

［20］周作人:《夜读抄·颜氏家训》。

［21］周作人:《风雨谈·关于傅青主》。

［23］周作人:《风雨谈·读戒律》。

［24］周作人:《雨天的书·日本的人情美》。

［25］［26］周作人:《甘口苦口·我的杂学·四》。

［29］温源宁:《周作人——铁与温雅》,载《逸经》第17期(1936年11月5日出版)。

［30］鲁迅:《且介亭杂文二集·隐士》。

［31］参看周建人:《鲁迅和周作人》,载《新文学史料》1983年第4期。

［32］周作人:《苦茶随笔·弃文就武》。

［33］鲁迅:《集外集拾遗补编·势所必至,理有固然》。

［34］［39］周作人:《谈虎集·排日平议》。

［35］周作人:《看云集·关于征兵》。

［36］周作人:《夜读抄·颜氏学记》。

［37］周作人:《瓜豆集·谈日本文化书·其二》。

［38］周作人:《苦茶随笔·日本管窥》。

［40］［56］周作人:《苦竹杂记·日本的衣食住》。

［41］［42］周作人:《知堂乙酉文编·日本管窥之四》。

［43］周作人:《瓜豆集·再谈油炸鬼》。

［44］周作人致梁实秋书(1935年7月6日),收梁实秋:《看云集》。

［45］周作人:《苦竹杂记·杜牧之句》。

［46］周作人:《苦茶随笔·关于英雄崇拜》。

［47］周作人致陶亢德书(1937年4月26日)。

［48］见《明报》1967年第17期影印件。

［49］此文收1937年6月出版的《鲁迅研究》。

［50］参看本书《周作人与文研会、创造社同人》、《周作人与湖畔诗人》有关部分。

［51］唐弢:《〈帝城十日〉解》,《新文学史料》1980年第3期。

［52］周作人:《立春以前·后记》。

［53］周作人:《甘口苦口·梦想之一》。

［54］周作人致鲍耀明书(1964年7月18日),收《周作人晚年手札一百封》。

［55］［58］［60］周作人:《药堂杂文·中国的思想问题》。

［57］周作人:《树立中心思想》(1942年7月13日在华北各省市中等学校教员第四届

暑期讲习班的讲话），载《教育时报》第 8 期（1942 年 9 月 1 日出版）。

［59］ 周作人：《药堂杂文·汉文学的传统》。

［61］ 周作人：《药堂杂文·中国文学上的两种思想》。

［62］ 周作人曾在南方大学一次讲话中强调中国在五代、辽、金、元、清等异族统治时，"政治上有所变化，在文化上却始终是整个不变，没有被打败过"，他实际上是在暗示，有可能重演"同化"入侵者"文化"的历史。

［63］ 周作人 1942 年在日本华北宣传同盟发起的"笔上座谈会"的书面发言。

［64］ 周作人：《一蒉轩笔记·序》，收《知堂序跋》。

［65］ 周作人：《苦口甘口·序》。

［66］ 唐弢：《〈帝城十日〉解》，《新文学史料》1980 年第 3 期。

第二编

开拓者的足迹

六、周作人及其同代人的知识结构

（一）

我们且从周作人评介清代学者刘继庄《广阳杂记》里的一段话说起：

> 卷三云："偶与紫庭论诗，诵魏武《观沧海》诗，……紫庭曰，只平平写景，而横绝宇宙之胸襟眼界，百世之下，犹将见之……"这一节话我们刚好拿来作杂记的总评，紫庭听说横绝宇宙之胸襟眼界正是刘继庄所自有的。[1]

可不可以说，这也是周作人及其同代人所"自有"的呢？——大概可以吧。

这就说到了周作人"这一代人"。这一代人出现于清朝末年。借用梁启超在《清代学术概论》里的观点，清代学术思潮（以至整个中国传统文化）经过"启蒙期"、"全盛期"、"蜕分期"，终于发展到了"衰落期"；"环境既已变易，社会需要，别转一方向，……豪杰之士，欲创新必先推旧……于是入于第二思潮之启蒙期，而此思潮遂告终焉"，此"当佛说所谓'灭'相"。这就是说，到了19世纪末20世纪初，不仅中国社会内部已经产生了变革的"需要"，而且清朝学术思想（以及中国传统文化）自身也由于发展"极熟而致烂，如血之凝固而成瘀"，期待着一种"突破"，"则反动不得不起"——即使没有外来文化的冲击，这种"反动"也是必然产生的。于此，我们才可以理解：周作人和他的兄长鲁迅，以及同时代人，在接触西方文化以前，即周氏兄弟还是绍兴东昌坊新台门周家的少爷、三味书屋里的学子的时候，他们身上已经显示出了反叛性的"文化性格"，开始有了与传统读书人相异的别一种"胸襟"与"眼光"。周作人回忆说——

> 我的国文读通差不多全靠了看小说，经书实在并没有给了什么帮助[2]；不佞从小喜杂览。所喜读的品类本杂，而地志小书为其重要的一类，古迹名胜固复不恶，若所最爱者乃是风俗物产这一方面也[3]；我所记得的书顶早的一部《毛诗品物图考》，大抵是甲午年我正在读"上中"的时候。[4]

在这里，读书的趣味与选择背后，隐藏着治学道路与人生道路的根本抉择。周作人从一开始，就背叛了传统"经学"的道路，而走一条"杂学"的"野路子"。周作人后来在《我的杂学》（收录于《知堂回想录》）里也坦白承认："我的读书是非正统的"，是"非正宗的别择法"。当时，走"自旁门入"（《小说的回忆》中引清郑守庭《燕窗闲话》语）的读书道路的，绝不只周作人一人。鲁迅自小也同周作人一样，爱读"野史"、"闲书"；周作人在《关于鲁迅》里回忆，鲁迅自己买来的第一部书《唐代丛书》，就是一本"杂学入门的课本"，这本书对他们兄弟俩产生了深刻的影响。周氏兄弟对传统经学的拒绝，"杂学"知识结构的建立，反映了时代读书风气的转变，透露出一个重要的信息：封建正统文化既然已对它自身培养出来的知识分子中最杰出者失去了吸引力，它也就失去了存在的价值，走到了生命的尽头。

当然，这种自发的、不知不觉中发生的反叛，在根本上说，仍是在传统文化结构内部的一种调整、"别择"，其胸襟、眼光都没有超出传统文化的框架，知识结构也不可能发生实质性的变化，其主要价值在"否定"、"怀疑"，而非肯定，如梁启超所说，只能产生"破坏性"的文化性格。这不仅因为"建设盖有所未遑"，而且暂时还没有找到足以取代者。因此，这一代人一直要到真正接触到了与传统文化异质的、另一种体系的西方文化，进入"世界文化"的新系统，他们的反叛性的文化性格才可能发展到十分自觉、彻底的程度，并且孕育、产生出建设性的文化性格，从而出现真正全新的"胸襟"与"眼光"。周作人这一代正是跨出了这决定性的一步，使他们不仅结束了一个时代，而且开创了一个时代。这种新的文化性格的创建是彻底的：不仅包括他们的思维方式，感知方式，审美意识，而且包括了知识结构。

（二）

中国封建传统的全部本质在于"不把人当人"，以至"中国人向来就没有争到过'人'的价格"[5]；因此，西方文化中"对于人的发现与认识"对于周作人这一代人的影响是带有根本性的。鲁迅在本世纪初提出的"立人"思想，周作人在"五四"时期提出的"人的文学"，都代表了"人的发现与认识"在现代中国所曾达到的历史高度。周作人在构建以"人"为中心的新的思想大厦方面尤其倾注了几乎毕生的精力；周作人在现代中国人的知识结构的改造、重建方面所提出的意见，是在一定程度上体现了他启发国民"人的自觉"的思考与努力所达到的深度的。早在1922年，五四运动刚刚过去不久，周作人在一篇题为《妇女运动与常识》的文章里，明确地提出了这个问题——

（在中国）大家都做着人，却几乎都不知道自己是人；或者自以为是"万物之灵"的人，却忘记了自己仍是一个生物。在这样的社会里，绝不会发生真的自己解放运动的：我相信必须个人对自己有了一种了解，才能立定主意去追求正当的人的生活。希腊哲人达勒思的格言道，"知道你自己"，可以说是最好的教训。

正是从推动人的自觉解放运动的总的战略目标出发，周作人竭力鼓吹建立起一个以"认识人自己"为中心的全新的知识结构。周作人设想，在这个知识结构里，应该包括以下几个方面："第一组，关于个人者"，包括"人身生理"（特别是性知识）、"医学史"及"心理学"，以求从身心两方面了解人的个体；"第二组，关于人类及生物者"、包括"生物学"（包括进化遗传诸说）、"社会学"（内含广义的人类学、民俗学、文化发达史及社会学）、"历史"，以求多侧面地展开"人类"的本质；"第三组，关于自然现象者"，包括"天文"、"地理"、"化学"，以求了解与人相关的一切自然现象，即人所生活的自然环境；"第四组，关于科学基本者"，包括"数学"、"哲学"，以求掌握科学地认识"人"及其生活的世界的基本工具；"第五组，艺术"，包括"神话学"、"童话"，以求了解幼年时期的人类，还包括"文学、艺术、艺术史、艺术概论"，目的在"将艺术的意义应用在实际生活上，使人家有一点文学的风味"，这是人的健全发展所必需的。

"知道你自己"，这古希腊哲人的呼唤，终于在同样古老的中华民族的现代知识分子这里得到了历史的呼应。注意的中心是"个体"的人与"人类"的人，这个体意识与人类意识都是以社会为本位的封闭的中国封建社会里所不可能有的。从"生理"的与"心理"的层次、肉与灵的统一中去把握人的个体，从广泛的联系中去展开人类的生物学、社会学、历史学，以及美学的本质，这全方位的考察视角，所达到的辩证认识，都是真正"现代"的。蒙在"人"身上的神秘面纱揭开了，"人"终于有可能把对自身的认识建立在现代科学基础上。只有有了这样的胸襟与眼界，以及相应的知识结构，我们才可以说，现代中国人，现代中国知识分子真正出现了。

讲起来也是可悲得很，正像周作人所说，在中国，"大家都做着人"——已经"做"了几千年，还要继续"做"下去，却"几乎都不知道自己是人"，不知道"人"是怎么一回事儿；直到接受了西方文化的启迪，经历了五四思想大解放运动，才经由周作人这一代先驱者的努力，达到了上述自觉认识；这实实在在是中国"人"的觉醒史、发展史上应该大书特书的破天荒的大事。因此，当周作人这一代人，从西方广泛引入现代人类学、民俗学、心理学（特别是性心理学）、神话学、童话学……像诉说"远亲的消息"一样热心地讲述"昆虫界"的"悲喜剧"[6]，虔诚地用人类学"金枝的火光来照野蛮迷信的黑暗树林"[7]，严肃地讲着"性的法则"[8]，如痴如迷地赞赏着"小孩的诳话"[9]，耽读着《妖术史》、《妖术地理》、《僵尸》、《人狼》[10]，从北京街头叫卖声中感受着"丰厚温润的空气"[11]，从田夫野老谈神论鬼中体会着"鬼神生于人心"的哲理[12]……仿佛是毫不经意地在那里说"闲话"，聊"闲天"，其实却是在静悄悄地进行着"人"的启蒙的思想建设大工程——大事业并不都是正儿八经、轰轰烈烈的。其实，他们反反复复讲的道理，也都平常得很，都是些大实话、普通常识。比如，"万物之灵的人的生活的基础依旧还是动物的"[13]，"凡是人欲，如不事疏通而妄去阻塞，终于是不行的"[14]，"对于神异故事的原始的要求，长在我们的血脉里"[15]——真理总是平凡的，并不耸人听闻；自然，这里所说的也并非绝对真理，可能还会有更完整、更全面的论述。然而，只要回顾一下此后的半个世纪中，我们怎样由开始多少有点历史合理性的革命的"禁欲主义"，一直发展到把"苦"、"穷"、"死"神圣化的变相宗教狂；再看看直到今天，当年轻一代刚刚开始学会"热烈

地寻求""生之快乐"[16]，我们的一些年长者就以为发生了可怕的"叛
逆"，而惶惶不可终日；还有那些到处可以看到的以"功利"的名义，
以至"革命"的名义对于人（成年人与孩子）的"梦想"的扼杀……
你不禁会想起鲁迅的那句名言：在中国，"即使搬动一张桌子，改装
一个火炉，几乎也要血"[17]，而发出一声沉重的叹息：呵，在我们这
里，接受、普及最普通的"常识"，也要付出血的代价——莫非真是
因为中国人太多，生命太不值钱了么？

　　周作人在他的文章里，经常用"常识"这个词；他大概是颇懂得
这两个字在中国的分量的。他在《一蒉轩笔记·序》里，自己解释说：

　　　　常识，分开来说，不外人情与物理，前者可以说是健全的道
　　德，后者是正确的智识，合起来就可以称之曰智慧。

　　他又进一步申说道："道德上是人道，或为人的思想"，"智识上
是唯理的思想"。他正是力图将人道主义的道德理想、情感与建筑在
对"人"自身科学认识基础的知识、理性结合起来，达到"情"与"理"
的调和。这种人道主义的理知精神是反映了自称"爱智者"的周作人
的思想本质的，贯串于他的全部著作之中。

（三）

　　在大革命失败以后，周作人发表了著名的《闭门读书论》；他读
书的主要兴趣，又转到中国传统的"杂学"上来。正像他自己概括的，
他所关注的"杂学"包括"八大类"："关于诗经论语疏注之类"；"小
学书，即说文解字、尔雅、方言之类"；"文化史料类，非志书的地志，
特别是关于岁时风土物产者"；"年谱、日记、游记、家训、尺牍类"；

"博物书类"; "笔记类, 范围甚广, 子部杂家大部分在内"; "佛经之
一部"; "乡贤著作"[18]。这绝不是"未接受西方文化之前的幼时读书
趣味"的简单回复——周作人这一代既已经经过"五四"的洗礼, 进
入了"世界文化"的大系统, 他们就绝不可能再原封不动地"回复"
到封建文化封闭体系中去。从表面上看, 周作人30年代以后的文章,
绝大部分都是以中国古代典籍为对象, 但是, 在其背后, 却仍然存在
着西方文化的参照体系, 不仅隐隐地支配着周作人对中国古代典籍的
选择, 而且决定着他的评价的眼光: 周作人是以在西方文化启迪下形
成的"人道主义的理知精神"去重新审视、映照中国的传统文化, 是
一种名副其实的再度"别择"与"发现"。决定着周作人三四十年代
读书趣味与眼光的另一个重要因素, 是这一时期周作人出于对时代大
风暴的疑惧, 自动地与历史发展运动"脱钩", 躲进了个人小天地;
但他又不甘心于仅仅"咀嚼身边的小小的悲欢, 而且就看这小悲欢为
全世界"(鲁迅语), 他仍然追求着一个广大的精神世界, 向往着思想
的自由驰骋, 这确是周作人高于他的"过于珍惜他有限的'哀愁'",
因而不免露出"有意低徊, 顾影自怜之态"(鲁迅语)的弟子的地方,
周作人仍然不失其"大家风度"。但他既不愿、也不敢如鲁迅那样驰
骋于现实斗争的广阔天地, 就只有像当年陶渊明那样, "历览千载书,
时时见遗烈", "打破现在的界限而游心于千载", 以发现"可'尚友'
的古人", 借"遗烈"的英魂使自己"感发兴起", 读书的过程也是一
个"物我的回响交流"的过程, 一方面用自己的胸襟、眼光去"发现"
古人, 另一方面, 又通过这种"发现"进一步肯定自己, 扩大、丰富
自己, 建立起支撑自我的精神柱石(以上引文均见朱光潜30年代所
写《陶渊明》一文; 朱先生笔下的陶渊明酷似于当时的周作人)。这样,
三四十年代的周作人, 不仅以一个接受了西方思潮影响的现代读书人
的胸襟与眼光去读中国古书, 更在其中贯注了"自己的胸襟气韵"(朱

光潜语）。周作人曾经在一篇题为《谈笔记》的文章里，谈到他选评旧书古人的标准是："思想宽大，见识明达"，"趣味渊雅"，"懂得人情物理"。所谓"人情物理"即是上文所说的"人道主义的理知精神"，是"五四"时代精神的一种坚持；"思想宽大，见识明达"则显示了周作人思想"兼收并蓄"的中庸主义特色；"趣味渊雅"更明显地表现了周作人"温雅"的个性。由这样一个以人道主义为中心的，具有中庸色彩的，包含着士大夫、绅士趣味的思想体系出发，周作人对于中国古代思想文化史的观察，就别具一种胸襟与眼光。例如，蔡元培在《中国伦理学史》中，曾以黄宗羲、戴震、俞正燮为清代思想家中三大人物，周作人则表示："清朝三贤我亦都敬重，若问其次序，则我不能不先俞而后黄、戴矣。"[19] 周作人在《俞理初的诙谐》、《俞理初的著书》，中都把俞正燮推之于中国近代思想史的前景位置，极力赞赏其"见识乃极明达"，"特别是能尊重人权，对两性问题常有超越前人的公论"[20]；显然，周作人是用西方人道主义思想"照亮"了俞正燮的特殊价值。对于清初思想家，人们历来推崇顾炎武，梁启超在《清代学术概论》中称他为清初"从事于'黎明运动'"的"第一人"；周作人读了他的笔记却因其追求"道统"，"缺少温柔敦厚或淡泊宁静之趣"而感到一种深刻的失望[21]。周作人说，对于顾炎武，"我总感到他的儒教徒气。我不菲薄别人做儒家或法家，道家，可是不可有宗教气而变成教徒。倘若此则只好实行作揖主义，敬鬼神而远之矣"[22]。因此，他宁愿给名声与影响都远不如顾炎武的刘继庄以更高评价，说他"思想明通，气象阔大处还非顾君所能企及"[23]。值得注意的是，周作人把刘继庄的"思想明通"与据他所说的"明季自李卓吾发难"的"思想解放"运动联系起来，认为刘继庄"本来也沿着这一条道路，却因为是学者或经世家的立场，所以更为精深"[24]。也就是说，周作人对"兼容并蓄"的"明通"的推崇，意在打破封建儒家的"道统"，是着眼于推动思想的解放的。在另一面，又隐含着对于三四十年代马克思主义在思想、学术界日益强大的影响的疑惧与不满，同时又夹杂着对于马克思主义队伍中出现的教条主义倾向的正当的批判意识，这是一种颇为复杂的文化心理，需要作细致、小心的辨认与具体的分析。周作人正是怀着充满矛盾的心态，在漫长的中国思想史上发现与肯定了：春秋战国时代在法家与道家之间"弥缝"的"孔氏之儒"[25]；东汉"疾虚妄"的王充[26]；魏晋南北朝时代"意诚而辞达"、"纯任自然"的陶渊明[27]；"思想比有些道学家还要宽大得多"的颜之推[28]；明末清初"似乎很激烈"、其实"通达人情物理"、思想"和平公正"的李贽[29]；"通二氏之学，思想通达"、"可谓真雅"的傅青主[30]；"清朝后半的学者中"，"思想通达，又颇有风趣"的俞正燮、郝懿行、焦循[31]，思想"清楚通达"，"大而入细，奇不乖纯"的蒋子潇[32]等人。人们自然很容易注意到，周作人引为同道的思想家，无不生活在中国"王纲解纽"、思想相对解放的历史时代；而每一个思想家的面貌又经过周作人思想的过滤，而打上了周作人个人风貌的某些印记。这不仅有助于我们把握周作人及其同时代人与中国思想文化学术传统的历史联系，而且在历史的联系中，我们更具体地了解了周作人"其人"。而这两方面，都是很有意义与趣味的。

注释

[1]　周作人：《立春以前·〈广阳杂记〉》。
[2]　周作人：《知堂乙酉文编·小说的回忆》。
[3]　周作人：《过去的工作·关于竹枝词》。
[4]　周作人：《夜读抄·花镜》。
[5]　鲁迅：《坟·灯下漫笔》。
[6]　周作人：《自己的园地·法布耳〈昆虫记〉》。

［ 7 ］　周作人：《夜读抄・金枝上的叶子》。

［ 8 ］　周作人：《自己的园地・结婚的爱》。

［ 9 ］　周作人：《泽泻集・镜花缘》。

［10］　周作人：《书房一角・妖术史》。

［11］　周作人：《夜读抄・一岁货声》。

［12］　周作人：《苦口甘口・读〈鬼神论〉》。

［13］　周作人：《夜读抄・蠕范》。

［14］　周作人：《雨天的书・读〈欲海回狂〉》。

［15］　周作人：《泽泻集・镜花缘》。

［16］　周作人：《雨天的书・读〈纺轮的故事〉》。

［17］　鲁迅：《坟・娜拉走后怎样》。

［18］　周作人：《知堂回想录・一九八，拾遗（壬）》。

［19］　周作人：《秉烛谈・关于俞理初》。

［20］［21］　周作人：《秉烛后谈・俞理初的诙谐》。

［22］　周作人：《秉烛谈・谈笔记》。

［23］［24］　周作人：《立春以前・广阳杂记》。

［25］　周作人：《秉烛后谈・自己所能做的》。

［26］　周作人：《药堂杂文・读书的经验》。

［27］　周作人：《苦口甘口・陶集小记》。

［28］　周作人：《夜读抄・颜氏家训》。

［29］　周作人：《药堂杂文・读〈初潭集〉》。

［30］　周作人：《风雨谈・关于家训》,《书房一角・读〈南阜山人诗集〉》。

［31］　周作人：《过去的工作・焦里堂的笔记》。

［32］　周作人：《苦竹杂记・蒋子潇〈游艺录〉》。

七、性心理研究与自然人性的追求

（一）

中国现代作家沈从文曾经宣布：

> 我只想造希腊小庙……这种庙供奉的是"人性"。[1]

这同样是周作人的追求；或者说，它代表了相当一部分中国作家的共同趋向，周作人正是他们当中的思想家。

发表于 1919 年初的《人的文学》，无疑是周作人的宣言书，是他在中国建造"人性"小庙的最初尝试，是他的"人学"结构的初步展示，并由此奠定了周作人在中国现代思想、文化史与现代文学史上的历史地位。《人的文学》一文的最大贡献，是把"五四"人的发现与文学的发现统一起来，将五四思想革命精神灌输到文学革命中去，在"人"的历史焦点上，找到了思想革命与文学革命的契合点。周作人在《人的文学》里特地强调："人的文学，当以人的道德为本。"这不仅显示出周作人自身着重从伦理道德的角度去探讨社会、人生、人性问题的特点[2]，而且因此把五四新文化运动的"反对旧文学，提倡新文学；反对旧道德，提倡新道德"两大旗帜互相联结起来。这样，周作人的"人学"从一开始就获得了十分鲜明的"反封建"的历史内容与倾向性。

周作人的"人学"的第二个特点，是他自觉地运用生物学、文化人类学、道德史、性心理等学科的知识去认识"人"，第一次揭开了蒙在"人"身上的种种神秘的面纱，使得中国人民有可能把对人自身的认识建筑在现代科学的基础上。

诚然，如周作人自己所说，他所讲的，并非新道理，"要说是新，也单是新发现的新，不是新发明的新"[3]，不过是西方人文主义思潮在中国的再发现，再介绍，再运用，并无多少独立的创造与发挥[4]。但是，就是这些今天看来不无简陋的"再发现，再介绍，再运用"，却在中国思想文化界掀起轩然大波，被视为"骇世惊俗"之言。历史的阴差阳错，把并无理论兴趣，也无理论创造力的周作人推上了理论家的位置。

（二）

在周作人的"人学"里，关于妇女、儿童的研究，占据了特殊的地位，构成了周作人思想的主要特色之一。周作人在《人的文学》里曾经谈到，欧洲关于"人"的真理的发现，早在 15 世纪即已开始，而"女人与小儿的发见，却迟至 19 世纪，才有萌芽"；他接着怀着不无痛苦的心情指出，在中国，"人的问题"从来未经解决，女人小儿更不必说了。摆在周作人这一代面前的任务，正是要补历史的这一课。

对于妇女、儿童的命运，特别是妇女命运的特殊关注，在周作人是有他个人的"理由"的。他一再地提及童年时代所留下的永远抹不掉的记忆——

> 抚养我的祖母也是属虎……她的最后十年我是亲眼看见的，她的瘦长的虔敬的脸上丝丝刻着苦痛的痕迹，从祖父怒骂的话里又令我想见她前半生的不幸。我心目中的女人一生的运命便是我

这祖母悲痛而平常的影像。……如今我有了一个属虎的女儿……不禁使我悲感，也并不禁有点迷信。我虽然终于是懦弱的人，当时却决心要给她们奋斗一回试一试，无论那障害是人力还是天力。[5]

在另一篇文章里，他又谈到，生活的经验使他"向来怀疑，女人小孩与农民恐怕永远是被损害与侮辱，不，或是被利用的"[6]。这都说明，周作人对妇女、儿童的重视，是包含有他从个人的人生经验中获得的、对"弱小者"——被损害与侮辱者的深刻同情这一人道主义、民主主义的思想内涵，这自然是"五四"时代精神的一种反映。

然而，在"五四"时期对妇女问题的重视，其意义并不止于此。

作为"五四"时期"人的觉醒"的一大特色，是"个人意识"与"人类意识"的同时觉醒。周作人在《人的文学》里，首先提出"人""彼此都是人类，却又各是人类的一个"，"因为人类的运命是同一的，所以我要顾虑我的运命，便同时须顾虑人类共同的运命"。这使人们很自然地联想起同一时期鲁迅在给许寿裳的信里所说的一段话："盖国之观念，其愚亦与省界相类。若以人类为着眼点，则中国若改良，固足为人类进步之验；若其灭亡，亦是人类向上之验，缘如此国人竟不能生存，正是人类进步之故也。"[7]这种自觉的人类意识当然并不限于周氏兄弟，而为"五四"时期先驱者所共有。周作人说："我们这时代的人，因为对于偏隘的国家主义的反抗，大抵养成一种'世界民'的态度"[8]；这种以"人类"的一员自居，把"个人"的发展与"人类"的发展联系起来的新的眼光，新的思考习惯，对中国"以家族为中心"的传统观念是一个有力的突破，同时，也从意识形态变迁的特定角度，反映了我们民族已经从封闭的锁国状态中挣脱出来，开始走向世界，成为"人类"大家庭中的一员。这是在更深刻的意义上反映了五四时代精神的。

于是，对于妇女问题的观察，又获得了新的角度，新的认识。如果说在中国传统观念中，妇女仅仅作为家族繁衍的工具才获得存在的价值与地位，妇女的"三从四德"是维系封建家族制度的稳定与巩固的基本条件，那么，现在妇女不仅具有个人的独立地位与价值，而且成为"人类"的重要组成部分，从而获得了全新的意义："妇女问题是全人类的问题，不单是关于女性的问题。"[9]这一方面说明，"在居人类的半数的女性，人格尚不被正确的认识，尚不曾获得充分的自由，不能参与文化的事业以前，人类无论怎样进化，总是偏枯的人类"[10]；同时也意味着，在人类问题未获得根本解决之前，不可能彻底解决妇女问题。周作人进而接受了英国妇女问题专家凯本德的下述观点："妇女运动不能与劳工运动分离，这实在是社会主义中之一部分。如不达到纯正的共产社会时，妇女问题终不能彻底解决。"[11]尽管思想发展的客观逻辑将周作人一度推到了社会主义同情者的地位，但周作人所能接受的"社会主义"只能是些空想社会主义，因此，他在同一篇文章中称"纯正的共产社会"为"乌托邦"[12]，他的中庸主义的世界观使他绝无可能再往前跨进一步，走向科学社会主义。

但无论如何，在"五四"时期妇女解放运动的大讨论中，周作人仍然是别具慧眼的。他强调，仅仅注重于"女子的职业开放，权利平等"这类具体问题，固然可以促使"妇女问题的部分的改造"，但无异于"在破烂的旧社会上打上几个补钉"；他以为，"中国妇女运动之不发达实由于女子之缺少自觉"，"故思想改革实为现今最应重视的一件事"[13]。具体地说，必须使"女子有了为人或为女的两重的自觉，所以才有这个解放的运动"[14]。在周作人看来，把妇女的解放看作是"与男子一样"，即"妇女男性化"的观念，是偏颇的；这不但将使妇女失去了"自我"的个性，而且会导致整个人性发展的畸形化。李大钊在一篇题为《妇女解放与民主》的文章里，曾经说过：

　　男子的气质包含着专制的分子很多，全赖那半数妇女的平
和，优美，慈爱的气质相互调剂，才能保住人类气质的自然均
等，才能显出民主的精神。[15]

这表明，在周作人那一代人心目中，妇女的解放是与人性健全发
展密切联系在一起的。在他们关于妇女问题的思考里，实际上包含着
对于整个人性发展的思考。这是我们在考察"五四"时代妇女问题时
必须首先注意的。

（三）

在周作人的"五四"时期关于妇女问题的思考中，最引人注目，
也最能显示他的"个性"的，还是他的如下观点——

　　妇女的问题实际只有两件事，即经济的解放与性的解放。[16]

　　相信在文明世界里，这性的解放实是必要。虽比经济的解放
或者要更难也未可知。[17]

不能认为周作人对妇女经济解放的重要性有任何忽视；但他探
讨、思索的重心、他自己的领域确实是在"性"的问题上。

他使用的思想武器，是安特路朗的人类神话学，弗洛伊德的"禁
忌与图腾"的理论，以及蔼理斯等的性心理学。周作人一再宣称：

　　半生所读书中性学书给我影响最大，蔼理斯，福勒耳，勃洛
赫，鲍耶尔，凡佛耳台，希耳须蒱耳特之流，皆我师也，他们所

给的益处比圣经贤传为大，使我心眼开扩，懂得人情物理[18]；如不懂得弗洛伊特派的儿童心理，批评他（指周作人）的思想态度，无论怎么说法，全无是处，全是徒劳。[19]

这都意在说明，在蔼理斯、弗洛伊德等人影响下的关于"性"问题的思考，不仅在周作人的妇女观中，而且在周作人整个思想体系中，都占有举足轻重的不容忽视的地位。

人们首先注意到，周作人是一位置身于五四思想革命的历史潮流之中的思想者（即"爱智者"）；对他来说，一切问题，包括"性"的问题，不可能仅仅是纯粹的理论，而必然是一个"反封建"的实践问题。因此，周作人慨然宣布："反抗专制的性道德是我所想做的事情"[20]；他的关于"性"问题的思考，必然从"破"开始。周作人毫不留情地把批判锋芒指向封建禁欲主义的性不净观——

我们真不懂为什么一个人要把自己看作一袋粪，把自己的汗唾精血看的很是污秽？……性的不净思想是两性关系的最大的敌，而"不净观"实为这种思想的基本。儒教轻蔑女子，还只是根据经验，佛教则根据生理而加以宗教的解释，更为无理，与道教之以女子为鼎器相比其流弊不相上下。[21]

指向维护封建旧礼教的道学家——

他们的思想总不出两性的交涉，而且以为在这交涉里，宇宙之灭亡，日月之盈昃，家国之安危，人民之生死，皆系焉。[22]

他尖锐地揭露了在"维持风化"的虎皮旗下，演出了一出出人间丑剧：上海警察局贴出布告，严禁十岁女孩入浴室洗澡[23]；为了求雨，湖南省省长怕触怒神灵，慎重宣布半月不回家，以避免与夫人行房事[24]；长辛店绅商联合各界求雨三十天，用寡妇二十四名，童男女各二十名，用大轿抬了"龙王"游行[25]；南开中学报告天津警察厅，查禁《性史》、《情书一束》等书，称"青年阅此，为害之烈不啻洪水猛兽"[26]等等等等，正是在这些社会奇闻的背后，隐藏着封建禁欲主义的"怪胎"。

当然，愤怒的指责与揭露并不能替代科学的批判；周作人的贡献正在于，他用文化人类学、性心理学、道德观念变迁史等方面的知识，科学地揭示出：鼓吹封建禁欲主义的旧教礼，实质是原始"性崇拜"与"性禁忌"的"蛮性的遗留"。

周作人在《读性的崇拜》里，第一次从弗洛伊德的《图腾与太步》（今译《图腾与禁忌》）一书引入了"禁忌"（"塔怖"，周作人译为"太步"）的概念，指出：

> 现代文明国人已没有这个观念，只有罗马的 Sacer 与希腊的 Hagios 二字略可比拟，这都训作神圣，但在原始时代这又兼有不净义，二者混在一起不可分开，大约与现代"危险"的观念有点相像。

在原始人的观念中，男女的性交正是这样，既崇高、神圣，又神秘、危险；它是如此神异地合二为三，并且源源不断，促成人类的繁衍。凭着原始人的直觉，人类的生育繁衍与自然万物的繁殖生长竟如此相似，它们之间必定存在某种"感应"关系，由此而产生种种越来越带神秘色彩的猜测与臆说，仿佛性交有着"不可思议的功用与影响"，"夫妇宿田间能使五谷繁茂，男女野合也就要使年成歉收"[27]。

由此而产生原始人的想象，"以为只须举行或者禁戒某种性的行为，他们可以直接地保成鸟兽之繁殖与草木之生长"，"这不是宗教的，但是法术的"，借此"直接去操纵自然之力"[28]。而原始氏族内部通婚，性生活的混乱所造成的民族的孱弱，以至衰绝，更在原始人中造成一种恐怖，以为两性关系于社会、氏族的"安危直接相关，所以取缔十分地严重"[29]，所谓"非常习的恋爱必将引起社会的灾祸，殃及全群（现代语谓之败坏风化），事关身命，所以才有那样猛烈的憎恨"，[30]这就是原始"性禁忌"的产生。

问题在于，原始人由于不能把握"人"与"自然"的秘密而产生的愚昧的"原始性崇拜与性禁忌"，并没有因为人类社会的进步而消失，反而作为"野蛮的遗留"长期影响、支配着后来的婚姻制度、习俗，以至性的观念、心理，形成了社会民族心理无意识深层结构。这才是真正可悲的。周作人曾研究过各国婚姻制度中都曾有过的"初夜权"问题，并且指出，中国至今仍然盛行的"闹房之俗"，"夫属的亲族男子群集新房，对于新妇得尽情调笑，无所禁忌，虽云在赚新人一笑，盖系后来饰词，实为蛮风之遗留，即初夜权之一变相"，实则以性交及新妇为不洁，要借"许多男人的阳气，闹闹，冲一冲……邪气才肯退避"[31]。这里，性不净已转为女人之不净，性禁忌转为女人的禁忌。所以，周作人说，在中国民族观念与心理中，不是将女人视为圣母，就视为魔女，但就是不将女人看作"人"，究其根底，概出于原始性崇拜与性禁忌的"蛮性的遗留"。

弗洛伊德在《图腾与禁忌》里曾经揭示了原始禁忌所包含着的矛盾情感："他不断的希望去从事这个行为（触摸）……可是，他也同样的憎恶它，这两股喜爱和憎恨（恐惧）的潮流其冲突是无法解决的"，"禁制本身在意识层次里喧嚣，而那种触摸的欲望却深藏在潜意识层次里使自我无法察觉"。周作人将这一理论运用于分析"原始禁忌"

支配下的封建禁欲主义的旧礼教，尖锐地揭示了其内在的矛盾与伪善本质："古人之重礼教……最大的（理由）是由于性意识之过强与克制力之过薄"，"极端的禁欲主义即是变态的放纵，而拥护传统道德也就同时保守其中的不道德"[32]，"那最不贞洁的诗是最贞洁的诗人所写，那些写得最清净的人却生活得最不清净"[33]。在"性"问题上现象与本质之间的矛盾竟是如此之触目，周作人忍不住要用鲁迅式的刻薄的语言（这在他自己是很少用的）去戳破封建旧礼教破烂旗帜上的大窟窿。"老流氓愈要求处女，多妻者亦愈重守节"[34]——这难道不是铁铸一般的事实么？他更以少有的神圣愤怒，揭露中国的"假道学"实质上是"一个戴着古衣冠的淫逸本体"[35]，这无疑是一个一针见血而又十分深刻的概括。他毫不留情地、痛快淋漓地剖析了道貌岸然的道学家们卑劣的隐秘的心理：他们"反对两性的解放，便因为自知如没有传统的迫压，他必要放纵不能自制"[36]，并借用耶稣的话，对中国现代"一脸凶相的圣徒"说："你们中间谁是没有罪的，谁就可以先拿石头打她"，他将那些伪君子们置于历史的审判台前，予以无情的嘲弄与揭露——

> 你们依恃自己在传统道德面前是个完人，相信在圣庙中有你的分，便傲慢地来侮蔑你的弟妹，说"让我来裁判你"，至多也总是说，"让我来饶恕你"……你们伪君子不知道自己也有弱点，只因或种机缘所以未曾发露，却自信有足以凌驾众人的德性，更处处找寻人家的过失来衬贴自己的贤良，如把别人踏得愈低，则自己的身分也就抬得愈高……这是怎样可怜悯可嫌恶的东西！你们笑什么？你们也配笑么？[37]

应该看到，周作人这里所概括的，已经不只是在性问题上的伪君子；一切自认在"圣庙"里有分，因而享有"真理"的绝对垄断权，动辄"裁判"或"饶恕"别人的"理论家"、"道德家"，都可以在这面镜子里找到自己的影子，证明他不过是"假道学"、"伪君子"、"法利赛人"而已。

周作人在以少有的激烈态度抨击伪道学的同时，更怀着十分复杂的心情，揭露了中国国民性中"蛮性的遗留"。正是在原始性禁忌与封建旧礼教支配下，中国人从来没有过真正的性爱，有的只是禁欲主义的封建仁爱，以及作为其必然补充物的性变态；人性的这种阉割与扭曲，知识层次越高越严重。周作人干脆说："中国多数的读书人几乎都是色情狂的，差不多看见女字便会眼角挂落，现出兽相。"[38]话说得有些刻薄，却道破了一个严峻的事实。周作人对中国国民的长期性匮乏导致的性变态泛滥的揭露，也是十分尖锐的。某教育会联合会郑重通过一项关于女学生的制服"袖必齐腕，裙必及胫"的议决案；周作人据此而写了一篇《论女裤》的短文，对其变态心理进行了详尽的剖析，指出：教育会"诸公怕窥见人家而心荡神摇，其用意不同而居心则一，都是一种野蛮思想的遗留"，"本能性的欲望常常在变动以避免陷入'僵局'，并努力寻找替代物"，而女裤（以及女人头发等）之类就成了这样的替代物，这就是所谓"物恋"。在其他文章里，周作人对所谓"嗜幼倾向"[39]、"他虐狂"[40]，等等，都作过揭露与批判。这是周作人所有著作中，写得最为尖锐，也是最为沉重的文字。面对着我们古老民族惊人的愚昧、堕落与变质，周作人再也不能采取旁观者的立场，说几句不负责任的风凉话；他不能不投身于其间，诅咒之，抨击之，呼唤之。他终于在"五四"反封建礼教的斗争中，发出了属于自己、同时又是强有力的声音。周作人说得很对，"反对专制的性道德"确实是他最想做，也最能做的事情，他的内在的战斗锋芒在这里得到了最充分、也是最光辉的显现。

（四）

当周作人试图从西方性科学中引入新的性道德时，他的立足点
是——

> 恋爱……是两性间的官能的道德的兴味……一面是性的牵
> 引，一面是人格的牵引[41]。

> 欲是本能，爱不是本能，却是艺术，即本于本能而加以调
> 节者。[42]

这是基于对"人"的本质的如下认识："人是一种动物"，又是"进
化的动物"，因此，"人"具有"肉"与"灵"二重性，即"以动物的
生活为生存的基础"，"其内面生活，却渐渐与动物相远"，具有精神
的"灵"的追求和改造生活的理性力量，"兽性与神性，合起来便只
是人性"[43]。

这里，作为"基础"的，是人的动物本能，人的兽性。因此，"恋
爱"首先是一种"性的牵引"，是"本于（性欲）本能"的：这是男
女之爱、夫妻之爱与其他父子之爱、朋友之爱……不同的基本点——
这是两性关系的中心事实与基础。

承认这一基本点，就必须"承认人类的身体和一切本能欲求，无
不美善洁净"[44]，并确认东方传统的"性的不净思想是两性关系的最
大的敌"；承认这一基本点，就必须同时拒绝西方传统中所谓柏拉图
式的"精神的爱"，确认这种"精神的爱"不过是原始性的崇拜的遗留，
是掩盖性变态（即所谓"触觉色情"）的"饰词"[45]。

但恋爱不仅是生理的事实，它更是一种精神现象，两性之间在

"性的牵引"之外，更有"人格的牵引"。这构成了两性关系的另一个基本点。承认这一基本点，就必须彻底地抛弃"以女子为泄欲的器具"的传统观念和性生活的游戏态度，自觉地将对方当作"对等的人，自己之半"，在两性关系中追求"灵"与"肉"的契合，"人"的本质的全面实现。承认这一基本点，就必须与传统禁欲主义的必然补充物——纵欲主义划清界限，以"人"所特有的理智，个人责任心，"高尚的趣味之修养"[46]，对本能的欲求加以调节，自觉地追求爱的艺术境界：

> 不在禁欲也不在耽溺，在于二者之互相支柱，欲取复拒，欲拒复取，造成旋律的人生，决不以一直线的进行为贵。[47]

周作人由此而得出结论："凡是人欲，如不事疏通而妄去阻塞，终于是不行的。"[48]这就是说，当人的自然欲求、冲动——出自生命本能的"力"要求自我实现时，应任其自然发泄；而在发泄过程中，自会有"人"的另一种自然本性——出自"人"的精神的"理"去加以自然调节与疏通，以归于自然平衡。总之，无论是"力"的发泄，还是"理"的调节，都是出于"人"的本性的自然过程，无须外力的强制性阻塞或压抑。这就是周作人所追求的"自然人性"[49]。

正是从这种"自然人性"论出发，周作人有条件地肯定了男女之间"热烈的官能的恋爱"，即排除了目的性的出于纯粹情欲的爱（类似"为艺术而艺术"的东西）[50]，并且指出："生殖崇拜本身，在他未曾堕落的时候，也不是没有他的美的"，希腊"许多陶器画上之肩菡苕的'狂女'以及发风露丑的'山精'，未始不是极有趣味的图象"[51]。在周作人这里，人的自然本能不仅冲破封建旧礼教的禁锢，取得了生存的权利，而且获得了"美"的品格。这也就是周作人在《人的文学》里所宣告的："人的一切生活本能，都是美的善的，应得完全满足。

凡有违反人性不自然的习惯制度，都应该排斥改正。"这些观点，在西方都是普通常识，而周作人将其运用于中国，并且见诸于文字，就成了"大逆不道"。

周作人最为时人（也许还包括今天某些"时人"）非难的，莫过于他对"女性的放荡"的有条件的肯定。周作人很清楚他是在向宗教家与道学家制定的禁区挑战；他说：

> 我们只随便引佛经里的一首偈，就是好例，原文见《观佛三昧海经》卷八："若有诸男子，年皆十五六，盛壮多力势，数满恒河沙，持以供给女，不满须臾意"，这就是视女人如恶魔，也令人想起华宁格耳的娼妓说来。[52]

周作人一语道破实质："对于妇女的狂荡之攻击与圣洁的要求，结果都是老流氓的变态心理的表现。"[53]事实上，作为一个女子，在性生活上，她有种族的继续与个人的欲乐这两种要求，因此，女子总是"圣母与淫女"这两者的统一[54]。这种统一是就总体而言的，是一种理想的女性形态。作为其具体实现的每一个女性，情况就并非完全一样，有平均发展的，也"有偏于一方的"[55]。周作人主张对于有所偏颇的女性，特别是偏于"淫女"一方的女性，应当持理解与宽容的态度；但中国的传统却偏偏极不宽容，长期以来，人们总是把女子对于性欲的追求看作是轻浮、"颠狂"，而性欲特别强烈的女性更被视为"娼妇"、"魔女"；奇怪的是，人们对性欲旺盛的男子却从来不加指责。人们只一味要求女子充当"圣母"，久而久之，中国女性就只剩下"母性"与"女儿性"，失去了"妻性"[56]。中国历来对"圣母教"过分崇奉的结果，必然造成家庭生活的畸形化：主妇有意压抑自己的性欲，"家庭里失却了热气"，却又"以仪式名义之故力保其尊严，又或恃离异之不易，渐趋于乖戾，无复生人之乐趣"，这种无生气的家庭婚姻生活，必然以不正常的婚外生活为补充，"狭邪之巷转以繁盛"[57]。中国多少家庭生活的不幸都是由此而造成的。

但周作人的思虑却更为深远，他由中国妇女"无妻性"的畸形状态，想到了"人性"与"人生"的健全发展，进而提出了一个更具有普遍性的命题："人生有一点恶魔性，这才使生活有些意味，正如有一点神性之同样地重要。"[58]周作人在评价法国颓废派诗人孟代时，一方面指出"他的无穷的恋爱的冒险"，"毫不经心地将他的青春耗废，原是不足为训的"，因为他一味"耽溺"，不加节制，而忽略了"人"的"神性"（精神追求）的发展；但同时又着重指出，"比较'完全不曾有过青春期的回想'，他的生活却是好的多了"，因为他毕竟比较充分地发展了"人"的"兽性"、"魔性"（本能欲求）方面。周作人认为，"孟代的甜味里或是确有点毒性"，但他仍希望孟代对"生之快乐"的"热烈的寻求"，对于中国青年能够有所启示[59]。周作人多次发出感慨，中国国民性的最大弱点，就在于缺少"热烈的求生的欲望"与"求生意志"，"由缺少而几乎至于全无"；所多的却是"平和忍耐"[60]，周作人以为这都是"消极的衰耗的证候"[61]。诚然，中国人也讲酒色财气，"好像奉了极端的现世主义生活着"，究其实，不过是按照"习惯"（或者"本能"）"活着"，是一种"苟延残喘的活命"，而不是对人生的执意追求，因此，"倘或有威权出来一喝，说'不行'"，也都毫无怨言地自动"放弃了去与威权的意志妥协"[62]。周作人把"求生意志的缺乏"看作是中国国民性的"卑怯"：连动物性的"生之快乐"都不敢追求，更何论"超越"动物之上的"形而上"的企求，真是可叹可哀到了极点！[63]

正因为如此，周作人对于偏向于"人"的本能欲求这一类"人性"的偏颇，常常持宽容态度。这与他对封建禁欲主义及伪道学近乎本能的憎恨与厌恶，是直接相关的；他的这种宽容态度在现实生活中并没有导致对纵欲主义的纵容，相反，却起到了反封建的积极作用。这是发人深省的。周作人曾经这样为自己辩护：在中国，由于作为纵欲主义对立面的禁欲主义的力量过于强大，"传统的抗毒质已经太深"，因此，对于本能欲求的某种强调以至偏斜，绝不会导致纵欲主义的泛滥，只会对早已泛滥成灾的禁欲主义起到一定的遏制作用[64]。周作人的这一辩解是有力的，历史已经证明了这一点。

周作人的矛盾恰恰在于，当他构制自己的理论体系时，却离开了上述中国思想现实，追求理论的"毫不偏颇"，结果陷入了中国传统的中庸之道。问题更在于，周作人是自觉于此的；从我们对周作人"自然人性"论的上述描述中，人们已经不难从其貌似全面、貌似辩证中，感到某种折中主义的色彩，而当周作人进一步把他的"自然人性"论归结为在"纵欲"与"禁欲"之间"微妙地混和取与舍"，归结为《中庸》所谓"天命之谓性，率性之谓道，修道之谓教"，以至最后归结为孔孟传统的"礼"[65]时，他就明确地宣布，他的"自然人性"论的反封建性是极其有限的，所反对的仅仅是"宋以来的道学家的禁欲主义"[66]；而在根底上，它仍然归依于中国传统的"礼"与"中庸主义"。周作人自己也不讳言这一点，他明白地表示，要实现他所谓的"人性"的"自由"与"节制"，就必须"复兴千年前的旧文明"[67]。

然而，对于中国文化以及中国人民的"人性"与"国民性"的健全发展造成最大危害的，恰恰是周作人所提倡的中庸之道的传统。这自然不是否认宋以后发展到极端的封建禁欲主义的危害；问题在于，中庸主义的自然人性论，从表面上看，似乎并不反对"人"的本性的自然情欲与精神理性的发展，同时又主张"节制"，提倡二者的"结合"、"统一"，这是颇能够使中国人及中国知识分子酷爱毫无弊病的"全面"之论的心理得到满足的[68]。但是，中庸之道的所谓"结合"、

"统一"，是在自然情欲与精神理性都没有得到充分发展的情况下，人为地将二者"合二为一"；表面上看，似乎毫无偏颇，避免了任何片面性，是一种"成熟"的表现，其实恰恰是一种"早熟"，甚至是"残缺不全"。这就造成了中国文化无论是非理性的情感哲学，还是理性的思辨哲学都没有得到充分的发展，中国的国民性既缺少热情奔放、无羁的浪漫主义激情，又缺乏明白的理性，清醒的现实主义精神，正如周作人所说，"中国人的头脑不知怎么样的，理性太缺，情趣全无"[69]。就连周作人本人，尽管他在理论上有保留地提倡"狂荡"，但他自己却是根本缺少热情的；尽管他以"爱智者"自居，到处鼓吹"理性"精神，但由于他对问题的思考、观察常保持在一定的限度内，他不可能清醒地面对现实，他的思想中有许多"自欺欺人"的东西，他的理性发展也是不充分的。周作人最终也不过是一个自然人性没有获得健全发展的"畸形儿"。周作人曾经说过，他最佩服的是"行谨重而言放荡"的"君子"[70]，这倒是很能显示周作人这一类知识分子的特点的：他们即使有时候在思想言论上可以局部地突破封建旧礼教，他们的实际为人行事，却是十分谨慎持重，遵行着传统道德规范的。归根到底，周作人毕竟是中国的传统文人，他终于走不出封建传统文化的沼泽：他的悲剧就在于此。

（五）

当周作人从西方性科学那里，引入了关于恋爱"不单是性的冲动"，同时是"道德的兴味"、"人格的吸引"的观念时，他就于有意无意中在中国引发了一场道德革命。这场革命的序幕是由周作人翻译日本与谢野晶子的《贞操论》拉开的；在这篇文章里，由上述两性观中，自然引出一个结论："没有爱情（即"人格的吸引"、"道德的兴

味")的婚姻是不道德的",而且顺理成章地推论出:"人心不能永久
固定,恋爱也难免有解体的时候","爱情结合,结了协同关系;爱情
分裂,只须离散"。这里每一个结论都是指向中国传统婚姻制度及相
应的婚姻观念的。它不仅宣布了以"没有爱情"为主要特征的中国传
统婚姻的不合道德性,而且公开承认了解除不合理的传统婚姻关系的
合道德性,从而确定了"结婚与离婚自由"的原则。这在封建伦理道
德统治极为严密的中国以及东方世界,确实是破天荒的;这是一个终
于找到的缺口,由此可望导致整个封建伦理体系的崩溃。也正因为如
此,现代性爱的新道德观的传播,在中国遇到了几乎是疯狂的、失去
了理智的抵抗。1923 年在《晨报副刊》上展开的关于"爱情定则"的
讨论中,有人竟暴跳如雷,使出"主张爱情可以变迁,要小心你的老
婆也会变心"的无赖手段。周作人倒是看出了其中的要害:它触及了
道学家的利益,"如恋爱上有了自由竞争,他必没有侥幸的希望。他
们所希冀的是异性一时不慎上了他的钩,于是便可凭了永久不变的恋
爱的神圣之名把她占有专利,更不怕再会逃脱"[71]。话虽刻薄,却是
一语道破了传统婚姻的封建专制主义的本质。

　　周作人强调爱是一种"创作",必须不断"将新的生命吹进两人
的爱情里去,破坏了重又建起","使恋爱年年保存这周围的浪漫的
圆光"[72],其意义自然不止于爱情本身。它实质是要求在平凡琐细
的"人"的现实生活中,不断注入浪漫主义的理想精神与生命的原始
活力,以防止"人"生活与精神的平庸化(归根结底,是将"人"还
原为"动物"),这在最"现实"的夫妻日常生活中是最容易发生的,
在维持日常生活都极其艰难的中国更是如此。家庭生活的平庸化比之
封建专制的婚姻制度所造成的不幸是不易察觉的,但却是一种更深层
次的、更普遍,也更深刻的"人"的精神悲剧。周作人对这类悲剧的
特殊敏感,是基于他的兽性与神性相结合的自然人性论;"使恋爱牢

牢保存这周围的浪漫的圆光"之类所强调、追求的正是"人"的"神性"表现，同时也是能够表现他那一代人的理想主义特色的。

表现了周作人在两性关系上的理想主义的，还有他的如下观点："爱是给与，不是酬报。"周作人很清楚他的"理想"与中国"现实"的距离，因此，他接着补充了一句："中国的结婚却还是贸易，这其间真差得太远了。"[73]在这"差得太远"的感喟中，我们不难感受着先驱者的寂寞感。周作人的"爱是给与"论中最引人注目之点，是他由此而主张，夫妻生活中的"性的关系应以女性为主"[74]。他认为这是妇女解放的另一个关键性问题，其意义不亚于妇女经济上的独立。周作人引用西方性科学研究的成果，指出：两性的性欲是有差异的，这是造成夫妻生活失调的一个重要原因；而在性欲上，男子是平衡的，女性是间隙的，而且一经唤起，其控制与驾驭之难，都远在男子之上。按照传统观念，两性性欲要求的差异不能两全，只好牺牲了女子一方面。但在周作人看来，在两性生活中的这种"男子本位主义"对于妇女是一种更深沉的束缚与不幸，它给妇女身心的创伤是更难愈合的。因此，他同意英国性心理专家的意见，"要实现这个结婚的爱，便只有这相互的调节一法，即改正两性关系，以女性为本位"[75]。这对男子或许是一种束缚，但未尝不可以看作是"合理的禁欲"，于男子自身的身心也是有利的[76]。在周作人的上述思考中，始终贯串了对于女性的尊重、理解、体贴及爱护[77]，这是一种现代民主、平等意识。而男性牺牲论中，则坚持了"爱是不加害于人"的原则，这是"五四"时代"利己而又利他，利他即是利己"的道德观念的反映。以上两个方面，都是表现了五四时代精神的。

周作人在"五四"时期所坚持的人道主义是一种"个人主义的人间本位主义"，把这一思想贯彻于两性关系，周作人一再强调，两性关系是"极平凡，极自然"，同时又是"世间最私的事情"。由此而得出的结论是：两性生活"只要不因此而生添痴狂低能以贻害社会，其余都是自己的责任，与公众没有什么关系"[78]。这里包含着互相联系，又互相制约的两个侧面。首先确认，在不对社会造成损害的前提下，[79]应该给个人处理自己的恋爱婚姻（得恋、失恋、结婚、离婚）及性关系问题以较大的自由，自然地把其视之为"当事人自己的事，局外人不能加以干涉"，至少要把他人（包括父母）及社会的干预减少到最大的限度。在周作人看来，只有在原始人的野蛮社会里，在原始的性禁忌观念支配下，以为两性生活"与社会的安危直接相关"，因而对之实行严厉的社会制裁；社会文明化程度越高，就越应该减少对属于个人范围的事情的干预。他说："我想社会制裁的宽严正以文化进步的高低为比例"，"'各人自扫门前雪，莫管他人瓦上霜'，这才真是文明社会的气象"[80]。而另一方面，"个人有决定自己的事情"的充分自由与权利，正是建筑在个人的责任心基础上的，即所谓自己的事"自己负责去做，自己去解决"[81]。在这里，性生活的自由与性责任自负自决是相辅相成的，所谓"文明社会"的标志必须包括"各人自扫门前雪，莫管他人瓦上霜"两个侧面，"各人不扫门前雪"与"乱管他人瓦上霜"都是违反文明社会的准则的。

在肯定性责任自负自决的前提下，当然不能排斥人们（特别是青年人）在两性关系上犯错误的可能性；周作人对此表示，"对于性过失总以为可以原谅"。这自然不是说，周作人主张性问题上的无是非观，鼓吹性道德的虚无主义；周作人的观点是不容误解的：他主张对不涉及社会及第三者利益的性过失持宽容态度，因为这仅仅关系着当事人双方，"即使第三者可以从旁评论，也当体察而不当裁判"[82]。当然，在现实生活中，划清"性过失"是否涉及社会及第三者利益的界限是有极大困难的；因此，周作人的理论确实带有很大的理想色彩。但是，周作人的主张又显然具有极大的现实针对性：长期以来，人们已经习惯于站在封建禁欲主义及专制主义的立场上，任意干预青年男女的婚姻及性生活，这是造成中国婚姻生活（包括性生活）不正常的主要原因；在这种情况下，强调建筑在个人责任感基础上的两性关系的自由与宽容，无疑是有解脱禁锢的积极意义的。而道学家们一方面自己实行纵欲主义，一方面却对青年人由于缺乏经验、一时犯下的性过失揪住不放，必置之于死地，这种伪善面目更是应该揭露与谴责。周作人说得好：

> 我最厌恶那些自以为毫无过失、洁白如鸽子，以攻击别人为天职的人们。我宁可与有过失的为伍，只要他们能够自知过失，因为我自己也并不是全无过失的人。[83]

如此坦诚地承认自己"并不是全无过失"，对于伪君子竟如此不能相容，又如此真挚、热情地为青年们辩护，表现了最大的理解与宽容。这都反映了"五四"那一代人的风貌，至今仍令人神往。

（六）

"性与文学"，是"五四"时期"人的发现"、"文学的发现"必然提出的最尖锐的文学课题之一，并成为新旧文学斗争焦点之一。面对这一具有时代尖端性的文学难题，周作人表现了极大的理论勇气。

他所使用的武器是正在欧洲兴起的弗洛伊德学说。在周作人看来，文学与性的关系并不仅限于"性"是文学表现对象这一层次，它们之间有着天然的十分密切的关系。他这样阐述二者内在的一致性："诗的创造是一种非意识的冲动，几乎是生理上的需要，仿佛是性欲一般。"[84]他在分析郁达夫的《沉沦》时也指出："以广义的性欲为中心"

的人的本能"得到相当的发达与满足，便造成平常的幸福的性的生活之基础，又因了升华作用而成为艺术与学问的根本。"[85]可以说，周作人是中国最早用弗洛伊德学说来说明与研究文学的理论家之一。

对于周作人这一代来说，文学与性的问题自然首先是一个道德问题，是对封建伦理道德以至封建传统文化的反叛。周作人说：

> 禁欲主义或伪善的清净思想盛行之后，常有反动的趋势，大抵倾向于裸露的描写，因以反抗旧潮流的威严，如文艺复兴期的法意各国的一派小说，英国王政复古时代的戏曲。[86]

"五四"时代正是这样，封建禁欲主义的堤防一旦冲决，婚姻及两性关系问题自然成为社会关注的中心之一，并在文学上得到充分的、甚至是几分露骨的反映。而封建卫道者们也必然要利用禁欲主义的长期统治在人们思想上的影响，攻击新文学。"五四"时期围绕郁达夫《沉沦》与汪静之《蕙的风》展开的，正是在"文学与性"的题目下所进行的一场新旧文学的斗争。挺身而出保卫新文学表现人的情欲的权利的，正是周作人。他针锋相对地指出："诗本是人情迸发的声音，所以情诗占着其中的极大地位，正是当然的"，"这旧道德上的不道德，正是情诗的精神"；他的结论是：

> 见了《蕙的风》里的"放情地唱"，我们应该认为诗坛解放的一种呼声，期望他精进成就，倘若大惊小怪，以为"革命也不能革到这个地步"，那有如见了小象还怪他比牛大，未免眼光太短了。[87]

事实上，只要封建禁欲主义思想在中国还有市场，这类目光短浅的"大惊小怪"还会不断出现，周作人的辩护就仍然保持它的生命力。

　　周作人在为"性"在新文学中的表现作辩解时，还强调一点：性爱并非只是消遣的娱乐，而是一种"生活的经历"[88]。这在"五四"时期尤其如此。五四思想解放运动唤醒了中国人民，特别是他们中间最为敏感的青年知识分子，长期被压抑的"人"的欲望，其中也包括情欲，终于从禁锢中释放出来，形成了"五四"时代青年所特有的"生的意志"与热烈追求；并且由"理想与实社会的冲突"，以及理想之不能实现而形成一种周作人所说的"青年的现代苦闷"，而性苦闷即"灵肉的冲突"（"情欲与迫压的对抗"）正是这"现代苦闷"的重要方面。可以说，"五四"时代的"人"（特别是知识分子）的精神生活中无不染上这一"现代苦闷"的忧郁病，这成为一种时代"生活经历"与精神面貌的典型特征。"五四"时期以及"五四"以后出现的大量描写"性"苦闷的作品（郁达夫《沉沦》即其代表作），并不是单纯地表现或展览情欲，恰恰是要通过"性"苦闷的描写去反映更深层次的"时代苦闷"，也即把性苦闷作为时代人的精神生活经历的一个重要方面去加以表现。周作人把这类作品称之为"非意识的不端方的文学，虽然有猥亵分子而并无不道德的性质。"[89]

　　这样的讨论已经接触到一个更加实质性的问题："性爱"，不仅仅是男女之间生理上的交媾，而且积淀了更丰富的精神内容，固然也包括"道德"的内容，却远非"道德"所能涵盖。周作人在《情诗》中引用了性研究专家爱伦凯《恋爱与结婚》里的一段话："恋爱要求结合，不但为了别一新生命的创造，还因为两个人在互相因缘的成为一个新的而且比独自存在更大的生命"；周作人进一步发挥说："所以性爱是生的无差别与绝对的结合的欲求之表现，这就是宇宙间的爱的目的"，"恋爱因此可以说是宇宙的意义；个体与种族的完成与继续"[90]。在周作人看来，"性的事情确是一个极为纤细复杂的问题"[91]，"性爱"

正是这样一种人类的生命现象、生命形态："爱慕，配偶与生产：这是极平凡极自然，但也是极神秘的事情"；"实在恋爱可以说是一种宗教感情"，"我们不信有人格的神，但因了恋爱而能了解'求神者'的心情，领会'入神'与'忘我'的幸福的境地"[92]；性的"隐秘与羞耻的色彩"是人为的、外加的，性的本来面貌必然是"美与庄严的"[93]。正是在性爱过程中，人的精神处于最敏感、最活跃、最自由的状态中；正是人在性爱上的追求与情感、心理感受，能够表现、反映人的精神、生命，甚至宇宙的精神、生命的某些微妙的意义与境界。因此，在真正有深度的文学作品里，性的描写已经超越了性行为本身，而具有某种象征的意义，表现了作家对于人的生命、精神价值境界的某些领悟。"性"成为作家研究、把握、表现"人"的精神、追求的最佳角度之一。如果我们依然拘泥于从性本身的意义上去进行道德的理解与评价，那就必然陷入"无法对话"的"隔膜"。中国传统文化的伦理化倾向，使中国的作家与读者（包括研究者）很容易局限于这种"道德的理解与评价"，即使是周作人也难以避免。他虽然已经看出、并且指明了性爱内含的更宽泛的意义，为"文学与性"的关系指出了更加宽阔的新的前景；但他在具体评价描写性爱的文学（例如情诗）时所提出的标准："发乎情，止于情"，"可以一切，只要不及于乱"[94]，仍然局限于道德的评价，而且如前所分析，所采取的是一种传统的中庸主义的态度与立场。

周作人所提出的"受戒者的文学"的概念，倒是值得注意的；他在《〈沉沦〉》的末尾，"郑重的声明，《沉沦》是一件艺术的作品，但他是'受戒者的文学'，而非一般人的读物"。他解释说："在已经受过人生的密戒，有他的光与影的性的生活的人，自能从这些书里得到希有的力，但是对于正需要性的教育的'儿童'们却是极不适合的。还有那些不知道人生的严肃的人们也没有诵读的资格，他们会把阿片去当饭吃的。关于这一层区别，我愿读者特别注意。"任何文学作品都应该有自己一定的接受范围；为了儿童的健康发育，在"性"问题上应该持特别慎重的态度，这都是人们能够理解的。不是说不需要向儿童进行性的教育，但那是有关科学普及读物的任务；以具体的形象描写为主要特点的文学是没有必要，也不可能担负性知识的普及教育任务，这是不言而喻的。

正像周作人所说："性爱"既是神秘的，又是"极平凡极自然"的事情[95]。"五四"时期文学对性问题的关注，从一个侧面反映了文学从注目"英雄豪杰的事业，才子佳人的幸福"转向"记载世间普通男女的悲欢成败"，表现包括性生活在内的平凡的日常生活。周作人所提倡的"平民文学"的出现，构成了"五四"时期"文学的发现"的一个重要方面[96]。而整个"五四"时代对于性问题的思考与关注，则是表明："人"正在回到对于自身的研究。这"人"的觉醒又是民族觉醒的开端，因为它标志着，我们民族正在开始与"把人不当人"的封建的古老的旧世界决裂，走向现代化的新时代。而无论是"人的发现"，还是"文学的发现"，周作人无疑都是一位重要的先驱者：历史将会记下这一点。

注释

[1]　沈从文：《习作选集代序》。
[2]　周作人在《雨天的书·自序二》里说："我平素最讨厌的是道学家……岂知这正因为自己是一个道德家的缘故；我想破坏他们的伪道德不道德的道德，其实却同时非意识地想建设起自己所信的新的道德来。我看自己一篇篇的文章，里边都含着道德的色彩与光芒……"
[3]　周作人：《艺术与生活·人的文学》。
[4]　周作人曾一再强调，"别人的思想比我的高明，别人的文章总比我的美妙"，"应该

少作多译，这才是胜业"（参看周作人：《谈虎集·胜业》、《自己的园地·旧序》）。

[5]　周作人：《谈虎集·抱犊谷通信》。

[6]　转引自周作人：《秉烛谈·〈双节堂庸训〉》。

[7]　鲁迅：《致许寿裳书（1918 年 8 月 20 日）》。

[8]　周作人：《谈龙集·旧梦·序》。

[9]　[11]　[12]　[13]　周作人：《永日集·妇女问题与东方文明等》。

[10]　沈雁冰、周作人、周建人、胡愈之等：《妇女问题研究会宣言》，载 1922 年 8 月
　　　　1 日《晨报副刊》。

[14]　周作人：《谈虎集·妇女运动与常识》。

[15]　原载《少年中国》第 1 卷第 4 期。

[16]　[17]　周作人：《谈虎集·北沟沿通信》。

[18]　周作人：《瓜豆集·鬼怒川事件》。

[19]　周作人：《周作人自述》，载《燕大月刊》第 6 卷第 1 期（1930 年 3 月 20 日出版）。

[20]　周作人：《不宽容问题》，载《语丝》第 1 卷第 42 期（1925 年 8 月 31 日出版）。

[21]　周作人：《雨天的书·读〈欲海回狂〉》。

[22]　[28]　周作人：《谈虎集·萨满教的礼教思想》。

[23]　周作人：《谈虎集·风纪之柔脆》。

[24]　周作人：《谈虎集·求雨》。

[25]　周作人：《谈虎集·再求雨》。

[26]　周作人：《南开与淫书》，载《语丝》第 100 期。

[27]　周作人：《谈龙集·读"性的崇拜"》。

[29]　[37]　[78]　[82]　周作人：《谈虎集·抱犊谷通信》。

[30]　周作人：《雨天的书·狗抓地毯》。

[31]　周作人：《谈龙集·初夜权·序言》，参看《语丝》第 120 期关于闹房风俗的讨论。

[32]　周作人：《谈虎集·"重来"》。

[33]　周作人：《自己的园地·文艺与道德》。

[34]　周作人：《秉烛后谈·谈卓文君》。

[35]　周作人：《关于假道学》，载《语丝》第 105 期。

[36]　周作人：《自己的园地·爱的创作》。

[38]　周作人：《谈虎集·半春》。

[39]　周作人：《谈虎集·风纪之柔脆》。

[40]　周作人：《水浒里的杀人》，载 1936 年 10 月 17 日《明珠》。

[41]　周作人：《答兰志先书》，载《新青年》第 6 卷第 4 号。

［42］ 周作人：《自己的园地·结婚的爱》。

［43］ 周作人：《文艺与生活·人的文学》。

［44］ 周作人：《谈龙集·爱的成年》。

［45］ 周作人：《自己的园地·〈沉沦〉》。

［46］［48］ 周作人：《雨天的书·读〈欲海回狂〉》。

［47］［64］ 周作人：《雨天的书·读〈纺轮的故事〉》。

［49］ 参看周作人：《艺术与生活·人的文学》。

［50］ 这也是"五四"时代的思潮。恽代英在《结婚问题之研究》中即指出："吾人之结婚而生活，乃出于吾人性欲相引之自然结果，犹如一切鸟兽之生殖，出于其性欲相引之自然结果，均非先有生殖之责任而生殖，亦非无生殖之责任即不生殖也。"

［51］ 周作人：《谈龙集·汉译〈古事记·神代卷〉引言》。

［52］［53］［55］［57］［58］ 周作人：《谈虎集·北沟沿通信》。

［54］ 周作人在《北沟沿通信》里引用威尼斯地方谚语，"云女子应有四种相，即是：'街上安详，寺内端庄，家中勤勉，□□颠狂'"。

［56］ 鲁迅：《而已集·小杂感》。

［59］ 周作人：《雨天的书·读〈纺轮的故事〉》。

［60］［61］ 周作人：《谈虎集·新希腊与中国》。

［62］ 周作人：《谈虎集·民众的诗歌》。

［63］ 周作人在考察自己家乡的民性时，也一再感叹："不知从什么时候起的，绍兴的风水变了的缘故罢，本地所出的人才几乎限于师爷与钱店官这两种，专以苛细精干见长，那种豪放的气象已全然消灭"（《泽泻集·陶庵梦忆·序》）。对于故乡民性中原始人性的"放恣"状态（《药堂语录·九烟遗集》），周作人始终是引以为豪的。

［65］［66］［67］ 周作人：《雨天的书·生活之艺术》。

［68］ 鲁迅先生在《集外集拾遗补编·关于知识阶级》里说："中国人，凡是做文章，总说'有利然而又有弊'，这最足以代表知识阶级的思想。其实无论什么都是有弊的。"

［69］ 周作人：《谈虎集·半春》。

［70］ 周作人：《苦竹杂记·文章的放荡》。

［71］［72］ 周作人：《自己的园地·〈爱的创作〉》。

［73］ 周作人：《自己的园地·〈爱的创作〉》。

［74］ 周作人：《谈龙集·"香园"》。

［75］［76］ 周作人：《自己的园地·〈结婚的爱〉》。

［77］周作人在《人的文学》里说，关于"两性的爱"，他所坚持的首先是"男女两性本位的平等"。

［79］周作人在《夜读抄·性的心理》一文中引用蔼理斯的观点，具体提出两条限制：（1）不关系医学，即不损害健康；（2）不关系法律，即不损害他人健康与权利。

［80］［81］周作人：《谈虎集·一封反对新文化的信》。

［83］周作人：《谈虎集·一封反对新文化的信》。

［84］周作人：《自己的园地·诗的效用》。

［85］［86］周作人：《自己的园地·〈沉沦〉》。

［87］［88］［94］［95］周作人：《自己的园地·情诗》。

［89］以上引语均见周作人：《自己的园地·〈沉沦〉》。

［90］［92］周作人：《自己的园地·情诗》。

［91］周作人：《谈龙集·森鸥外博士》。

［93］周作人：《性教育的示儿编·序》，载《北新》第3卷第17号。

［96］周作人：《艺术与生活·平民的文学》。

八、儿童学、童话学、神话学研究
与传统文化的反思

（一）

　　一个重要的历史现象至今似乎还没有给予足够的重视：在中国新文学的历史开端时期，五四新文化运动中曾经出现过一股"儿童热"。胡适在当时就注意到这一点，他说："近来已有一种趋势，就是'儿童文学'——童话、神话、故事——的提倡。"[1] 在中国历史上，从来没有像"五四"时期这样，儿童成为文学舞台上最受宠爱的主人公之一。在此同时，出现了一批为儿童写作的作品（冰心《寄小读者》、叶圣陶《稻草人》是其中出色的代表作），童话、神话、故事、儿歌的搜集、整理、研究工作风行一时。世界上最杰出的儿童文学作品，诸如格林、王尔德、安徒生、爱罗先珂、望蔼覃的童话，都在这一时期介绍到了中国。人们更对儿童文学、童话学、神话学……表现出少有的理论兴趣，报刊上连续发表有关讨论[2]，并出版了专门的论文集[3]，涉及的范围极为广泛，一直深入到了"儿童文学的哲学观"这样的层次，这在中国历史上都是空前的。也许更值得注意的是，在上述以儿童为中心的文学活动与学术活动中，表现出一种强烈的"小儿崇拜"的倾向，人们如痴如狂地向往着"童心"世界。这表明，"五四"时期的"儿童热"，其意义已经超出了儿童及儿童文学本身，包含着更深刻的内容。

周作人毫无疑问是这股"儿童热"的最热心的倡导者与最有力的推动者之一。早在本世纪初，周作人即在鲁迅支持下，开始搜集与研究儿歌，进行童话研究，先后发表了《儿歌之研究》《童话略论》《古童话释义》《童话研究》等论文，这是运用西方现代科学——文化人类学理论来研究童话的最初尝试；并翻译与写作了大量有关儿童教育学的论文，这是我国儿童教育学的最初建树。周作人的上述活动为我国现代儿童学的建设奠定了基础。对于周作人（以及鲁迅）来说，则是大时代到来之前所作的一种准备。准备工作的这一选择——首先着眼于"儿童"（儿童文学及儿童教育），自然是显示了周氏兄弟不凡的眼光的。

因此，鲁迅在"五四"时代的第一声呐喊，最后归结为"没有吃过人的孩子，或者还有？""救救孩子……"正是他长期思索所得出的必然结论。周作人是完全站在鲁迅这一边的，他们有着共同的思路。人们在评价周作人"五四"时期的历史功绩时，经常提到《人的文学》《平民的文学》这两篇论文，却忽略了他的另一篇重要讲演：《儿童的文学》；在我看来，正是这三篇[4]文章构成了一个完整的人道主义思想体系，对"五四"思想革命与文学革命产生了深远影响。周作人的《儿童的文学》更成为"儿童热"的思想纲领。在"五四"时期，周作人更广泛地开展了童话和神话的研究（写有《王尔德童话》《安得森的十之九》《神话与传统》《神话的辩护》等）、儿歌的搜集与研究（在周作人所倡导的歌谣运动中始终将儿歌的搜集、整理、研究放在重要位置；周作人自己也写有《歌谣》《读童谣大观》《读各省童谣集》等理论文章）。同时，在他的很有影响的新诗创作中，引人注目地唱出了一首又一首对于儿童的赞歌："小孩呵，小孩呵，我对你们祈祷了。你们是我的赎罪者。"[5]在对"小孩"的再三呼唤与祈祷中，把"五四"时期所特有的"小儿崇拜"思潮与社会心理，表现得十分鲜明与强烈。这样，我们就有了可能与必要，通过对周作人有关儿童学与儿童文学的理论的剖析，对"五四"时期文学界与学术界的"儿童热"的深刻内容及其意义，作出初步的分析。

（二）

人们首先注意到，本世纪初，周作人对于儿童问题的探讨贯注着强烈的爱国主义与民族主义的情感，这也是一种时代情绪的反映。1914年，周作人主持的《绍兴县教育月刊》第9号上曾转载鲁迅负责的"全国第一次儿童艺术展览"《旨趣》，其中谈到了人们对于儿童认识的三阶段："最初曰育养，更进则因审观其动止既久，而眷恋益深，是为审美，更进则知儿童与国家之关系，十余年后，皆为成人，一国盛衰，有系于此，则欲寻求方术，有所振策，是为研究"，这里已经透露出人们对儿童的观察由"家族"的角度、立场向"国家"、"民族"的转变。在写于同一时期的《儿童问题之初解》里，周作人又进一步阐述了儿童发展与一国兴衰的关系："一国兴衰之大故虽原因复杂……然考国人思想视儿童重轻何如，要亦一重因也"，"盖儿童者，未来之国民，是所以承继先业，即所以开发新化，如其善遂斯旧邦可新，绝国可续，不然虽当盛时而赫赫文明难为之继"[6]。字里行间掩饰不住的民族危机感，使儿童问题从一开始就与民族命运紧紧联系在一起。由此出发，周作人展开了对封建旧伦理下的儿童观的尖锐批判："东方国俗尚古守旧，重老而轻少，乃致民志颓丧，无由上征"，"彼以儿童属于家族，而不知外之有社会，以儿童属于祖先而不知上之有民族，以是之民为国后盾，虽闭关之世犹或不可，况在今乎？"[7]这意思也是明显的：在"闭关之世"已经打破、中国开始走向世界的今天，将儿童从封建家族制度中解放出来，使其成为民族振兴的斗士，已是迫在眉睫的事了。

"五四"时期，周作人谈到了"小儿的委屈"，却是这样提出问题：

> 小孩的委屈与女人的委屈——这实在是人类文明上的大缺陷，大污点。

他解释说：

> 人类只有一个，里面却分作男、女及小孩三种。……以前人们只承认男人是人（连女人们都是这样想），用他的标准来统治人类，于是女人与小孩的委屈，当然是不能免了。[8]

在这里，周作人着眼点是："人类文明"的健全发展与对儿童的"人"的权利与"个性"的确认与尊重。这注重"个性"与"人类"的人道主义新角度是属于"五四"时代的。鲁迅在《随感录·二十五》里所强调的，也是把儿童看作是"将来的'人'的萌芽"；郭沫若的意见更全面地反映了"五四"时代对于儿童问题的认识："人类社会根本改造的步骤之一，应当是人的改造。人的根本改造应当从儿童的感情教育、美的教育着手。"[9]儿童的改造被看作"人的改造"与社会根本改造的中心一环。这样，儿童问题就纳入了"五四"时期"人的发现与改造"及"社会的改造"的总的历史潮流中。

周作人曾十分沉重地谈到"中国还没有发见了儿童"[10]；我们要补充的是，现代中国从"五四"时期有了"人的发现"时，就开始发现了儿童（自然，"发现"是一个漫长的历史过程，其中充满了曲折，包括局部的倒退；但历史的开端确实是在"五四"时期，这也是不容否认的事实），而且在理论上作出明确概括的，正是周作人。这是他对促进现代中国"人的自觉"的一个重要贡献。

这是周作人在《儿童的文学》里的一段话：

> 以前的人对于儿童多不能正当地理解，不是将他当作缩小的成人，拿"圣经贤传"尽量的灌下去，便将他看作不完全的小人，说小孩懂得什么，一笔抹杀，不去理他。近来才知道儿童在生理心理上，虽然和大人有点不同，但他仍是完全的个人，有他自己的内外两面的生活。儿童期的二十几年的生活，一面固然是成人生活的预备，但一面也自有独立的意义与价值；因为全生活只是一个生长，我们不能指定那一截的时期，是真正的生活。我以为顺应自然生活各期——生长，成熟，老死，都是真正的生活。

这是在中国历史上，第一次以明白无误的科学语言确认："儿童"具有"完全"的"人"的地位，有不同于大人（青年与成年人）的"自己的内外两面的生活"，"自有独立的意义与价值"，它的核心是"把儿童当作人"与"把儿童当作儿童"：这是真正意义上的"儿童的发现"。

确认这一点，首先是对传统儿童观的一个有力的反叛与否定。正如周作人所说，在中国传统中，儿童从来没有自己的独立地位与独立世界，或者把儿童看作成人的附属，"儿童者本其亲长之所私有，若道具生畜然"[11]；或者视儿童为"矮小的成人"，奉行"少年老成"主义[12]；或者"太把学生看得高，以为他们是三头六臂，至少也是四只眼睛的，将来要旋转乾坤，须得才兼文武"，对学生一律实行"填鸭式"的教学[13]；或者"把儿童当作小魔鬼"，想方设法将其"制服"，不惜动用苦刑[14]。周作人还发现了另一种无形的"压迫"：

> 我们虽然不打小孩的嘴巴，但是日常无理的诃斥，无理的

命令，以至无理的爱抚，不知无形中怎样的损伤了他们柔嫩的感情，破坏了他们甜美的梦，在将来的性格上发生怎样的影响！[15]

"无理的爱抚"也会造成对儿童的损伤，因为它在本质上与"无理的诃斥"并无区别，仍然是不把儿童当作独立的"人"，仅仅是供大人欣赏的"玩具"；这种强加于人的"爱"，在某种程度上是更令人憎恶与难以忍受的。所有这一切"儿童观"及相应的教育方法，都散发着浓厚的封建专制主义的气息，它的要害是要把儿童塑造成"忠顺的国民"，而不是"正当的'人'"[16]。

作为上述封建专断主义的儿童观、伦理观的历史对立物，周作人明确提出了"儿童本位主义"的全新的儿童观与伦理观。这首先要从根本上改变以子女为私有财产、"还账主义"的"长者本位主义"的伦理观，把养育子女看作是父母应尽的义务，要求长者为幼者作出牺牲，开辟道路，而不是相反。周作人后来把父母对子女的义务说成是"还自然的债"，"债务既了而情谊长存"，"希望儿子们对于父母以最老的老朋友相处"，建立起一种"不违反人情物理，不压迫青年，亦不委屈老年"的"老朋友的孝"，以"情义"而不以"名分"作为家庭的维系[17]。这种带有明显的理想主义色彩的"儿童本位"的新伦理观，写"五四"时期所提倡的"个人本位主义"、"妇女本位主义"、"下等人（贱者）本位主义"（分别与传统的"家族本位主义"、"男子本位主义"、"尊者本位主义"相对立）共同构成了"五四"时代伦理革命的重要内容。

周作人在"五四"时期提倡的"儿童本位主义"，实际上也是他的"自然人性论"的一个发展。他所强调的是，要"理解"儿童，任"儿童的天性自由发展"，横加干涉就会"造成畸形的性质"[18]。这是周作人的一贯思想。早在本世纪初，周作人即指出：

　　　　盖教育之力，但得顺其固有之性，而激励助长之，又或束制
　　　之，使就范围，不能变更其性，令至于一定之境界，如教育万能
　　　者之所想象也。[19]

"五四"时期，周作人在著名的《儿童的文学》里又进一步提出：对
"人"的自然发展的各个阶段（从儿童到少年、青年、老年）都只能
"顺应"，每一个自然过程都是"跳不过的"；因此，对于儿童教育"应
当依了他内外两面的生活的需要，适如其分的供给他，使生活满足丰
富"，例如，对儿童的想象，甚至"野蛮或荒唐的思想"这类"本能
的兴趣与趣味"，都只能"顺应满足"，不能加以压抑，同时也不能将
不适合儿童兴趣的"教训"、"主义"之类强加于儿童。另一方面又必
须充分估计到"儿童的生活，是转变的生长的"，因此，必须顺应儿
童的发展，"细心斟酌"，在满足儿童本能的兴趣与趣味的同时，"培
养并指导那些趣味"，"唤起从前所没有的新的兴趣与趣味"，"不要使
他停滞，脱了正当的轨道"。在这里，周作人强调"人性自然发展"，
顺应儿童本性，都不是绝对的"放任自流"，而是包含着教育与引导，
只是这些教育与引导必须十分谨慎地顺应儿童的自然发展规律，它包
含了"适如其分的""满足"与"适如其分"的"束制"（"引导"）两
个侧面，目的是使儿童的发展不脱离"正当的轨道"。这仍然带有周作
人所特有的"有节制"的自由发展的中庸主义的色彩。这是在研究
周作人的"儿童本位"论时所必须注意的。

（三）

　　在考察周作人"五四"时期的儿童文学观与童话观、神话观时，
我们很容易看到，周作人总是将"儿童文学"与"讲儿童的事，写给

大人看的文学"明确区分开来。同时，他又十分小心地将"民间的童话"与"文学的童话"（即创作的童话）作了这样的区分：

> 前者是民众的，传述的，天然的；后者是个人的，创作的，人为的；前者是"小说的童年"，后者是小说的化身，抒情与叙事的合体。记录民间童话的人是民俗学者，德国的格林兄弟是最著名的例；创作文学的童话的是文人，王尔德便是其中之一人。[20]

对于创作文学的童话，周作人又作了这样的区分：安徒生童话是以"原人和小儿"的"野蛮的思想"[21]，写"小儿谈话一样的文体"[22]，是"真正的童话"，真正的儿童文学；而王尔德的童话，是"非小儿一样"的思维与文体，童话只是借用的"文学的一种形式"，"他的童话是诗人的，而非是儿童的文学"[23]。这样，周作人就对儿童文学（包括童话）的本质作了一个十分准确、重要的概括，即儿童文学必须是有和小儿相近的思维，"小儿说话一样的文体"的文学[24]。

那么，小儿的思维，"小儿说话一样的文体"的特点是什么？究竟应该怎样去把握小儿的思维与小儿的文体呢？

周作人引述人类发生学与文化人类学的观点，回答说：

> 照进化论讲来，人类的个体发生原来和系统发生的程序相同：胚胎时代经过生物进化的历程，儿童时代又经过文明发达的历程；所以儿童学上的许多事项，可以借了人类学上的事项来作说明……儿童的精神生活本与原人相似，他的文学是儿歌童话，内容形式不但多与原人的文学相同，而且有许多还是原始社会的遗物，常含有野蛮或荒唐的思想。[25]

这样，儿童与原人，儿童文学与原始文学之间就形成了微妙的对应关系；小儿的思维方式与人类的原始思维、"小儿的文体"与人类的原始文学之间，存在着内在的相通。

这样，我们就逐渐接触到"五四"时期"儿童热"的实质。周作人曾一语道破："世上太多的大人虽然都亲自做过小孩子，却早失了'赤子之心'，好像'毛毛虫'的变了蝴蝶，前后完全是两种情状：这是很不幸的。"[26] 于是，产生了"保存本真"[27]、"返璞归真"、回到"人类的童年"，即人类文化和人性的起源状态的历史要求。

这使我们想起了马克思在《政治经济学批判》序言里，关于希腊神话的魅力的那段名言——

> 一个成人不能再变成儿童，否则就变得稚气了。但是，儿童的天真不使他感到愉快吗？他自己不该努力在一个更高的阶梯上把自己的真实再现出来吗？在每一个时代，它的固有的性格不是在儿童的天性中纯真地复活着吗？为什么历史上的人类童年时代，在它发展得最完美的地方，不该作为永不复返的阶段而显示出永久的魅力呢？有粗野的儿童，有早熟的儿童。古代民族中有许多是属于这一类的。希腊人是正常的儿童。

中国人无疑是马克思所说的"早熟的儿童"，中国传统文化正是早熟的文化。正像鲁迅所说：

> 中华民族先居在黄河流域，自然界底情形并不佳，为谋生起见，生活非常勤苦，因之重实际，轻玄想，故神话就不能发达以及流传下来。[28]

　　以后，"孔子出，以修身齐家治国平天下等实用为教，不欲言鬼神，太古荒唐之说，俱为儒者所不道"[29]。正如周作人所说：

　　　　中国向来缺少为儿童的文学。就是有了一点编纂的著述，也以教训为主，很少艺术的价值。[30]

尽管以后中国历史上曾经出现过李贽这样主张"童心说"的思想家，在近代也出现了"好为妇人出脱，又颇回护小儿，反对严厉的教育"的俞樾[31]，但就整体而言，在中国文化传统中，"童心"是早已被扼杀了的。正是这种违背人类思想发展规律的早熟的文化，造就了一代一代的"少年老成——早熟半僵的果子，只适于作遗少的材料"[32]。

　　先进的中国人，一旦接触到外来文化，首先发现的，就是这不可救药的"早衰现象"。1915 年，陈独秀在他著名的《敬告青年》里，劈头就说："窃以为少年老成，中国称人之谓也；年长而勿衰，英美罪勖之辞也。"面对着两种文化——早熟的文化与正常发展的文化之间的根本差距，不能不使人产生一种历史的沉重感。先觉者在进一步提出"再造中国"，唤回民族的青春的历史任务时，就会引起对早熟（即早衰）的民族与早熟（早衰）民族文化的历史反思。人们很自然地追念自己民族的过早结束的"童年"时代，也自然地注目于其他民族的"童年"时代，倾羡那"童年"时代所特有、没有充分发展，尔后又为封建主义扼杀的生命原始形态，企图唤回充满活力的原始文化精神，"即使不能起死回生，也有返老还童的力量"[33]。周作人说：

　　　　对于现今的中国，因了多年的专制与科举的重压，人心里充满着丑恶与恐怖而日就萎靡，这种一阵清风的拔除力是不可少，也是大有益的。[34]

就这样，"五四"时期的"儿童热"，就其实质，是对中国早熟文化的一种反思，是在"返璞归真"的口号下，进行中国民族文化、民族文学以及国民性的改造与再创造。

（四）

"五四"时期，人们所追念的人类文化的儿童时代，也即原始状态的文化精神，究竟包括一些什么历史内容？它在中国文化（文学）的"补课"上具有什么意义呢？

首先，这是一种原始的"蛮性"。周作人在本世纪初，即通过翻译，专门研究过"小儿的争斗"，得出了饶有兴味的结论：

> 盖儿童者小野蛮也，自居小天地中，善遂其生，唯以自力解决一切。其斗也，犹野人之战，所以自卫其权利，求胜于凡众，其间亦自有法律，自有道德为之调御。长者不察，阑加何禁，重伤其意，而亦难期有功。[35]

在小孩的争斗中，看出一种原始的生命力，不仅是外在的无羁的蛮勇之力，更是内在的自信、自尊、独立不依的精神力量。到了"五四"时期，对原始蛮性的呼唤愈发急切，以至于陈独秀大声疾呼要恢复培育"兽性主义"作为中国教育的根本方针：

> 兽性之特长谓何？曰，意志顽狠，善斗不屈也；曰，体魄强健，力抗自然也；曰，信赖本能，不依他为活也；曰，顺性

率真，不饰伪自文也。白种之人，殖民事业遍于大地，唯此兽性故。日本称霸世界，唯此兽性故。……余每见吾国曾受教育之青年，手无缚鸡之力，心无一夫之雄；白玉纤腰，妖媚若处子；畏寒怯弱，柔弱若病夫；以如此心身薄弱之国民，将何以任重而致远乎？[36]

每一个字里，都浸透着出于爱国主义激情的历史焦灼感：这是中国进一步卷入世界竞技场之后，面临着日益严重的民族危机，先驱者所特有的心理反应。为之焦虑不安的，依然是我们民族身心两方面都过于柔弱这一根本弱点；这是几千年早熟的封建文化统治的结果，也是近百年来帝国主义侵略造成的。因此，仅仅求助于用原始兽性来改造中国国民的素质，固然带有极其浓厚的知识分子理想主义成分，但这一"理想"却对中国的现、当代作家保持着长久的吸引力，以至于在中国现、当代文学中，"对原始生命力的呼唤"成为一条连绵不断的发展线索，我们在沈从文的小说、曹禺的戏剧、艾青的早期诗歌、路翎以至茅盾的创作，以及当代"寻根"文学作家作品中，都可以看到这种自觉的追求与努力。

　　在陈独秀对于原始"兽性"的概括中，提到了"顺性率真，不饰伪自文"，这在"五四"时期作家中引起了强烈共鸣。他们一再呼唤的"童心"、"赤子之心"，其核心内容即是儿童（以及原始人）所特有的"率真"。诗人王统照的诗句是很能反映"五四"时期作家们的心境的：

　　　　童心都被恶之华的人间，来玷污了！
　　　　真诚都蒙上了虚伪的面幕。
　　　　有时，我也曾将童心来隐在假言里，

的确，我天真的惭愧！

我狂妄般的咒恚人间，

他们为什么将我的童心来剥夺了？[37]

　　在诗人笔下多少抽象化了的"虚伪"、"真诚"，在现代中国是有着非常具体的社会历史内容的。当鲁迅宣布他从中国历史每一页上都写着的"仁义道德"背后看到了"吃人"两个字时，他实际上就已经揭示了中国封建传统文化的一个典型特征："虚伪"（表里不一）。因此，以后鲁迅进一步将中国的封建传统文化及传统文学概括为"瞒与骗的文学"，是击中了要害的。作为中国传统文学的历史对立物——中国现代新文学，它的本质特征之一也必然是"真诚"，即鲁迅所说的"取下假面，真诚地，大胆地看取人生"[38]，而"真诚地，大胆地看取人生"又是以作家主观人格的真诚为前提的。"虚伪"与"真诚"也就成为区分中国封建传统文学与现代文学的基本标尺之一；人格的真诚，成为中国现代作家的基本品格。从"五四"到今天，尽管经过几十年的风风雨雨，这个"标尺"依然不变：一切"虚假"的文学总是为广大读者所唾弃（不管它打着什么旗号），而"真诚"的文学境界，"真诚"的人格表现，仍然是中国作家的主要追求之一。

　　周作人在研究儿童及原始人的思维与情感特征时，发现"儿童没有一个不是拜物教的，他相信草木能思想，猫狗能说话，正是当然的事"[39]。而原始人在原始的宗教与原始文学里也都有一种"神人合一，物我无间的体验"[40]。这就是说，儿童与原始人类的思想里都存在着"泛神论"的倾向，其感情表现就是一种"泛爱"，在对人类、自然普遍的"爱"中拭去一切人我之间、物我之间的界限与距离，达到自我与宇宙万物的融合，也即超越。这样的境界、目标也是"五四"时代的作家们所神往的。因为他们亲身感受着封建等级制度所造成的人与人之间惊人的隔膜，体验着处于不觉悟的群众包围之中的先驱者难以排解的孤独与寂寞。正像鲁迅所说："在我自己，总仿佛觉得我们人人之间有一道高墙，将各个分离，使大家的心无从相印。"[41]这种个体（与民族）的"自我孤独"，显然背离了20世纪的时代潮流，"五四"时期作家们更由此而感到了个体生命与民族的危机感。他们因此而憧憬着儿童与原始人所特有的"泛爱"的、神人合一、物我无间的浪漫主义的人生境界与艺术境界。他们并由此而对文学的本质产生一种感悟。周作人在"五四"时期十分欣赏并一再引用安特来夫的一段话："我们的不幸，便是在大家对于别人的心灵、生命、苦痛、习惯、意向、愿望，都很少理解，而且几乎全无。我是治文学的，我之所以觉得文学的可尊，便因其最高上的事业，是在拭去一切的界限与距离。"[42]托尔斯泰在《什么是艺术》(《艺术论》)中关于"艺术家的目的，是将他见了自然或人生的时候所经验的感情，传给别人"，艺术的根本"特性"在于"使人们合一"的观点，更是在周作人及其同代作家中产生了很大影响。用文学传播爱，使互相隔膜、分离的心灵沟通，达到"合一"，这成为周作人及"五四"时期许多作家共同的文学观念与追求，并直接成为"五四"时期"爱与美"的文学潮流的理论基础，对中国浪漫主义文学的发展有着深远影响。在以后的中国现代文学发展中也形成一条重要线索。

周作人同时竭尽全力地为"小孩的诳话"——儿童思维及作为"原始人的文学，原始人的哲学"的神话中的"空想"（或"幻想"）辩护。他反复申说这一点：

就儿童本身上说，在他想象力发展的时代确有这种空想作品的需要，我们大人无论凭了什么神呀皇帝呀国家呀的神圣之名，都没有剥夺他们的这需要的权利，正如我们没有剥夺他们衣食的权利一样。[43]

　　他同时强调，在儿童的童话世界里，必然是"荒唐的，怪异的，虚幻的"，"非现实的"，"有如雾里看花，形色变易"[44]，甚至某些神秘色彩。对于周作人来说，为儿童的空想辩护，为儿童世界里的荒诞、神异、虚幻、神秘成分辩护，同时就是在为"人性"本身的健全发展辩护。他的理论根据是："人间所同具的智与情应该平匀发达才是，否则便是精神的畸形"[45]；"怪异在人是神圣的"[46]；"梦想是永远不死的。在恋爱中的青年与在黄昏下的老人都有他的梦想，虽然她们的颜色不同。人之子或者有时要反叛她，但终究还回到她的怀中来"[47]。这些都是极其精彩的议论，极其宝贵的思想的火花。这里包含着一种文学改造的历史性呼声。"五四"以来，作家们为使中国的文学更富于想象力，具有文学所应有的"荒唐的，怪异的，虚幻的"色彩，作出了巨大的努力。但应该承认，迄今为止，收效甚微。这是一个"五四"时代遗留下来的历史课题，今天仍在呼唤着今后几代作家的持续努力。

　　我们实际上已经接触到了一个极为重要的问题，即儿童的世界，最接近文学的世界，是一个真正的诗的世界。郭沫若在"五四"时期正是这样提出问题的："诗于一切文学之中发生最早。便从民族方面以及个体方面考察，都可得其端倪。原始人与幼儿的言语，都是些诗的表示。原始人与幼儿对于一切的环境，只有些新鲜的感觉，从那种感觉发生出一种不可抵抗的情绪，从那种情绪表现成一种旋律的言语。这种言语的生成与诗的生成是同一的。所以抒情诗中的妙品最是些俗歌民谣。"[48]这里包含对诗的本质的一些相当深刻的认识。

　　周作人自有他的观察角度。在《陀螺·序》里他这样写下了他对儿童游戏活动的观察与思索——

　　昨天我看满三岁的小侄儿小波波在丁香花下玩耍，他拿了一个煤球的铲子在挖泥土，模仿苦力的样子用右足踏铲，竭力地挖掘，只有条头糕一般粗的小胳膊上满是汗了，大人们来叫他去，他还是不歇，后来心思一转这才停止，却又起手学摇煤球的人把泥土一瓢瓢地舀去倒在台阶上了。他这样的玩，不但是得了游戏的三昧，并且也到了艺术的化境。这种忘我地造作或享受之悦乐几乎具有宗教的高上意义……我们走过了童年，赶不着艺术的人，不容易得到这个心境，但是虽不能至，心向往之……

　　周作人的观察是独到的：儿童的游戏确实具有"兴之所至"的性质，无目的，无意识，一切出于自然的本能的创造冲动，并因此而进入"忘我"的境界，周作人以为这是"游戏的三昧"，亦是"艺术的化境"，"几乎具有宗教的高上意义"。周作人于此发现儿童的游戏，原始的宗教与文学艺术内在的相通。可以看出，这一"发现"给周作人（也许还有他的同时代人）带来了巨大的喜悦，对终于"发现"的"艺术的化境"竟表示一种"虽不能至，心向往之"的倾慕与崇敬。这是可以理解的：中国的知识分子，中国的作家被"文以载道"的封建教条及封建八股禁锢得实在太久了，文学长期以来充当封建伦理的奴婢，封建政治的附庸，没有获得自己的独立地位与价值，现在一旦发现了属于文学自己的"境界"，自然会感到一种真正的解放与自由，并由此而走向"为艺术而艺术"的道路。正如鲁迅所说，这在"五四"时期是具有革命意义的。在"五四"以后，仍然有不少作家继续追求"为艺术而艺术"的境界。尽管在现代中国的历史条件下，没有能够得到充分的发展，但是作家们因此作出的许多艺术创造的尝试，确实为丰富现代中国文学的艺术宝库作出了宝贵的贡献，这历史的功绩是不可磨灭的。

在对儿童及童话中的思维的研究中，周作人有一个有趣的发现："小儿正如野蛮人，于一切不调和的思想分子，毫不介意，容易承受下去；……能很巧妙的把几种毫不相干的思想，联结在一起。"[49]郭沫若对此也心领神会，他在《儿童文学之管见》里特地举了一首童谣来说明儿童思维的这一特点：

> 月儿光光，下河洗衣裳。/ 洗得白白净净，拿给哥哥穿起上学堂。/ 学堂满，插笔管。/ 笔管尖，尖上天。/ 天又高，一把刀。/ 刀又快，好截菜。/ 菜又甜，好买田。/ 买块田儿没底底，漏了二十四颗黄瓜米。

郭沫若分析说："歌词后半利用心理联想，转辗蝉联而下，有意无意，无意有意，最是童谣的神妙处"，"儿童心理最富于暗示性，这首儿歌的妙处，不正在这儿吗？"而我们却从周作人、郭沫若的分析中，意外地发现了：表现在童谣、童话里的原始思维与现代象征派诗歌里的现代思维竟是如此相似。试以李金发的《弃妇》与这首童谣相比，就不难发现，朱自清所概括的早期象征派诗歌的"远取喻"、结构的"跳跃"，以及"暗示性"[50]，与郭沫若、周作人在童谣里所发现的"巧妙地把几种毫不相干的思想联结起来"，"转辗蝉联而下"的"心理联想"，确实是有一种内在的相通。而儿童，特别是幼儿，对于文学（诗歌）的要求"第一要注意的是声调"[51]，儿童对于音乐的特殊感受力与特殊的需求，以及儿童文学里所特有的"有意味的没有意思"[52]，与现代艺术也存在某种契合。这些"契合"都是发人深思的。

从以上的概述中可以看出，周作人在"五四"时期所进行的儿童学、童话学、神话学研究，由此得出的一系列富有创造性的结论，不但对中国传统文化、传统文学是一个有力的反叛，构成了"五四"

时期文学革命的一个重要方面；更在文学观念、艺术思维方式等许多方面都对中国现代文学的发展进行了富有启发性的新的开拓。实际上，周作人于有意无意之间倡导着一种文学新潮流：着重于"自然人性"的自由表现，追求文学的"真诚"与审美功能，强调尊重艺术思维的客观法则，进行创造性的艺术探索。在中国现代社会历史条件下，这一文学潮流一方面始终未成为文学的主潮，另一方面又始终作为"文以载道"的封建主义文学，以及无产阶级革命文学的历史对立面而顽强地存在。这一流派的得与失，都对中国现代文学的发展作出了独特的贡献，其历史经验教训值得我们认真总结。

注释

[1]　胡适：《儿童文学的价值》。

[2]　见 1922 年 1 月至 4 月周作人与赵景深关于童话问题的讨论。

[3]　1924 年赵景深编《童话评论》一书（1934 年出版）。

[4]　也许还应该加上《圣书与中国文学》一文，以上论文均收入周作人《艺术与生活》论文集中。

[5]　周作人：《过去的生命·对于小孩的祈祷》。

[6]　文载《绍兴县教育会月刊》第 6 号（1914 年 3 月 20 日出版）。

[7]　周作人：《儿童问题之初解》，载《绍兴县教育会月刊》第 6 号（1914 年 3 月 20 日出版）。

[8]　周作人：《谈虎集·小孩的委屈》。

[9]　郭沫若：《儿童文学之管见》。

[10]　周作人：《自己的园地·儿童的书》。

[11]　周作人：《儿童问题之初解》。

[12]　周作人：《谈龙集·读〈各省童谣集〉》。

[13]　周作人：《苦竹杂记·谈中小学》。

[14]　周作人：《看云集·体罚》。

[15]　周作人：《谈虎集·小孩的委屈》。

[16]　周作人：《谈虎集·关于儿童的书》。

［17］ 周作人：《瓜豆集·家之上下の旁》。

［18］ 周作人：《谈虎集·感慨》。

［19］ 周作人：《遗传与教育》，载《绍兴县教育会月刊》第1号（1913年10月15日出版）。

［20］〔22〕〔23〕 周作人：《自己的园地·〈王尔德童话〉》。

［21］ 周作人：《谈龙集·安得森的〈十之九〉》。

［24］ 郭沫若在《儿童文学之管见》里作了类似的概括："儿童文学，无论采用何种形式（童话、童谣、剧曲），是用儿童本位的文字，由儿童的感官的直愬于其精神堂奥，准依儿童心理的创造性的想象与感情之艺术。"

［25］ 周作人：《艺术与生活·儿童的文学》。

［26］ 周作人：《自己的园地·〈阿丽思漫游奇境记〉》。

［27］ 周作人：《学校的成绩展览意见书》，载《绍兴县教育会月刊》第9号（1914年6月20日出版）。

［28］ 鲁迅：《中国小说的历史的变迁·第一讲》。

［29］ 鲁迅：《中国小说史略·第二篇》。

［30］ 周作人：《谈龙集·吕坤的〈演小儿语〉》。

［31］ 周作人：《立春以前·关于教子法》。

［32］ 周作人：《谈龙集·读各省童谣集》。

［33］〔34〕 周作人：《苦口甘口·我的杂学·六》。

［35］ 周作人：《小儿争斗之研究·译者序》，载《绍兴县教育会月刊》第5号（1914年2月20日出版）。

［36］ 陈独秀：《今日之教育方针》，收《陈独秀文章选编（上）》。

［37］ 王统照：《童心》。

［38］ 鲁迅《坟·论睁了眼看》。

［39］ 周作人：《艺术与生活·儿童的文学》。

［40］ 周作人：《圣书与中国文学》。又，周作人在《习俗与神话》里曾引述了安特路朗的观点："至少在所谓神话创作时期，野蛮人对于自己和世间万物的中间，并不划出强固的界线"，他们有一种"渺茫混杂的心境，觉得一切东西，凡有生或无生，凡人、兽，植物或无机物，似乎都有同样的生命情感以及理知。"

［41］ 鲁迅：《集外集·俄国译本〈阿Q正传〉序及著者自叙传略》。

［42］ 转引自周作人：《艺术与生活·圣书和中国文学》。鲁迅直到晚年仍然坚持这一观点："自然，人类最好是彼此不隔膜，相关心，然而最平正的道路，却只有用文艺来沟通"（《〈呐喊〉捷克译本序言》）。

［43］〔45〕〔52〕 周作人：《自己的园地·〈阿丽思漫游奇境记〉》。

［44］　周作人：《儿童文学小论·儿童剧·序一》。

［46］［47］　周作人：《泽泻集·〈镜花缘〉》。

［48］　郭沫若：《致宗白华书（1920 年 2 月 16 日）》，收《三叶集》。

［49］　周作人：《自己的园地·〈王尔德童话〉》。

［50］　朱自清：《中国新文学大系·诗集·序言》。

［51］　周作人：《艺术与生活·圣书与中国文学》。

九、民俗学研究与国民性的考察

（一）

民俗学研究也是"五四"时期的"显学"之一；周作人无疑是中国民俗学的一位重要先驱者。

中国人是从日本那里知道民俗学的。据介绍，民俗学是 1884 年从欧洲传入日本的[1]；当时，正是明治维新之后，日本学术界迫切要求向西方学习现代科学知识。民俗学最初传入日本时，与社会人类学、文化人类学以至民族学、社会学都没有严格的区分；据周作人回忆，他于 1906 年初到日本留学时，就是从人类学的角度接触民俗学的。他读了神话学人类学派学者安特路朗的《习俗与神话》、《神话仪式与宗教》这两本书，思想上受到了极大震动。他后来回忆说，"我因了安特路朗的人类学派的解说，不但懂得了神话及其同类的故事，而且也知道了文化人类学"，"有些我们平常最不可解的神圣或猥亵的事项，经那么一说明，神秘的面幕倏尔落下"[2]。所谓神话学人类学派，即是认为古代人"与今时某种土人其心理状态有类似之处"[3]，因此，可以用今天在一些野蛮民族中"尚有存留的信仰推测古时（神话中）已经遗忘的意思"[4]。这种礼教习俗研究方法，最初就称之为"民俗学的方法"。据钟敬文介绍，"从 20 年代到 40 年代我国神话、故事方面研究主要受到这一学派的影响"，"这个学派是在达尔文生物进化论正风靡学界的时候，把它应用到人文科学上来，而使在这方面的研究面目一新的"，它所采取的方法"是一种实证主义的方法，跟那些只凭思辨的学派是很不同的，这也是此派成为比较科学的神话学、故事学的主要原因"[5]。周作人正是神话学人类学派的主要介绍者与倡导者之一。他于 1913 年至 1915 年间所写的《童话略论》、《童话研究》、《儿歌的研究》，特别是《古童话释义》，即是运用神话学人类学派的理论研究中国神话、传说与童话的最初尝试，也是我国最早的民俗学研究成果。也正是在写于 1913 年的《童话略论》里周作人明确指出："童话研究当以民俗学为据，探讨其本原"。他在我国第一次提出了"民俗学"的概念——这时仍然没有与文化人类学、社会人类学严格区别开来。

　　差不多在周作人开始着手中国神话学、童话学研究的同时，1913年日本民俗学者柳田国男等引人注目地开始了"乡土研究"，其最大特点是注重下层人民，特别是农民的生活；"不只是文献上的排比推测，而且从实际民间生活下手"，注意民间传说、故事、民间歌谣的搜集、整理与研究。正如周作人所说，"柳田对于儿童与农民的感情比得上任何人，他的同情与忧虑都是实在的"。明治末年，日俄战争之后，日本农村发生了极大变化，柳田目睹"古昔的传统的诗趣在今日都市生活里忽而断绝，下一代的国民就接受不著了事"，"平常人心情不被珍重记录，言词文章的用法有苛酷的限制"，这都引起了柳田的忧虑，周作人也深有"同感"[6]。于是，他的民俗学研究又深深地打上了柳田国男"乡土研究"的烙印，使他于童话、神话、习俗的研究外，又注意到了平常人的日常生活方式及民间歌谣、传说的研究。1914年，他甚至在《绍兴县教育会月刊》上公开征集绍兴儿歌、童话，启事中言："作人今欲采集儿歌、童话，录为一编，以存越国土风之特色，为民俗学研究、儿童教育之资材，即大人读之，如闻天籁，起怀旧之思",可见所受柳田国男的影响。

本世纪初,周作人的上述活动尽管是中国现代民俗学研究的重要开端,但大都限于个人的兴趣;真正大规模的民俗学研究,是从"五四"时期开始的。

首先开展的是歌谣征集活动。1918年2月1日《北京大学日刊》发表《北京大学征集歌谣简章》,并且同时宣布由刘半农、沈尹默、周作人负责编辑,钱玄同、沈兼士考订方言。征集活动得到了蔡元培和北大广大师生的支持。短短两个月就收到歌谣1100余则,从5月末起在《北京大学日刊》上刊载,共148首。中间经过一番曲折,1920年12月19日北京大学歌谣研究会正式成立,由沈兼士、周作人共同主持。1922年12月17日举行歌谣征集成果展览会,并创刊《歌谣》周刊,由周作人、常惠负责编辑。周作人亲自起草了《歌谣》发刊词,明确提出:

> 本会搜集歌谣的目的有两种,一是学术的,一是文艺的。歌谣是民俗学上的一个重要资料,把它辑录起来,以备专门研究;这是一个目的,从这学术的资料中,再由文艺批评的眼光加以选择,编成一部国民心声的选集。诚如意大利卫南尔所说,"根据这些歌谣之上,根据在人民的真实感情之上,一种新的民族的诗也许能产生出来",所以这种工作不仅在表彰现在隐藏着的光辉,还在引起未来的民族诗的发展。

以后,根据周作人的建议,歌谣研究会又改名为"民俗学会",扩大歌谣收集范围,一切方言、故事、神话、风俗等材料,俱在其列。1925年10月,周作人与钱玄同、常惠联合署名发表《征求猥亵的歌谣启》,计划编辑《猥亵歌谣集》及《猥亵语汇》(后未果),以"从这里窥测中国民众的性的心理，看他们（也就是咱们）对于两性关系有怎样的意见与兴味"。正是在民俗学会的指导与推动下，更全面地展开了我国民俗学研究，并且很快出现了顾颉刚《孟姜女故事的演变》等一批最初成果；周作人为之作序的就有刘半农《江阴船歌》、刘经庵《歌谣与妇女》、林培庐《潮州畲歌集》、江绍原《发须爪》、谷万川《大黑狼的故事》等。

1924年12月《语丝》创刊；在周作人主持下，《语丝》十分重视民俗学研究。在《语丝》上经常刊载中外民歌、民间故事及有关研究，以及民俗的整理与讨论。值得注意的是，《语丝》中上述民俗学资料的搜集与讨论，常与《语丝》作者所特别关注的"社会批评"与"文明批评"结合在一起，产生了很大影响。

30年代，我国民俗学研究又有了新的发展，研究中心逐渐南移，继广东中山大学成立民俗学会之后，南方许多省市相继成立类似组织[7]，其中以广东、杭州成绩最为显著，我国第二代的民俗学研究者迅速成长起来。周作人这时虽已不再担负组织、领导之职，但仍然十分关心民俗学研究，先后为柏烈伟译《蒙古故事集》、江绍原译《英吉利谣俗》、刘育厚译《朝鲜童话集》、娄子匡编述《中国新年风俗志》、林培庐辑《潮州七贤故事集》、翟显亭编述《儿童故事》等民俗学译著作序，对民俗学的理论时有精辟的阐发。周作人本人在三四十年代，也写有大量有关民俗学及中国民俗学史的论著。直到解放后，周作人仍乐此不疲，写有不少有关民俗的散文，在海内外都产生了一定影响。我国民俗学的产生与发展，理所当然地是与周作人的名字连在一起的。

（二）

在我国，民俗学的研究从一开始就是"五四"时期"国民性改造"

的探索的有机组成部分。周作人说：

> 歌谣是民族的文学。这是一民族之非意识的而是全心的表现，但是非到个人意识与民族意识同样发达的时代不能得着完全的理解与尊重。[8]

"五四"时期正是"个人意识与民族意识同样发达"，也是人类意识觉醒的时代，人们正是以这样的觉醒的观点去看待民俗的意义。刘半农在顾颉刚编《吴歌集》序言里说："这语言，风土，艺术三件事，干脆说来，就是民族灵魂"；又说："吃饭穿衣等事是全人类所共有的，所以要研究各民族特有的文明，要彻底了解各民族的实际，非求之于吃饭，穿衣等方面不可，而民歌俗曲，却便是这项研究的最真实最扼要的材料。"事实上，"五四"时期的民俗学是以国民性的研究为其主要目的与内容的——它是以国民的生活整体（习俗、日常生活、信仰以及民间文艺）为对象，进行社会学、心理学、人类学等多学科的综合研究，或者说是从民族生活史入手，研究与把握民族精神文化。

周作人对于中国民族文化（包括国民性）有一个独特的观察，他认为，"国民文化程度不是平摊的，却是堆垛的，像是一座三角塔"[9]。民族精神文化在社会不同阶层中发展是不平衡的，少数先觉者已经达到的水平，要在全民族全社会中普及，成为普遍的平均水平，是一个漫长的历史发展过程；周作人由此而得出一个重要的方法论结论："研究中国文化，从代表的最高成绩看去，固然是一个方法，但如从全体的平均成绩着眼，所见应比较地更近于真相。"[10]因此，他一再地告诫民俗研究工作者，要把研究"兴趣放到低的广的方面来"，"离开了廊庙朝廷，多注意田街坊巷的事，渐与田夫野老相接触"[11]。我们自然不难从这里看出"五四"时期"平民化"的社会、文化、文学潮流的影响。周作人自觉地将他"着眼于全体的平均成绩"的思想贯串于他的全部民俗学研究中，从而得出了一些重要的富有独创性的思想与结论。

首先是关于中国民族的宗教观念。"平常讲中国宗教的人，总说有儒释道三教"[12]，但在周作人看来，这是一个错误的观察。因为儒教所影响的主要是中国的上层社会、知识分子阶层，即使它对下层社会的影响，也还需要经过"道教"这一中间环节，佛教也"只剩了轮回因果几件和道教同化了的信仰，还流行民间"[13]。周作人的结论是："支配（中国）国民思想的，已经完全是道教的势力"[14]；"所谓道教，不是指老子道家者流，乃是指有张天师作教主，有道士们作祭司的、太上老君派的拜物教"[15]。周作人一再提醒人们注意以下事实："中国乡村的人"，"他的教主不是讲春秋大义的孔夫子，却是那预言天下从此太平的陈抟老祖"[16]，而"中国读书人中间从前有两个偶像，一文一武，都很是有害，这便是所谓关公的关羽，与朱子朱熹"。这表明中国读书人的信仰是"乌烟瘴气的道士思想与封建三纲主义结合"，他们不过是"道士派的儒教徒，说得好一点即是乡愿，他们的经典，是《阴骘文》、《感应篇》与《觉世真经》，比较不明显的一批是《二十四孝》与《朱子治家格言》"[17]。这就是说，道教对中国民族的影响有两条线索：一是作为一种民间宗教，直接在社会下层广大群众中传播，一是渗透于儒教（及佛教）中，将儒教（佛教）道士化，以道教的神仙方术与儒教的纲常名教相结合的形态影响中国的知识分子的思想与行动。双管齐下的结果，道教对中国国民思想就具有了一种不可忽视的支配力量。这是一个十分独特，又具有极大重要性的发现，但至今似乎还没有引起人们足够的重视。在"五四"当时，却有不少人持有类似的观点；鲁迅曾一再强调这一观察对于理解中国传统思想文化的重要性，他甚至说："人往往憎和尚，憎尼姑，憎回教徒，憎耶教徒，而不憎道士。懂得此理者，懂得中国大半。"[18]

周作人有时又把道教对中国国民思想的这种影响，概括为"萨满教的影响"。他说："中国据说以礼教立国，是崇奉至圣先师的儒教国，然而实际上国民的思想全是萨满教的（Shamanistie 比称道教的更确）。"[19]所谓萨满教，即巫或方士教，现行于西伯利亚及满洲朝鲜各民族中[20]。周作人之所以认为称萨满教的影响"比称道教的更确"，是为了强调中国"国民的思想里法术的分子"[21]，强调"海面的波浪是在走动，海底的水却千年如故"，原始民族的"野蛮思想"仍"根深蒂固地隐伏在现代生活里"[22]。事实上，道教的主要来源之一即是中国古代的民间巫术，而现实生活中道教对中国民间的影响，也是与施行法术的民间宗教紧密联系在一起的。因此，周作人一再提示人们注意："中国人是——非宗教的国民。他与别国人的相差只在他所信奉的是护符而非神，是宗教以前的魔术，至于宗教的狂热则未必更少。"[23]这又是一个独特的发现：因为按照一般人的理解，中国民族文化的最大特点是缺少宗教的狂热，而趋于"理性"。周作人却别有见解，他认为中国的儒家文化确实是"注重人生实际，与迷信之理性化"，具有"唯理的倾向"，这一点"与古希腊人有点相象"，"可以说是代表中国民族之优点的"；周作人引以为憾的是，在现实中国中，这种尊崇理性的儒教"早已没有了"，至少已不再是"中国文化的基础"[24]，支配着国民的，已经是萨满教的（道教的）原始宗教（巫术）狂热。周作人列举了大量现实生活中"道教思想的恶影响，因为相信鬼神魔术奇迹等事，造成的各种恶果"，诸如"教案，假皇帝，烧洋学堂"，"打拳械斗，炼丹种蛊，符咒治病"等等[25]。在周作人看来，这种种"非理性主义"的表现，"狂热与专制是其自然的结果"[26]，周作人由此而得出结论："倘若东方文化里有最大的毒害，这种专制的狂信必是其一。"[27]这是周作人对中国国民性的考察所得出的主要结论；终其一生，他对这种"专制的狂信"的抨击可以说是不遗余力的。

"风狂"的另一个极端即是"麻木"，周作人认为这二者相反相成，构成了中国国民性的根本弱点，都是缺乏理性精神的表现；他指出：

> 现时中国人的一部分已发了风狂，其余的都患着痴呆症。只看近来不知为着什么的那种执拗凶恶的厮杀，确乎有点异常，而身当其冲的民众却似乎很麻木，或者还觉得有些舒服，有些被虐狂的气味。简单的一句话，大家都是变态心理的朋友。[28]

这话是说得十分沉痛的。

把周作人这一思想放到中国现代社会历史条件下作具体考察，其实践意义是相当复杂的。首先，不可否认，周作人确实敏锐地抓住了现代中国国民性的一个根本弱点（扩大地看，可以看作是本世纪落后民族一再表现出来的一种精神弱点）；在中国现代历史上，我们民族因为"专制的狂热"是吃过大亏的。鲁迅因此曾一再地提醒中国"点火的青年""对于群众，在引起他们的公愤之余，还须设法注入深沉的勇气，当鼓舞他们的感情的时候，还须竭力启发明白的理性，而且还得偏重于勇气和理由"，"否则，历史指示过我们，遭殃的不是什么敌手而是自己的同胞和子孙。那结果，是反为敌人先驱"[29]。但是，由此出发，周氏兄弟却引出了不同的结论。从鲁迅的上述论述中，可以看出，鲁迅所强调的是对群众"公愤"的正确引导，他并没有不加分析地否认群众中的"怨愤"情绪，更没有否认群众运动本身；在他看来，群众的"公愤"是具有两重性的，关键在于"引导"：引导得好，群众"公愤"可以成为促进社会变革的力量；如任其自流，或加以错误地"引导"，自然会变成"狂热"而产生极大破坏性。周作人却是以一种贵族式的态度来看待群众的"公愤"，自然他就不可能从这种

"公愤"的原始、自发形态下发现其内在的要求变革的积极因素，他实际上是视群众连同他们的原始情绪为洪水猛兽，因此而反对、否定群众运动本身，反对、否定信仰本身，将其一律视之为"专制的狂热"。这样，周作人就最终站到了本世纪中国变革历史的群众性革命运动的对立面，这正是他"走向深渊"的开端。至于周作人将中国传统儒学的"唯理"倾向作为医治他所谓的"专制的狂信"的良药，并且以为"现今的改革运动，实在只是（儒家）唯理思想的'复兴'"，"中国目下吸收世界的新文明，正是准备（儒教）他自己的'再生'"，[30] 这更是一种理论与实践的重大失误。不管周作人是否明确意识到，这实际是要将五四新文化运动引向以儒学为中心的中国传统文化的轨道，这自然就成了一种可悲的历史的反动。

周作人在考察道教对中国国民性的影响时，还注意到一个事实：

> 从前无论那个愚民政策的皇帝都不能做到，却给道教思想制造成功的，便是相信"命"与"气运"。他们既然相信五星联珠是太平之兆，又相信紫微星已经下凡，那时同他们讲民主政治，讲政府为人民之公仆，他们那里能够理解？又如相信资本家都是财神转世，自己的穷苦因为命里缺金，那又怎敢对于他们有不平呢？……中国现在到处是大乱之源，却不怕他发作，便因为有这"命"的迷信。人相信命，便自然安分，不会犯上作乱，却也不会进取；"上等社会"的人可以高枕无忧，但是想全部的或部分的改造社会的人的努力，却也多是徒劳，不会有什么成绩了。[31]

道教的"命运"观之所以比皇帝的"愚民政策"更为"有效"，就是因为它与种种迷信观念联系在一起，仿佛冥冥中有一种超自然、超社会的力量，预先决定人的命运，这样，就使得人的一切主观努力

（包括反抗）都毫无意义，只有俯首听命于异己力量的摆布。这种听天由命、无所作为的精神状态，对于中国的改革是一个巨大的障碍，周作人这一代之与道教徒绝对不能相容，原因即在于此。

道教的宗教意识中影响最大，成为道教徒的基本信念的，是"因果报应"的观念。周作人曾对道教迷信传说中"雷击恶人"的种种记载，作过一番考察。他发现所谓"雷击恶人"之类"阴谴说""在后汉时已很通行"，而讲报应最为厉害的则是明清笔记，这正表明方士思想对中国文人的逐步侵入。在周作人看来，所谓阴谴、冥报，不过是"补王法之不及，政治腐败，福淫祸善，乃以生前死后弥缝之"；更表现了文人的变态心理："文人心地偏窄，见不惬意者即欲正两观之诛，或为法所不问，亦其力所不及，则以阴谴处之，聊以快意。"周作人尤其反感的是，"雷击恶人"的传说中充满了"惨酷刻薄"，周作人以为，这类"宗教中的恐怖"成分，一味制造"野蛮的新的战栗"，只会"使人心愈益麻木委缩"[32]，这是极为可悲的。

但周作人对于道教并非只是简单地否定与批判。他曾公开著文对道教的正宗观念"以生为乐，重生恶死"的长生观表示或一定程度的理解；他说："鄙人素无求仙的兴趣，但从人情上说，见人拜北斗，求延年，此正可谅解。"[33]周作人认为，道教的"本义"——对生命乐趣的执意追求，以及相信生命之存在，年寿之长短，决定于自身，并非决定天命，等等——"并不十分错"，"其后经士人歪曲"，才产生了种种弊端[34]。周作人写这篇文章时，已经是 40 年代；可以看出，对于道教对中国国民影响的观察，他已经逐渐离开了"五四"时期的批判立场，而日益转向宽容与理解。40 年代周作人还写过一篇《无生老母的信息》的文章——直到晚年，周作人仍然将这篇文章推荐给人们，以为是他最有价值的代表作之一[35]。这篇文章对于明清两代大量从道教中吸取营养的北方民间宗教红阳教崇奉"无生老母"及其"速

成救赎说"[36]作了一番考察；考察的动机已经是"凭吊殉教的祖师
们之悲运"及"稍稍了解信仰的民众之心情"，而考察的结论则是无
生老母"孤独忧愁，想念着她的儿女，这与穷困无聊，奔走到她身边
去的无知男妇，一样的可以同情"。周作人并且进一步阐发说：

> 客观的说，母性的神秘是永远的，在主观的一面人们对于母
> 亲的爱总有一种追慕，虽然是非意识的也常以早离母怀为遗恨，
> 隐约有回去的愿望随时表现，不但有些宗教的根源都从此发生，
> 就是文学哲学上的秘密宗教思想，以神或一或美为根，人从这里
> 分出来，却又靳求回去，也可以说即是归乡或云还元。

应该说，周作人用心理分析的方法从一个特定角度说明宗教与艺
术的根源，是相当精辟、深刻的。这表现了周作人对人性、人的心理、
情感的微妙部分的一种精微把握[37]，但同时也流露出他对于"传统"
的谅解、宽容、同情，以至归依。周作人本着意于探讨"无生老母"
的信息，即从民间宗教信仰中探讨中国国民性，无意中也向世人透露
了他内心隐蔽的信息，这很有意思，也是必然如此的。

（三）

前面我们已经说过，民俗学研究，特别是以"五四"为开端的中
国民俗学研究，几乎天生地具有一种民族主义的色彩，周作人对中国
人宗教信仰的考察就鲜明地体现了这一特性。但这仅仅是周作人民俗
学研究的一个方面。对于周作人这样具有高度个性自觉的思想家，他
几乎是本能地要把他的个性渗透于一切方面，民俗学研究也不例外。
因此，他强调：对于民间歌谣、民俗的"完全理解与尊重"，不仅要

以发达的民族意识为前提，而且必须有高度自觉的"个人意识"[38]。
这实际上包含了对民俗学及其研究的更深层次的理解与追求。对于周
作人来说，民俗学研究的意义不仅仅在于对客观存在的民俗的描述、
解释、鉴赏，更是一种主观参与，一种内在的追求：要从"普通人民
怎样活着"的客观考察中，探求一种最适合于自己主观性发展的理
想的合理的生活方式[39]。——这才是周作人民俗学研究的重心所在，
他的真正兴趣所在。

于是，周作人必然将他的研究重点放在"不胜记载的日常生活"，
"为集体所共同实行并已经程式化了的生活方式"即"风俗"[40]的研
究上。对于自己故乡的日常生活与风俗的深入剖析，则往往是他这类
研究的一个切入点。

谈到日常生活，周作人自有一番独到见解——

> 生活中大抵包含饮食，恋爱，生育，工作，老死这几样事
> 情，但是联结在一起，不是可以随便选取一二的。有人希望长
> 生而不死，有人主张生存而禁欲，有人专为饮食而工作，有人
> 又为工作而饮食，这都有点像想齐肚脐锯断，钉上一块底板，
> 单把上半身保留起来。比较明白而过于正经的朋友则全盘承受
> 而分别其等级，如走路是上等而睡觉是下等，吃饭是上等而饮
> 酒喝茶是下等是也。我并不以为人可以终日睡觉或用茶酒代饭
> 吃，然而我觉得睡觉或饮酒喝茶不是可以轻蔑的事，因为也是
> 生活之一部分。[41]

人们很容易想起鲁迅说过的类似的话——

> ……我们所注意的是特别的精华，毫不在枝叶。给名人作传

的人，也大抵一味铺张其特点，李白怎样做诗，怎样耍颠，拿破仑怎样打仗，怎样不睡觉，却不说他们怎样不耍颠，要睡觉。其实，一生中专门耍颠或不睡觉，是一定活不下去的，人之有时能耍颠和不睡觉，就因为倒是有时不耍颠和也睡觉的缘故。然而人们以为这些平凡的都是生活的渣滓，一看也不看。

鲁迅的结论是："删夷枝叶的人，决定得不到花果。"[42]

周氏兄弟都注重"人"的日常生活；周作人更注目于自然状态的"人"所本有的生活，未经任何价值判断的删选、修饰（在鲁迅、周作人的时代，这种价值判断必然带有浓厚的封建禁欲主义的色彩），因而是"全面"的，"平凡"的，也是更"本色"的。周作人的着眼点，依然是：人的本性的自然发展。

于是，周作人在人们的日常生活与风俗中，发现与肯定了两种生活方式："动物那样的，自然地简易地生活，是其一法；把生活当作一种艺术，微妙地美地生活，又是一法"；而且，据说是"二者之外别无道路，有之则是禽兽之下的乱调的生活了"。[43]

应该说，周作人是从自己家乡人民的日常生活中，发现了"自然地简易地生活"的内在的美的。正像周作人自己所说：

> 绍兴中等以下的人家大都能安贫贱，敝衣恶食，终岁勤苦，其所食者除米而外，唯菜与盐，盖亦自然之势耳。……咬得菜根，吾乡的平民是足以当之……咬了菜根是否有事可做，我不能明白确说，但是我觉得这是颇有意义的，第一可以食贫，第二可以习苦，而实在却也有清淡的滋味……[44]

周作人从故乡人民"敝衣恶食"的几乎原始的生活方式里，看出有一种"自然之势",品出一股"清淡"之味(周作人还说过,要"往清茶淡饭中寻其固有之味者"[45]),这里蕴含着一种文化,这种文化正是周作人所神往的。

于是,故乡的每一种吃食都逗起了周作人的悠悠情思——

我至今不希罕苹果与梨,但对于小时候吃的粗水果,还觉得有点留恋。顶上不了台盘的黄菱肉,大抵只有起码的水果店里才有,我却是最感觉有味,因为那是代表土产品的……所谓土膏露气尚未全失,比起远路来的异果自有另外一种好处。[46]

小时候故乡酒店里有一种"时萝卜","以萝卜带皮切长条,用盐略腌,再以红霉豆腐卤渍之,随时取食。此皆是极平常的食物,然在素朴之中自有真味,而皆出自酒店店头,或亦可见酒人之真能知味也"[47]。

在"上坟酒"中还有一种食味,似特别不可少者,乃是熏鹅……以醋和酱油蘸食,别有风味。其制法虽与烧鸭相似,唯鸭稍华贵,宜于红灯绿酒,鹅则更具野趣,在野坟舟中啖之,正相称耳。[48]

无论"素朴之中自有真味",抑或"土膏露气尚未全失",以及所谓"野趣",既显示出原始文化的特征,又表现了平民文化特色;周作人神往于此,既是"乡情"的蛊惑,更是出自"返归自然"的欲求。

在周作人的追求中,还有另一面在,这就是他所说的"生活之艺术",即"把生活当作一种艺术,微妙地美地生活"[49]。在周作人看来,"生活之艺术"的精义"只在禁欲与纵欲的调和"[50]。他引用蔼理斯的意见，解释说："一切生活是一个建设与破坏，一个取进与付出，一个永远的构成作用与分解作用的循环。要正当地生活，我们须得模仿大自然的豪华与严肃"[51]；"宗教的禁欲主义"当然应当"排斥"，但"禁欲亦是人性的一面；欢乐与节制二者并存，且不相反而实相成"[52]。这表明，在周作人所追求的"生活之艺术"里，包含着两个侧面：首先是对"自由"、"欢乐"，甚至"豪华"的生活享乐主义的追求，另一面则是"节制"的生活原则：即"防欢乐的过量，并即以增欢乐的程度"[53]。应该说，周作人的"生活之艺术化"这一命题包含了相当复杂的因素：它含有建筑在现代物质文明、精神文明基础上的生活现代化的要求；又表现了浓重的中国士大夫阶级的情趣与追求，这是周作人更为看重的。他因此而把"生活之艺术化"最后归结为中国传统的"礼"。事实上，周作人所神往的"生活之艺术境界"就是从中国传统生活那里吸取来的。周作人自己似乎也不讳言这一点，他说："关于风流享乐的事我是颇迷信传统的"，因此，他"总觉得住在古老的京城里吃不到包含历史的精炼的或颓废的点心是一个很大的缺陷"[54]。周作人由此而发表了一番议论：

> 我们于日用必需的东西以外，必须还有一点无用的游戏与享乐，生活才觉得有意思。我们看夕阳，看秋河，看花，听雨，闻香，喝不求解渴的酒，吃不求饱的点心，都是生活上必要的——虽然是无用的装点，而且是愈精炼愈好。[55]

周作人所神往的这种生活方式，显然打上了鲜明的贵族文化的烙印：它丰腴、精致而又无用，更注重内在的情趣；既安闲，又充满洞彻人世沧桑的历史感——这确实是我们通常称之为北京文化的历史特征。周作人因其在现代物质文明冲击下的失落感到惆怅，而这略带忧郁的情怀又为这类艺术化的生活方式增添了别一种神采。

（四）

　　周作人在考察中国普通人的生活时，不仅关注于平时的日常生活，而且对于传统节日更表现了特别浓厚的兴趣。在某种意义上，正是"节日"才以其绚烂的色彩更加鲜明地体现了周作人所追求的"生活之艺术"。而对于周作人，"节日"又是与童年时代家乡生活的迷人的记忆联系在一起的。周作人在他六十岁生日时，曾这样回忆说——

　　　　我觉得很是运气的是，在故乡过了我的儿童时代。……本来已是破落大家，本家的景况都不大好，不过故旧的乡风还是存在，逢时逢节的行事仍旧不少，这给我留下了一个很深的印象。[56]

　　童年节日的记忆是如此强烈而富有诱惑力，以致周作人在晚年自系囚室时又再次提笔，写出了《儿童杂事诗》甲篇24首，详细地记载、描述了旧日"四时八节"的乡风民俗，如——

　　　　扫墓归来日未迟，南门门外雨如丝。烧鹅吃过闲无事，绕遍坟头数百狮。[57]

　　　　端午须当吃五黄，枇杷石首得新尝。黄瓜好配黄梅子，更有雄黄烧酒香。[58]

　　　　中元鬼节款精灵，莲叶莲华幻作灯。明日虽扔今日点，满街望去碧澄澄（注：北方童谣：莲花灯，今儿点，明儿扔）。[59]

如周作人自己所说，这类风俗诗，自有"诙谐的风趣贯串其中"，表现着"博大的人情"[60]。节日风俗之所以如此撩人情思，其中一个重要原因是，博大、深厚的民族文化传统溶解于其中，在半是祭祀半是娱乐的节日活动中，潜移默化地滋润与影响着人们的心灵。周作人在《立春以前》里谈到中国传统节日蕴含的文化意义时说："对于鬼神与人的接待，节候之变换，风物之欣赏，人事与自然各方之了解，都由此得到启示。"这可以说是一语中的：中国的传统节日，所谓"四时八节"，是与气候的变换联系在一起的。周作人指出，"农家的耕作差不多以节气作标准"，而对于"农业的社会"的中国，"农事"决定着"人事"[61]，这样，"人事"的变迁与"自然"的变化形成了一种神秘的对应关系，这不能不勾起人们关于"人与自然"的悠悠遐想。而每一个节日又都包括祭神、祭祖、祭民族英雄的活动，创造了一个人鬼相融、古今共存的世界，是子孙与祖先、人与鬼之间的一次精神对话，由此而形成深沉的历史感与超时空感。节日里，"驱邪降福"的宗教仪式中又隐含着生命的保存与发展的意义，时节的变迁中也暗示着生命的交替（所谓"冬和春的交代乃是死与生的转变"），这都具有形而上的哲学意味。对于人自身而言，这是生活的自然调节：终岁劳苦，唯有在农闲节日里获得精神的松弛，体力的恢复，情绪的发泄；与西方社会及日本节日的狂欢相比，又是有节制，恰如其分的，所追求的是灵肉和谐的中和之美。如前所述，这也正是周作人"生活之艺术"的真谛。周作人从幼年时代开始，就从传统节日、地方风俗里，体味到了一种生气贯注的，和谐、自然的现世之美：这正是中国传统文化（传统美学、哲学）的神韵所在。这对于周作人温雅的个性的形成无疑起着极大的作用；而周作人的个性一旦形成，又反过来决定着他对中国传统民俗的观察、选择与评价。

（五）

对民间艺术的探讨，是周作人民俗学研究的又一个重点。

周作人说："我平常颇喜欢读民歌。这是代表民族的心情的，有一种浑融清澈的地方，与个性的诗之难以捉摸者不同。"[62] 周作人更看重的是包融于其间的"民间趣味"。他在介绍了流传于故乡的徐文长的故事以后，说过这样一段话——

> 有些道学家及教育家或者要对我"蹙頞"，以为这些故事都很粗俗，而且有地方又有点不雅。这个批评未必是不中肯綮，不过我的意思是在"正经地"介绍老百姓的笑话，我不好替他们代为"斧政"。他们的粗俗不雅至少还是壮健的，与早熟或老衰的那种病的佻荡不同。[63]

周作人甚至说：

> 天下只有天真的小儿与壮健的天才（如拉勃来、哥德，若斯威夫德便有点病态的），才有欣赏粗俗话的资格。[64]

民间文学与儿童文学一样，是最接近于原始文学的；它们都具有人类童年时代的"人"的本性所特有的健壮的美。而这种健壮的美，是"早熟"或"老衰"的文化（例如中国传统文化）戕害下早已残破、曲扭的病态心灵所绝难领略的。对于周作人自身来说，这类带有原始生命力的粗俗（甚至猥亵）、壮健的美，对于他所追求的带有贵族气味的精致的"生活之艺术"是一个不可少的补充，周作人把它称作是"精神的体操"（或称"感情的体操"）[65]，这种精神（情绪）的调节对于身心的健全发展是绝对必要的。

　　周作人对于他故乡的民间戏剧也有着浓厚兴趣，并且也从中发现了民众的"滑稽趣味"。他介绍说，每到夏天，故乡人民即要自动组织起来演出目连戏，"自傍晚做起，直到次日天明"，"除首尾以外，其中十之七八，却是演一场场的滑稽事情……观众所最感兴味者恐怕也是这一部分。乡间的人常喜讲'舛辞'及冷语，可以说是'目连趣味'的余流"[66]。直到晚年，周作人仍然撰文，念念不忘家乡民间戏剧的"喜剧价值"[67]。和鲁迅的观点相反，周作人认为，中国戏剧里的"大团圆结局"所表现的是一种值得肯定的喜剧趣味；他指出："从前乡间习惯，开始时必演'八仙庆寿''踢福'和'踢魁'，继之以'掘藏'，极尽人生的大望，随后开始演戏"[68]，"在日场或夜场完结的时候，不管末了演的什么戏，在脚色下场之后，必定出来一生一旦，在台前交拜，后台奏有喜乐，观众便预备走散了。这似乎有点庸俗，但我觉得却很有可取，因为这表示中国人民的明朗的性格，爱好和平快乐"[69]。尽管用了"爱好和平快乐"之类解放初期的习惯语，周作人所强调的显然仍然是中国传统文化中的"极尽人生之大望"的"现世之美"。所谓"幽默感"、"喜剧趣味"归根到底仍是表现了一种"生之快乐"的生命欲求；周作人对民间艺术中"喜剧趣味"赞赏，正是表现了他对普通人民的生命形态的一种理解。

（六）

　　周作人的民俗学研究从一开始就注重于各国民俗的比较研究；这自然是与本世纪以来东西方文化世界范围内的互相撞击、交汇这一大背景直接相关的。而"五四"时期，中国知识分子人类意识的觉醒，人们"眼里看见了世界的人类",自觉到"人类的运命是同一的"[70]。
这一"人类同一性"的全新观念也直接影响了这一时期的民俗研究必
然是着眼于世界各民族的民俗,而不会局限于中国一个民族。

在周作人看来,"要了解一国民的文化,特别是外国的",是"非
从民俗学不可"的,他说——

> 从前我常想从文学艺术去窥见一国的文化大略,结局是徒劳
> 而无功,后始省悟,自呼愚人不止,懊悔无及。如要卷土重来,
> 非从民俗学入不可。古今文学艺术之菁华,总是从一时的少数的
> 表现,持与现实对照,往往不独不能疏通证明,或者反有抵牾亦
> 未可知,如以礼仪风俗为中心,求得其自然与人生观,更进而了
> 解其宗教情绪,那么这便有了六七分光,对于这国的事情可以有
> 懂得的希望了。[71]

这是十分肯切的经验之谈;这同时也是前述周作人关于"国民
文化呈三角塔形"理论的一个自然引申与发展。民俗学所注重的是日
常最普通的、司空见惯的一般的生活方式;而一个民族的真正的文化
精神正是消溶在大多数人民最普通的日常生活中的。正像刘半农在
"五四"时期所说:"吃饭穿衣等事是全人类所共有的,所以要研究各
民族特有的文明,要彻底了解各民族的实际,非求之于吃饭,穿衣等
方面不可。"[72]基于这样的认识,在"五四"时期的比较文化研究中,
民俗学的比较研究占据了特殊的重要地位;这个事实,对于今天中国
正在重新兴起的比较文化研究,仍然是有启示意义的。

对于东西方文化的比较研究,周作人有过通盘的考虑。他曾经慎
重其事地向学术界提出,应特别地注意"希腊,印度,亚剌伯与日本
文化"的研究。他指出——

　　近年来大家喜欢谈什么东方文化与西方文化，我不知两者是不是根本上有有这么些差异，也不知道西方文化是不是用简单的三两句话就包括得下的，但我总以为只根据英美一两国现状而立论的未免有点笼统，普通称为文明之源的希腊我想似乎不能不予以一瞥，况且他的文学哲学自有独特的价值，据臆见说来他的思想更有与中国很相接近的地方，……印度因佛教的缘故与中国关系密切，不待烦言，亚剌伯的文艺学术自有成就，古来即和中国接触，又因国民内有一部分回族的关系，他的文化已经不能算是外国的东西，更不容把他闲却了。日本有小希腊之称，他的特色确有些与希腊相似，其与中国文化上之关系更仿佛罗马，很能把先进国的文化拿去保存或同化而光大之，所以中国治"国学"的人可以去从日本得到不少的资料与参考。[73]

　　这自然是从世界文化发展的高度作出的一个具有战略眼光的选择。由于周作人精通希腊与日本两国语言，这两国文化的研究即成为他个人攻关的主要目标。而由于本世纪以来中日关系的复杂性，周作人的中日比较研究就特别引人注目。对于周作人这一研究的政治背景及政治评价，我们已经在《走向深渊之路》一章中作过专门的讨论；这里，主要从其学术意义方面，作一些分析——政治评价与学术意义既是密切相关联的，又是可以区分的，这一讨论前提是不言而喻的。

　　周作人对日本文化的研究，是建筑在对日本文化下述总体认识基础上的——

　　日本古今的文化诚然是取材于中国与西洋，却经过一番调剂，成为他自己的东西，正如罗马文明之出于希腊而自成一家（或者日本的成功还过于罗马），所以我们尽可以说日本自有他的文明，在艺术与生活方面更为显著，虽然没有什么哲学思想。我们中国除了把他当作一种民族文明去公平地研究之外，还当特别注意，因为他有许多地方足以供我们研究本国古今文化之参考。[74]

承不承认日本民族文化具有独立的个性与价值，这正是全部关键所在。对于周作人来说，这本是一个不成问题的问题。因为他的思想体系最重要的基点，就是对个性的尊重；这包括他对个性与人类共通性关系的独特认识："个性是个人唯一的所有，而又与人类有根本上的共通点。"[75]在周作人的观念中，正是日本文化具有不同于其他民族的独立个性，才构成了日本文化对人类文化的独特贡献，从而有可能成为独立的研究对象，为我们所理解、接受与吸取。然而，并不是所有的人都能承认日本文化的独立性的，这不仅因为日本古今文化确实取材于中国与西洋，而且对于许多有强烈的民族主义情绪的中国人，身受本世纪三四十年代日本军国主义对中国的侵略之害，他们是宁愿否定日本文化的独立性的，似乎可以由此而获得某种心理上的补偿。这是一种可以理解、却远非健全的心理。否定其他民族独立性（包括文化独立性）的民族，自身也不可能是真正独立的。这里涉及到"各民族文化比较"研究中的民族情绪、民族心理这样一个相当微妙的问题。看来，无论是民族自卑还是民族自大心理都会妨碍我们作出科学的结论；周作人说得好：

　　中国人原有一种自大心，不很适宜于研究外国的文化，少数的人能够把它抑制住，略为平心静气的观察，但是到了自尊心受了伤的时候，也就不能再冷静了。自大固然不好，自尊却是对的，别人也应当谅解它，但是日本对于中国这一点便很不经意。我并不以为别国侮蔑我，我便不研究他的文化以为报，我觉得在人情上讲来，一国民的侮蔑态度于别国人理解他的文化上面总是一个极大障害，虽然超绝感情，纯粹为研究而研究的人，或者也不是绝无。[76]

　　唯有着眼于"人类文化"，树立起"在人类文化创造中，各民族一律平等"的观念与心态，才可能是比较合理、健全的，这正是中国的先驱者（包括周作人）在"五四"时期所获得的"现代意识"的一个重要方面。

　　周作人在他的日本文化研究中，还一再强调："一个民族的代表可以有两种，一是政治军事方面的所谓英雄，一是艺文学术方面的贤哲"，"假如要找出这民族的代表来问问他们的悲欢苦乐，则还该到小胡同大杂院去找"，"我们要研究，理解，或谈日本的文化，其目的不外是想去找出日本民族代表的贤哲来，听听同为人类为东洋人的悲哀，却把那些英雄搁在一旁，无论这是怎样地可怨恨或轻蔑。"[77]我们已经说过，在日本军国主义者已经"兵临城下"的情况下，周作人要中国人民"把那些英雄搁在一旁"，不只是"天真"，而且是极端有害的。但是，周作人强调不能"把脚盆里的孩子连水一起泼了出去"[78]，不能因为憎恨暴力，反对日本军国主义而否认日本文化本身，而真正日本文化正是存在于"小胡同大杂院"中即普通日本人民的日常生活中。这确是一种真知灼见。在反日情绪高涨的情况下，坚持这类"不合时宜"的观点是需要勇气的。一方面是糊涂的"文化决定论"[79]，一方面又包含着若干清醒的理性精神的合理因素：这一时期周作人的"日本文化观"呈现出极其复杂的状态。

　　强调日本文化的独立价值，当然并不是抹煞日本文化所受中国文化的深刻影响（这本身也构成了日本文化的一种"个性"）。周作人从不否认，他们这一代人最初是怀着强烈的民族复古主义情绪（即所谓

"思古之幽情") 去看待日本文化的; 他们几乎是惊喜地在日本文化中
发现了在现代中国已经失去了的古代 "遗风"。后来周作人回忆说:
"我们在日本的感觉, 一半是异域, 一半却是古昔, 而这古昔乃是健
全地活在异域的, 所以不是梦幻似的空假。"[80]因此, 周作人一再地
声称, 日本 (特别是东京) 是他的第二故乡[81]; 尽管这种感觉含有
若干夸大其辞的成分, 但他对中日文化共同性的感受却是相当真实
的。可贵的是, 周作人主要是通过日本生活中多少保存中国古俗的特
点, 中日日常生活中的接近, 去把握这种文化的共同性的。他几乎是
怀着一种思乡的心情这样谈到日本的衣食住——

> 吾乡穷苦, 人民努力日吃三顿饭, 唯以腌菜臭豆腐螺蛳为
> 菜, 故不怕咸与臭, 亦不嗜油若命, 到日本去吃无论什么都不大
> 成问题。有些东西可以与故乡的什么相比, 有些又即是中国某处
> 的什么, 这样一想就很有意思。如味噌汁与干菜汤, 金山寺味噌
> 与豆板酱, 福神渍与酱咯哒, 牛蒡独活与芦笋, 盐鲑与勒鲞, 皆
> 相似的食物也。又如大德寺纳豆即咸豆豉, 泽庵渍即福建的黄土
> 萝卜, 蒟蒻即四川的黑豆腐, 刺身即广东的鱼生, 寿司即古昔的
> 鱼鲊, 其制法见于《齐民要术》, 此其间又含有文化交通的历史,
> 不但可吃, 也更可思索。[82]

正像周作人所说, "我尚能知故乡民间生活, 因此亦能于日本生
活中由其相似而得理会"[83]。周作人所谓的 "理会", 不仅是生活习
俗的表面把握, 而且是对蕴含其中的深层次的 "文化" 与 "美" 的
发现——

> 日本生活里的有些习俗我也喜欢, 如清洁, 有礼, 洒脱。……

洒脱不是粗暴无礼，他只是没有宗教与道学的伪善，没有从淫逸
发生出来的假正经。[84]

> 我常想，世间鞋类里边最美善的要算希腊古代的山大拉，闲
> 适的是日本下驮，经济的是中国南方的草鞋……凡此皆取其不隐
> 藏，不装饰，只是任其自然，却亦不至于不适用与不美观。[85]

不只如此，周作人在日本式的房屋与服饰里发现"适用""简易"
与"安闲"，"清疏有致"[86]，在日本的浮世绘所描绘的日本人民日常
生活情趣里，发现了"东洋人的悲哀"[87]，等等。

这里，日本文化是作为"东方文化"的典型来看待的；周作人曾
作了这样的概括：

> 我以为日本人古今不变的特性……一是现世思想，与中国
> 是共通的，二是美之爱好，这似乎是中国所缺乏。此二者大抵与
> 古希腊有点相近，不过力量自然要薄弱些，有人曾称日本为小希
> 腊，我觉得这倒不是谬奖。[88]

周作人强调日本文化与希腊文化的相近，正是表明，他所欣赏、
神往的，是人类文化起源状态的文化，是"更为简单，更为天然，更
是本能的"[89]，也即人性发展更健全的文化。这些特点，中国原始文
化中也曾经有过，但却是中国现实文化中所缺乏（或者说失落了）的。
因此，周作人一再地作这样的对比——

> 日本国民更多宗教情绪，而对于雷公多所狎侮，实在却更有
> 亲切之感。中国人重实际的功利，宗教心很稀薄，本来也是一种

特点，可是关于水火风雷都充满那些恐怖，所有记载与说明又都
那么惨酷刻薄，正是一种病态心理，即可见精神之不健全。[90]

　　支那集录古神话传说的史书在大与深的两点上或者比《古事记》
为优，但当作艺术论恐不能及《古事记》罢。为什么呢？因为它
感情不足，特别如上边所说的润泽的心情显然不足。[91]

　　人们发现，每谈及日本文化中的"人情之美"，周作人总是无法
掩饰自己的艳羡之情。这与周作人对人类原始文化传统的怀旧情绪自
然是联系在一起的。
　　但周作人在1940年底所写的《日本之再认识》里却宣布了对自
己的日本文化研究的一个"反省"：

　　如只于异中求同，而不去同中求异，只是主观的而不去客观
的考察，要想了解一民族的文化，这恐怕至少是徒劳的事。

他进一步解释说：

　　我们前者观察日本文化，往往取其与自己近似者加以鉴赏，
不知此特为日本文化中东洋共有之成分，本非其固有精神之所
在，今因其与自己近似，易于理解而遂取之，以为已了解得日本
文化之要点，此正是极大的幻觉，最易误人而误人者也。

由此，周作人的日本文化研究发生了重点的转移：

　　应当于日本文化中忽略其东洋民族共有之同，而寻求其日本

民族所独有之异，特别以中国民族所无或少有者为准。[92]

那么，在周作人看来 日中两民族文化的主要区别何在呢？他回答说：

> 我常觉得中国人民的感情与思想集中于鬼，日本则集中于神，故欲了解中国须得研究礼俗，了解日本须得研究宗教。[93]

而关于日本宗教，周作人又有如下分析：

> 日本的上层思想界容纳有中国的儒家与印度的佛教，近来又加上西洋的科学，然其民族的根本信仰还是本来的神道，这一直支配着全体国民的思想感情，上层思想界也包含在内。[94]

周作人还写有《关于祭神迎会》，对中日两国的宗教情绪作了详细对比，这是关于中日文化比较研究的一篇重要论文。周作人在文章中指出，"超理性的宗教情绪在日本特为旺盛，与中国殊异"，"日本宗教，求与神接近，以至灵气凭降，神人交融，而中国则务敬鬼神而远之，至少亦敬而不亲"，"中国民间对于鬼神的迷信，或者比日本要更多，且更离奇，但是其意义大都是世间的，这如结果终出于利害打算，则其所根据仍是理性"。周作人并且具体比较了祭神迎会的仪礼的不同："中国人民之于鬼神正以官长相待，供张迎送，尽其恭敬，终各别去，洒然无复关系"，"礼有余而情不足"；"日本国民富于宗教心，祭礼正是宗教仪式，而中国人是人间主义者，以为神亦是为人生而存在着，此二者之间上有不易渡越的壕堑"[95]。应该说，周作人上述研究是有现实针对性的：他试图用存在于日本国民中的宗教性狂热来解释日本侵略者猖獗一时的历史错误，仍然是重复"文化决定论"的谬误，但人们不难从字里行间看出周作人的一个"理想"：希望两国人民摆脱"宗教性的狂热"，用"科学理性精神"取代之。这在当时自然是一个幻想。而且周作人完全漠视作为被侵略一方的中国人民中的爱国主义情绪，这正是周作人走上背叛民族的歧途的重要原因。在进行中日文化比较研究中，如何正确地对待"爱国主义"这类"民族情绪"问题，是一个十分复杂，而又无法回避的问题；周作人在这方面既有正面的成功经验，又有反面的教训，对于后人都具有启示意义。

注释

［1］　参看（日）关敬吾：《民俗学》。

［2］［3］［4］　周作人：《苦口甘口·我的杂学》。

［5］　钟敬文：《钟敬文民间文学论集·下册·后记》。

［6］　周作人：《苦竹杂记·〈幼小者之声〉》。

［7］　据周作人（署名周启明）《一点回忆》（载 1962 年 10 月 15 日出版的《民间文学》1962 年第 6 期）说，1936 年在北平恢复了"歌谣整理会"。

［8］　周作人：《谈龙集·潮州畲歌集·序》。

［9］　周作人：《谈虎集·拜脚商兑》。

［10］　周作人：《看云集·拥护达生篇》。

［11］　周作人：《立春以前·十堂笔谈九·风土志》。

［12］［13］［14］［15］［16］［25］［31］　周作人：《谈虎集·乡村与道教思想》。

［17］　周作人：《治家格言》，载 1951 年 2 月 12 日《亦报》。

［18］　鲁迅：《而已集·小杂感》。

［19］［21］　周作人：《谈虎集·萨满教的礼教思想》。

［20］　称巫曰萨满，实出于印度语沙门，因易与佛教相混，故改用此二字语之。

［22］　周作人：《自己的园地·回丧与买水》。

［23］　周作人：《雨天的书·托尔斯泰的事情》。

［24］［30］　周作人：《谈虎集·清浦子爵之特殊理解》。

［26］　周作人：《谈虎集·读经之将来》。

［27］　周作人：《雨天的书·济南道中之三》。

［28］　周作人：《谈虎集·酒后主语·小引》。

［29］　鲁迅：《坟·杂忆》。

［32］　以上引文均见周作人：《瓜豆集·关于雷公》。

［33］〔34〕　周作人：《药堂语录·太上感应篇》。

［35］　周作人：《致鲍耀明书》。

［36］　据周作人《无生老母的信息》中解释，其教义大意是："无生老母是人类始祖，东土人民都是她的儿女，只因失乡迷路，流落在外，现在如能接收她的书信或答应她的呼唤，便可回转家乡，到老母身边去。"

［37］　周作人曾写过大量关于"鬼"的文章，对中国民间宗教思想中关于"死后的生活"的观念作过详尽的考察，他认为"人有什么不能满足的愿望，辄无意地投影于仪式或神话之上，正如表示在梦中一样"，因此，"鬼神"的"虚幻的迷信里也自有美与善的分子存在"，"有人心的机微存在"。世上不理解此，以为周作人动辄谈鬼，是对现实人生的逃避，这种南辕北辙的"误会"是可悲的。

［38］　周作人：《谈龙集·潮州畲歌集·序》。

［39］　此分析吸收了北京大学84级学生陈泳超的观点，详见本书附录《部分当代中国青年眼里的周作人》一文。

［40］　参看关敬吾：《民俗学》第4章。

［41］　周作人：《雨天的书·上下身》。

［42］　鲁迅：《且介亭杂文末编·"这也是生活……"》。

［43］　周作人：《雨天的书·生活之艺术》。

［44］　周作人：《看云集·苋菜梗》。

［45］　周作人：《雨天的书·喝茶》。

［46］　周作人：《甘蔗荸荠》，载1951年3月6日《亦报》。

［47］　周作人：《过去的工作·东昌坊故事》。

［48］　周作人：《药味集·上坟船》。

［49］〔50〕〔51〕〔52〕〔53〕　周作人：《雨天的书·生活之艺术》。

［54］〔55〕　周作人：《雨天的书·北京的茶食》。

［56］　周作人：《立春以前·立春以前》。

［57］　周作人：《儿童杂事诗·甲之七，扫墓一》。

［58］　周作人：《儿童杂事诗·甲之十三，端午》。

［59］　周作人：《儿童杂事诗·甲之二三，中元》。

［60］　周作人：《知堂乙酉文编·北京的风俗诗》。

［61］周作人：《苦雨斋序跋文·中国新年风俗志·序》。

［62］周作人：《谈龙集·海外民歌·译序》。

［63］周作人：《苦茶庵笑话选·徐文长的故事·说明》。

［64］周作人：《"小"五哥的故事·附记》，载《语丝》第 53 期（1925 年 11 月 16 日出版）。

［65］周作人：《谈龙集·猥亵的歌谣》。

［66］周作人：《谈龙集·谈目连戏》。

［67］［68］周作人：《木片集·喜剧的价值》。

［69］周作人：《木片集·关于目连戏》。

［70］周作人：《艺术与生活·人的文学》。

［71］周作人：《药味集·缘日》。

［72］刘半农：《潮州畲歌集·序》。

［73］周作人：《苦竹杂记·北大的支路》。

［74］［76］周作人：《谈虎集·日本与中国》。

［75］周作人：《谈龙集·个性的文学》。

［77］［78］周作人：《瓜豆集·谈日本文化书（其二）》。

［79］详见本书：《走向深渊之路》有关部分。

［80］［81］［83］［86］周作人：《苦竹杂记·日本的衣食住》。

［82］周作人：《苦竹杂记·日本的衣食住》。

［84］［85］［87］周作人：《瓜豆集·怀东京》。

［88］周作人：《苦茶随笔·日本管窥》。

［89］周作人：《苦口甘口·希腊之余光》。

［90］周作人：《瓜豆集·关于雷公》。

［91］这是周作人在《雨天的书·日本的人情美》里引用日本学者和辻哲郎在《古代日本文化》一书中的一段话。

［92］［94］周作人：《药味集·日本之再认识》。

［93］周作人：《苦口甘口·我的杂学（十四）》。

［95］周作人：《药堂杂文·关于祭神迎会》。

十、周作人的散文艺术

（一）

"五四"散文又称小品文，或小品散文，它的一个来源是英国的随笔。鲁迅翻译的厨川白村的《出了象牙之塔》一书里，曾作了这样的界说：

> 如果是冬天，便坐在暖炉旁边的安乐椅子上，倘在夏天，便披浴衣，啜苦茗，随随便便，和好友任心闲话，将这些话照样地移在纸上的东西，就是 Essay（随笔）。

这里所谈的显然不纯是文体的形式，即我们通常所说的"体裁"。它实际上是规定了"随笔"（小品散文）与特定的时代文化氛围、心理状态，特定的生活方式、生活情趣、人生哲学的内在联系，从而规定了这种文体的特定内容与风格。这是老友之间的"任心闲话"，它的文化、心理氛围必然是充分自由，自然放松的；这是心灵的沟通，精神的互补，"闲话"的双方必须绝对平等，互相尊重，以极其亲切的态度，讲述并倾听一切；这是个性的充分坦露，必须真诚，坦率，无所保留；这是智力的游戏，也是精神的散步，不但要求高层次的文化教养，而且必须以生活的优裕（至少要有"余裕"）、心境的闲适、洒

脱为前提。翻译家傅东华曾据此而作出了这样的概括："Familiaressay
这文体是商人的自由主义和文人的个人主义结婚的产儿，而小品文这
文体却是士大夫的真优裕和文人的假清高结合的产物。"[1]我们则想
补充一句：这文体也必然是思想自由、个性解放时代的产物。

因此，当周作人宣布他渴望"在江村小屋里，靠玻璃窗，烘着白
炭火钵，喝清茶，同友人谈闲话"，以为"那是极愉快的事"[2]时，
人们不仅感到了"士大夫的真优裕和文人的假清高结合"的传统名士
的"气味"，也感到了西方自由主义和个人主义"结婚的产儿"——
英国绅士的"气味"；人们更感受到了"五四"时代特有的自由、宽容、
宽松的气氛。这就是说，周作人以"生活之艺术"为中心的生活方式、
情趣与哲理，与小品散文的"体性"取得了高度和谐，与"五四"时
代气氛也取得了或一程度的和谐：这就是周作人必然地成为中国现代
散文小品的主要代表作家的最基本的原因。

（二）

提起周作人的散文，人们很自然地要联想起晚明公安、竟陵派的
散文。

看来，人们是夸大了这种联系。

不错，周作人曾经将晚明散文看作"五四"散文小品及五四新文
学的源流；这是因为在周作人看来，"小品文是文学发达的极致，它
的兴盛必须在王纲解纽的时代"，[3]而明末与"五四"时期正是这样
的时代：儒家的正统地位受到了怀疑与挑战，出现了各种文化、学派
互相交融的局面，从而使时代智慧水平达到了一个新的高度[4]。公
安、竟陵派的散文理论与创作实践，最引起周作人共鸣的是他们的"抒
性灵"及"立'真'字"，周作人将其概括为"真实的个性的表现"[5]，

这也正是周作人自己遵循的创作原则。这就是说，周作人的散文与明末公安、竟陵派散文之间存在着创作观念、创作精神上的共鸣与继承。但如果超越了这个范围，将"共鸣与继承"扩大到艺术风格的范围，就会产生对周作人散文的理解的失误。废名早就说过，周作人的散文"同公安诸人不是一个笔调"[6]，阿英也认为"周作人的小品与明人的小品，是发展的，而不是如他自己所说，是复兴的，因此，相仿佛的程度，也是有限的"[7]。这都是知人知文之论。

废名在强调周作人与公安派"笔调"不同时，发表了这样的意见："知堂先生没有那些文采，兴酣笔落的情形我想是没有的，而此都是公安及其他古今才士的特色。"[8]这正是提示我们：周作人在艺术思维与相应的语言表现形式上，都有着与"古今才士"不同的特色。按照我的理解，所谓"古今才士"所指的就是古今浪漫主义诗人或有着浪漫主义诗人气质的作家。

的确，在周作人的艺术思维中，很少有浪漫主义诗人思维中经常出现的飞跃、断裂、夸张、变形……他的思维更平、实，是散文式的。这里有一个有趣的对比：鲁迅的《野草》与周作人的《夏夜梦》，这两组散文都采用了（或大量采用了）"梦"的形式，并富有象征意味。但鲁迅《野草》里的想象是那样的大胆，奇特，造成了一个诡异、瑰丽的艺术世界；周作人的想象却过于平实，《夏夜梦》的"梦"的世界竟是现实世界的简单投影，失去了艺术的光彩。鲁迅的《野草》的思维显然是更接近诗的；周作人缺乏诗人的艺术思维能力，"梦"这类题材显然不是他驰骋才情的场所。

同样，在周作人的散文中，很少有诗人（特别是浪漫主义诗人）"兴酣笔落"的激情的喷发、奔泻，更没有浪漫主义诗歌中常见的繁复的形象、词藻、夸大的词语，由之而形成的"文采"，以及逼人的气势或震撼力。周作人一再申明："我到底不是情热的人"，"我的意见总是倾向着平凡这一面"，"凡过火的事物我都不以为好"，[9]"我平常写杂文，用语时时检点，忌用武断夸张的文句"。[10]他表示"不大喜欢李白，觉得他夸"，[11]甚至从根本上否认感情，断言"感情是野蛮人所有，理性则是文明的产物"[12]。在他看来，"做诗使心发热，写散文稍为保养精神之道"[13]，这样，周作人在根本气质上，就是排斥诗的[14]。

周作人曾清楚地表白自己的"头脑是散文的，唯物的"，而不是诗的[15]。显然，周作人的散文不属于诗人的散文，而另辟蹊径，我想把它叫做智者的散文。

有趣的是，周作人还宣布他对小说也是格格不入：

> 老实说，我是不大爱小说的，或者因为是不懂所以不爱，也未可知。我读小说大抵是当作文章去看，所以有些不大像小说的，随笔风的小说，我倒颇觉得有意思，其有结构有波澜的，仿佛是依照着美国版的小说作法而做出来的东西，反有点不耐烦看，似乎是安排下的西洋景来等我们去做呆鸟，看了欢喜得出神。[16]

这似乎说明，不仅周作人的生活方式、情趣、人生哲学与散文小品相契合，而且他的艺术思维方式与气质，也是散文的。那么，是不是可以说，散文小品是周作人终于找到的自己的艺术形式呢？大概是这样吧。

（三）

周作人在《雨天的书·自序二》里说：

　　　　我近来作文极慕平淡自然的境地，但是看古代或外国文学才
　　有此种作品，自己还梦想不到有能做的一天，因为这气质、境地
　　与年龄的关系，不可勉强。

　　这里谈到了"气质"、"境地"、"年龄"与文章风格的关系。"气质"
问题我们以后还会讨论，这里且说"年龄"、"境地"。

　　周作人写这篇自序是1925年底，正是四十一岁，已步入中
年；事实上，他这时已经酝酿（或开始）文风的某种转变。到了第
二年《艺术与生活·自序一》里，他又谈到了自己思想、心情的变
化："梦想家与传道者的气味渐渐地有点淡薄下去了"，紧接着便宣
布，从此不再写长篇，"想只作随笔了"。这说明，我们所要讨论的
属于周作人自己的"随笔"（散文小品），是周作人步入中年以后，
"转变方向"的产物。

　　周作人曾写有题为《中年》的文章，宣布"浪漫"的青年时代
结束，进入"中年"的"理智的时代"。文章特意指出："我们少年时
浪漫地崇拜许多英雄，到了中年再一回顾，那些旧日的英雄，无论是
道学家或超人志士，此时也都是老年中年了，差不多尽数地不是显出
泥脸便即露出羊脚，给我们一个不客气的幻灭。"正是由"英雄崇拜"
转向注重"凡人"，由感情的"热狂与虚华"转向"应用经验与理性
去观察人情与物理"，[17]才最终选择了"随笔"（小品散文）这种文
体。以后周作人在一篇文章里引用前人的著作说："少年爱绮丽，壮
年爱豪放，中年爱简炼，老年爱淡远"，认为可以此"论文与人"。[18]
正是简炼、淡远构成了周作人散文的基本特征。记得闻一多先生曾赞
扬冯至的《十四行诗》，称其为"中年的诗"，周作人也认为废名的小
说"是给中年人看的"[19]，那么，周作人的散文在中国现代散文史上，
可以当之无愧地称为"中年人的散文。"

（四）

进入"中年"及"中年之后"，这意味着理性浸透。周作人说，他的"理想"是达到颜之推《颜氏家训》的境界："理性通达，感情温厚，气象冲和，文词渊雅。"[20]

所谓"理性通达"，就是奉行中庸主义。这是周作人散文的"魂"：既是思想的追求，又是美学的原则。

人们读周作人的散文，很容易注意到他的"博识"。赵景深说："看了他的小品，仿佛看见一个博学的老前辈在那儿对你温煦的微笑"[21]；徐志摩也称颂周作人是个博学的人[22]；章锡琛折服于周作人"随手引证，左右逢源，但见解意境都是他自己的"，[23]郁达夫则强调周作人"博识"而不"卖智与衒学"；[24]周作人自己也以为好的散文应"以科学常识为本"[25]，"有知识与趣味的两重的统制"[26]。实际上，"博识"、"随手引证"以及"杂"之类只是外在的表现形态，它的内在实质是"看彻"一切之后思想的宽容与理性的通达。于是，就打破了"门户之见"的褊狭，人类一切创造，各派学说皆吸收之；打破了时空、物我的界限，"宇宙之大，苍蝇之微"，无不为友。行文之际，游心于千载万物，老庄韩孟，虫鱼神鬼，一起奔涌笔端。这就进入了"神人合一，物我无间"的"入神忘我"的境界[27]：这恰是周作人散文魅力之所在。

周作人散文所创造的神人合一、物我无间的境界，不是一个纯理智的世界，而包含了情与理的渗透与统一；借用朱光潜对陶渊明的评价，是"理智渗透情感所生的智慧"[28]。周作人的"通达"，不仅是思想的兼容并包，更表现为对人情物理的精微处，自能有独到的体察与理解。这由理解而产生的人情味，有一种蕴藉、温厚的风致，充满了难以言传的"慈爱"。[29]周作人曾用"多憎而少爱"来说明鲁迅文

体的特色[30]，且不论这一评价是否确切，周作人自己的散文确实是
"多爱而少憎"的。如果说鲁迅要唤起人们神圣的"憎"，"敢说，敢笑，
敢骂，敢打，在这可诅咒的地方击退了可诅咒的时代"[31]；那么周
作人就要用"爱"来泯灭一切，沟通一切。因此，周作人十分重视文
章"温和"的调子。他说自己"有时候很想找一点温和的读，正如一
个人喜欢在树荫下闲坐，虽然晒太阳也是一件快事"[32]。他并且批评
毛西河的文章"说话总有一种'英气'"，以为"这很害事，原是很有
理的一件事，这样地说便有棱角"，"大有刀笔气息"[33]。何其芳说他
读鲁迅、周作人的散文，"总有不同的感觉。一个使你兴奋起来，一
个使你沉静下去。一个使你像晒着太阳，一个使你像闲坐在树荫下。
一个沉郁地解剖着黑暗，却能给你以希望和勇气，想做事情，一个
安静地谈说着人生或其他，却反而使你想离开人生，去闭起眼睛来
做梦。"[34]应该说，何其芳的感受，相当准确地抓住了鲁迅、周作人
散文的不同"境界"。

（五）

周作人在他所创造的散文艺术世界里，以宇宙万物、异邦、古人
为友，显示了他胸襟的通达与博大；但在更深层次上，却又表现了他
内心的寂寞。

周作人曾多次引用日本作家有岛武郎的话："我因为寂寞，所以
创作"，"我因为欲爱，所以创作。"[35]。

周作人承认，他之所以写作，创造一个散文艺术世界，是为难忍
的寂寞感所驱使——

　　　我因寂寞，在文学上寻求慰安，夹杂读书，胡乱作文，我平

常喜欢寻求友人谈话，现在也就寻求想象的友人，请他们听我的无聊赖的闲谈。我已明知我过去的蔷薇色的梦都是虚幻，但我还在寻求——这是生人的弱点——想象的友人，能够理解庸人之心的读者。[36]

人是喜群的，但他往往在人群中感到不可堪的寂寞，有如在庙会时挤在潮水般的人丛里，特别像是一片树叶，与一切绝缘而孤立着，盖写文章即是不甘寂寞，无论怎样写得难懂，意识里也总期待有第二人读，这恐怕是文艺的一点效力，他只是结点缘罢了。[37]

周作人正是在现实生活中强烈地感到"与一切绝缘而孤立着"，因此，他才渴望打破时空界限，在千载前的古人、万里外的异土寻找"想象的友人"，企求与未见面的读者"结缘"。这用心是苦的。

对于周作人来说，每写一篇文章，都是在与读者进行"心灵的对话"。这就形成了他的散文所特有的"闲话风"："不把文章当作符咒或皮黄看，却只算做写在纸上的说话，话里头有意思，而语句又传达得出来"。[38]不沾滞于功利，一切出于自然流露，随意抒写，不加造作，"不费气力，不落蹊径"，"说得又有诚意又有风趣，读下去使人总有所得，而所说的大抵不是什么经天纬地的大道理"，所谓"简单的文句里实具有博大的精神"，读者读其文，听其言，又"窥见其性情之微，转足以想见其为人"[39]，毫不经意之间竟成"神交"。谈话中又有一种平等、亲切的态度，常用委婉商量的口吻，"亦未可知"、"亦未见得"之类不确定的语句，尽量避免"强加于人"的逼人锋芒。但敏感的读者却仍然能从谦和、诚挚里感觉到一种不露痕迹的优越感——那是一种不可否认的思想差距在周作人与读者心理上的反应；

这从一个方面说是"大傲若谦",从另一方面看,则又在贵族风度中蕴含着"超前者"的寂寞感。

何况,周作人又时时地怀疑于这一切——

> 我觉得人之互相理解是至难——即使不是不可能的事,而表现自己之真实的感情思想也是同样地难。我们说话作文,听别人的话,读别人的文,以为互相理解了,这是一个聊以自娱的如意的好梦,好到连自己觉到了的时候也还不肯立即承认,知道是梦了却还想在梦境中多流连一刻。[40]

> 就是平常谈话,也常觉得自己有些话是虚空的,不与心情切实相应,说出时便即知道,感到一种恶心的寂寞,好像是嘴里尝到了肥皂……[41]

于是,周作人仍然不能排遣自己内心的孤独与寂苦。

(六)

周作人曾不胜感慨地说:"拙文貌似闲适,往往误人,唯一二旧友知其苦味,废名昔日文中曾约略说及,近见日本友人议论拙文,谓有时读之颇感苦闷,鄙人甚感其言。"[42]正像人们已经注意到的那样,周作人不断地以"苦"字提醒世人:署名"苦雨翁",以《苦竹杂记》、《苦口甘口》为书名,连自己的住所也唤作"苦雨斋",这在一味追求"含蓄"的周作人是反常的,足见其用心之"苦"。

但我们也不可过分老实地看待周作人的这些表白。如果周作人的情感世界真的只有一个"苦"字,那不是太单一、太贫乏了吗?

周作人曾一再引用《诗经》中《风雨》三章,表示"特别爱其意境";[43]这倒是值得注意的。"风雨凄凄"以至"如晦",周作人说,"这自然是无聊苦寂,或积忧成病";但他更要我们注意紧接着的"既见君子,云胡不喜"两句:"不佞故人不多,又各忙碌,相见的时候颇少,但是书册上的故人则又殊不少,此随时可晤对也","翻开书画,得听一夕的话,已大可喜,若再写下来,自然更妙,……不失为消遣之一法。"[44]尽管"风雨如晦",却"云胡不喜",这正是"苦中作乐",在现世苦难中寻求自我解脱,周作人散文中的"闲适"趣味的真"味"即在于此[45]。

（七）

这真"味",不是一副单方,而是一剂复药:这是能够启示我们去理解与把握周作人这样的大作家内心世界的辩证法的。

我们已经论及的周作人的气质何尝不是如此。不错,周作人是平和的,少情热的。但是,周作人还有这样的自述——

> 我的浙东人的气质终于没有脱去……像我这样褊急的脾气的人,生在中国这个时代,实在难望能够从容镇静地做出平和冲淡的文章来……[46]

> 我的神经衰弱,易于激动,病后更甚,对于略略重大的问题,稍加思索,便很烦躁起来,几乎是发热状态,因此平常十分留心免避。[47]

> 我是极少热狂的人,但同时也颇缺少冷静。这大约因为神经衰弱的缘故,一遇见什么刺激,便心思纷乱,不能思索,更不必

说要写东西了。[48]

原来周作人其人其文都有并不平和的一面：他早期有充满"浮躁凌厉之气"之作，可以为证；他后期时时标榜闲适，其潜在动因之一就是内心深处并不平静，即所谓"有闲而（心）无暇"。并且有时也会冒出"极辛辣的，有掐臂见血的痛感"[49]的"神来之笔"。用周作人自己的话来说，这是"喜欢弄一点过激的思想，拨草寻蛇地去向道学家寻事"，但"只是到'要被火烤了'为止"[50]——仍然是"游戏态度"[51]，不过换了花样而已。

无视或夸大周作人"并不平和"这一面，都得不到真实的周作人。

（八）

"趣味"在周作人的散文世界里占据了特殊的地位。在周作人看来，人生，写作，无不是一种"消遣"，通俗点说，就是"好玩"；那"趣味"就是必不可少的。周作人说："我很看重趣味，以为这是美也是善"，"平常没有人对于生活不取有一种特殊的态度，或淡泊若不经意，或琐琐多所取舍，虽其趋向不同，却各自成为一种趣味"[52]。因此，在周作人这里，"趣味"是一种人生态度与审美情趣的统一，是人生价值评定与审美追求的统一，是为人的风格与作文的风格的统一。周作人在总结小品文的创作经验时，强调小品文必须"有知识与趣味的两重的统制"[53]，正是把"趣味"作为小品文（随笔）的"必要的""基本"[54]特质看待的。

而且，周作人追求着"趣味"的丰富性；他说："所谓趣味里包含着好些东西，如雅，拙，朴，涩，重厚，清朗，通达，中庸，有别择等。"[55]在多种趣味的追求中，又存在着一个中心点，即雅与谐的统一。周作人曾经说到日本俳文的三种境界："一是高远清雅的俳境，二是谐谑讽刺，三是介在这中间的蕴藉而诙诡的趣味。"[56]而他自己显然是更倾心于融"雅趣"与"谐趣"为一体的第三种境界的。

所谓"雅"，周作人有自己的解释："这只是说自然，大方的风度，并不要禁忌什么字句，或者装出乡绅的架子。"[57]所谓"自然，大方"，实际上就是讲究"适度"；因此，当周作人将"雅"具体化时，就必然归结为"明净的感情与清澈的智理"的"调合"[58]，这也就是体现了"中和之美"的"乐而不淫，哀而不伤"的中国文化传统。周作人的"雅趣"是打上了浓重的士大夫文人印记的。

很多人都注意到了周作人趣味中的贵族气息，但周作人还有为人们忽略了的另一面。请看周作人的一番议论——

> 王阮亭评《梦粱录》，亦谓其文不雅驯，不知其可贵重即在不雅驯处，盖民间生活本来不会如文人学士所期望的那么风雅，其不能中意自是难怪，而如实的记叙下来，却又可以别有雅趣，但此则又为他们所不及知者耳[59]。

这种平民趣味、民间趣味，即所谓与"雅驯"相对立的"俗趣"，亦是属于周作人的。其实，周作人早就说过，他是居住在"十字街头的塔"里的人："我虽不能称为道地的'街之子'，但总是与街有缘"；但又不肯"跟着街头的群众去瞎撞胡混"，就在街头建起自己的"塔"来[60]。周作人出入、徘徊于绅士贵族与平民流氓之间的两栖性，他所受的文人文化传统与民间文化传统影响的双重性，决定了周作人的趣味必然是集"雅趣"与"俗趣"于一身。

在"俗趣"中，周作人注重于"谐趣"（即所谓"滑稽趣味"），这也是构成周作人的特点的。在周作人的心目中，存在于中国民间传统中的"滑稽趣味"是"辛辣而仍有点蜜味的";[61]并且表现着"作者的性情与气象,海阔天空,天真烂漫","是近乎天籁的好文章"[62]。尽管有些人不屑一顾,但它在美学上自有一种特殊的效果;周作人曾这样论及具有"滑稽趣味"的"打油诗":它"论理应当为文坛所不齿,……其实据我看来却是最有力,至少读过了在心上搁下一点什么东西,未必叫他立刻痛哭流涕,却叫他要想。拍桌跳骂,力竭声嘶,这本是很痛快的,但痛快就是满足,有如暑天发闷痧,背上乱扭一番,无论扭出一个王八或是八卦,病就轻松。闷着的时候最是难过,而悲惨事的滑稽写法正是要使人闷使人难过。假如文章的力量在于煽动,那么我觉得这种东西是颇有力量的吧"[63]。在普通人民的插科打诨的"滑稽趣味"里发现了一种使人沉重与深思的内在力量,这表现了周作人(及其同代人)对于民间艺术及趣味的深刻理解,而且表现了这一代美学追求中所特具的辩证性质。

(九)

周作人对散文小品的文体亦有精心的追求。和他的散文特殊的"闲话风"相适应,周作人对散文小品中的"尺牍体"有过专门的考察与多种试验。周作人说:"尺牍向来不列入文章之内,虽然'书'是在内,所以一个人的尺牍常比'书'要写得好,因为这是随意抒写,不加造作,也没有畴范,一切都是自然流露";他接着又说:"自欧、苏以后尺牍有专本,也可以收入文集了,于是这也成为文章,写尺牍的人虽不把他与'书'混同,却也换了方法去写,结果成了一种新式古文。"[64]周作人给自己规定的任务是双重的:既要为尺牍争取在"文章"(即散文)中应有的地位,又要保持尺牍"随意抒写"、"自然流露"的本性。周作人认为,尺牍之所以是"文学中特别有趣的东西",是

因为它"只是写给第二个人"，可以避免"做给第三者看的"诗文小说
戏剧之类难免的"做作"，[65]可以"更鲜明的表出作者的个性。"[66]周
作人在《关于尺牍》中，曾给李卓吾、郑板桥的尺牍以很高评价：尽
管前者"长篇大页的发议论"，"几乎都是书而非札"，后者"古怪爽
利"，过于"特别"，但因为它们真实地表现了非他人所能有的卓然独
立的个性，"又写得那么自然，别无古文气味"，周作人仍然把它们视
为"尺牍的一种新体"，同时指出，这都是不可模仿的，如果无此才
情、性格，刻意求之，文情不合，"便容易有做作的毛病了"[67]。周
作人自己，是自觉地以"尺牍"作为散文小品之一体的，曾集有《周
作人书信》一书，晚年又有《周作人晚年手札一百封》与《周曹通信集》。
在这些"尺牍体"散文中，是更容易见周作人的"真性情"的。周作
人的一部分尺牍，收信人就是周作人自己[68]，实际上是在进行自我
心灵的对话，这也可以算作是"尺牍体"散文的一种"创体"吧。

　　周作人早年即喜读杂书，从30年代开始，又有计划地阅读了大量
前人笔记，尤其是晚明与清代笔记，写了不少读书笔记、札记一类的
文章。如何看待周作人这一类散文，历来有不同意见。较有代表性的
看法是"专抄古书，不发表意见"，无异于"文抄公"。周作人对此类
议论颇感不公，曾作自我辩解，说他的意图是"想在中国提倡"英法
两国式的随笔，"性质较为多样"。[69]验之于周作人的实践，这是大体
可信的：他写"笔记"的笔记，广为介绍，确实是试验在"性质较为
多样"的"随笔"中创造出一种"新体"，即"笔记体的散文"。他说：
"从前的看笔记可以谓是从小说引申，现在是仿佛从尺牍推广"，"我把
看尺牍题跋的眼光移了去看笔记，多少难免有龃龉不相入处，但也未
始不是一种看法，不过结果要把好些笔记的既定价值颠倒错乱一下罢
了"[70]。所谓"看尺牍眼光"即是不仅把原作者的"笔记"，而且把
自己写的"读笔记的笔记"都看作是个性的自由、随意的抒写。这里

的关键自然是对"笔记"的选择：由于选择的标准带有极强的主观性，所选出来的"笔记"自然就打上了作者"自我"的鲜明印记；周作人说他大量阅读中能够入选的书却很少[71]，实际是与自己性情相合者寥寥，这里自然免不了有几分寂寞感。反过来，一旦入选，就无一不如周作人似的，思想宽大，见识明达，趣味渊雅，懂得人情物理。因此，读周作人这类"笔记体"散文，就像是参加一次三人促膝对话：古人（原作者），今人（读者），以及周作人，彼此进行着心的交流，知古通今，超越其上的历史、现实合为一体，最后都"统一"到周作人"自己"那里去。这类"自我"外化物的"笔记体散文"实际上是最充分地体现了周作人散文的"自我表现"本质的。

注释

[1] 傅东华：《为小品文祝福》，收入《我与文学》。

[2] 周作人：《雨天的书·自序一》。

[3] 周作人：《看云集·冰雪小品选·序》。

[4] 明末这种交融限于中国传统文化体系内部各学派之间，"五四"时期出现了东、西方两种文化体系的交融。

[5] 周作人：《永日集·杂拌儿·跋》。

[6] [8] 废名：《关于派别》，载 1935 年 4 月《人间世》第 26 期。

[7] 阿英：《现代六十家小品·周作人小品序》。

[9] 周作人：《谈虎集·后记》。

[10] 周作人：《苦茶随笔·杨柳》。

[11] 周作人：《苦竹杂记·〈醉余随笔〉》。

[12] 周作人：《谈虎集·剪发之一考察》。

[13] 周作人致废名书（1931 年 7 月 30 日）。

[14] 郁达夫一再说，"周作人头脑比鲁迅冷静，行动比鲁迅夷犹"（《中国新文学大系散文二集·导言》），废名也说："我们常不免是抒情的，知堂先生总是合礼……十年以来，他写给我辈的信札，从未有一句教训的调子，未有一句情热的话"

（《知堂先生》）。

[15]　周作人：《永日集·桃园·跋》。

[16]　周作人：《立春以前·明治文学之追忆》。

[17]　周作人：《看云集·中年》。

[18]　周作人：《苦竹杂记.〈柿子的种子〉》。

[19]　周作人：《书房一角·看书余记·三三，桥》。

[20]　周作人：《立春以前·文坛之外》。

[21]　[22]　[23]　转引自孙席珍：《论现代中国散文》。

[24]　郁达夫：《中国新文学大系·散文二集·导言》。

[25]　周作人：《苦雨斋序跋文·杂拌儿之二·序》。

[26]　周作人：《永日集·燕知草·跋》。

[27]　周作人：《艺术与生活·圣书与中国文学》。

[28]　朱光潜：《陶渊明》。

[29]　周作人：《永日集·桃园·跋》。

[30]　转引自曹聚仁：《鲁迅先生》（收《鲁迅先生纪念集》）。

[31]　鲁迅：《华盖集·忽然想到·五》。

[32]　周作人：《谈龙集·竹林的故事·序》。

[33]　周作人：《风雨谈·毛氏说〈诗〉》。

[34]　何其芳：《两种不同的道路》。

[35]　周作人：《谈龙集·有岛武郎》。

[36]　周作人：《自己的园地·旧序》。

[37]　周作人：《瓜豆集·结缘豆》。

[38]　[39]　周作人：《药味集·春在堂杂文》。

[40]　周作人：《雨天的书·沉默》。

[41]　周作人：《雨天的书·济南道中之三》。

[42]　周作人：《药味集·序》。

[43]　[44]　周作人：《风雨谈·小引》。

[45]　参看本书《两大文化撞击中的选择与归宿》第二部分的有关分析。

[46]　周作人：《雨天的书·自序二》。

[47]　周作人：《雨天的书·山中杂信》。

[48]　周作人：《泽泻集·关于三月十八日的死者》。

[49]　周作人：《往昔·修禊·说明》。

[50]　[51]　周作人：《雨天的书·与友人论性道德书》。

［52］　周作人：《苦竹杂记·笠翁与随园》。

［53］　周作人：《永日集·燕知草·跋》。

［54］　周作人：《药堂语录·耳食录》。

［55］　周作人：《苦竹杂记·笠翁与随园》。

［56］　周作人：《药味集·谈俳文》。

［57］　周作人：《永日集·燕知草·跋》。

［58］　周作人：《苦雨斋序跋集·杂拌儿之二·序》。

［59］　周作人：《药堂语录·如梦录》。

［60］　周作人：《雨天的书·十字街头的塔》。

［61］　周作人：《知堂乙酉文编·北京的风俗诗》。

［62］　周作人：《立春以前·笑赞》。

［63］　周作人：《秉烛后谈·水田居存诗》。

［64］　周作人：《夜读钞·五老小简》。

［65］　周作人：《雨天的书·日记与尺牍》。

［66］　周作人仍然有所保留：他说“自己的真相仿佛在心中隐约觉到，但要他写下来，
　　　　即使想定是秘密的文字，总不免有做作——这并非故意如此，实是修养不足的
　　　　缘故”（《日记与尺牍》）。

［67］　周作人：《瓜豆集·关于尺牍》。

［68］　如《养猪》的持光、《乌篷船》的子荣都是周作人的笔名。

［69］　周作人：《周曹通信集》甲（五十五）。

［70］　周作人：《秉烛谈·谈笔记》。

［71］　周作人在《一蒉轩笔记·序》里说：“丁丑秋冬间翻阅古文笔记消遣，一总看了
　　　　清代的六十二部，共六百六十二卷。……看过中意的篇名，计六百五十八则，
　　　　分配起来一卷不及一条，有好些书其实是全部不中选的。”

十一、周作人的文艺批评

　　周作人在他的文艺批评旗帜上写着两行大字："自由——宽容"，"个性——表现自己"。这使他成为"五四"时期最有影响的批评家之一，直到30年代，著名的左翼批评家阿英还充分地肯定他的批评活动"确立了中国新文艺批评的础石"[1]。但也正是这两面理论旗帜，从一开始就引来了责难、非议，而以后批评（以至批判）逐步升级，周作人在中国现代批评史上的历史地位也受到了怀疑与否定。在中国现代批评史上，恐怕还没有一位批评家享有周作人这样的殊遇。他的文艺批评理论与实践，也因此获得了一种文学史的研究价值：不仅理论、实践本身，而且对其历史评价所发生的变化，都从一个特定的角度反映了中国现代文学批评史的某些历史特点与规律。

（一）

　　"五四"时代的批评家群体是奠基者、开拓者的一代，历史赋予他们的使命是用自己的批评活动为新文学的发展开路，充当历史的"清道夫"，[2] 同时在这一过程中逐步确立现代批评的独立品格与独立地位。周作人之所以成为五四批评家群体中最有影响的代表之一，就是因为他的批评理论与实践比较自觉、也比较充分地体现与满足了这一历史要求。

　　首先，周作人从上述历史要求出发，对"批评的自由与宽容"原则作出了独特的阐释，使其具有鲜明的"五四"时代特色："当自己求自由发展时，对于迫压的势力，不应取忍受的态度；当自己成了已成势力之后，对于他人的自由发展，不可不取宽容的态度"，"所谓宽容乃是说已成势力对于新兴流派的态度。"[3] 在这里，周作人的"自由、宽容"观显然有着"除旧布新"的鲜明倾向性；"已成势力"即在文坛上占据统治地位的封建旧文艺不仅"不在宽容之列"，而且任务恰恰是要从旧文艺的统治下争取"新兴流派"即新文艺的生存发展权利，"自由"、"宽容"的环境就是一个最基本的必要条件。这样，周作人批评旗帜中的"自由、宽容"原则就具有了反对封建专制主义的战斗品格，同时，也是对中国"委曲求全""于已成之局"，"求全责备""于初兴之事"[4] 的传统文化心理的一个历史的反拨。

　　周作人由此出发，自觉地把握了"重新估定一切价值"的五四新文化的精神，从对封建旧文艺的批判，开始了他的文学批评活动。他连续写了《论黑幕》、《再论黑幕》，尖锐地指出，所谓"黑幕小说"实质上是"中国国民性社会情状变态心理"的反映，毫无"文学上的价值"。[5] 他又首先明确地把泛滥于洋场、表现"现代的恶趣味——污败一切的玩世与纵欲的人生观"[6] 的作品，称之为"鸳鸯蝴蝶体小说"[7]，并一再地给予有力抨击。对黑幕小说、鸳鸯蝴蝶派小说的批判，是五四新文学批评确立自己历史地位的很关键的两次大战斗，周作人都起了先锋作用，其所向披靡的战斗风貌，至今仍然令人神往。但真正确立周作人在现代批评史上奠基者之一的历史地位的，还是他在旧营垒的一片反对声中，正面肯定新文艺成就的评论文章。正是周作人第一个对郁达夫的小说《沉沦》里骇世惊俗的性苦闷的描写作出了科学的分析，指出作者所表现的实质"是青年的现代的苦闷"；文章反复强调"《沉沦》是一件艺术的作品"，反对封建文人"凭了（旧）道德的名来批判（新）文艺"[8]。周作人另一篇评论汪静之的诗集《蕙的风》的文章，对那些攻击汪静之的情诗"有不道德的嫌疑"的腐朽之论痛加驳斥，并且预言"恃了传统的威势去压迫异端的文艺，当时可以暂占优势，但在后世看去往往只是自己的'献丑'"[9]。当现代文学的经典《阿Q正传》刚刚发表时，京城的大小官僚一片惶恐，又是周作人首先对《阿Q正传》深含的思想意义、艺术风格与渊源作出了深入中肯的分析。[10]周作人的这些评论不仅具有强有力的战斗威慑力，而且显示出批评家对于作品内在价值的深刻理解与科学把握，使作家不由产生"深得我心"之感。郁达夫甚至在他的《达夫代表作》扉页上特地写道："此书是献给周作人先生的，因为他是对我的幼稚的作品表示好意的中国第一个批评家。"鲁迅也认为周作人的《〈阿Q正传〉》所说的与他的本意相差不远。正是周作人这样的批评家对待创作的"深知"使中国现代批评获得了独立于创作之外的价值，得到了社会与文艺界的承认。正如阿英所说，周作人的《〈沉沦〉》、《情诗》（我觉得还应加上《〈阿Q正传〉》）也因此而成为中国新文学批评史上的"重要的文献"[11]。

（二）

但周作人并不满足于打破封建旧文艺的垄断地位，他的思虑更为深远。在新文艺取代旧文艺已经成为确定无疑的历史事实以后，他向转化为"已成势力"的新文艺作家们提出了"谁能宽容"的问题。他一再地说，"我所觉得成为问题而且觉得殊无把握的乃是我们对于反叛的青年有没有宽容的度量"，"深恐仍只能知道要求宽容而不能施予宽容"，"这是我时时深自戒惧的"[12]。问题不在于以后的历史发展证明了周作人的"戒惧"并非杞人忧天，也许更应该引起我们注意的是，周作人实际上已经提出了一个十分重要的思想："自由"与"宽容"并不是出于反对封建文艺的"一时之需"，"权宜之计"；文学艺术的客观规律决定了"自由"与"宽容"是"文艺发达的必要条件"。[13]周作人正是这样提出与论证问题的；他强调，"文艺的生命是自由不是平等，是分离不是合并"[14]。文学艺术从根底上是要求个性、独创性的，它天然地具有"排他性"，既不能定于一尊，也不能"以多数决的方法来下文艺的判决"，[15]在"统一""平等"、"服从多数"的旗帜下抹煞创作个性，对文艺发展的损害是致命的。所谓批评的"自由"、"宽容"就是明确批评的职责，仅仅在于向读者提供一种分析，而不是"法理的判决"。批评家没有任何权利以个人的意见去"统一"文坛，"规范"作家的创作，更不用说决定作家作品的命运了。这是从文学艺术的健全发展方面对批评提出的基本要求。周作人又进一步指出，作为批评尺度的文学艺术观念自身的发展，也是一个"过程"，而不可能有什么"极顶"；[16]这就是说，批评家自身对于文学艺术的认识，必然受到一定时代人们对文学艺术规律的把握所能达到的水平的制约，也受着批评者自身主观条件的制约，因而是有局限性的。因此，批评家必须极其清醒、明智地认识到自己的意见，哪怕是正确的意见，也仅仅具有相对的真理性，"绝没有什么能够压服人的权威"。[17]周作人总结中外批评史的经验，指出：文学史上许多批评流派，"原也自成一家言，有相当的价值，到得后来，却正如凡有的统一派一般，不免有许多流弊了"[18]，以至"每逢文艺上的一种新派起来的时候，必定有许多人——自己是前一次革命成功的英雄，拿了批评上的许多大道理，来堵塞新潮流的进行"；原来很有生气的批评流派走到了反面，蜕变为保守的力量，而形成了批评自身的危机。周作人由此而得出结论：批评家"过于尊信自己的流别，以为是唯一的'道'，至于蔑视别派为异端，……与文艺的本性实在很相违背了"[19]。

周作人的这一思想，具有极大的理论与实践意义：它尖锐地提出，批评要成为真正自由、宽容的批评，必须对批评家的思维方式进行根本的改造，确认对于真理的认识与把握，绝非只有一条途径，一种方法，也绝非只有一个结论，相反，应该并且必然是"条条大道通罗马"的。

　　周作人指出，"主张自己判断的权利，而不承认他人中的自我，为一切不宽容的原因"，[20]这种独断论，在具有封建文化专制主义传统的中国尤其根深蒂固，在周作人看来，几乎形成了国民性的一个根本弱点，对于某一种观念（学说、流派……）的崇信，常常发展到绝对排斥异端的"专制的狂信"，是"东方文化"中"最大的毒害"之一。历史上，"卫道者之烧书毁像，革命党之毁王朝旧迹"，绝不能容忍异己者存在的"怨恨"，"往往酿成艺术的大残毁"[21]。周作人认为，这些"热狂虽然也情有可原，但总是人类还未进步的证据"[22]。因此，对于"专制的狂信"在现实生活中的一切表现，周作人有着高度的警惕与敏感。他发现年轻一代最激烈的言词背后正隐藏着封建独断论的古老鬼魂，因而发出了防止"父亲禁马克思，儿子禁泰戈尔"的警告[23]。正像鲁迅所说，一切新思潮落入中国传统的"大染缸"，都会改变颜色；一部分青年以"只许州官放火，不许百姓点灯"的封建独断论来理解"个性的自由发展"，实在是一个可怕的历史误会。因此，周作人一再强调，所谓"个性的自由发展"必然包括两个方面：要争取自由发表自己的意见、发展自己个性的充分权利，又要尊重、容忍、保证别人自由发表意见、发展个性的权利，任何用自己的自由与个性去压制别人的自由与个性的企图，都是对自由、宽容原则的根本背离。具体到文学批评上，他提出了"自己要说话"，又"不要裁判别人"[24]，"我们反对别人，不妨把他当作敌人，但没有权利自居于官军而以别人为匪"[25]，"各人在文艺上不妨各有他的一种主张，但是，同时不可不有宽阔的心胸与理解的精神去赏鉴一切的作品"[26]等重要原则。

　　应该说，周作人从文学艺术与批评自身发展规律出发，对于"批评自由与宽容"原则的深刻阐述，不仅是周作人批评理论中最有价值的部分，而且是"五四"思想解放运动与文学革命的可贵成果，[27]表示着现代文学批评观念所达到的一个历史水平，一个重要阶段，对于我们今天发展科学的文艺批评，无疑有着重要的借鉴作用。可是，我们长期以来却不加分析地将周作人上述理论一律贬之为"资产阶级的自由论"，实质上是把"批评自由"的理论旗帜自愿奉送给了资产阶级，这不仅在理论上是幼稚与荒谬的，而且在实践上造成了严重后果，这是人们有目共睹的。现在是从所付出的昂贵"学费"中获取真正的教益的时候了。

　　当然，周作人的"批评自由论"中，包含了若干资产阶级的阶级偏见，这也是一个不可否认的事实。但偏见绝不是表现在上述他从文学艺术、批评发展规律出发提出的自由原则本身，而恰恰表现在他这一原则的自觉、不自觉的背离上。周作人曾一再表示反对文学的阶级功利主义，以为这必然导致"文艺的自由与生命"的"丧失"[28]；正如鲁迅所说，"生在有阶级的社会里而要做超阶级的作家"，这不过是"一个心造的幻影"[29]，其在现实中不断碰壁乃是必然的。在开始时期，周作人还能够对主张阶级功利主义的左翼文学表示或一程度的"宽容"，声称"社会问题以至阶级意识，都可以放进文艺里去"[30]；随着无产阶级文学运动的日益发展壮大，周作人出于本能的疑惧，就把批判锋芒越来越指向左翼文坛，骂其为"咒语"[31]，视其为文艺"自由"的大敌，一点儿也不"宽容"了。在左翼作家"还在受封建的资本主义社会的法律的压迫、禁锢、杀戮"，"左翼刊物全被摧残"[32]的情况下，周作人不向国民党法西斯统治者要自由，而打着"自由"旗帜向着左翼文坛大加挞伐，正是对他自己所宣扬的"批评自由"原则的根本践踏与否定。这恰好从反面说明了，要真正坚持"文学批评的自由"原则，就必须彻底抛弃资产阶级的阶级偏见。另一方面，也应该看到，周作人对左翼文坛的"批评"，是从另一个阶级立场、另一个观察点、观察角度提出问题的，尽管有明显的阶级偏见，但确也在歪曲、诋毁中混杂着某些合理因素，即所谓"歪打正着"。无产阶级文学在自己的前进过程中，也需要不断地从异己阶级那里听取"警告"——仅止于听取，不是照办，要从中得出自己的结论；但拒绝听取，以示自己的"纯洁"与"正确"，则是一种幼稚的表现。在这个意义上，周作人批评理论与实践中，一些表现了资产阶级偏见的东西，也是有特定价值的。

（三）

批评个性的问题的提出，以及提倡主观的鉴赏的印象的批评，是周作人对中国现代批评史上又一个重要贡献。

"五四"时期第一代批评家们在开始着手建立中国现代批评时，是自觉地意识到自己的"反传统"立场的。茅盾在他的《"文学批评"管见一》里，说得再明白不过："中国一向没有正式的什么文学批评论；有几部古书如《诗品》、《文心雕龙》之类，其实不是文学批评论，只是诗赋、词赞……等等文体的主观的定义罢了。所以我们现在讲文学批评，无非是把西洋人的学说搬过来，向民众宣传。"这种"反传统"的立场，甚至决定着对西方文艺批评理论的选择与介绍。中国的传统批评比较着重于主观的感悟印象，是一种"点悟"式的"批评的文学"；而"五四"第一代批评家的历史任务恰恰是要确立现代批评的独立品格，建立"文学的批评"，因此，他们首先引入西方理性主义的实证批评，是十分自然的。这种批评的特点是以一个学者的客观冷静态度，运用科学分析的方法，对作家、作品的思想、艺术价值作客观的逻辑的判断与证明。这种理性主义的实证批评，又是与强调文学是现实生活的反映，作家是社会、民众的代言人等文学观念联系在一起的。因此，它很快就在现代批评史上取得了主流地位。以后进一步发展成为马克思主义的社会学批评，是完全顺理成章的。

"五四"时期与前述注重从文学与社会人生的关系去考察文学的思潮同时，又兴起了注重从文学与作家（以及批评家）主观精神世界的联系去考察文学的思潮。周作人即是这一思潮的重要代表人物。在他的文艺思想中，"个性化"占有特殊重要的位置。正是周作人首先提出了"个性的文学"的概念，不但明确地确定了作家的个性在文学创作过程中的作用，强调"文艺以自己表现为主体"[33]，而且确定了批评者的个性在文学批评活动中的作用，提出了"真的文艺批评""里边所表现的与其说是对象的真相，毋宁说是自己的反应"的命题，要求批评家"在批评文里很诚实的表示自己的思想感情"[34]。这就是说，在周作人看来，主体个性的充分发挥，不仅是估量作品价值的基本标准，也是表示批评自我价值的基本尺度。这样，他就把文学的个性化原则贯彻到从文学的创作到文学的实现的全过程。周作人曾引用法国著名批评家法郎士的观点，宣称"好的批评家便是一个记述他的心灵在杰作之间冒险的人"，"批评家应该对人们说，诸位，我现在将要说我自己"[35]。但他在这位19世纪批评家的理论里，又加入了自己所生活的时代的理解，强调批评家在"努力于自己表现"的同时，更要清醒地"明白自己的意见只是偶然的趣味的集合"，具有"常人"不可避免的局限性，[36]因而他认为批评家不但要"诚"，真诚地表现自己，更要"谦"，正视自己"绝没有什么能够压服人的权威"[37]。而"诚"与"谦"的统一正是构成了周作人文艺批评的基本特点。

周作人强调批评与创作同样都是主体的自我表现，同时也就是在强调批评"原来也是创作之一种"[38]。他反复申说批评是"诗人的而非学者的",[39]这不仅是指批评本身必须是"一篇美文",[40]在语言风格上应具有文学的特征,批评家应更注重对文学作品的审美性审视,注重对艺术文体、形式、语言、结构的研究,更重要的是,批评家的思维也必须是诗人的,注重对于作品的"印象与鉴赏","趣味的综合",而"不是偏于理智的判断"[41]。

　　从表面上看,周作人所提倡的主观的、印象、鉴赏式的批评,与前述客观、理性分析的实证批评是针锋相对的;周作人甚至用一种极端的语言宣布,作品的客观"真相"是不可能佑定、认识的,"科学式的批评""容易流入偏执"[42]。这自然存在着片面性,甚至有唯心主义、不可知论之嫌;但它却是以对文艺批评的内在矛盾(既是"文艺",又属于"批评"即科学判断的范畴)的一个侧面的夸张、强调的形式,提醒人们注意文学批评所特具的两重性,这正是表现了人们对文学批评本质认识的一个深化。这就是说,"五四"时期,科学的实证批评强调"文学的批评",周作人所提倡的主观的印象、鉴赏式批评注重"批评的文学",都是对文学批评自身矛盾着的两个侧面各自侧重点不同的描绘,都显示着先驱者们在确立"现代文学批评观念"建立"文学批评的自主意识"时所达到的一个认识阶段、两种批评观及由此建立起来的批评流派,既是对立的,同时又是互补的。有趣的是,如果说"五四"时期科学的实证批评对中国传统批评是一种历史的否定与反叛,那么,主观的印象、鉴赏式的批评却又是在更高层次上与中国传统批评取得了内在的联系。周作人在《文艺批评杂话之一》里也是这样强调:科学的批评方法着重分析,而"鉴赏却须综合的",而他所举出的范例即是陶渊明所说的"奇文共欣赏"。中国传统批评思维的基本特点,就是着重于对批评客体偏于主观感觉的综合的整体把握。在周作人的文艺批评理论里,我们看到了东方传统批评思维与西方现代批评思维之间的一种内在的契合。这是一个值得注意的文学现象，对于认识和把握中国现代批评史的历史特点有着重要的理论意义。

而周作人的批评理论在中国现代批评史上的命运，更是值得深思的。首先对周作人的批评理论提出异议的是郭沫若。他在写于1923 年的《批评—欣赏—检察》里，尖锐地指出周作人"把客观的检察完全剔出主观的欣赏以外，并且说欣赏便是真的批评，检察便是假的批评，这似乎有点失诸武断"；但他并没有走向极端，而是反复强调："文艺批评中的成分，客观的检察和主观的欣赏，原只是互相连贯的作用"，"真正的批评家要谋求理性与感性的统一，要泯却科学态度与印象主义的畛域"。这表明，在"五四"时期，人们即使不同意并且指出了周作人理论上的偏见，但仍然认为，他的主观的欣赏的印象的批评是可以与"客观的检察"的批评互相补充的。但在此之后，周作人所提倡的这种主观、欣赏、印象式的批评，却因为"唯心主义"的偏颇而受到了有意无意的贬抑，以至全盘否定。这不仅表现了一种"非此即彼"的形而上学的思维方式，而且表明，批判者是用"唯物主义"与"唯心主义"作为唯一的尺度去衡量、判断十分复杂的文艺创作与理论现象的，这自然要导致一种褊狭性。批判者以为只要宣布对方的理论属于"唯心主义"，被批评者就失去了存在价值，但批评者恰恰忘记了马克思主义经典作家的如下教导："从粗陋的、简单的、形而上学的唯物主义观点看来，哲学唯心主义不过是胡说。相反的，从辩证唯物主义观点看来，哲学唯心主义是把认识的某一个特征、方面、部分地、片面地发展（膨胀，扩大）为脱离了物质、脱离了自然的，神化了的绝对。"[43] 而这种"粗陋的、简单的、形而上学的唯物主义观点"在我国现代批评史上是曾经很有地位与影响的。周作人文艺批评理论的"历史毁誉之间"所蕴含的理论思维的历史经验教训，也应该看作是周作人批评理论对于现代批评史的独特贡献。

注释

［1］　阿英：《夜航集·周作人》。

［2］　周作人：《谈虎集·批评的问题》。

［3］　周作人：《自己的园地·文艺上的宽容》。

［4］　鲁迅：《华盖集·这个与那个》。

［5］　周作人：《再论"黑幕"》，载《新青年》第 6 卷第 4 号（1919 年 2 月 I5 日）。

［6］　周作人：《恶趣味的毒害》，载 1922 年 10 月 2 日《晨报副刊》。

［7］　周作人：《艺术与生活·日本近三十年小说之发达》。

［8］　周作人：《自己的园地·〈沉沦〉》。

［9］　周作人：《什么是不道德的文学》，载 1922 年 11 月 1 日《晨报副刊》。

［10］　周作人：《鲁迅的青年时代，"阿 Q 正传"》。

［11］　阿英：《夜航集·周作人》。

［12］　周作人：《谁能宽容》，载《语丝》第 37 期（1925 年 7 月 27 日）。

［13］［14］　周作人：《自己的园地·文艺上的宽容》。

［15］　周作人：《自己的园地·诗的效用》。

［16］［17］［19］［20］［33］　周作人：《自己的园地·文艺上的宽容》。

［18］　周作人：《自己的园地·文艺的统一》。

［21］［22］　周作人：《自己的园地·〈镡百姿〉》。

［23］　周作人：《谁能宽容》，《语丝》第 37 期（1925 年 7 月 27 日）。

［24］　周作人：《谈龙集·文艺批评杂话之二》。

［25］　周作人：《"艺术界剿匪运动"》，载 1923 年 11 月 3 日《晨报副刊》。

［26］　周作人：《自己的园地·文艺上的异物》。

［27］　因此，对于"批评自由"的重视，几乎是"五四"时期批评家共有的特点，茅盾在他的《"文学批评"管见一》里，就强调"要文学发达，先得自由批评"，并大声疾呼："请不要错说'批评'二字是和司法官的判决书相等的呀"，其用语都与周作人相似。

［28］［30］　周作人：《谈龙集·诗人席烈的百年忌》。

［29］［32］　鲁迅:《南腔北调集·论"第三种人"》。

［31］　周作人:《苦茶随笔·画廊集·序》。

［34］［35］［39］［41］［42］　周作人:《谈龙集·文艺批评杂话之一》。

［36］［37］［38］［40］　周作人:《谈龙集·文艺批评杂话之二》。

［43］　列宁:《谈谈辩证法问题》。

十二、周作人的翻译理论与实践

　　周作人一生文学活动以翻译为始终，从 1905 年译述《侠女奴》（《天方夜谭》中阿里巴巴和四十个强盗的故事）开始，到 1966 年 5 月翻译《平家物语》第 7 卷脱稿，在周作人长达六十一年的笔耕生涯中，翻译与创作几乎并驾齐驱[1]。这是反映了一代作家的历史特点的。中国现代文学是在外国文学的冲击、影响下，对本国传统文化进行彻底变革的产物；作为现代文学的先驱者、开拓者的这一代作家，就必然同时担负起"媒婆"与"处女"的双重历史任务。这一代作家，是通过自身直接的移植活动，而不是他人的间接介绍了解外国文学的，他们在语言文字的翻译过程中，达到了对外国文学"形"与"神"两方面的深刻把握，这对他们将外来的新机融入自身的创作，自然是极为有利的条件；另一方面，作为一个作家对于语言、文学形式、感知世界方式的敏感与经验，对提高翻译质量也奠定了良好基础。创作与学术（翻译，研究）工作的结合，作家的学者化与学者的作家化，构成了这一代作家、翻译家为以后几代人所难以企及的历史品格与优势[2]。

　　周作人和他的同代人，在中国现代翻译史上是第二代人。早在"五四"时期钱玄同就作了这样的评价——

　　　　周启明君翻译外国小说，照原文直译，不敢稍以己意变更。他既不愿用那"达诣"的办法，强外国的学中国人说话的调子；

尤不屑像那"清宫举人"的办法，叫外国文人都变成蒲松龄的不通徒弟，我以为他在中国近来的翻译中，是开新纪元的。[3]

胡适在他的《中国文学五十年》里也作了类似的评价——

周作人"用的是直译的方法，严格的尽量保全原文的文法与口气，这种译法，近年来很有人效仿，是国语欧化的一个起点"。

应该说，这是对"一代人"的"开新纪元"的工作的历史肯定；周作人正是其杰出的代表。

（一）

上述评价表明，以周作人（以及鲁迅）为代表的这一代翻译家，是以"照原文直译"为其旗帜的；他们以此与以严复、林纾为代表的第一代现代翻译家严格区分开来，具有了自己的独立价值。

周氏兄弟这一代原是严复、林纾的"学生"。周作人曾对他的前辈的历史功绩作过充分的肯定："老实说，我们几乎都因了林译才知道外国有小说，引起一点对于外国文学的兴味，我个人还曾经很模仿过他的译文"[4]，有意识地"以诸子之文写夷人的话"[5]。但学生很快就背叛了先生；这不仅是因为周作人这一代对外文的精通，使他们不必如林纾似的依靠别人的口译来作翻译，而是在翻译观念、基本指导思想上发生了实质性的变化。

正是周作人一语道破了严复、林琴南"以诸子之文写夷人的话"的实质："他们的弊病，就止在'有自己无别人'，抱定老本领、旧思想，丝毫不肯融通；所以把外国异教的著作，都变作班马文章，孔孟道德。"[6]"有自己无别人"恰是要害所在：严复、林琴南仍然抱定了"中国中心主义"的宗旨，不承认西方思想的独立价值；他们"把外国异教的著作，都变成班马文章"，不过是玩弄"以夏变夷"的把戏，与在政治、思想、文化上推行"中学为体，西学为用"的改良主义路线，是完全一致的。

因此，五四新文化运动要实现自己"放开大胆地，无畏地，将新文化尽量吸收"[7]，以创造自己民族的现代文化的战略目标，就必须冲破上述"中学为体，西学为用"的改良主义防线；严复、林琴南"以夏变夷"的翻译观及相应的"曲译"就是在这样的历史要求下受到了众口一词的猛烈攻击——

林琴南"他所译的书……误谬太多，把译本和原文对照，删的删，改的改，'精神全失，面目皆非'"，"当知译书与著书不同，著书以本身为主体；译书应以原文为主体；所以译书的文笔只能把本国文字去凑外国文，绝不能把外国文字的意义、神韵硬改了来凑就本国文"[8]。

"思想受语言的支配，犹之乎语言变思想。作者的思想，必不能脱离作者的语言而独立。我们想存留作者的思想，必须存留作者的语法；若果另换一副腔调，定不是作者的思想。所以直译一种办法，是'存真'的必由之路。"[9]

正如茅盾所说，"'直译'这名词，在'五四'以后方成为权威"，这是反抗林琴南将外来思想纳入孔孟之道的"'歪译'而起的"[10]；因此，所谓"直译"，其最根本的意义就在于坚持"以原文为主体"，"反对歪曲了原文，原文是一个什么面目，就要还它一个什么面目"[11]，这是一条"存真"的翻译路线。

（二）

"存真"，自然是为了求得西方文化的真价值来改造中国封建传统文化；沈雁冰在"五四"时期写的《新文学研究者的责任与努力》中说得很明确："介绍西洋文学的目的，一半果是欲介绍他们的文学艺术来，一半也为的是欲介绍世界的现代思想——而且还应是更注意些的目的。"正因为如此，"五四"时期这一代先驱在突破他们的先生林琴南的局限时，并没有停留在翻译方法的层次，而是从"借思想改造语言，借语言改造思想"[12]的指导思想出发，注重于翻译内容的突破，力图输入真正与中国封建传统文化异质的"世界的现代思想"。

这种"突破"早在本世纪初，周氏兄弟翻译《域外小说集》即已开始。鲁迅在《祝中俄文字之交》里，曾经指出，中国翻译外国文学作品，最初介绍的是"包探，冒险家，英国姑娘，菲洲野蛮的故事"，这"只能当醉饱之后，在发胀的身体上搔搔痒的"，当然不能对中国封建传统文化产生任何冲击力量；只有在介绍了俄国与弱小民族的文学以后，人们"从文学里明白了一件大事，是世界上有两种人：压迫者与被压迫者"，外国文学才真正作为宣传奴化道德的中国封建传统文学的历史对立物，在促进中国人民的觉醒和中国文学的现代化历史进程中发挥实际作用。而周氏兄弟的《域外小说集》正是介绍"被侮辱与损害民族文学"的第一个自觉的努力，给中国现代翻译事业注入了时代青春的活力，具有"开新纪元"的意义。"五四"时期周作人更以极大的热情，第一次向中国读者介绍了南非、新希腊、犹太、保加利亚、芬兰等国的文学；胡适在《中国文学五十年》里，对周作人的这些译介工作给以很高评价，认为是五四文学革命"在建设方面"的重要收获之一。

"五四"是一个要求并且产生胸襟开阔、目光远大的历史巨人的时代；在时代风气熏陶之下，周作人一再地宣称自己是"古今中外派"，并且期望"下一代的青年能够放开眼界，扩大心胸，成为真的古今中外派，给予久经构系的中国思想界一点自由与生命"[13]。他以"趣味广泛"自诩，表示"我不相信艺术上会有一尊或是正统，所以不但是一人一派的主张觉得不免太隘，便是一国一族的产物，也不能说是尽

了世间的美善，足以满足我们的全要求"[14]。但在"广泛"兴趣中仍
是有重点的；为此，周作人与陈独秀、胡适之间有过一次有趣的争论。
陈、胡针对林纾多译西方二三流作品，力主"翻译古典"名著；周作
人则持异议，以为"在中国特别情形（容易盲从，又最好古，不能客
观）底下，古典东西可以缓译"，比起《神曲》《失乐园》这类古典名著，
"现代的作品似乎还稍重要一点"[15]。周作人的观点表明他对中国复古
倾向的高度敏感，更表现了他在"五四"时期对现实的强烈关注，由
此而形成了在对外来文化选择上的特殊眼光；"五四"时期不少人热衷
于介绍西方 19 世纪人文主义思潮，而周作人（也许还有他的兄长鲁迅）
则更注目于 19 世纪末、20 世纪初兴起的西方现代主义文艺思潮与创作。
正是周作人，不但最早向中国人民介绍了西方现代主义的先驱美国作
家爱伦·坡、俄国作家陀思妥耶夫斯基的作品，而且翻译了波特莱尔、
果尔蒙等法国象征派诗人的诗作，并且指出波特莱尔"1857 年发表诗
集《恶之华》，在近代文学史上造成一个新时代"[16]。周作人在《点滴》
序言里，曾经用"多面多样的人道主义"来概括他所介绍的"并非同派"
的作品"共通的精神"，并认为这也是"现代文学的特色"。他着意强
调："如托尔斯泰的博爱与无抵抗，固然是人道主义；如梭罗古勃的死
之赞美，也不能不说他是人道主义。他们只承认单位是我，总数是人
类，人类的问题的总解决也便包涵我在内。"这类强调个人本位主义的
具有浓重悲观主义色彩的文学显然是更接近现代派的。即使对于日本
文学的介绍，周作人也是注重其现代性；他与鲁迅、周建人共同翻译
的《现代日本小说集》，并在《序言》里着重强调了 19 世纪末以来的日
本小说所具有的可以与世界现代文学相比的"世界的价值"。从对世界
现代文学介绍的热情里，读者自可以感受到，周作人这一代先驱对于
中国文学走出"闭关自守"的绝境，与世界文学潮流取得共同语言的
历史的期待。

（三）

正是这种历史的期待产生了改造中国人、中国民族及中国文学的巨大热情。在周作人及其同代人看来，中国文学与外国文学语言形式的不同（文字、词类、句法结构、语法的不同以及修辞规律的不同），实质上是反映了民族思维方式、感知方式的不同，表现了不同的社会历史文化传统。周作人在一篇题为《文法之趣味》的文章里，饶有兴味地讨论了语言与思维、文化的关系。正因为如此，对于这一代人来说，翻译外国文学作品的意义，不仅在于引入新思想、新文学，更是为了促进民族思维、心理以及民族语言的改造。

我们正是应该从这一角度来理解以周作人、鲁迅为代表的这一代人坚持"直译"法的深刻内涵与意义。

周作人在《新青年》上发表他的第一篇口语体的译文《古诗今译》时，写有一段经过鲁迅修改的译者"小识"，这可以视为周氏兄弟"直译"理论的一个总纲——

> 什法师说，翻译如嚼饭哺人，原是不差。真要译得好，只有不译。若译他时，总有两件缺点；——但我说，这却正是翻译的要素。一，不及原本；因为已经译成中国语。如果还要同原文一样好，除非请谛阿克利多斯学了中国语自己来作。二，不像汉文——有声调好读的文章，因为原是外国著作。如果同汉文一般样式，那就是随意乱改的胡涂文，算不了真翻译。

既是翻译，即注定了"不及原本"，"不像汉文"，这可以说是翻译的"先天性"缺陷，不可避免的局限；但局限同时也就是特点，构成了"翻译的要素"，在一定条件下，"特短"可以转化为"特长"：

"不像汉文"，准确地说，是在基本像汉文基础上的"不像"，既保留了汉语言文字的基本特点，使翻译文字能够为中国人所接受；又增加了从外来文化中输入的新因素：新的字汇，新的语法结构，新的修辞方法，以及积淀于其中的新的文化心理、思维方式等等，这样，就恰恰有利于中国传统文化（思维方式、心理，及外在语言形式）的改造。正是为了充分地发挥翻译的输入与改造作用，周氏兄弟明确地主张译本"当竭力保存原作的风气、习惯、语言条理；最好是逐字译，不得已也应逐句译，宁可'中不像中，西不像西'，不必改头换面"[17]。这就是在翻译界引起很大争论的"直译"、"硬译"。"直译"当然不是"胡译"，如前所述，它的本质就是"忠于原文"，因此，"必须达意，尽汉语的能力所及的范围内，保存原文的风格，表现原语的意义"[18]。所谓"中不像中，西不像西"，正是两种语言文字（及其所代表的两种文化）在互相吸收、渗透、变革过程中必有的语言现象及文化现象。它当然是一种不成熟的表现，但没有这种不成熟，就绝不会出现在更高层次上的融会了外来影响的中国现代语言，及相应的现代思维方式、心理状态等等。这种现代语言，"五四"时期曾经把它叫作"欧化的语体文"（或"欧化的白话文"）[19]；所谓"欧化"，实际上就是语言的现代化。以后，周作人及其同代人，在理论上又进一步达到了这样的结论："现代国语须是合古今中外的分子融和而成的一种中国语"，为此，必须在"通用的普通语"上，"采纳古语"，"采纳方言"，"采纳新名词及语法的严密化"[20]。应该说，正是在"采纳新名词及语法的严密化"这一点上，周氏兄弟所竭力主张的"直译"的翻译文学发挥了重要作用。

　　周作人这一代人将"采纳古语"作为建立现代翻译语言的重要途径，是有着深刻意义的。这是经过漫长的试验过程而得出的一个历史结论。严复在进行翻译时既已感到"精理微言，用汉以前字法句法，则为达易；用近世利俗文字，则求达难"[21]。梁启超在创造他的"新文体"时，也深感"用纯白话体做说理之文，最苦的是名词不够。若一一求其通俗，一定弄得意义浅薄，而且不正确"[22]，而不得不使文言（特别是抽象名词）白话化，采用介乎文、白之间的语体。"五四"时期，刘半农在新文学运动一开始就指出："就平日译述之经验言之，往往同一语句用文言则一语即明，用白话则二三句犹不能了解"，因此，他主张白话文应尽力"吸收文言所具的优点，至文言文优点尽为白话所具，则文言必归于淘汰"[23]。周作人从前人与自身的经验中，也得出了类似的结论：翻译外国文学作品时，"利用骈散夹杂的文体，伸缩比较自由，不至于为格调所拘牵，非增减字句不能成章，而且这种文体看去也有色泽，因近雅而似达，所以易于讨好"，"不十分费力而文章可以写得像样，原意也并不怎么失掉，自己觉得满足，读者见了也不会不加以赏识的"[24]。周作人的经验得到了以后的翻译家的支持；傅雷在自己长期译作实践中，也深感"白话之跟外国语文在丰富、变化上面差得太远，文言在这一点上比白话就占便宜"[25]，他对周作人上述经验给予很高评价，以为是"极有见地"的[26]。从对林纾用文言文翻译外国文学的道路的历史否定，到有选择地利用文言成分，作为现代翻译语言的有机组成成分，这显示了我国现代翻译语言的历史的辩证发展过程。

（四）

人们很容易注意到，周作人的翻译所引入的艺术世界存在着内在和谐与统一，这是翻译家主体对于作为客体的翻译对象的主观选择的结果，是主、客体的一种内在的契合。我们在前面的论述中，已经反复强调，"译书与著书不同"，"译书应以原文为主体"，忠实于原文，客观地显示原文的"本来面目"，这是翻译的首要原则，也是周作人等坚持的"直译"的基本含义。但问题还有另外一面，即翻译者主体在翻译活动中并不是绝对消极被动的；著名翻译家李健吾说得很好："翻译在某一意义上最后目标也是艺术，……译者在这里从事的，不是机械地介绍作品的内容，而是企图把原作应有的全部生命用另一种语言再现出来。最好的翻译总是通过了译者全人的存在而凝成果实的。"[27] 真正的翻译，不仅要求"形似"，更要求"神似"，即译出原著的"神韵"，而"神韵"则是作家全部个性（他特有的思想、情感、思维方式、感知方式、审美趣味、性格……）的结晶，翻译者要传达出这种"神韵"，就必须达到"自我"与原文"化而为一"。所谓"化而为一"应有两个方面的含义，译作者必须在充分地认识与把握原作者与自我的创作个性基础上，一方面，努力寻找自我创作个性与原作者创作个性的契合点，并且把这种契合发展到极致；另一方面，又要善于有意识地排除自我与原作者不相容的部分，力图按原作者的创作个性去表现。事实上，翻译者与原作者的创作个性是不可能完全一致的，而翻译者无论怎样努力，也不可能将与原作者不相容的创作个性完全消灭，因此，原文经过译作者主体的折射，发生或一定程度的变形，几乎是不可避免的。周作人说："国语和个人的表现力大抵都有若干的限制，想要自由的恰好的写出别国诗歌中的情调，至少在此刻是不可能的。"[28] 但是，在这里依然存在着局限、特短在一定条件下向特长的辩证转化。当译者自觉地从自己的个性出发，选择与自己个性相契合、"自己所能理解感受者"[29] 作为翻译对象，就有可能超越时间、空间的限制，打破民族和文化上的障碍，"将原作（连同思想、感情、气氛、情调等等）化为我有"[30]，从而保证译作真实地传达出原作的外在内容、形式及内在的神韵，达到与原作最大限度的接近，即我们通常所说的"基本上像原作"。与此同时，译作者在将原作的"出发语言"翻译为译作的"归宿语言"时，就是在进行语言符号的转换，不仅是两种民族语言、时代语言符号的转换，更是两种个性语言符号的转换，也就是说，译者必然通过个性化的归宿语言，将自己创作个性的某些方面融注于译作之中，从而在译作上或多或少地打上译者个性的印记。这样，译作不但在某些方面于原作有所损，而且更在某些方面于原作有所增，这"有所增"的部分即是译者的再创造。这自然造成了"不太像"原作的状况，但这并不是只有消极的意义，它还包含了"丰富、发展、再创造"的积极意义。事实上，一切成功的译作都必然是"基本上像原作"与"某些方面不像原作"的辩证统一，是原作者的创造与译者再创造二者的辩证统一。一切具有鲜明个性、富有创造性的译者必然在自己的译作中显示出一种独特的翻译风格；同一译者的译作系列必然构成一个独立的、由译者自己的艺术个性统一起来的艺术世界。在这个意义上说，译作也是一种创作；不同之处，仅仅在于译者不是直接在译作中表现自己对于生活的观察、理解，自己的人生追求与审美趣味，而必须通过原作者创造的"原作"这一中间环节，因而受到原作者与原作的制约。这是一种在原作框架中的"创作"，在特殊的困难之中自有一种特殊的创造的乐趣。

应该说，在中国现代翻译史上，译作能够自成独立艺术世界的翻译家是不多的，周作人即是其中最杰出者之一。周作人在总结自己的翻译经验时，曾经把翻译分为"为书而翻译"与"为自己而翻译"两类[31]。在五四运动以后的 1923 年他也作过这样的表示："创作以及译述应是为自己的'即兴'而非别人的'应教'"。[32] 人们不难发现，"五四"以后周作人翻译观念上的某些变化，即从"启蒙"的文学翻译观转向"纯个人的即兴"的翻译观。这种转变从将文学脱离现实人生与民族改造事业这一面看，自然是一种倒退，但同时也表现了周作人对翻译个性化的自觉追求，这无疑是有积极意义的。周作人还提出了这样的观点："'为书而翻译'，应当突出'信'与'达'，如强调'雅'，则是'为自己而翻译'"[33]，对译作个性化的追求与美学价值的追求在周作人这里是完全统一的。正是在这种自觉追求下，周作人逐渐形成了自己独特的译作风格。

周作人的译作风格首先是由对于特定的翻译对象的一种持续热情构成的。我们说过，周作人曾经有过极为广泛的翻译兴趣，但是，随着他越来越深刻地把握了自我及自我的艺术，他广阔的接受视野中就逐渐出现了若干凝聚点，这就是古希腊的文学，古代和中古日本文学[34]；按周作人的观察，这两类文学都与中国传统文学存在着内在的契合，表现了人类古老文明的有节制的情与理，而这正与周作人自己主观心灵和追求相契合的。正是古希腊文学与古代及中古日本文学（以及中国传统文学）中的杂糅着温柔的忧郁的诙谐，使周作人陶醉其间，不能自已，这更是渗入了他自己的审美情趣。抓住了自我与原作心灵的上述契合点，周作人采用了融合着"意译"的"直译法"[35]，本着"信五分，达三分，雅二分"[36]的原则，采用"骈散夹杂的文体"，在限制中追求着自由，他的译作就获得了一种舒卷自如的从容，轻妙雅致中含着涩味，并在毫不经意之中显示着音节之美。熟悉周作人散文艺术的人们不难看出，他的译文与散文创作保持着风格上的和谐与统一。朱自清说得好："周氏自己的翻译实在是创作"[37]；周作人自己也说："我相信翻译是半创作，也能表示作者的个性"。[38]正是周作人把翻译提到创作的高度，使之成为真正的艺术精品，独立的美学创造，读者从中同时领略了原作与译作的美。著名的湖畔诗人应修人在读了周作人的译文后，兴奋不已，连接投书，倾诉内心的感受："重读了两遍你底论日本诗歌文，细领略了些俳句、短歌底美"，"看了你和你们译的日文底曼妙韵调，极想亲炙伊原来的美"，甚至说"读了你译在《努力》上的《日本俗歌》，更觉得晚间读英文真是可惜了"[39]。这使人想起钱锺书先生的一句名言:"好译本的作用是消灭自己","它挑动了有些人的好奇心,惹得他们对原作无限向往",引人们"向原作过渡"[40]。周作人以他优美的译笔,沟通了中国读者与在时间、空间上迥不相同的国家的原作者的心灵,同时又提高了翻译文学的独立地位与价值,这都构成了周作人在中国现代翻译史上的独特贡献。

注释

[1] 周作人一生出版的著作有 40 种,未出版 1 种;出版译作 33 种(其中与别人合作 11 种),未出版 5 种。

[2] 在这以后出现的专业化的翻译家,也另有自己的优势:每一代人都是有自己的存在理由的。

[3] 钱玄同:《关于新文学的要件要素》,《新青年》第 6 卷第 6 期。

[4] 周作人:《林琴南与罗振玉》,载《语丝》第 3 期(1924 年 12 月 1 日出版)。

[5] 周作人:《雨天的书·我的复古的经验》。

[6] 周作人:《谈龙集·安得森的〈十之九〉》。

[7] 鲁迅:《坟·看镜有感》。

[8] 刘半农:《复王敬轩书》,载《新青年》第 4 卷第 3 号。

[9] 傅斯年:《译书感言》(收《翻译论集》)。

[10] [11] 茅盾:《直译、顺译、歪译》(收《翻译论集》)。

[12] 傅斯年:《怎样做白话文》,载《新潮》第 1 卷第 2 号。

[13] 周作人:《古今中外派》,载 1922 年 4 月 2 日《晨报副刊》。

[14] 周作人:《现代小说译丛(第一集)序言》。

[15] 周作人:《翻译文学书的讨论》,载《小说月报》第 12 卷第 2 号(1921 年 2 月 10 日出版)。

[16] 周作人:《波特莱尔作〈散文小诗〉附记》。

[17] 周作人:《文字改良与孔教》通信。(载《新青年》第 5 卷第 6 号)解放后,周作人在总结自己的经验时,再次肯定了这一点:"我的翻译是向来主张直译式的,便是多保留它原有的特殊的色彩,我不主张把一句话译成四平八稳的,个

个字说得十分明白，我把留下来一二分不明白的东西，来加注解说明它，这样便可将本来的色彩多保住一点"（《日本民间故事·译者前言》）。

[18]　周作人：《〈陀螺〉序》。

[19]　参看傅斯年：《怎样做白话文》（《新潮》第 1 卷第 2 号），以及《小说月报》第 12 卷上关于"欧化语体文"的讨论。

[20]　周作人：《艺术与生活·国语改造的意见》。

[21]　严复：《译〈天演论〉例言》，收《翻译论集》。

[22]　梁启超：《晚清两大家诗钞题辞》。

[23]　刘半农：《我之文学改良观》。

[24]　[31]　[33]　周作人：《苦口甘口·谈翻译》。

[25]　[26]　傅雷：《致林以亮论翻译》，收《翻译论集》。

[27]　李健吾：《翻译笔谈》，收《翻译论集》。

[28]　周作人：《日本俗歌六十首》译后记。

[29]　周作人：《现代日本小说集·序》。

[30]　傅雷：《论文学的翻译书》，收《翻译论集》。

[32]　周作人：《冥土旅行·〈育婴刍议〉译后记》。

[34]　周作人的翻译活动除《侠女奴》与《玉虫缘》等试作外，可以明显地区分为二个阶段，从上世纪末至"五四"以后，主要翻译俄国与被压迫民族文学，除了与鲁迅合译的《域外小说集》外，代表译作有《匈奴奇士录》、《炭画》、《点滴》、《玛加尔的梦》等；从《陀螺》开始，就逐渐转为古希腊文学、古代与中古日本文学的翻译，有《冥土旅行》、《希腊拟曲》、《狂言十番》等。解放后更是集中翻译了《伊索寓言》、《希腊的神与英雄》、《路喀阿诺斯对话集》、《古事记》、《枕草子》、《浮世澡堂》、《平家物语》等。

[35]　周作人在《谈翻译》一文中总结了自己的翻译方法与步骤："先将原文看过一遍，记清内中的意思，随将原本搁起，拆碎其意思，另找相当的汉文——配合，原文一字可以写作六、七字，原文半句也无妨变成一、二字，上下前后随意安置，总之只要凑得像妥帖的汉文，便都无妨碍，唯一的条件是整句还它一整句，意思完全，不减少也不加多，那就行了。"

[36]　周作人：《谈翻译》。

[37]　朱自清：《中国新文学大系诗集·导言》。

[38]　周作人：《〈艺术与生活〉自序一》。

[39]　应修人《致周作人书》。

[40]　钱锺书：《论林纾的翻译》，收《翻译论集》。

十三、周作人与五四文学语言的变革

　　五四文学变革是以文学语言的变革为其开端的。"五四"的先驱者也许比他们的后继者有着更强的形式感与形式变革意识。在他们的观念中，文学形式与内容本来就是密不可分的，他们尤其强烈地感受到旧的文学形式（包括语言）对新的文学内容的束缚。因此，先驱者中没有一个人撇开文学形式而单独强调文学内容的变革；相反，一些文学革命的反对派倒是更"重视"内容而反对形式变革的[1]：这一事实才真正发人深省。

　　周作人不是五四文学语言变革的急先锋，但他的准备显然更充分，思考也更成熟。周作人30年代曾回忆本世纪初在南京读书期间，开始接触西方文化时，就受到西方文法书的深刻影响：

　　　　学校发给的一本1901年第四十版的"马孙"（C. P. Mason）英文法二十年来还保存在书架上，虽然别的什么机器书都已不知去向了。[2]

周作人又说：

　　　　我总觉得有些文法书要比本国的任何新刊小说更为有趣。我想还可以和人家赌十块钱的输赢，给我在西山租一间屋，我去住在那里，只带一本（让我们假定）英译西威耳博士的《古英文法》去，我可以很愉快地消遣一个长夏。[3]

对周作人来说，读文法书，是一种思维的训练[4]，可以"在言语的发达与变迁里"窥视一个"民族的生活"[5]，"以文化为背景，如读文化人类学的一部分"[6]，而"领解"文字"声与形"本身所具有的"趣味"，更是一种最好的"消遣"与"自娱"[7]。因此，周作人不仅精通本国语言文字，而且以极大的兴趣，钻研了日本语（包括古日语）、希腊语、英语（包括古英语）、世界语，对这些外国语言字义与语气的微细之处，有着极深的体味。周作人对于语言的持续热情，高度敏感，他的语言才能，渊博知识，使得他有最充分的条件，为中国现代文学语言的变革与建设，作出自己的独特贡献。

（一）

文学语言的变革的呼声从本世纪初即已开始；但在变革的目标与道路上，却一直面临着不同的选择。周作人回忆，最初吴稚晖在巴黎发刊《新世纪》，"提倡废去汉字改用万国新语（现在所谓世界语）"，却遭到了章太炎的反对，到了"五四"时期，又有钱玄同在《新青年》重提废除汉字，使用世界语的主张，这即是力主摧毁原有语言体系，予以重建的"彻底变革"的一派。在周作人看来，这种激烈的主张是一定社会历史文化背景的产物："光绪末年的主张是革命的复古思想的影响，民国六年的主张是洪宪及复辟事件的反动"[8]，因而必然地带有很大的情绪化的成分。这可以理解，也有一定的历史作用[9]，却不能认为是成熟的意见。周作人说："到了近年再经思考，终于得到结论，觉得改变言语毕竟是不可能的事"，"一民族之运用其国语以表现情思，不仅是文字上的便利，还有思想上的便利更为重要：我们不但以汉语说话作文，并且以汉语思想，所以使用这言语去发表这思想，较为自然而且充分"[10]。周作人的结论是：对于"那运命指定的或好或歹的祖遗的言语"，我们"可以在可能的范围内加以修改或扩充，但根本上不可能有所更张"[11]。

在这里，周作人是从语言与思维的统一上说明了汉语作为民族思维与交际工具，必须具有的相对稳定性与不可根本更张性。因此，他一再提醒人们注意："古文与白话文都是汉文的一种文章语，他们的差异，大部分是文体的，文字与文法只是一小部分"[12]，二者"系属与趋势总还是暗地里接续着"，"白话文学的流派决不是与古文对抗从别个源头发生出来的"。[13] 这就是说，五四文学语言的变革中，以白话文代替文言文，主要是一种文体的改变，在文字、词汇以及文法上没有、也不可能发生根本改换，当然更谈不上重建一种新的语言体系。

到了三四十年代，在民族危机日益严重的关头，周作人又一再强调了具有相对稳定结构的汉语言系统对于"维系"民族统一的作用。他指出：

> 现今青年以汉字写文章者，无论地理上距离间隔如何，其感情思想却均相通，这一件小事实有重大的意义。旧派的人，叹息语体文流行，古文渐衰微了；新派又觉得还不够白话化方言化，也表示不满意。但据我看来，这在文章上正可适用，更重要的乃是政治上的成功，助成国民思想感情的连络与一致。[14]

这就是说，五四文学运动的先驱者们，一方面顺应时代与文学发展的要求，对中国传统语言文字进行了变革，同时又维护了汉语言体系的相对稳定性。由此建立起来的现代汉语体系，对保证中国文化的延续，民族思想情感的统一，强化民族意识，无疑具有积极价值。正是在这个意义上，周作人认为，五四先驱者们"其成绩在民国政治上实较文学上为尤大，不可不加承认"[15]，应该说，周作人的这一评价是符合历史事实的[16]。

（二）

周作人对汉语言体系相对稳定的重视与强调，与他对"以国语为神圣"的保守观点的历史否定，在语言变革上所持的立场，不但毫无矛盾，而且是相反相成的。

周作人从五四语言变革与晚清白话文运动之间的历史联系的考察入手，引发出自己对五四语言变革的目标、内容与实质的见解。他在肯定晚清白话文运动为五四语言变革作了积极准备的同时，更强调了二者之间质的区别。他指出——

"第一，现在的白话文，是'话怎样说便怎样写'，那时候却是由八股翻白话，……是作者用古文想出之后，又翻作白话写出来的。"[17]

第二，那时的白话运动，"是教育的而非文学的"[18]，"主张知识阶级仍用古文，专以白话供给不懂古文的民众"[19]，"以为文是载道的东西，而此外另有一种文章却是可以写了来消遣的"[20]。总之，"只重政治上的效用"，"无论理论如何写出来的白话文还不能造成文艺作品，也未曾明白地有此种企图"[21]。

显然，在周作人看来，五四语言变革所要解决的是思维与语言的分离，文学与语言的二元化，使语言真正成为现代思维与现代文学的载体，"适切地表现现代人的情思"[22]，另一方面则以此进行普及教育，"使最大多数的国民能够理解及运用这国语，作他们各自相当的事业"[23]。这样，周作人就为五四语言变革确立了一个明确的目标；

使它克服了晚清白话文运动的不彻底性与狭窄性，在实现语言现代化同时完成现代文学语言的建设，这与胡适所提出的建设"国语的文学，文学的国语"[24] 大体上是一致的。

应该说，周作人着意强调五四语言变革必然是一种文学语言的变革，以此与晚清白话文运动相区别，这是有他的一番苦心的。他试图将五四语言变革与"注重政治上的效用"的启蒙运动分开（虽然他并不否认客观上会有利于"启蒙"），而取得一种独立的意义与价值。这在当时的历史条件下，却只能是一种"超前"的历史愿望。五四语言变革由晚清白话文运动"教育、普及"的层次，进入"文学"的层次，这是历史所允许的发展；但与启蒙运动彻底分开的历史时机却显然不成熟。

如上所述，周作人认为，古文与白话的区别主要在"文体"上；因此，当周作人以"语言变革"的眼光展开对"古文"的批判时，也自然地集中于"八股文"、"策论"这类最恶劣的"文体"。他不只一次尖锐地指出，"几千年来的专制养成很顽固的服从与模仿根性，结果是弄得自己没有思想，没有话说，非等候上头的吩咐才能有所行动"，"八股文就是这个现象的代表"[25]，"应试体的史论乃是舞文弄墨，颠倒黑白"[26]，实则"空洞无物"，毫无自己的见解。结论是："大抵在无话可讲而又非讲不可时，古文是最有用的[27]。"这话虽然有几分辛辣，却也道破了实质。"五四"时期语言变革的动力正是来自要说自己的话，"自由地表现自己的意思"[28] 的时代、历史要求；这是显示了五四语言变革与五四思想解放、文学解放运动的内在联系的。周作人由此引出一个重要结论："古文者文体之一耳，用古文之弊害不在此文体，而在隶属于此文体的种种复古的空气，政治作用，道学主张，模仿写法等。白话文亦文体之一，本无一定属性，以作偶成的新文学可以写赋得的旧文学亦无不可；……如白话文大发达，其内容却与古文相差不远，则岂非即一新古文运动乎"[29]？这当然不是杞人之忧；当周作人进一步提出要反对新八股时，他已"歪打正着"地揭示了随着白话文代替文言文之后所出现的矛盾与斗争。

（三）

当周作人为五四语言变革树立起一个"适切地表现现代人的情思"[30]，建设现代文学语言的目标时，就已经包含着对实现这种变革的具体途径的一种选择。

有人主张现代文学语言应以明清小说的文章为主体。周作人则以为明清小说的文学语言固然有自己不可低估的价值，但"他们毕竟只是我们所需要的国语的资料，不能作为标准"[31]，因为存在着"文体的单调"的致命弱点，"专是叙事"，而不能满足"抒情与说理"的功能要求[32]。

周作人也不同意"以现代民间的语言为主"的观点。他指出："现代民间的言语当然是国语的基本，但也不能就此满足，必须更加以改造，才能适应现代的要求。"[33]周作人提醒人们，不能因为对于人民（包括民间艺术）中蕴藏着的力量的充分肯定，而否认人民文艺与语言中确实存在的弱点："我们决不看轻民间的言语，以为粗俗，但是言词贫弱，组织单纯，不能叙复杂的事实，抒微妙的情思，这是无可讳言的"[34]。对于周作人来说，这种出于感情作用的夸大民间语言价值的"浪漫主义"倾向，之所以值得警惕，是因为很可能回复到晚清白话文运动的老路上，"以为提倡国语乃是专在普及而不在提高，是准了现在大多数的民众智识的程度去定国语的形式的内容"[35]，把现代文学语言的创造仅仅归结为启蒙的目的。这在周作人是绝对不能同意的。

这样，在周作人看来，将构成现代文学语言的各个因素的作用推于极端，都会导致一种流弊：全盘采用外来语言，会造成传统文化的中断；完全请古文回来，那更是倒退；将现代文学语言等同于白话文口语，则无以确切表达现代人复杂的思想感情。唯一的出路乃是"融合"："现代国语须是合古今中外的分子融合而成的一种中国语"[36]。这种"融合"的观点，是符合周作人的一贯思路的。

"融合"中以白话"口语为基本"，"根本的结构是跟着口语的发展而定，故能长保其生命与活力"[37]，这是不言而喻的。五四先驱者们对此已经讨论得很多；在周作人关于语言变革的思想里，这点也亦是讨论的前提，却非重点。周作人所注重的是，必须更自觉地吸收外来语言，采纳古语与方言成分。

首先是对外来语成分的吸取。这包括"采纳新名词，及语法的严密化"[38]这两个方面。其中后者也即"五四"时期争论得十分激烈的"国语的欧化问题"。正如周作人所说："欧化这两个字容易引起误会，所以常有反对的论调，其实系统不同的言语本来决不能同化的，现在所谓欧化实际上不过是根据国语的性质，使语法组织趋于严密，意思益以明瞭而确切，适于实用。"[39]周作人这一代先驱者从不讳言，"国语的欧化问题"的提出，根本原因在于中国人缺乏严格的科学的逻辑思维的训练；正如周作人所说，"文人学士多缺乏分析的头脑，所以中国没有文法，也没有名学，没有修辞学，也没有文学批评"[40]，这里所说的自然是西方式的建立在逻辑实证分析基础上的名学（逻辑学）、修辞学与文学批评。因此，周作人等主张用"直译"的方法，通过"翻译外文"的途径，引入西方语法中科学成分，以加强汉语"词句之分析，审定各个的地位与相互的关系"[41]，从而大大加强语言思维的逻辑力量与表达的准确、缜密与明晰度。西方词语与语法的输入，不仅是对中国传统语言的改造，更是中国传统思维方式的改造：周作人等的主要目的即在于此。

周作人对地方方言与民间俗语一直保持着浓厚的兴趣，这构成了他"民俗学"研究的重要方面。他的见解也确实不同流俗。比如他指出："普遍提起方言似乎多只注意那特殊的声音，我所觉得有兴趣的乃在其词与句，即名物云谓以及表现方式"[42]，这恰恰能够补中国语体文"语汇贫弱"、缺乏名物词汇的不足。周作人对方言俗语里内含的"民间趣味"与人生境界，给以极高评价。他在《中国新文学大系·散文一集·导言》里，对吴稚晖发表在《新世纪》上的"奇文"——"他的这一种特别的说话法与作文法"，"至今竟无传人"，而深以为憾，直至有"广陵散之感"。所谓吴稚晖的"特别的说话法与作文法"即是"糅合俗语与经典，村言与辞赋为一炉的创格"[43]；吴稚晖自称他是读到《岂有此理》（即《何典》）一书的首句"放屁放屁，真正岂有此理"，忽然大彻大悟，而懂得了做文章以至做人的真谛的，他"自己所谓放屁文学，也就是敢于运用最村俗的粗话"为"六经"作注脚，"替白话文学开出最宽阔的门庭"[44]。在吴稚晖式的文体里，表现了"五四"时代反传统（以玩世不恭的嬉笑态度对待传统）精神的；大量的民间俗语、方言渗入现代文学语言，无疑给已经僵化了的文学语言注入了新鲜的生命活力。

（四）

吴稚晖的文体，还是半文半白的白话文。在"五四"前后，这类半文半白的白话文在文坛上始终占据一定位置。该如何看待这类文学语言现象呢？胡适在一封通信中曾作出了他的分析与评价——

今日的半文半白的白话文，有三种来源。第一是做惯了古文的人，改做白话，往往不能脱胎换骨，所以弄成半古半今的文体。梁任公先生的白话文，属于这一类，我的白话文有时候也不能免这种现状。……第二是有意夹点古文调子，添点风趣，加点滑稽意味。吴稚晖先生的文章，有时是有意开玩笑的。鲁迅先生的文章，有时是故意学日本人做汉文的文体，大概是打趣顺天时报派的，如他的小说史自序。钱玄同先生是这两方面都有一点的；他极赏识吴稚晖的文章，又极赏识鲁迅兄弟，所以他做的文章也往往走上这一条路。第三是学时髦的不长进的少年，他们本没有什么自觉的主张，随意乱写，……由他们去自生自灭罢。大概我们这一辈子半途出身的作者，都不是做纯粹国语文学的人；新文学的创造者，应该出在我们的儿女的一辈里，他们是"正途出身"的；国语是他们的第一语言，他们大概可以避免我们这一辈人的缺点了。[45]

胡适看到了同是"半文半白的白话文"，却有不同的来源、意义、价值，他所作的具体分析则是可以讨论的。但胡适期待后来者能够创造出"纯粹国语文学"（在语言上即是不包含文言成分的纯现代白话语言），其精神可嘉，事实上，却是不可能实现的。不仅现代文学语言中，不可能根本排除文言成分，后者构成了前者一个不可或缺的有机要素，而且"半文半白的白话文"（或含有较多文言成分的白话文）仍然具有生命力，自有其特殊的美学的，以至哲学的价值。

在五四先驱者中，对这一问题持有清醒的独立见解的是周作人。1920 年教育部规定中小学开始使用白话的语文教材，标志着白话文已经取得应有的地位。在这种情况下，正是周作人，首先发出警告："不能把小孩同污水一起倒掉"，"因反抗古文遂并少用文言的字句"[46]，以后他又正式提出要"把古文请进国语文学里来"[47]。

这是不是有鼓动"复古"之嫌呢？周作人这样为自己辩护：

> "五四"前后，古文还坐着正统宝座的时候，我们的恶骂力攻都是对的，到了已经逊位列为齐民，如还是不承认他是华语文学的一分子，正如中华民国人民还说满洲一族是别国人，承认那以前住在紫禁城里的是他们的皇上，这未免有点错误了。[48]

显然，周作人提出"将古文请进国语文学里来"，是有前提的，即已经实现、并要继续维护白话文的主导地位。周作人当然知道几千年传统习惯势力的可怕，他是时时"十分警戒"着，"不可使现代的新散文再陷入到旧的泥坑里去"；他说："我们即使不像韩退之那样专讲摇头摆尾的文法，也总容易犯文胜之弊，便是雅达有余而诚不足，现今写国语文的略不小心就会这样的做出新的古文来"[49]。另一方面，周作人更不缺乏勇气为文言成分在现代文学语言中应有的地位辩护；他的辩护不是情绪的，而是出于对于我国文学语言发展规律的客观的理性的观照。

周作人在考察现代白话文时发现，白话中常缺少"形容词助动词一类以及助词虚字"，这就不得不"采纳古语"，"如寂寞、朦胧、蕴藉、幼稚等字都缺少适当的俗语，便应直截的采用；然而、至于、关于、况且、岂不、而等字，平常在'斯文'的口里也已用惯，本来不成问题，此外'之'字替代'的'字以示区别，'者'替代作名词用的'的'字，'也'字用在注解里，都可以用的"[50]——这还仅仅是着眼于现代文学语言本身的丰富性。而当周作人进一步考察现代文学语言的功能时，他又发现了："纯粹口语体的文章，在受过新式中学教育的学生手里写得很是细腻流丽"，适合于说理、叙事文体（如小说、戏剧）的发展；而在"不专说理、叙事而以抒情为主的文体（例如散文）里，则不满足于"细腻流丽","必须有涩味与简单味,这才耐读";"纯粹的口语体"显然已不能适应要求,而必须有文词上的相应变化:"以口语为基本,再加上欧化语,古文、方言等分子,杂糅调和,适宜地或吝啬地安排起来",以"造成有雅致的俗文学来"[51]。周作人的这一发现,与"五四"时期许多作家的创作经验是一致的:在对外部世界进行描述分析时,纯粹的口语体的白话文常常容易显示出细腻、明快的优点,欧化的白话文则以其缜密与准确度见长;而在传述现代人的比较微妙、复杂、朦胧,甚至是神秘的主观感受时,常难以用白话口语来表达,而用文言成分词语自有其特殊灵便之处。这个事实含有极重要的意义。文言文本来是与东方传统的非逻辑思维方式相联系在一起的;如前所述,"五四"时期正是为了发展与十八九世纪科学发展水平相适应的逻辑化的思维与语言,才历史地否定了文言文,提出了建立欧化语体文的任务;而本世纪以来建立在科学最新发现基础上的现代思维向东方传统思维相接近的趋势,必然使得具有含混、多义、富有弹性等特色的文言文在传达现代人的思维、心理时,又焕发出了新的生命力。因此,文言成分对于现代文学语言绝不是可有可无的,而恰恰是为"适切地表现现代人的情思"所不可缺的要素之一。

　　30 年代以后,周作人又在汉语言的形式特征上进一步发展了他在"五四"以后提出的"把古文请进国语文学里来"的思想。他一再提醒人们注意:

> 汉字这东西与天下的一切文字不同,连日本、朝鲜在内。他有所谓六书,所以有象形,会意,有偏旁,有所谓四声,所以有平仄。从这里,必然地生出好些文章上的把戏。[52]

周作人把它概括为游戏性、装饰性与音乐性。他指出,由汉字上述特点，引出了"许多雅俗不同的玩意儿，例如对联，诗钟，灯谜，是雅的一面"，"急急令，笑话，以至拆字，要归到俗一面去了"[53]，它构成了《红楼梦》的大观园生活，也是中国传统生活中最具魅力的一个部分。正如周作人所说："我们自己可以不做或不会做诗钟之类，可是不能无视他的存在和势力，这会向不同的方向（表现）出来，用了不同的形式。"[54]其中一个重要方面，应该是中国文人对于语言的"玩弄"态度——不能简单地、不加分析地都贬之为"形式主义"，它无疑是包含了积极的意义的。正是汉字的装饰性与音乐性，更使汉语获得了特殊的绘画、建筑与音乐美。周作人说："中国人特别酷好音乐"、重音调，讲究节奏[55]，中国的骈文正是通过声音、节奏表现文章内在的情趣、气势或神韵，并且以对偶的形式显示出一种装饰的美。周作人考察了中国散文发展的历史，他发现六朝散文"多以骈俪行之，亦均质雅可诵"，而六朝佛经文学更"能运用当时文调，加以变化，于普通骈散文外，造出一种新体制，其影响于后来文章者亦非浅鲜"[56]，"唯自韩退之起衰之后，文章重声调而轻色泽，乃渐变为枯燥"[57]。周作人由此而产生了对中国汉语"重声调，轻文义"的传统加以改造、利用的思想；他说：

　　我以为我们现在写文章重要的还是努力减少那腔调病，与制艺策论愈远愈好，至于骈偶倒不妨设法利用，因为白话文的语汇少欠丰富，句法也易陷于单调，从汉字的特质上去找出一点装饰性来，如能用得适合，或者能使营养不良的文章增点血色，亦未可知。[58]

　　周作人从传统的骈文僵化的形式中抢救出其合理内核，提倡"混合散文的朴实与骈文的华美之文章"[59]，为传统古文与现代白话文的渗透，开辟了另一个新的途径。

40年代，周作人总结了"五四"以来现代文学语言的发展，得出了如下结论："现在写文章既不用八大家的古文，纯粹方言不但写不出，记录下来也只好通用于一地方，结果只好用白话文来写。所谓白话即是蓝青官话，原是南腔北调的，以听得懂写得出为标准，并无一定形式，结果变成一种夹杂的语文，亦文亦白，不文不白，算是贬词固可，说是褒词亦无不可，他的真相本来就是如此。"[60]文白夹杂、"亦文亦白，不文不白"已经构成了现代文学语言中之一体，至于其中"古文与白话等分子"各占比例，"如何配合"，"此则完全由作家个人自由规定"[61]，可以变幻出更丰富的各种体式，正如周作人自己所说，"白话文之兴起，完全由于达意的要求，并无什么深奥的理由。"[62]只要能够"达意"——说出自己的话，表达出自己的思想感情，语言体式的运用与变化应该是十分自由的。还是周作人说得好："汉字应当为我们而存在，不是我们为汉字而存在"，"汉字改革的目的，远大的是国民文化的发展，切近的是在自己实行的便利"[63]；这正是周作人关于语言变革思想的出发点与归宿。

（五）

作为一个真正的语言艺术家，周作人尽管以极大的热情与努力，从事文学语言的变革与建设，但他始终十分清楚语言文字在传情达意上的有限性。他说：

> 我平常很怀疑心里的"情"是否可以用了"言"全表了出来，更不相信随随便便地就表得出来。什么嗟叹啦，咏歌啦，手舞足蹈啦的把戏，多少可以发表自己的情意，但是到了成为艺术再给

人家去看的时候，恐怕就要发生好些的变动与间隔，所留存的也就是很微末的了。死生之悲哀，爱恋之喜悦，人生最深切的悲欢甘苦，绝对地不能以言语形容，更无论文字。[64]

因此，他以为禅宗的"不立文字"，"差不多可以说是最高理想的艺术"，"或者只是音乐有点这样的意味，缠缚在文字语言里的文学虽然拿出什么象征等物事来在那里挣扎，也总还追随不上"[65]：这是每一个自觉的现代语言艺术家都必然遇到的几乎是难以摆脱的困惑。但也许正是为了摆脱困境而作出的努力，促成了艺术家在语言艺术上的种种创造；也许这就是周作人所说："知道了世间无一可言，自己更无做出真文学来之可能，随后随便找来一个题目，认真去写一篇文章，却也未始不可，随后那时候或者简直说世间无一不可言，也很可以罢。"[66]——真是说不定的。

注释

[1]　胡先骕在《评〈尝试集〉》里就表示了这样的"意见"："诗学不昌"，不在"工具不善"，而在"实质不充"，不能"以实质之不充，遂并历代几经改善之工具而弃之也。"

[2]　[3]　[6]　[7]　周作人：《雨天的书·文法之趣味》。

[4]　周作人：《希腊闲话》，载《新生周刊》第1卷第2期（1926年12月24日出版）。

[5]　周作人：《苦茶随笔·古音系研究·序》。

[8]　[10]　[11]　[19]　[23]　[28]　[31]　[32]　[33]　[34]　[35]　[36]　[38]　[39]　[41]　[50]　周作人：《艺术与生活·〈国语改造的意见〉》。

[9]　鲁迅就一再指出，如果没有钱玄同式的激烈主张，中国人连最基本的语言改革也是不会同意的。

[12]　[13]　[37]　[47]　[48]　周作人：《艺术与生活·〈国语文学谈〉》。

[14]　[15]　周作人：《药堂杂文·〈汉文学的前途〉附记》。

［16］ 周作人在 40 年代，特别是他已经出任伪职后，如此强调汉民族语言及汉文化的统一性与相对稳定性，是有他自己的苦衷的。这是他"汉文化中心论"的一个有机组成部分，他在《汉文学传统》里强调汉语"在东亚文化圈内也是不可少的中介"。参看本书《走向深渊之路》一章。

［17］ 周作人：《中国新文学的源流·第五讲》。

［18］［21］ 周作人：《中国新文学大系·散文一集·导言》。

［20］ 周作人：《永日集·杂拌儿·跋》。

［22］ 周作人：《理想的国语》，载《国语周刊》第 13 期（1925 年 6 月 14 日出版）。

［24］ 胡适：《建设的文学革命论》。

［25］［52］［55］ 周作人：《看云集·论八股文》。

［26］ 周作人：《秉烛后谈·东莱左氏博议》。

［27］ 周作人：《中国新文学的源流·第五讲》。

［29］ 周作人：《苦茶随笔·〈现代散文选〉序》。

［30］ 周作人：《理想的国语》、《国语周刊》第 13 期（1925 年 6 月 14 日出版）。

［40］ 周作人：《看云集·修辞学·序》。

［42］ 周作人：《风雨谈·绍兴儿歌述略·序》。

［43］［44］ 曹聚仁：《文坛五十年》。

［45］ 转引自曹聚仁：《文坛五十年》。鲁迅也有类似的意见。

［46］ 周作人：《自己的园地·〈旧梦〉》。

［49］ 周作人：《立春以前·文学史的教训》。

［51］ 周作人：《永日集·燕知草·跋》。

［53］［54］［58］ 周作人：《药堂杂文·汉文学的传统》。

［56］ 周作人：《北大国文系课程纲要说明》。

［57］ 周作人：《药堂杂文·画钟进士像题记》。

［59］ 周作人：《答上海有君书》，引自《苦竹杂记·后记》。

［60］ 周作人：《立春以前·杂文的路》。

［61］［62］ 周作人：《药堂杂文·汉文学的前途》。

［63］ 周作人：《汉字改革的我见》，载《国语月刊》特刊《汉字改革号》（总 7 期）。

［64］［65］［66］ 周作人：《看云集·草木虫鱼·引》。

十四、周作人对现代小说、散文理论的历史贡献

（一）

　　"五四"时期的启蒙者们在发动文学革命时，自然首先注目于新的文学观念的引入与确立，但他们同时也十分清楚，新文学要真正占领文艺阵地，还必须依靠文学创作的"实绩"。因此，他们对于新的文体建设也表现了极大热情。1917—1918 年北京大学文科国文门研究所小说组举办的三次讲演——胡适《论短篇小说》、刘半农《中国之下等小说》与周作人《日本近三十年小说之发达》，是对现代小说理论的最初探讨，也是奠基之作。周作人在他的演讲里对中国现代小说的建立有一个估计，即"中国现时小说情形，仿佛（日本）明治十七八年的样子"；按日本的先例，中国小说要实现向现代小说的蜕变，大概要用三十年时间。周作人根据日本的经验提出，当务之急是打破"中学为体，西学为用"的框架，大胆地引入外国小说，作为学习、"模仿"的榜样，同时开展对泛滥一时的旧派小说的批判，以扫清前进的道路。这是一个对中国现代小说的发展具有决定意义的正确的战略抉择。周作人自己也身体力行，连续发表了《论黑幕》、《再论黑幕》等批判旧小说的檄文，在当时产生了极大影响[1]；但他也许更有志于"立"的工作，在介绍外来小说时，总是结合着中国的创作实际，有意识地提倡各类小说体裁与流派。周作人的这些论述，大都

言简意赅，却对"五四"小说创作起着实际指导作用。今天我们探寻"五四"时期各小说流派、体式的创作源流，可以发现一个有趣的现象：各流派创作典范大都是鲁迅小说，而理论根据却大多出自周作人的论述。在这个意义上，周氏兄弟对中国现代小说的建立是真正尽到了"开创者"的历史责任的。

中国现代小说虽以鲁迅《狂人日记》的发表为开端，但真正形成创作势头的是 1919 年新潮社作家的出现。周作人也恰在此时（1919年 2 月）发表了《中国小说里的男女问题》，首先倡导"问题小说"。他明确地指出，"问题小说是近代平民文学的出产物。这种著作，照名目所表示，就是论及人生诸问题的小说"，"中国从来对于人生问题，不大关心，又素以小说为闲书，这种小说自然难以发生"[2]。周作人敏锐地抓住了正在发生的文学变革：从"以小说为闲书"的旧文学观念向以小说作为"改造人生的工具"的启蒙主义文学观念的转变；从描写"英雄豪杰的事业，才子佳人的幸福"的贵族文学到"记载世间普通男女的悲欢成败"，研究他们关注的人生问题的平民文学的转变，[3]因此，他对"问题小说"的倡导，正是适时地在小说创作领域树起了一面具体体现了上述深刻变革的文学旗帜。在很短时间内，"问题小说"即大批涌现，蔚成风气，这正说明"问题小说"的倡导是一个已经成熟了的文学课题。值得注意的是，周作人在这篇倡导文章里，把《红楼梦》作为"问题小说"的榜样，并且说明"作《红楼梦》的人不将黛玉一并配给宝玉，却任他死了，任宝玉去做和尚，这是他的见识，推他作中国问题小说的代表也正为这缘故"。周作人在这里高度评价《红楼梦》"敢于实写，大胆揭示人生缺陷，并无掩饰"的文学现实主义精神，显然是针对"无缺陷"也就"无改革，无反抗"的"瞒"与"骗"的文学传统的[4]；而他也就因此给"五四"时期的"问题小说"指明了现实主义的方向，这对于整个现代小说的

发展更有着深远的意义。周作人在文章中，还科学地区分了传统的
"教训小说"与"问题小说"，指出："教训小说所宣传的，必是已经
成立的，过去的道德，问题小说所提倡的，必尚未成立，却不可不有
的将来的道德。"周作人显然已经看到，作为一种"论及人生诸问题
的小说"，问题小说必然要在作品中或明或暗地显示作家的人生观与
伦理观；因此，他提醒作家必须"以将来的道德"即新道德作为提出
问题与解决问题的依据。这与五四新文化运动"提倡新文学，反对旧
文学；提倡新道德，反对旧道德"的历史要求是相一致的。

　　"五四"时期，周作人不仅注重小说创作自觉地与时代、历史的
要求取得一致，而且也要求小说的艺术体式、风格的多样性与独创性。
他在俄国作家库普林《晚间的来客》"译后记"里就明确透露了这样
的意向——

　　　　我译这一篇，除却绍介库普林的思想之外，还有别的一种意
　　思——就是要表明在现代文学里，有这一种形式的短篇小说，小
　　说不仅是叙事写景，还可以抒情；因为文学的特质，更在感情的
　　传染……这抒情诗的小说，虽然形式有点特别，但如果具备了文
　　学的特质，也就是真实的小说。内容上必要有悲欢离合，结构上
　　必要有葛藤，极点与收场，才得谓之小说；这种意见，正如十七
　　世纪的戏曲的三一律，已经是过去的东西了。[5]

　　周作人这一段议论的意义不仅在于他首次提出了"抒情诗的小说"
的概念，在理论上为我国现代抒情小说作出了明确的界说；更重要的
是，周作人高瞻远瞩地提出了要敢于打破传统小说模式，进行小说观
念与内容、结构、形式的革新的历史课题。周作人这一重大的理论倡
导与鲁迅《呐喊》、《彷徨》里对小说形式所进行的多方面的艺术探讨，

互相配合，为本世纪我国现代小说的伟大变革与创造，开辟了广阔的道路。

　　周作人注重小说的抒情性，也即抒情诗与小说的互相渗透，自然会对本世纪各种文学体裁的互相渗透产生深远的影响；同时，对小说抒情功能的强调，也就抓住了中国传统文学的一个基本特点——中国是一个传统的"诗国"，诗的因素渗透于一切文学艺术形式，形成了"抒情"的传统。因此，周作人倡导抒情小说也就为中国现代小说的民族化找到了一条重要途径。

　　周作人并不满足于理论的倡导，他追踪作家的艺术探索，及时作出理论上的概括；周作人对废名小说的系列研究即显示了他这方面的努力。周作人在评价废名小说时，特别欣赏他甘于寂寞、"独自走他的路"的"独立的精神"，注目其独特的创作个性，即笼罩着他作品的"隐逸气"[6]，以及"简洁"、"奇辟生辣"[7]的文章风格。周作人因此而认为废名在中国现代小说史上的主要价值在于"其文章之美"，"从近来文体的变迁上着眼看去，更觉得有意义"[8]。周作人所概括的废名小说的某些特点，更具有普遍意义，如写"平凡人的平凡生活"[9]；写实与梦幻的融合，现实主义描写中充溢着浪漫主义气息，所写的人物"与其说是本然的，毋宁说是当然的人物；这不是著者所见闻的实人世的，而是所梦想的幻景的写象"[10]；"情生文，文生情"的感情的自然流动组织小说的"散文式"的叙述方式与结构方式[11]，等等。这些特点在以后的抒情小说中不断出现，并逐渐成熟，构成了中国现代抒情小说的基本特征。对于这些共性的形成，废名的小说创作实践与周作人的理论总结，都是起了潜移默化的影响的。

　　周作人在广泛引入外国小说时，十分注意审美趣味、小说体式的输入与改造。他这样介绍波兰显克微支的作品："事多惨苦，然文章极奇诡，能用轻妙诙谐的笔，写他出来，所谓笑中有泪"[12]；他如此评价俄国作家科罗连珂的作品："他的小俄罗斯的温暖的滑稽与波兰的华丽的想象，合成他小说的特色"，在他的作品里，"悲剧、喜剧已经分不清界限"[13]；他在芬兰哀禾的作品里发现了"真实的滑稽，优美的空想，柔和的忧郁"[14]……经过周作人精心筛选的这些不同国家、不同时代的作家的笔下都流泻着一种调子：诙谐与"柔和的忧郁"的掺和。在周作人看来，这种审美趣味与艺术风格是中国民族与中国文学所缺少的。他不只一次地发出感慨："中国本来绝无感情的滑稽，也缺少理性的机智，所有的只是那些感觉的挑拨，叫人感到呵痒似的不愉快。"[15]诙谐感的缺乏，归根结底反映了思想、情感世界的局促，心灵受压抑的不自由状态；而失去了忧郁感的"下等的诙谐"，只能显示思想与情感的肤浅。这一切都是渴望个性解放、人民觉醒的一代先驱所绝难忍受的。周作人介绍与倡导诙谐与忧郁为一体的讽刺小说，借此改造民族审美趣味，进而影响民族性格，这是充分地显示了周作人"五四"时期小说理论的启蒙主义特色的。

因此，我们可以想见，当"千呼万唤"之中，终于出现了鲁迅《阿Q正传》这样的现代中国讽刺小说经典作品，在周作人这里理所当然地引起异乎寻常的强烈反应，欣然持笔为文，对鲁迅的创作实践作出理论上的总结。周作人明确地揭示了作为讽刺小说"灵魂"的作家主观情感评价所特具的辩证性质："主旨是'憎'"，但"在讽刺里憎也可以说是爱的一种姿态"，因此，周作人发现"讽刺小说虽然与理想小说表面相反，其精神却是一致，不过正负不同罢了"，并且把讽刺小说归为"理智的文学里的一支"：这都是对讽刺小说艺术特质相当深刻的概括。周作人根据鲁迅创造阿Q的经验，指出讽刺小说在人物形象塑造上的特点，是大都采用"类型描写"，"着眼于人生的善或恶的一方面，将同类的事物积累起来，放大起来"，"结果是一幅人生的善与恶的扩大图"，而与追求人物多重性格的立体化展示，"在善人里表出恶的余烬，在恶人里面表出善的微光"的写实作品不同。周作人显然认为"类型化"的描写，是讽刺小说的特点，而非弱点；这对于认识与把握讽刺小说的艺术个性是一个重要的启示。周作人还注意从文学语言上去把握讽刺小说的风格和个性，指出：鲁迅《阿Q正传》"在中国历代文学中最为少见"的特色是"多是反语，便是所谓冷的讽刺——'冷嘲'"[16]。讽刺小说从此不仅在中国现代小说史上确立了自己的历史地位，并且找到了发展具有民族特色的现代讽刺小说的正确道路，开始形成了自己独特的风格，这无疑是具有"史"的意义的。

在现代小说经过先驱者们的努力，占领了阵地，有了稳定的基础以后，周作人等人就开始把注意力由外国小说的吸取转向中国的"本土"——"本土"人民的生活与艺术上来。1923年，周作人在《地方与文艺》《旧梦》这两篇文章里，明确地提出了文学必须"真实地强烈地表现出"从土里滋长出来的个性"的问题，强调文学的"国民性，地方性与个性"的统一[17]，并且指出："具有多方面的趣味，而不相冲突，合成和谐的全体，这是'世界的'文学的价值"，因此，"强烈的地方趣味也正是'世界的'文学的一个重大成分"[18]。周作人所提出的是两个层次的要求，一是从总体上要求"根芽来自异域"的"新兴文艺"要"忠于地"，即加强与本国人民生活与传统艺术的联系，使"土气息泥滋味透过了他的脉搏，表现在文字上"，以民族的鲜明个性参与"世界的"文学的创造[19]；在狭窄的意义上，周作人则提倡一种具有浓郁"乡土色彩"的"乡土艺术"。他指出："一国之中也可以因了地域显出一种不同的风格"，"在中国这样广大的国土当然更是如此"[20]。他认为，"一个人的思想艺术""无形中总受着他的民族的总文化的影响"[21]，同时也受着地方的地理环境及历史传统所形成的地方文化的影响，因此，"描写地方生活的'乡土艺术'"，就必须研究地方民俗，充分注意"风土的影响"与"趣味的遗传"，以显示出文学的"乡土的气味"[22]。周作人据此而强调了文学与人类学的关系，指出："若在中国想建设国民文学，表现出多数民众的性情生活，本国的民俗学研究也是必要，这虽然是人类学范围内的学问，却与文学有极重要的关系"[23]。在周作人提出上述理论倡导的同时，在小说界陆续出现了"乡土写实小说"，并逐渐形成一个小说流派。"乡土写实小说"的出现，自然有着更加复杂的政治、经济、思想、文化背景，它所显示的特征也远不只于周作人这里所提出的"乡土色彩"、"地方趣味"；但是，周作人与同时期类似的理论倡导[24]，无疑对"乡土写实小说"的兴起仍是起着催生作用的，理论思潮与创作潮流交会于同一时代，这当然是反映了某种必然性的。

（二）

周氏兄弟是"五四"以来最负盛名的散文艺术家；而周作人则是"五四"时期重要的散文理论家，在一定意义上可以说，他的理论贡献不在创作成就之下。中国现代散文是从议论性散文（以后称为杂文）为开端的，作为最初刊载杂文的《新青年》"随感录"作者之一，周作人的杂文创作并没有引起很大的社会反响。真正使周作人在现代散文史中取得独立的特殊地位的，是他 1921 年在《晨报》副刊上发表的《美文》一文，提倡"叙事与抒情"散文（以后称为小品文[25]，或散文小品，又被看作是狭义的散文）。正是周作人的理论倡导及以后他自己的大量艺术实践，"给新文学开辟出一块新的土地"。周作人在给"美文"（即叙述、抒情性散文）作理论界说时，提出了一条原则，即"文章的外形与内容"的内在有机联系；一定的内容，只能用相应的一定形式表现，而一定的形式总是表现、包容了一定的内容。因此，当周作人进一步探讨"美文"的内在特质时，首先注目的是这种文体所产生的社会文化背景及由此产生的文化精神。他指出："文艺的发生次序大抵是先韵文，次散文，韵文之中又是先叙事抒情，次说理。散文则是先叙事，次说理，最后才是抒情"。因此，"美文"（散文小品）是"文学发达的极致，它的兴盛必须在王纲解纽的时代"[26]，这就是说，美文（散文小品）不仅是个性解放、心灵相对自由时代的产物，而且是一种最个性化的文体，周作人称之为"个人的文学之尖端"[27]。周作人一再强调，美文（散文小品）最本质的特征在于，它是"言志的散文，它集合叙事说理抒情的分子，都浸在自己的性情里"[28]，"是真实的个性的表现"，真实性灵的流露[29]。周作人把文体功能与语言形式统一起来，考察中国散文发展的历史，发现同是"美文"，由于所要表现的内容、情调，所着重发挥的功能不同，引起了语言内部结构的变化，而产生不同的风格[30]。周作人的分析，为散文文体形式的研究，提供了一个范例。

周作人对现代散文的理论探索的另一个重点是对散文流变的研究。他一再强调：现代散文"是那样地旧而又这样地新"[31]，它是"公安派与英国的小品文两者所合成"[32]，"（郑）板桥、（叶）冬心溯而上之，这班明朝文人（按：指公安、竟陵派文人），再上连（苏）东坡、（黄）山谷等，似可编出一本文选，也即为散文小品的源流材料"[33]。周作人以后把这一论断无限制地扩大，认为整个五四文学运动都是明末公安、竟陵运动的"延续"，这自然是极大的谬误；但公安、竟陵派散文与现代散文的内在渊源关系确实是存在的，周作人由此而得出的"现代的散文在新文学中受外国的影响最少"[34]，也大体符合事实。这也决定着以后现代散文的发展及命运：因为更多地继承了传统，有充分的借鉴，在现代文学发展初期的"五四"时期，"散文小品的成功，几乎在小说、戏剧和诗歌之上"[35]；但也因为传统的束缚，加上其他社会、经济、文化因素的作用，现代散文艺术，特别是美文（散文小品）并没有随着时代、文学的进步而得到更大的发展。这种状况，也许直到今天，仍然没有发生根本的变化；散文的研究也一直处于落后于其他文体研究的地位。在这种情况下，周作人当年对于现代散文的研究所获得的成果，也许是更加珍贵的。

注释

[1]　参看本书《历史的毁誉之间》一章。

[2]　周作人：《中国小说里的男女问题》，载《每周评论》第 7 期（1919 年 2 月 1 日出版）。

[3]　周作人：《艺术与生活·平民文学》。

[4]　鲁迅：《坟·论睁了眼看》。

[5]　译文及译后记载《新青年》第 7 卷第 5 号（1920 年 4 月 1 日出版）。

[6]　[9]　周作人：《谈龙集·竹林的故事·序》。

[7]　[8]　周作人：《看云集·枣和桥·序》。

[10]　周作人：《永日集·〈桃园〉跋》。

[11]　周作人在《莫须有先生传·序》中说："情生文，文生情"是"从新的散文中间变化出来的一种新格式"。当代作家汪曾祺认为"情生文，文生情"的写法是对于意识流的最早介绍，此说也可供参考。

[12]　周作人：《空大鼓·酉长·后记》。

[13]　周作人：《玛加尔的梦·译后记》。

[14]　周作人：《现代小说译丛·〈父亲拿洋灯回来的时候〉译后记》。

[15]　周作人：《读〈笑〉第三期》，载 1922 年 10 月 13 日《晨报副刊》。

[16]　以上引文均见周作人：《鲁迅的青年时代·阿 Q 正传》。

[17]　周作人：《谈龙集·地方与文艺》。

[18]　[23]　周作人：《自己的园地·〈旧梦〉》。

[19]　周作人曾经提出过这样的设想："我们理想的中国文学，负有人类共同的性情而又完具民族与地方性的国民生活的表现"（《读〈草堂〉》，载 1923 年 1 月 13 日《晨报副刊》）。

[20]　[21]　周作人：《谈龙集·地方与文艺》。

［22］ 周作人：《永日集·劳斯作〈在希腊诸岛〉译者后记》。

［24］ 如1923年9月上海《文学周报》连续发表王伯祥的《文学的环境》、《文学与地域》，强调"不但纵的方面，一时代有一时代的精神，而且横的方面也一地域有一地域的特色"，"一地的社会背景自然产生一地的特种文学来。"

［25］ 周作人本人并不赞成"小品文"的提法，认为"文就是文，没有小品大品之分"（《散文一集编选感想》）。

［26］［27］［28］ 周作人：《看云集·〈冰雪小品选〉·序》。

［29］［31］ 周作人：《永日集·〈杂拌儿〉跋》。

［30］ 参看本书《周作人与五四文学语言的变革》一文有关部分。

［32］ 周作人：《永日集·燕知草跋》。

［33］ 周作人致俞平伯书（1926年5月5日），选自《周作人书信》。

［34］ 周作人：《泽泻集·〈陶庵梦忆〉序》。

［35］ 鲁迅：《南腔北调集·小品文的危机》。

十五、周作人与五四诗歌艺术思维的变迁

五四文学革命是以诗歌作为突破口的。作为一个东方的"诗国"，中国的古典诗歌艺术得到了最充分、最完善的发展，经过长期的艺术磨练，形成了十分精美的艺术形式，同时也成为文学革命所要冲破的最顽固的堡垒。这样，"用白话来征服诗的壁垒"，从而"证明白话可以作中国文学的一切门类的唯一的工具"[1]，就必然成为五四文学革命的关键性的攻坚战。另一方面，诗歌这一种艺术形式，对于艺术思维以及作为思维的直接现实的语言的发展，又具有特殊的敏感性；在时代艺术思维与语言的变革中，诗歌往往是充当尖兵的。在"五四"这样的历史大转折、文学大变革的时代，诗歌更是成为艺术形式现代化、民族化的"先锋"。而周作人，作为"五四"时期最具有"形式感"的新诗人与理论家，对于诗歌艺术思维的发展给予了特殊关注，并以他的创作实践与理论作出了富有创造性的贡献。

·（一）

新诗运动的第一阶段，首先所面临的是五四文学革命共同的历史任务："要求语言文字和文体的解放。"[2]它给自己规定的目标是创造"语言是白话的"，"文体是自由的，是不拘格律"的诗歌形式[3]。在这形式变革的背后，隐藏着更加深广的历史要求，即摆脱传统形式的

束缚，追求人的精神的自由发展；打破"陈陈相因"的、僵化的创作模式及"奴性"心理，"不作古人的诗，而惟写我自己的诗"[4]；冲决"言简意晦"的贵族之风，实现言文一致及语言的通俗化。在这里，时代的共同目标压倒了诗歌艺术自身的追求；将后者提到日程上来的历史条件显然不成熟。因此，当胡适在理论上明确地提出"不拘格律，不拘平仄，不拘长短；有什么题目，做什么诗；诗该怎样做，就怎样做"[5]，特别是他将上述要求概括为"要须作诗如作文"[6]时，他就在实际上提出了一个"使诗不成为诗"的历史命题；或者如以后一些评论家所说，他及同时代人"注重的是'白话'，不是'诗'"[7]。胡适所谓"作诗如作文"的"文"，也是有特定内涵的，大体上包括了两个方面的要求：一是采用白话，以达到语言的通俗易懂，二是要求文学语言既是自由的，同时又"合乎文法"[8]，这样，"丰富的材料，精密的观察，高深的理想，复杂的感情，方才能跑到诗里去"[9]。前者反映了"五四"时代"诗歌平民化"的历史要求与启蒙主义的时代思潮；而后者，则是一种将西方逻辑性语言引入中国的自觉努力，以纠正中国传统语言及思维"不精密"的弱点，实现传统思维方式及语言的变革。这就进一步提出，不仅诗的语言方式必须"散文化"，而且诗的思维方式也应该是"散文化"即逻辑化的。胡适及其同时代人也正是从这一角度，对中国传统诗歌的"非逻辑化"提出了尖锐的批评。胡适在他的《尝试集·自序》里曾表示"最讨厌（杜甫）《秋兴》类的诗，常说这些诗文法不通，只有一点空架子"；钱玄同更是直接指责杜诗"香稻啄余鹦鹉粒，碧梧栖老凤凰枝""主宾倒置，此皆古人不通之句"[10]。这样的批评自然是存在着偏颇的；但在历史发展的最初阶段，所起的实际历史作用却是促进新诗的创作从思维方式到语言都与传统古典诗歌决裂，实现了诗体大解放，展现出全新的面貌。但这种决裂却并不容易，早期白话诗大多摆脱不掉旧诗词的痕迹，以至胡适最后不得不承认他的"尝试"之作，不过是小脚女人"放大脚"，具有半新半旧的性质。胡适同时指出，在早期新诗人中大都不免于此，只有"会稽周氏弟兄"例外[11]。胡适也据此对周作人的诗作以极高评价，力赞他的《小河》是"新诗中的第一首杰作"[12]。胡适的这一评价，得到了以后的文学史家的首肯，朱自清在他的《中国新文学大系·诗集·导言》里，就充分肯定"只有周氏兄弟摆脱了旧镣铐"；朱自清接着指出，"他们另走上欧化一路"，"这说的欧化，是在文法上"。这就是说，周氏兄弟抓住了创造"欧化的白话语言"这一中心环节，用西方逻辑化的思维方式与语言形式取代了中国古典诗歌非逻辑化的思维方式与语言形式，从而全然摆脱了中国传统诗歌的旧镣铐，使中国现代新诗从内容到形式都获得了一种新的自由。周作人早期诗歌创作正是彻底冲决了传统诗歌韵律、平仄……的限制，创造了具有自然音节的无韵诗。诚如沈从文所说，他的散文化的诗，"是各散文诗作者中最散文的一个，使文字离去词藻的虚诞，成为言语"，创造了"清淡朴讷的自然风格"[13]。周作人自己也说："这些'诗'的文句都是散文的，内中的意思也很平凡"[14]，他自认"我的头脑是散文的，唯物的"[15]，也即非诗人的，写出来的"诗""或者这算不得诗，也未可知"[16]。但恰恰是这"自然"的散文化的形式与风格最能表现周作人(也是"五四"时代)"对于平凡的事物的特殊的感兴"[17]及内含的人道主义理想的。周作人的《两个扫雪的人》、《背枪的人》、《画家》、《京奉车中》等诗在"五四"诗坛上曾产生过广泛影响[18]，开拓了"普通人民平凡生活入诗"的新天地，从而满足了"诗歌平民化"的时代要求。冯文炳(废名)认为早期白话诗人中，周作人的影响仅次于胡适[19]，这是符合实际的。周作人以他所创造的"欧化白话诗"也即从思维方式到语言形式都"散文化"的白话诗，为实现新诗运动的第一个战略目标——彻底摆脱旧诗词的镣铐，实行语言文字与文体的大解放，作出了自己的独特贡献。

（二）

在用白话写诗已经为诗坛及社会普遍接受以后，提出的任务自然是：使白话诗成为诗。这将是已经"散文化"的白话诗从"散文"中分离出来，获得自己独立品格的历史过程。它的起端，必然是对早期白话诗得失的重新审视与反思。写于1920年3月的康白情的《新诗底我见》首先从诗歌根本观念上对早期白话诗提出了他的质疑：他一面承认"'平民的诗'是理想，是主义"，一面又提出了"诗是贵族的"的新命题，强调诗歌创作有自己的艺术规律，不可能要求大多数人都能创作与鉴赏诗歌，"惟其诗是贵族的，所以诗尽可以偏重主观，触物比类，宣其性情，言词上务求明了，只尽力之所能及而不必强求人解"。这里对诗歌艺术先锋性、精美性的强调，正是对诗歌艺术个性的强调，无疑有重大意义；而论说者在承认"诗歌是贵族的"的"事实"、"真理"与坚持"诗歌是平民的"的"主义"、"理想"二者之间徘徊，则是深刻地反映了现代诗歌的一个基本矛盾：作为现代启蒙主义文学组成部分的新诗，它的社会责任决定了必须追求诗的"平民化"，以"使大多数人都能看得懂"为基本要求；但作为现代艺术思维的产物的新诗，它的现代性与先锋性又决定了它只能、并且必然是"贵族化"的，不可能为多数人所接受。这一基本矛盾贯串于中国现代新诗发展的全过程，由此而形成了新诗发展的两种倾向、两大潮流。正是两者之间的矛盾、对立、制约与渗透，推动着中国新诗艺术的发展。康白情首先明确地揭示了这一矛盾，在中国现代诗歌观念发展上不能不是一个重大的进展。

值得注意的是，康白情在强调诗歌艺术有自己的特殊规律，现代白话新诗也不例外时，旗帜鲜明地提出了"打倒文法底偶像"的口号。他指出：

> 　　本来中国文里，没有成文的文法；就使有文法，只要在词能达意底范围里，也不宜过拘。在散文里要顾忌文法，我已觉得怪腻烦的；作诗又要奉戴一个偶像，更嫌没有自由了。而且零乱也是一个美底元素。我们只求其美，何必从律？杜甫底"香稻啄余鹦鹉粒，碧梧栖老凤凰枝"这种的倒装句法，本为修辞家所许可的，不能以通不通去责他。

　　这显然是对胡适为代表的早期白话诗观念上的一次重大挑战。实际上在此之前，俞平伯已经发表过类似的意见："文法这个东西不适宜应用在诗上。中国本没有文法书，那些主词客词谓词的位置更没有规定，我们很可以利用他，把句子造成很变化很活泼。那章法的错综也是一样的道理。……诗总要层层叠叠话中有话，平直的向前说去做篇散文就完了。"[20]这表明，当人们在思考、探索"使白话诗成为诗"时，必然要提出由语言形式表现出来的诗的艺术思维方式问题。康白情、俞平伯在对胡适所建立起来的"文法的偶像"发生怀疑时，实际上就已经觉察到，诗歌在思维方式上应该与西方文法所表示的科学逻辑思维（也就是散文的思维方式）有所不同。抓住了思维方式与语言形式这一中心环节，也就抓住了使散文化了的白话诗从散文中分离出来的关键。

　　在此以后的新诗理论探讨，无论是成仿吾大声疾呼"诗人的职务只在使我们兴感，而不在使我们理解，使我们理解，有更明了更自由的散文"[21]，鲁迅以"感情已经冰结的思想家"为"诗歌之敌"，以为"诗歌不能凭仗了哲学和智力来认识"[22]，还是闻一多对诗歌"想象"要素的强调[23]，都表现了一种努力探讨诗歌特殊艺术思维方式的意向。而这种探讨的集大成者则是先后发表于 1926 年 3 月与 6 月的穆木天的《谭诗》与周作人的《扬鞭集·序》。穆木天论作的历史意义在于，他第一次明确地"点题"，指出要使白话诗成为诗，关键在于打破胡适所提出的、曾经发生过一定历史作用、但已经陈腐的"作诗须得如作文"的观念，要求"诗与散文的纯粹的分界"。他强调，"先当散文去思想，然后译成韵文，我以为是诗道之大忌"，"得先找一种诗人的思维术，一个诗的逻辑学"，"用诗的思考法去想"，用"超越"散文文法规则的"诗的文章构成法去表现"。穆木天同时用形式与内容相统一的观点力主与诗歌特有的思维方式与语言形式相适应，诗歌必须有自己独有的表现领域与表现手段、风格特点，强调"诗的世界是潜在意识的世界。诗是要有大的暗示能"，"诗不是像 $H_2+O=H_2O$ 那样的明白的"；穆木天据此而提出了建立"纯粹诗歌"的任务，从而把康白情所提出的"诗歌是贵族的"的命题发挥到了极致，成为以后现代派诗歌的理论基础之一。

对于新诗观念的上述探索与发展，周作人一直保持着浓厚的兴趣。据朱自清在《中国新文学大系·诗集·导言》里所说，周作人是康白情"诗是贵族的"这一论断的有力支持者[24]。而他的《扬鞭集·序》更是一针见血地指出早期白话诗最根本的弱点是"一切作品都像是一个玻璃球，晶莹透彻得太厉害了，没有一点儿朦胧，因此也似乎缺少了一种余香与回味"，这显然与早期白话诗处处讲究"合乎文法"、追求逻辑的思维方式与表达方式有关。周作人的《扬鞭集·序》还用极其简洁的语言，对在此之前有关新诗艺术思维的特点的探讨，在理论上作了高度的概括，指出："抒情是诗的本分"，"象征实在是其精意"，应有"一点儿朦胧"。而周作人在理论上的独特贡献，是他发现了西方的现代诗歌与中国传统诗歌在艺术思维方式与语言形式上的内在的相通，"象征"即其联结点："这是外国的新潮流，同时也是中国的旧手法；新诗如往这一路去，融合便可成功，真正的中国新诗也就可以产生出来了。"周作人在这里明确提出中西诗学互相"融合"的理想及其具体途径，具有极大的理论与实践意义。如果说新诗发展的最初阶段，必须从观念、内容到形式实行与传统诗学全面决裂，并在这一过程中实现诗歌的现代化，那么，随着新诗艺术的发展，又必须提出继承与发展传统诗学的任务，以实现新诗的民族化。周作人现在明确提出通过"象征"这一环节将东、西方诗学与诗的现代化、民族化统一、融合起来，这就大大地打开了人们的思路。周作人同时提醒中国的新诗人，在创造民族现代新诗时，要充分注意汉语言文字的特点，"如因了汉字而生的种种修辞方法，在我们用了汉字写东西的时候总是摆脱不掉的"，正可利用汉字的特点，在"自由"之中追求"节制"，在"豪华"中蕴含"清涩"，"把中国文学固有的特质因了外来影响而益美化"，创造出新的具有民族特色的现代诗歌的艺术形式与风格。周作人的理论为创造中国民族自己的现代派诗歌开辟了道路。二三十年代中国象征派诗人所提出的理论，如李金发关于将东、西"两家，试为沟通，或即调和"的设想[25]，卞之琳关于"亲切"与"含蓄"是中国古诗与西方象征诗完全相通的特点的观点[26]，都可以看作是周作人上述"融合"理论的进一步发展。这就显示出，在中国新诗观念的发展中，周作人的新诗理论，是起着承上启下的作用的。

注释

[1]　胡适：《逼上梁山》。
[2]　[3]　[5]　[9]　[11]　[12]　胡适：《谈新诗》。
[4]　[8]　胡适：《文学改良刍议》。

［6］　胡适：《尝试集·自序》。

［7］　梁实秋：《新诗的格调及其他》。

［10］　钱玄同：《寄陈独秀》。

［13］　沈从文：《我们怎样去读新诗》。

［14］　周作人：《过去的生命·序》。

［15］　周作人：《永日集〈桃园〉·跋》。

［16］　周作人：《小河·小序》。

［17］　周作人：《论小诗》。

［18］　《新潮》第1卷第5期特地转载了周作人发表在《每周评论》上的《背枪的人》等诗，并加编者按语，把这些诗作为"主义和艺术一贯的诗"的典范，向广大读者推荐。

［19］　冯文炳：《论新诗》。

［20］　俞平伯：《社会上对于新诗的各种心理观》，原载1919年10月《新潮》第3卷第1号。

［21］　成仿吾：《诗的防御战》。

［22］　鲁迅：《集外集拾遗·诗歌之敌》。

［23］　闻一多：《〈冬夜〉评论》。

［24］　详见本书《周作人与俞平伯、废名》有关部分。

［25］　李金发：《食客与凶羊·自跋》。

［26］　卞之琳：《魏尔伦与象征主义·译序》。

第三编

周作人与同时代人

十六、周作人与章太炎

——"谢本师"及其他

（一）

周作人在论及"鲁迅与晚清文坛"时，曾说晚清学人中对鲁迅（以及他自己）影响最大的是严复、梁启超和林琴南；但又说："后来在东京看见《民报》上章太炎先生的文章，说严几道的译文'载飞载鸣'，不脱八股文习气，这才恍然大悟，不再佩服了。"[1]如果说，严、梁、林三位对周氏兄弟的思想启蒙起了极大作用，那么，当鲁迅与周作人在日本开始形成自己的独立思想时，章太炎的影响是更为重要的。正像周作人自己所说，"虽然有些先哲做过我思想的导师，但真是授过业，启发过我的思想，可以称作我的师者，实在只有先生一人"[2]。

周作人与章太炎的相交，一般人都以为是从1908年周作人与鲁迅一起就学于章太炎开始，其实是不确的。周作人于1906年秋来到东京，先住在日本乡汤岛的伏见馆，到次年春即迁至本乡东竹町中越馆。据周作人后来回忆，"大概因为这里比较公寓方便，来的客也比以前多了"，"主要的是陶焕卿，龚未生，陈子英，陶望潮这些人，差不多隔两天总有一个跑来，上天下地的谈上半天……"[3]这里所说的常客中有章太炎的女婿龚未生；周作人大概就是通过龚未生的关系而结识章太炎的。但他们最初来往情况却不详。我们所知道的最早的材料，是周作人在《关于鲁迅之二》里的回忆：他在1908年6月10日出版的《民报》第 21 号发表的译文斯谛勃鄂克的《一文钱》(署名三叶译) 曾"请太炎先生看过, 改定好些地方"[4], 这说明他们此时的关系已经相当密切了。这年夏、秋之间, 章太炎还曾托龚未生, 请周作人翻译德人德意生的《吠檀多哲学论》的英译本[5], 周作人读后觉得"茫然不得要领", 遂建议直接译邬波尼沙陀即奥义书本文, "先生亦欣然赞成", 周作人曾"用心查过几章, 想拿去口译, 请太炎先生笔述, 却终于迁延不曾实现得, 这实在是很可惜的事"[6]。

同年 7 月 11 日开始, 周作人随同鲁迅至章太炎处听讲音韵之学。同学者有许寿裳、钱玄同等七人。本日"先讲三十六字母及二十二部古音大略"[7]。据朱希祖、钱玄同日记, 章太炎先后讲了《说文解字》、《庄子》与《楚辞》、《尔雅义疏》[8]。但周作人自己在《知堂回想录》中回忆, "《说文解字》讲完以后, 似乎还讲过《庄子》, 不过这不大记得了。大概我只听讲《说文》, 以后就没有去了吧"。周作人还这样回忆章太炎讲课时的情景:

> 一间八席的屋子, 当中放了一张矮桌子; 先生坐在一面, 学生围着三面听。用的书是《说文解字》, 一个字一个字的讲上去, 有的沿用旧说, 有的发挥新义, 干燥的材料却运用说来, 很有趣味。太炎先生对于阔人要发脾气, 可是对青年学生却是很好, 随便谈笑, 同家人朋友一样。夏天盘膝坐在席上, 光着膀子, 只穿一件长背心, 留着一点泥鳅胡须, 笑嘻嘻的讲书, 庄谐杂出, 看去好像一尊庙里的哈喇菩萨。[9]

至于求教于章太炎所受的影响, 鲁迅强调"前去听讲……并非因为他是学者, 却为了他是有学问的革命家, 所以直到现在, 先生的音容笑貌, 还在目前, 而所讲的《说文解字》, 却一句也不记得了"[10],

周作人则以为"实在倒还是这中国文字的知识，给予我不少的益处，是我所十分感谢的"[11]。鲁迅与周作人对章太炎的历史评价也不一致，鲁迅以为"战斗的文章，乃是先生一生中最大、最久的业绩"[12]，周作人显然不以为然，他在《知堂回想录》中仿佛有所针对似的指出："我以为章太炎先生对于中国的贡献，还是以文字音韵学的成绩为最大，超过一切之上的。"[13]

1909 年春夏之间，周氏兄弟突然接到了他们的老师章太炎的一封信："豫哉、启明兄鉴。数日未晤。梵师密史罗已来，准于十六上午十时开课，此简人数无多，二君望临期来赴。此半月学费弟已垫出，无庸急急也。手书。即颂　撰祉　麟　顿首　十四。"[14]信面是篆文所写。有意思的是，章太炎在信中用"启明"称周作人，从此周作人就改号为"启明"。师生关系之亲密，可见一斑。

师生同学于印度梵师的情景，周作人也有亲切回忆：

> 学生就只有太炎先生和我两个人。教师开始在洋纸上画出字母来，再教发音，我们都一个个照样描下来，一面念着，可是字形难记，音也难学，字数又多，简直有点弄不清楚。[15]

但章太炎学习梵文的精神却给周作人以深刻的印象与启示。以后，周作人多次著文回忆这段历史，并且说：

> 太炎先生以朴学大师兼治佛法，又以依自不依他为标准，故推重法相与禅宗，而净土秘密二宗独所不取，此即与普通信徒大异……且先生不但承认佛教出于婆罗门正宗，又欲翻读吠檀多奥义书，中年以后发心学习梵天语，不辞以外道为师，此种博大精进的精神，实为凡人所不能及，足为后学之模范者也。[16]

在周作人看来，章太炎是一位"儒佛兼收，佛里边也兼收婆罗门"的学者，这是章太炎"最为可贵"之处[17]。周作人说，"我于太炎先生的学问与思想未能知其百一，但此伟大的气象得以懂得一点，即此一点却已使我获益非浅矣"[18]。我们已经一再说过，"兼收并蓄，于杂糅中见调和"是周作人治学与思想的最大特色，这显然于章太炎等有所师承，又反过来，成为周作人评价古今中外学人的一个基本标尺。

不过，在日本时期，周作人所接受的，主要还是章太炎"革命的复古思想的影响"[19]。以后章太炎、周作人师生各奔东西，没有再见的机会。只是在1916年10月15日周作人日记中，我们看到如下记载："乔风自北京归，带回太炎先生书单条一幅。"乔风，即周作人三弟周建人。查1916年10月12日鲁迅日记："清晨三弟启行归里……寄回……章先生书一幅。"又，鲁迅1915年6月17日日记曾记："下午许季沛来，并持章师书一幅，自所写与，又《齐物论释》一册，是新刻本，龚未生赠也。"这说明，1916年周建人带回绍兴家中的，正是1915年章太炎书赠鲁迅的条幅。时章太炎因"以大勋章作扇坠，临总统府之门，大论袁世凯的包藏祸心"[20]，终被袁世凯软禁，鲁迅曾于1915年1月31日、2月14日、5月29日三次前往探视。太炎先生书赠条幅系抄录《庄子·天运篇》中的六句话："变化齐一，不主故常；在谷满谷，在阮满阮；涂却守神，以物为量。"[21]这显然是借庄子的话表示自己的心迹。鲁迅现在让周建人将条幅带回绍兴给周作人看，大概也有让周作人领会的意思。章太炎此时在周氏兄弟心目中仍然是十分令人尊敬的长者。

（二）

1917年4月，周作人由绍兴来到北京；章太炎却于1916年7月回到南方，师生未能一见。周作人来北京后，立即卷入了新文化运动中，成为有力的倡导者之一，而章太炎却日益走向新文化运动对立面。不可避免的文字交锋是 1922 年初发生的。是年 4 月，周作人以"仲密"的笔名在《晨报》副刊上发表《思想界的倾向》一文，列举事实，提醒人们警惕"国粹主义"的"勃兴"，事实之一即"太炎先生的讲学"。时章太炎正应江苏省教育会之邀，在上海主讲"国学"；周作人对此在文章中专门讲了一段话："对于太炎先生的学问，我是极尊重的。但我觉得他在现在只适于专科的教授而不适于公众的讲演，否则容易变为复古运动的本营，即使他的本意并不如此"[22]，这语气是十分诚恳的，在坚持原则之中，仍流露出对太炎先生的尊重。但事实很快就证实了周作人的"忧虑"：就在周作人文章发表两个月以后，即 1922 年 6 月，章太炎在写给南京高等师范学校柳诒征的信中，公开承认自己"妄疑圣哲"，"乃十数年前狂妄逆诈之论"，对之追悔莫及；并表示"中年以后，古文经典笃信如故，至诋孔则绝口不谈"[23]。这封信可以视为章太炎向封建旧文化营垒提交的"忏悔书"，是他在思想与学术上倒退的重要标志。对此，周作人并没有作出直接的反应，却在同年 9 月、11 月连续发表了《国语改造的意见》、《我的复古的经验》等文，回忆章太炎当年"革命的复古思想"对自己的影响，并且强调："因此得到一个极大的利益，便是'此路不通'的一个教训。"[24]

但章太炎在复古的轨道上却越滑越远。1924 年 8 月，他在《救学弊论》里，公开鼓吹"物质之学"可"参用远西书籍"，而"政治，经济，则无以是为也"，至于"文科"即人文科学更应坚决地"远"西方之学，而"专务史学"[25]。这就完全回到当年他自己曾极力反对过的"中学为体，西学为用"那里去了。此后，章太炎竟然与军阀吴佩孚、孙传芳等打得火热。1926 年，"'讨赤'军兴，先生又猛烈地作起政治的活动斗争"，组织所谓"反赤救国大联合"，自任"干事会"主席，发表

《宣言与通电》，扬言"对于赤党……则由军人张其挞伐"[26]，并以个人名义通电全国，叫嚷："以北事付之奉、晋，而直军南下……与南省诸君共同讨伐"北伐军与国民军[27]。此时章太炎已经成为维护封建军阀统治、反对革命势力的"护法大将"[28]。周作人遂在 1926 年 8 月 28 日出版的《语丝》第 94 期发表了著名的《谢本师》。文章首先说明自己"受了先生不少的影响，即使在思想与文章上没有明显的痕迹"，亦始终以先生为师；接着批评章太炎"太轻学问而重经济，自己以为政治是其专长，学问文艺只是失意时的消遣"，"好作不大高明的政治活动"，以至"把'削平发逆'的'曾文正'奉作'人伦模范'"；最后，严正表示"先生现在似乎已将四十余年来所主张的光复大义抛诸脑后了"，"这样的也就不是我的师。先生昔日曾作《谢本师》一文，对于俞曲园先生表示脱离，不意我现今亦不得不谢先生，殆非始料所及"[29]。

周作人这里所提及的章太炎"谢本师"事件发生在本世纪初的 1901 年。章太炎早年于 1890 年至 1897 年在杭州诂经精舍师事清末经学大师俞樾（曲园）凡八年，在"言稽古之学"方面受到了俞樾很深的影响，章太炎后来回忆说："余喜独行赴渊之士，出入八年，相得也。"[30]这时章太炎正值二十二岁至二十九岁的青春年华，俞樾的影响对于他一生的发展自然是至关紧要的。然而以后章太炎却逐渐走上了叛逆传统经学的道路，特别是在 1901 年，章太炎发表《正仇满论》，在中国近代历史上第一个从政治、理论上对康有为、梁启超为代表的保皇主义发动了公开批判，并第一次指名攻击了清王朝与光绪皇帝。为避开清廷耳目，章太炎从上海到了苏州，并拜见已经离开诂经学舍，移居在这里的老师俞樾，不料却遭到一顿训斥："今人异域，背父母陵墓，不孝；讼言索虏之祸，毒敷诸夏；与人书，指斥乘舆，不忠。不孝不忠，非人类也。小子鸣鼓而攻之可也。"[31]章太炎随即写了《"谢本师"》一文，发表于《民报》，公开拒绝俞樾的无理责难，表示从此要"谢本师"而继续走自己选定的道路[32]。时间仅仅过了四分之一世纪，到了1926年，章太炎自己又走上了他的老师的旧路，成为年轻一代的历史对立物，而被自己的学生抛弃。历史前进步伐如此迅速，又这般无情，这确实是殆非人们"始料所及"的。

作为《谢本师》的余文，1927年1月，周作人又发表《革命党之妻》(载《语丝》第117期)，对章太炎与徐锡麟之弟徐锡麒联名推荐省长之举，"稍为加以不敬"[33]。

（三）

但周作人自己也很快由"拉车前进的好身手"到"拉车屁股向后"[34]，走上了章太炎的复古之路。具有讽刺意味的是，周作人打出的旗号也是"中学为体，西学为用"[35]；而且，为了证明"外国有的，中国古已有之"，周作人"发掘"出一批古人，其中最重要的即是当年为章太炎所"谢"了的"本师"俞樾。三四十年代，周作人写了很多文章，给俞樾以极高评价，声称自己与俞樾"颇有缘"[36]，甚至说读俞樾的文章，"有时觉得与读欧罗巴文书籍时的感觉有点相似"，并"与新文学相通"[37]。当年因为维护封建旧文化的统治而被历史（以及他的学生）抛弃了的俞樾，在他的"徒孙"辈周作人这里竟然又成了新文化、新文学的先驱；俞樾若地下有知，也会觉得颇为尴尬的罢？

不过，在这种情况下，周作人要对章太炎重执弟子之礼，却是必然的。因此，当1932年春，章太炎再度北游时，我们在周作人日记里又看到了如下记载："4月20日：四时至北大研究所，听太炎先生讲《论语》。六时半至德国饭店，应北大校长之招，为宴太炎先生也，共三十余人，九时半归家"；"4月22日：下午四时，至北大研究所听太炎先生讲，六时半回家"；"5月15日，下午天行来，共磨墨以待，托幼渔以汽车迓太炎先生来，玄同、遏先、兼士、平伯亦来。在院中照一相，又乞书条幅一纸，系陶渊明《饮酒》之十八，'子云性嗜酒'云云也。晚饭用日本料理生鱼片等五品，绍兴菜三品，外加常馔，十时半，仍以汽车由玄同送太炎先生回去"；"6月7日：玄同来谈，交予太炎先生刻续编资一百元"，这是在平弟子集资刊刻章氏丛书续编。从日记中可以看出，周作人在再见章太炎时，既恭敬，又有几分拘谨，这是耐人寻味的。后来周作人自己在《知堂回想录》中说他的《谢本师》"不说振威孚威，却借了曾文正李文忠字样来责备他，与实在情形是不相符合的"[38]，似乎有几分"悔其少作"。

1936年章太炎去世，周作人与马裕藻、许寿裳、钱玄同、吴承仕等合送挽联，联语曰："素王之功不在禹下，明德之后必有达人。"周作人又写了《记太炎先生学梵文事》，以作纪念。文章赞颂太炎先生"不辞以外道为师，此种博大精进的精神，实为凡人所不及，足为后学之模范者也"；那么，周作人最终仍是以章太炎为师的。

而章太炎晚年对周作人态度又如何呢？《知堂回想录》抄录了一封钱玄同的来信，谈及经章太炎审定的《同门录》（钱玄同戏称"点鬼簿"），其中"大名赫然在焉，但并无鲁迅、许寿裳、钱均甫、朱蓬仙诸人"，有人"面询老夫子，去取是否有义？答云，绝无，但凭记忆所及耳"。这也可以算是一段小插曲吧。

然而，周作人自己却在太炎逝世以后，由"复古"而"事敌"。消息传出，全国哗然。他的学生也仿照其师，公开发表文章宣布"谢本师"[39]。距离周作人脱离章太炎，仅有十六年。这是本世纪连续发生的第三次师生决裂，时间的间隔一次比一次短，从一个侧面极其深刻地反映了中国近现代社会思想的动荡与变化。

但还有一点余文。1943年，周作人被解去华北教育总署督办的伪职后，在汪精卫的安排下南下讲学，在苏州逗留期间曾拜谒章太炎墓与俞樾的故居"春在堂"。南行中周作人写了不少打油诗，在苏州即有四首，诗兴不谓不浓，但却未有一首抒写拜谒太炎先生墓时的心绪的。围绕着"谢本师"，历史跟周作人开了一个不大不小的玩笑，他又能再说些什么呢？

注释

［1］　周作人：《鲁迅的青年时代·鲁迅与清末文坛》。

［2］　周作人：《谢本师》，载《语丝》第 94 期（1926 年 9 月 4 日出版）。

［3］　周作人：《鲁迅的故家·鲁迅在东京·中越馆三》。

［4］　周作人：《瓜豆集·关于鲁迅之二》。

［5］　据周作人：《知堂回想录·八三，邬波尼沙陀》。

［6］［15］　周作人：《知堂回想录·八三，邬波尼沙陀》。

［7］［8］　转引自陈漱渝：《鲁迅从太炎先生学的新资料》。

［9］［11］［13］　周作人：《知堂回想录·八〇，民报社听讲》。

［10］［12］　鲁迅：《且介亭杂文末编·关于太炎先生二三事》。

［14］　据《鲁迅研究资料》第 10 辑所载原信；周作人在《知堂回想录》，引用时有删改。

［16］［18］　周作人：《秉烛谈·记太炎先生学梵文事》。

［17］　周作人：《知堂回想录·章太炎的北游》。

［19］　参看本书《周作人与钱玄同、刘半农》一章中有关部分。

［20］　鲁迅：《且介亭杂文末编·关于太炎先生二三事》。

［21］　参看岳首：《章太炎书赠鲁迅的条幅》，《鲁迅研究资料》第 13 辑。

［22］　周作人：《谈虎集·思想界的倾向》。

［23］　《章太炎先生致柳教授书》，转引自姜文华：《章太炎思想研究》。

［24］　周作人：《雨天的书·我的复古的经验》。

［25］　《救学弊论》，转引自姜义华：《章太炎思想研究》。

［26］　《反赤救国大联合宣言与通电》，转引自姜文华《章太炎思想研究》。

［27］　《章炳麟通电》，转引自姜文华《章太炎思想研究》。

［28］　瞿秋白：《赤化共产真时髦》，原载《向导》第 145 期，转引自姜文华：《章太炎思想研究》。

［29］　周作人：《谢本师》。如此激烈的态度在周作人是少有的，而平时比周作人急进

的鲁迅，却保持着沉默，这在当时都很引人注目。

［30］［31］［32］　章太炎：《"谢本师"》，载《民报》第 9 号。

［33］　周作人：《知堂回想录·章太炎北游》。

［34］　这里是借用鲁迅在《趋时与复古》里评价刘半农的话。

［35］　参看本书《走向深渊之路》一文有关部分。

［36］　周作人：《苦口甘口·俞理初的著书》。

［37］　周作人：《药味集·春在堂杂文》。

［38］　周作人：《知堂回想录·一七二，章太炎的北游》。

［39］　参看 1942 年 6 月 15 日出版的《抗战文艺》第 7 卷第 6 期：证者：《鲁迅与书——
　　　　"谢本师"周作人》及孤独息：《对周作人"谢本师"的果有其人》。

十七、周作人与蔡元培

——"兼容并包主义"及其他

（一）

周作人在《桑下丛谈·小引》中说：

> 余生长越中，十八岁以后流浪在外，不常归去，后乃定居
> 北京，足迹不到浙江盖已二十有五年矣。但是习性终于未能改
> 变……愧非君子，亦还是越人安越而已。

为此，他写有《桑下谈》与《桑下丛谈》，专门介绍越人及其著作，亦见乡贤对他的影响之深。他在《地方与文艺》一文中，还开列了一批近来三百年浙江文人与学者的名单，这都是在不同程度、不同方面对他有过影响的；列于最后的是俞樾与章太炎师弟。但实际上，在俞樾、章太炎之后，还有一人不可不提，这就是周作人的小同乡蔡元培。

周、蔡之间正式往来是在1916年，但彼此的神交却早已开始。据周作人回忆，蔡元培"原籍绍兴山阴，住府城内笔飞坊，吾家则属会稽之东陶坊，东西相距颇远，但两家向有世谊，小时候曾见家中有蔡先生的硃卷，文甚难懂"[1]；又听人说"他是一个非常的古怪的人，是前清一个翰林，可是同时又是乱党"，"后来听说他的讲经是遵守所谓公羊家法的，这是他古怪行径的起头"，传说最多的是他主张"共

产公妻"，这"确是骇人听闻"，但事实上他却"是最端正拘谨不过的人"[2]。也许就是这样一些传闻，使周作人觉得蔡元培是"知识阶级里少有人物"[3]，油然而生敬仰之意。周作人还回忆说，1903 年他尚在江南水师学堂求学，"蔡先生回绍兴去办劝学所，有同学前辈封君传命，叫我回乡帮忙，因为不想休学，正在踌躇，这时蔡先生也已辞职"，此议遂罢，周作人也失去了一次与蔡元培合作的机会[4]。在蔡元培的记忆里，他最早知道周氏兄弟的名字，是在 1907—1908 年间，时蔡元培正在德国留学，从弟国亲从日本写信给他，说是周豫才、岂明兄弟谈及，学外语"最要紧的是有一部好字典，这是我领教于先生的第一次"[5]。但他们的相见却是在八年以后，1916 年 10 月蔡元培第二次访欧自德莱比锡大学归国，11 月回绍兴省亲，于本月 22 日访问周作人，未遇，周作人于 26 日、27 日两次回访，亦未遇。后来周作人又去花巷布业会馆听蔡元培讲演，二人才得以相见。

　　蔡元培从绍兴回北京后，即于 1917 年 1 月就任北京大学校长，奉行"循思想自由原则，取兼容并包主义"的办学方针，延聘了一批"新派"学者，先后有钱玄同、陈独秀、刘半农等人；周作人也应蔡元培之邀于 1917 年 4 月来到北京[6]。周作人日记中 4 月 3 日、4 日均有"访蔡先生，不值"的记载，4 月 5 日记："上午蔡先生来访，功课殊无着"，原议任希腊和欧洲文学史及古英文课，后因学期中途无法添加课程。最后，经蔡元培安排，周作人暂在北大附设的国史编纂处工作。

　　周作人到京不久，即发生了张勋复辟事件。在此期间，周作人于 6 月 5 日、6 月 26 日两次访问蔡元培。后来周作人自己回忆，此时"北京闹过公民团，接着是督军团，张勋作他们的首领，率领辫子兵入京，我去访蔡先生，……我问他行止如何，蔡先生答说，只要不复辟，我是不走的"[7]。蔡元培的沉着与忠于职守给周作人以极深的印象。他由此而认识到"蔡先生貌很谦和，……可是其精神却又强毅，认定他所要做的事非至最后不肯放手，其不可及处即在于此"[8]。蔡元培"绵里藏针"的内在的"硬气"正是绍兴地方性格的精髓所在。素有"温雅中有铁"之称的周作人于此产生了强烈共鸣，他们之间的关系也日益密切起来。张勋复辟事变不久，1917 年 9 月周作人即收到了任"文科教授"兼"国史编纂处纂辑员"的聘书[9]，教"希腊文学史"、"欧洲文学史"等课程。不久，周作人又参加了蔡元培发起组织的进德会，"记名为乙种社员"[10]。当时北京大学内部新旧派之间的斗争十分尖锐；旧派教员黄季刚就公开谩骂"章氏旧同门"（按，指钱玄同）"曲学阿世"，后来友人都戏称蔡元培先生为"世"，往校长室为"'阿世'去"。周作人因为新来，"也就站开一点，不常去谈闲天"[11]。这一时期周作人日记里经常可以看到这样的记载："1918 年 3 月 13 日，下午得蔡先生函，《日支时论》一本属译……晚起草"；"1918 年 3 月 18 日，晚得蔡先生函及《廓清》一本，属译"；"1918 年 5 月 21 日，晚得蔡先生函并《支那》一本属译，起草至十二时睡"等等，至少在翻译外文方面，周作人是蔡元培相当得力的助手。在这一时期，周作人与蔡元培的交往中，最值得注意的是 1918 年 4 月 26 日周作人日记中的如下记载："上午拜访蔡先生，说明往俄事"，可惜资料不全，未能得其详。我们所知道的是，这一时期周作人相当热衷于介绍俄国文学作品，先后翻译了《陀思妥耶夫斯奇之小说》（载 1918 年 1 月 15 日《新青年》第 4 卷第 1 号），库普林《皇帝之公园》（载 1918 年 4 月 15 日《新青年》第 4 卷第 4 号），梭罗古勃《童子林之奇迹》（载 1918 年 3 月 15 日《新青年》），列夫·托尔斯泰《空大鼓》（载 1918 年 11 月 15 日《新青年》第 5 卷第 5 号）等等，并于五四运动前夕（1919 年 3 月）翻译了《俄国革命之哲学的基础》一文，发表于《新青年》"马克思主义研究"专号（第 6 卷第 4 号）。同年 6 月 3 日所写新诗《偶成》之二里，周作人还这样歌颂革命后的俄国："踏了冰蹯了雪，一直往西北，在那里的旧账簿上，却可看到许多这样的事：——用通红的火一般的横行字，都在那旧账簿的末叶上记着。"[12]所有这些，都表现了周作人在"五四"前后对社会主义与俄国革命的关注与热情。他有与蔡元培商量"往俄事"之举，是完全合乎逻辑的。

在此以后，蔡元培、周作人之间一直保持着一种彼此可以比较随便的亲切关系。1920年由蔡元培出面将周作人10年前在日本翻译的匈牙利育凯摩耳的《黄蔷薇》介绍给商务印书馆出版，1922、1923年间，爱罗先珂就任北京大学世界语教师，蔡元培将其安排在周家，即是其例。不久以后，蔡元培为抗议北洋军阀政府黑暗统治，于1923年7月出国赴欧，一去两年余，周作人与蔡元培之间也中断了联系。

（二）

1926年2月，正是北京爱国学生与北洋反动军阀政府矛盾日趋激化，近于一触即发的时刻，蔡元培在北洋政府教育厅电促下由欧洲回国，对报界发表讲话，表示"对共产，赞成其主义，但主采克鲁泡特金之互助多数，反对马克思之阶级争斗"。周作人立即写了《外行的按语》予以反驳。周作人说："我相信现在稍有知识的人（非所谓知识阶级）当无不赞成共产主义。"因为共产主义者也是一个宗教家，"只是想在地上建起天国来"，这固然表现了周作人对"共产主义"理解的肤浅，但确也表明他对于以共产主义为理想的革命者是持友好态度的。周作人的文章强调："我不知怎的不很相信无政府主义者的那种乐观的性善说。阶级争斗已是千真万确的事实，并不是马克思捏造出来的"，"蔡先生倘若以为异阶级也可互助，且可以由这样的互助而达到共产。我觉得这是太理想的了"。周作人显然是用人性论的观点来看待阶级斗争的。但是，他对即将发生的激烈斗争的预感使他比蔡元培的认识更切合中国的实际，他实际上是站在共产主义者所领导的革命运动的同路人的立场上的。周作人在文章中由此而谈到，他虽然十分尊重蔡元培，但意见也并不总是一致，例如蔡元培"'以美育代宗教'的主张我便不大敢附和"[13]。蔡元培与周作人上述意见分歧，发生在1926年中国革命形势即将发生巨变的前夕，这对于了解他们在1926—1927年大变动中的不同态度与立场，是很有益处的。

　但蔡元培终于回国，这自然是包括周作人在内的北大师生所热烈欢迎的。不料，蔡元培回国后却一直滞留上海，表面原因是南北交通受阻。周作人于是年4月25日去信促其北上，蔡元培于5月15日函复，称"弟对于北大，既不能脱离而久旷职守，慊愧万分！惟现因胃病大发，医生禁为长途之旅行，一时竟不克北上"[14]。实际上，蔡元培不肯北上赴职，是另有缘由的。早在他刚到上海，2月7日在北大旅沪毕业同学公宴席上发表对大学的意见时，就说了这样一番话："大学之大，因其无所不包，各种言论思想均可自由，但亦不必出于互相诟骂。如各有主张，尽可各自鼓吹自己主张之长处，不必攻击或排斥他种主张。北大内部现今似有党派的趋势。"这里所说"北大内部现今似有党派的趋势"及"互相诟骂"等语，指的是当时正在激烈进行着的语丝派与现代评论派的论战。周作人不得不于是年7月19日出版的《语丝》第88期上发表《我们的闲话·二六》一文予以辩正："北大内部有党派，已是事实，也不是始于今日，因为有党派所以这才能说无所不包，否则怎么说能包呢？因此，所谓'校内党派甚多，意见甚不一致'，于大学之大并无妨碍"，此其一；"我们不是圣人，不能隐恶而扬善"，"有自称维持公理的人，受了官僚的贿赂替他辩护出力"，我们也"只好直说出来"，此其二。可谓理直气壮，慷慨陈辞。文章结尾轻点一句："我知道自己也有毛病，便是不通世故。

我在北京混了十年，至今还是《新青年》与《每周评论》时代的意见与态度，这在现今似乎是不很通行的了。"这自然是有弦外之音的。《新青年》、《每周评论》时代的北京大学，奉行"兼容并包"的"自由"原则，并非无原则的调和，本质上是对进步力量的一种保护。这显然是在提醒与暗示蔡先生：不要背弃这一传统。意思明确而用语含蓄委婉，这也是既坚持原则又包含着对蔡先生的尊重的。有趣的是，在这里，周作人一面与蔡元培据理力争，话虽然说得理直气壮，另一面自己内心深处却又有与蔡元培类似的追求；这仍然是"绅士鬼"与"流氓鬼"的打架，不过此时占上风的是"流氓鬼"罢了。

但蔡元培终于走到了与吴稚晖等一起发议"清党"的地步。而周作人则站在人道主义立场上，对在"清党"惨遭屠戮的革命者与无辜百姓表示同情。他写了《闲话拾遗·四六，猫脚爪》一文（载1927年6月26日出版的《语丝》第137期），对曾混迹于新文化运动、此时公开反共的吴稚晖痛加抨击，同时也严正指出，与吴稚晖同时"发议'清党'"的蔡元培、李石曾对清党"冤死多少有为的青年"的罪恶，以及"段执政，孙联帅，梁新民，曾醒狮"，"丁总办，章教长"的重新上台，"不能辞责"。同年10月周作人又在《随感录·四九，怎么说才好》（载《语丝》第151期）中谴责"也是知识阶级的蔡、胡诸君，身在上海"，却对"不管是非曲直"，拼命"杀共党"的残暴行为，"视若无睹"，认为"此种现象，除中国人特嗜杀人说外，别无方法可以说明"。同年10月15日发表的《随感录·六五，功臣》（载《语丝》第153期）中，引述了老友的话："党既以清而转浑，政治军事均以不振，北伐事业转为一场春梦"，尖锐地指出，发动清党的吴、蔡诸元老，实为北洋"中央（政府）之功臣"。周作人对蔡元培的批评，义正辞严，旗帜鲜明，没有半点调和的味道，这正好证实了周作人自己所说，"浙东人的气质终于没有脱去"，"满口柴胡，殊少敦厚温和之气","呜呼,我其终为'师爷派'矣乎"。此时出现在人们面前的,俨然是"叛徒"的周作人;在大时代的影响与推动下,"绅士"周作人的形象暂时退到了"后景"中。

(三)

但大革命失败后,周作人心灵深处的"绅士鬼"很快就步入"前景"。轰动一时的"五十自寿诗"即是一幅绝妙的自画像。在众多的和诗中,也有蔡元培寄来的三首,周作人一直珍藏着,并于几十年后发表于《知堂回想录》中。也许《其三·新年用知堂老人自寿韵》,人们更感兴趣——

　　新年儿女便当家,

　　不让沙弥袈了裟。(故乡小孩子留发一圈而剃其中边者,谓之沙弥。癸巳存稿三,"精其神"一条引经了筵阵弦等语,谓此自一种文理。)

　　鬼脸遮颜徒吓狗,

　　龙灯画足似添蛇。

　　六么轮掷想赢豆,(吾乡小孩子选炒蚕豆六枚,于一面去壳少许,谓之黄,其完好一面谓之黑,二人以上轮掷之,黄多者赢,也以豆为筹马。)

　　数语蝉联号绩麻,(以成语首字与其它末字相同者联句。如甲说"大学之道",乙接说"道不远人",丙接说"人之初"等,谓之绩麻。)

　　乐事追怀非苦话,

　　容吾一样吃甜茶。(吾乡有"吃甜茶讲苦话"之语。)

周作人还特别注意到"署名则仍是蔡元培,并不用什么别号。此于游戏之中自有谨厚之气"。[15] 在我们看来,蔡元培的和诗首先是显示了他的豁达与风趣[16],与他的坚毅相反相成,恰恰构成了吴越地方文化性格不可分割的两个侧面。对于蔡元培,此时此地重忆童年时代故乡的新年景物,自然从一个侧面反映了他内心的苦闷,对于现实政治的厌倦[17];同时,也包含了他对周作人内心世界相当深刻的理解。正因为如此,在众多的和诗中,蔡元培的这一组引起了周作人异乎寻常的强烈反应,直到三十年后,还无限感慨地说:"他此时已年近古稀,而记叙新年儿戏情形,详加注解,犹有童心;我的年纪要差二十岁光景,却还没有记得那样清楚,读之但有怅惘,即在极小的地方,前辈亦自不可及也。"[18]

(四)

历史总喜欢捉弄人。在 1931 年"九一八"事变以后,蔡元培在抗日爱国热潮推动下,逐渐走到了时代的前列,周作人却缩回"苦雨斋",日益远离时代。与"清党"时期相比,他们之间发生了历史地位的对换。而这"对换"恰恰是决定了他们的历史"结局"的:当 1940 年蔡元培在香港因脑溢血遽然去世时,他得到了全民族一致的哀悼;而此时周作人已成为日本侵略军麾下的"督办",为一切有爱国心的中国人所唾弃。

但周作人仍然写了《记蔡孑民先生事》(载 1940 年 4 月 1 日《中国文艺》第 2 卷第 2 期)表示悼念。文章把蔡元培的精神概括为"唯理主义"。"其一,蔡先生主张思想自由,不可定为一尊","其二,主张学术平等","其三,主张男女平等";"蔡先生的思想有人戏称之为古今中外派,或以为近于折衷,实则毋宁解释兼容并包,可知其并非

是偏激一流，我故以为是真正儒家，其与前人不同者，只是收容近世
的西欧学问，使儒家本有的常识更益增强；持此以判断事物，以合理
为止，故即可目为唯理主义者也"。应该说，这些分析不仅比较准确
地概括了蔡元培的思想特点，而且也在一定程度上是一种"夫子自
道"。郁达夫就说过，周作人的最大特点即是"理智的固守"[19]。也
正因为这种思想的沟通，周作人在他的晚年，仍然不断地忆及蔡元
培。1958年，他在《羊城晚报》发表了《蔡孑民》一文，特别强调了
蔡元培在任北京大学校长期间所提出的"古今中外"的主张，以为这
是蔡先生的"主要成就"。

　　在周作人最后一部著作《知堂回想录》里，关于蔡元培的回忆
占据了特别重要的地位，前后共有四节之多。其中特意提到自己的受
业师、三味书屋教读《中庸》的寿洙邻先生对蔡元培的评价："孑民
学问道德之纯粹高深，和平中正，而世多訾嗷，诚如庄子所谓纯纯常
常，乃比于狂者矣"，"孑民道德学问，集古今中外之大成，而实践
之，加以不择壤流，不耻下问之大度，可谓伟大矣"。周作人说，"这
些赞语或者不免有过高之处，但是他引庄子的说话是纯纯常常，这是
很的确的"，"他在这里偶然说及古今中外，这也是很得要领的话"[20]。
如此说，周作人对于蔡元培的最终评价，仍然归结到"古今中外"这
一点上，这是很有意思的。

注释

[1]［4] 周作人：《药味集·记蔡孑民先生的事》。
[2]［3] 周作人：《知堂回想录，一六六，北大感旧录（十一）》。
[5] 蔡元培：《记鲁迅先生轶事》，收鲁迅纪念委员会编印《鲁迅先生纪念集》悼文第1集。
[6] 查鲁迅1917年日记："1月15日，寄蔡先生信"，"18日上午，得蔡先生信"，
　　"28日，寄绍兴信"，可略见周作人任职北京大学情况。

［7］［8］［11］周作人:《药味集·记蔡孑民先生事》。

［9］此据1919年9月4日日记;周作人在《蔡孑民先生事》记为"民国六年八月",有误。

［10］1918年1月23日《周作人日记》。

［12］诗载《每周评论》第28期(1919年6月8日出版)。

［13］以上引文均是周作人:《谈虎集·外行的按语》。

［14］信载《鲁迅研究资料》第9辑。

［15］周作人:《知堂回想录·一六六,北大感旧录(十一)》。

［16］诗人徐志摩乘飞机在济南遇难,蔡元培写了一副挽联:"谈诗是诗,举动是诗,毕生行径都是诗,诗的意味渗透了,随遇自有乐土。乘船可死,驱车可死,斗室坐卧也可死,死于飞机偶然者,不必视为畏途"(抄自陈从周编:《徐志摩年谱》),这也是能显示蔡元培思想性格的豁达的。

［17］参看唐振常《蔡元培传》第223页的分析。

［18］［20］周作人:《知堂回想录·一六六,北大感旧录(十一)》。

［19］郁达夫:《中国新文学大系·散文二集·导言》。

十八、周作人与李大钊

——空想社会主义思潮及其他

（一）

周作人在《知堂回想录》中，对他与李大钊的最初交往，有如下亲切的回忆：

> 我认识守常，是在北京大学，算来在 1919 年左右，即是
> "五四"的前后。其时北大红楼初盖好[1]，图书馆是在地窖内，
> 但图书馆主任室设在第一层，在头靠南，我们去看他便在这间房
> 里。那时我们在红楼上课，下课后有暇即去访他。为什么呢？
> 《新青年》同人相当不少，除二三人时常见面之外，别的都不容
> 易找。校长蔡孑民很忙，文科学长陈独秀也有他的公事，不好去
> 麻烦他们。……在第一院即红楼的，只有图书主任，而且他又勤
> 快，在办公时间必定在那里，所以找他最是适宜，还有一层，他
> 顶没有架子，觉得很可亲近，所谈的也只是些平常的闲话。[2]

这与鲁迅对李大钊的印象——"诚实，谦和，不多说话"，"有些
儒雅，有些朴直，也有些凡俗"[3]，是十分接近的。不仅在同代人眼
里，在年轻一代的观察中，李大钊也是这样态度："朴实，慈祥，对
我们说话不多，可是爱护青年之心是溢于言表的"[4]。作为一个新、

旧过渡时代的先驱者，李大钊在思想、言辞上颇为激进，但在行为道
德上却是相当传统的。也正因为如此，有些守旧者尽管拒绝李大钊的
思想观点，却不能不对他的道德文章表示钦佩。以至在李大钊被捕
后，有的警官也私下表示对李大钊为人的"尊敬"，李大钊死后，"连
反动报纸都不得不虚伪地赞扬他的学问、道德和文章"[5]。应该说，
周作人与李大钊之间持续长久的友谊，与周作人对李大钊的学问、道
德、人格的钦慕也是直接相关的。

当然，在"五四"时期，周作人与李大钊同时还是"相知"，他
们的交往，有着共同的思想基础。除了人们所熟知的在《新青年》与
《每周评论》[6]的密切合作外，周作人与李大钊在"工读互助团"、"新
村运动"及"少年中国学会"活动中，都配合默契。

李大钊、周作人与陈独秀、蔡元培等同是"工读互助团"的发起人。
据发表于《新青年》第7卷第2号的"募款启事与简章"宣称，组织
工读互助团的宗旨，在于"实行半工半读主义，庶几可以达教育和职
业合一的理想"，"不但可以救济教育界与经济界的危机，并且可以
免得新思想的青年，和旧思想的家庭发生许多无谓的冲突"。正如一
位负责人所说，工读互助团"是一种'不流血的'经济革命"，其理
想是"人人作工，人人读书，各尽所能，各取所需"。显然，这是一
个带有浓厚的空想社会主义色彩的社会运动。在周作人日记中，最早
见到有关"工读互助团"的记载是1919年12月10日日记："四时半
至守常处，赴工读互助团会"。这表明，周作人参加发起工读互助团，
与李大钊有密切关系。在以后的日记里，出现了不少有关参加工读互
助团活动的记录，如，"1920年1月24日：下午至工读互助团赴谈话
会"，"1920年2月28日：下午至工读互助团闲话"，"1920年2月29
日：下午至互助团第一组赴会"，"1920年3月27日：（得）工读第二
组函"，"1920年4月9日：得工读三组函"等。可见周作人曾一度相

当积极地参加了工读互助团的活动。

同一时期，周作人又以极大的热情与精力从事于同样具有空想社会主义性质的新村运动，而新村运动也是得到李大钊的支持的。查周作人日记，就有"守常函介李君来，属为绍介新村"（1920 年 7 月 1 日）、"访守常，以新村绍介函交徐彦之君"（1920 年 6 月 28 日）等记载。

周作人在《知堂回想录》中回忆说：

> 我最初认识守常的时候，他正参加"少年中国"学会，还没有加入共产党，有一回是他给少年中国学会介绍，叫我去讲演过一次。

查有关资料，李大钊于 1918 年 6 月列名发起建立少年中国学会，并被推为《少年中国》月刊临时编译部主任。少年中国学会于 1919 年 7 月 1 日正式成立，并宣称自己以"振作少年精神，研究真实学术，发展社会事业，转移末世风气"为宗旨[7]。在早期活动中，少年中国学会模糊地表示要研究社会主义，这多少具有空想社会主义的性质。从周作人日记看，周作人与少年中国学会的关系是相当密切的，而李大钊正是其间主要联系人。1919 年 4 月 30 日日记中记有"在守常处得少年中国学会报一本"，这是最早的记载；以后，1919 年 6 月 18 日、8 月 29 日、9 月 16 日、9 月 18 日等日日记里，均有别人寄赠或自己购买《少年中国》的记载，其中 9 月 18 日即是"得守常寄《少年中国》三册"。到 1919 年 12 月 2 日又有"（得）守常函，代少年中国托作文"事，第二天日记即记有："抄旧稿，拟予《少年中国》"，足见对李大钊约稿的重视；12 月 18 日日记又记："寄《少年中国》稿一件，交守常"，此文即是发表于《少年中国》第 1 卷第 8 期的《英国诗人勃来克的思想》。至于《知堂回想录》所说"讲演"，是 1920 年 12 月 19 日下午在学会所作题为《宗教问题》的讲演，讲稿后来发表在《少年中国》第2卷第11期。但在周作人日记中，并未有李大钊介绍的直接记录，只是1920年12月12日有"邓仲懈、高君宇二君来访，嘱下星期为少年中国会讲演"的记载，邓仲懈即邓中夏，他与高君宇后来都是著名的共产党人，当时与李大钊关系极为密切。很有可能是李大钊介绍邓、高来约请周作人讲演的，周作人也才会有《知堂回想录》里那段回忆。但周作人回忆说，他"给少年中国学会先后讲演过三次"，现在可查的只有这一次。

　　周作人与李大钊在工读互助团、新村运动与少年中国学会的合作，表明他们都曾经是"五四"时期盛行一时的空想社会主义思潮的积极参加者与推动者，这是具有思想史意义的。我在本书第一章里即已指出，空想社会主义是中国革命的先驱者由革命民主主义走向马克思主义的不可或缺的中间桥梁。这里我要补充的是，像李大钊这样的中国第一代马克思主义者，即使在他总体上完成了由空想社会主义向科学社会主义的转变之后，其理论主张仍然保留了空想社会主义的某些印记。例如，李大钊在发表于《新青年》第6卷第5号与第6号的《我的马克思主义观》（同期发表了周作人翻译的《俄国革命之哲学的基础》）里，仍然没有放弃用克鲁泡特金的"互助论"来"补充"马克思主义学说的努力。他指出："近来哲学上有一种新理想主义出现，可以修正马氏的唯物论，而救其偏颇。各国社会主义者，也都有注重于伦理的运动，人道的运动的倾向"，"克（鲁泡特金）氏所谓真正历史，就是互助的历史，没有阶级竞争的历史"，"我们主张的人道主义改造人类精神，同时以社会主义改造经济组织。……我们主张物心两面的改造，灵肉一致的改造"。正如李泽厚同志所指出，"以'互助'、'协和'、'友谊'、'人道'、'改造人类精神'来作为改造社会组织的互补剂和双行道，使社会主义革命和阶级斗争具有某种伦理和道德的性质和内容"，这种将马克思主义"道德化"的倾向，是在"农业小

生产的传统社会基础上产生出来的",并且与"先秦以来的中国下层
的传统伦理"与"儒家的仁爱伦理""有了可以相通的一面"[8]。而这
恰恰是周作人这样的"半新半旧"的知识分子最容易引起共鸣的。事
实上,周作人早在日本留学时期,就对克鲁泡特金以"互助论"为中
心的"无政府共产主义"表示了浓厚的兴趣[9]。在"五四"时期,周
作人在有关新村运动的文章中,一再宣扬他的"以协力与自由,互助
与独立为生活的根本"的"新村的理想"[10],渴求着"人"的精神的
改造。同时,他在关于妇女问题的文章里,反复强调女子解放"必须
以女子经济独立为基础",并多次引述英国妇女问题专家凯本德的观
点:"女子的自由,到底须以社会的共产制度为基础。"[11]因此,在
企图将无政府共产主义的"互助论"与马克思主义阶级斗争学说"互补"
这一点上,"五四"时期的周作人与同时期的李大钊是有着思想上的
共鸣之处的[12]。也正因为如此,周作人在"五四"以后一直以共产
主义者的"同路人"(同情者)的面貌出现[13];直到大革命失败以后,
尽管他在政治思想上已经与中国共产党人及其领导的革命运动发生了
根本的分歧,但他在明确表示反对无产阶级专政的同时,仍然称坚持
以无产阶级专政为理想的共产党人为"朋友"[14]。我以为,在考察周
作人与李大钊关系时,注意这一大的思想文化背景,是十分必要的。

(二)

在 1921 年以后,李大钊集中主要精力从事中国共产党的组织领
导工作与工农运动,与周作人等新文化人的交往逐渐减少。据周作人
回忆,这一时期,他与李大钊的联系主要通过其长子李葆华。此时,
周作人正在蔡元培及北大同人创办的孔德学校任高中一年级国文教
员,李葆华在这个班就读。

最初有时候还问他父亲安好，后来末了这几个月，连他儿子也告假不来，其时已经很近危险了。但是一般还不知道。有一回我到北大去上课，有一个学生走来找我，说他已进了共产党，请我给他向李先生找点事办，想起来这个学生也实在太疏忽，到教员休息室来说这样的话。但是也想见到李葆华，叫他把这件事告诉他父亲知道，可是大约有一个月，却终于没有这机会。[15]

李大钊于 1927 年 4 月 6 日不幸被张作霖队伍逮捕。是日正值清明，周作人、钱玄同、沈尹默等相约在海淀春游，并借宿于沈兼士（沈尹默弟）家；李葆华因与沈兼士的儿子为中学同学，亦一同前往。次日，才在报上看到李大钊被捕的消息，只得将李葆华继续隐匿城外，但因海淀侦缉队就在附近，不便久留，遂由周作人借去燕京大学上课的机会，将李葆华带回城里，隐居在周作人住宅中，有一个多月。后由沈尹默设法，化名为杨震，送往日本留学[16]。

李大钊于 4 月 28 日遇难。五天以后，周作人即作文悼念，并不顾一片白色恐怖，将此文刊载于自己主编的《语丝》第 131 期上。文章指出，"李君以身殉主义，当然没有什么悔恨。但是在与他有点戚谊乡谊世谊的人总不免感到一种哀痛"，"所可异者，李君据说是要共什么的首领，而其身后萧条乃若此"[17]。同期《语丝》还发表了周作人的《日本人的好意》，对日本《顺天时报》诬蔑李大钊的反动言论，痛加驳斥，指出，李大钊"以身殉其主义"，是实行"志士不忘在沟壑，勇士不忘丧其元"的古训，绝非日本侵略者所能理解；而《顺天时报》借机"劝我中国的'同胞'要'苟全性命'，趁早养成上等奴才，高级顺民，以供驱使"[18]。周作人绝非共产党人，他与李大钊也非生死之交，但他从自由主义思想出发，尊重思想信仰自由，对于李大钊以身殉主义的道德节操表示由衷的敬佩，因而在白色恐怖中奋起保卫了李大钊的英名，确实难能可贵。对此鲁迅曾给以很高评价[19]。

在李大钊殉难后，周作人不但参加了 1933 年北京中共地下党组织举办的公祭，并且自觉地担负起了帮助遗孤的责任，正如李大钊的亲属贾芝所说，"他是朋友中出力帮助最多的一个"。

"周作人是李大钊书稿的保存者。"[20]据贾芝文章介绍，李葆华曾回忆说，李大钊在世时，就有出版文集的计划，并把亲自选定的一些篇目交给他的族侄李乐光。李大钊牺牲后，李乐光从各报刊上继续搜集佚文，进行《李大钊全集》文稿的抄录、编辑工作。1933 年春，滦县失陷，李大钊故乡乐亭也为伪军强占，守常夫人来京避难，向周作人提及出版全集事，周作人立即于 1933 年 4 月致书曹聚仁，请代为与上海群众图书公司联系，曹聚仁当即表示同意。5 月周作人又去信，并有"请旧友题跋"的计划，表示"弟拟写一小序"。经磋商，决定由周作人约请胡适之、钱玄同、马幼渔、刘半农等写序或题字，由曹聚仁约鲁迅、蔡元培、陈独秀、章士钊等作序；后来收在《鲁迅全集》里的《〈守常全集〉题记》即应此约而写。但后因"北新书店去信兜印"，家属方面"意欲予之"，此事遂不议。1933 年 10 月，李大钊侄李乐光被捕。在被捕前数日，《全集》稿 4 卷由李乐光岳母送李大钊的长女李星华，又由李星华交周作人保存。1934 年春，周作人在回答曹聚仁询问的信中称："全稿系守常族侄所干，历时甚久，交稿来后不数日即被逮，大约要关十余年云，因此此稿由鄙人负保管之责，时以为念。如能早日成书，则大善矣。"信中并说明文集中一二卷已托人带去上海，三四卷仍在手中。1935 年春，曹聚仁又因迟无进展再写信给周作人；周作人回答说："关于印守常文集事，与李君家属一谈，未能决定，大抵拟暂且犹预，似不以此刻印行为妥当也。"[21]以后，此书前二部分曾于 1939 年 4 月托名社会科学研究社由北新书局出版；而三四部分始终保存在周作人手中。1948年周作人在狱中，在1945年所写《红楼内外》基础上，补写了《红楼内外之二》（载1948年12月31日《子曰》），回顾李大钊被捕及救助其子的往事，特地写上一句：遗文"历兵火盗贼之劫，未曾毁灭，将来或有出版的希望亦未可知云"。解放后，保存在周作人手中十余年的亡友的遗稿，终于由周作人之子周丰一亲手交还给了李乐光同志，并在李乐光原稿基础上，加上新搜寻的文章，于1959年编选出版了《李大钊选集》。1962年因唐弢《晦庵书话》提及《守常文集》，周作人又以"难明"的笔名，写信给《人民日报》编辑，说明搜集、保留、出版李大钊遗文的经过。

周作人对李大钊家属的照顾也是竭尽其力的。1932年周作人接到了由李星华代笔，以李大钊夫人赵纫兰的名义由乐亭寄来的信，信中谈到家况窘困，委托代售藏书。在此之前，李星华也已为卖书事找过周作人等，周作人遂于8月26日致书胡适相商："孟邻（即蒋梦麟，时为北京大学校长）曾提议由大家集款卖（买下），寄赠图书馆以作纪念，或比较由学校收买更易办亦未可知，希望兄为帮忙，为向孟邻一说，早点想一办法以了此事。"[22]此议后未成。

1933年5月李大钊夫人病故；6月7日周作人日记："下午四时半往孟邻处，于永兹、张申府、王含之、幼渔、川岛均来，会谈守常子女教养事。"后李星华由周作人帮助安排在孔德学校半工半读，为学院刻写蜡板，同时在学院高中和大学上课。

1939年8月，李星华带着弟弟光华由乐亭老家来到已沦陷敌手的北平，准备去延安。周作人一面安排她在伪北大的会计室当出纳员，一面在钱玄同协助下，将李大钊藏书售予北京女子师范大学，"此事总算告一段落矣"[23]。据贾芝回忆，李星华在北平住了大约1年时间，"1940年，星华带光华和一个三岁的孩子去延安。事前与周作人先生说明她要到延安去。临行前，经周作人先生帮助，预支了两个月的薪金作为路费，并办了出北平必须有的'良民证'"。[24]

　　周作人与李大钊的次女李炎华也有联系。周作人 1938 年 12 月 23 日日记中就有这样的记载："下午得炎华信，系守常次女也。感念存殁，终日不愉。"据贾芝回忆："炎华和她的爱人侯辅庭在冀东不能存身，来到北平。周作人先生得信后曾寄钱给炎华，以解燃眉之急。随后又将卖给孔德学校（按：应为北京女子师范大学）的李大钊同志的遗书所得一百二十元分给了她一半，使她能暂时度过那个困难的冬天，其他一半分送给星华、光华等。还给侯辅庭在伪北大临时找了一个职员工作。侯是共产党人，周先生是明白的。那年 9 月，侯又回冀东打游击，临行前写信给周作人先生，拜托他关照他的家小。后来侯辅庭再来北平时，曾被内六区所属派出所传讯，也是经过周作人先生的帮助才取得保释的。"[25]

　　公开投敌附逆，发表反共演说[26]，另一面却暗地照顾先烈遗孤、保护个别共产党员，这二者都是事实。周作人一生充满矛盾，这里又是一例。

注释

[1] 李大钊于 1918 年 1 月任北京大学图书馆主任职，沙滩红楼新址于 1918 年 8 月建成，图书馆于同年 10 月由马神庙旧址迁来。

[2][15][16] 周作人：《知堂回想录·一五三，坚冰至》。

[3] 鲁迅：《南腔北调集·守常全集题记》。

[4] 傅彬然：《忆北京工读互助团》，载《五四运动回忆录》。

[5] 参看《李大钊传》编写组编《李大钊传》。

[6]《每周评论》于 1918 年 12 月 21 日创刊，李大钊与周作人都是发起人。刊物最初由陈独秀主编，1919 年 6 月 12 日陈独秀被捕，遂改由李大钊、胡适主持编务。据周作人回忆，他的反映"六三"事件的杂文《前门遇马队记》就是通过李大钊

之手发表于《每周评论》第 25 期。

［7］ 参看《五四时期的社团（一）》有关"少年中国学会"部分。此宗旨后在成立大会上，经李大钊等提议，改为"本科学的精神，为社会的活动，以创造'少年中国'"。

［8］ 李泽厚：《中国现代思想史论，试谈马克思主义在中国》。

［9］ 参看周作人：《关于自己》，载 1937 年 12 月 21 日《宇宙风》。

［10］ 周作人：《艺术与生活·日本的新村》。

［11］ 周作人：《谈龙集·爱的成年》。

［12］ 直到 1926 年周作人还认为，马克思主义的阶级斗争学说，与克鲁泡特金的"互助论""并无什么冲突，因为互助实在只是阶级斗争的一种方法"（《谈虎集·外行的按语》）。

［13］ 在 1926 年所写《外行的按语》里，周作人还认为"在吸着现代空气的人们里，除了凭借武力财力占有特权，想维持现状的少数人以外，大抵都是赞成共产主义者"。

［14］ 周作人：《谈虎集·诅咒》。

［17］ 周作人；《谈虎集·偶感四则（一）》。

［18］ 周作人：《谈虎集·日本人的好意》。

［19］ 参看本书《走向深渊之路》有关部分。

［20］ 贾芝：《关于周作人的一点史料》，载《新文学史料》1983 年第 4 期。

［21］ 见曹聚仁：《书话——一部搁浅的书》，转引自《鲁迅研究资料》第 10 辑。

［22］ 周作人：《致胡适书（1932 年 8 月 26 日）》，收《胡适来往书信选》。

［23］ 周作人：《知堂回想录·一六五，北大感旧录（十）》。

［24］［25］ 贾芝：《关于周作人的一点史料》，载《新文学史料》1983 年第 4 期。

［26］ 例如，据 1941 年 3 月 2 日《庸报》报道，周作人在 3 月 1 日召开的"新民会成立三周年纪念和平反共民众大会"上，代表伪"华北政委会""致颂词"，公开鼓吹"反共和平建国为惟一国策"，"共产党对于和平是极端反对的，对于和平运动是誓死破坏的，假如共产势力存在一日，全面和平不易于成就，所以我们必须以反共为和平的手段"。在 1941 年 10 月 7 日华北各省市伪教育行政人员短期讲习班的"训话"中，周作人又叫嚷"要对国民随时晓谕共产制度的绝对不适宜于中国，借以肃正民众的思想，完成民众的心理建设"。

十九、周作人与陈独秀

——"宗教问题"论争及其他

（一）

周作人于 1917 年 4 月 1 日由绍兴抵北京，同月 10 日即与北京大学文科学长陈独秀见面[1]。周作人在当日日记里写着："下午乘车至大学谒蔡先生……见陈独秀、沈君默二君，又回至教育部一谈。"

此时，陈独秀同时担任着《新青年》主编。1918 年 1 月 14 日出版的《新青年》第 4 卷第 1 号开始改为白话文；并从该期起，"所有撰译，悉由编辑部同人公同担任，不另购稿"[2]。周作人的第一篇白话翻译论文《陀思妥夫斯奇之小说》正发表于这一期，表明周作人此时已成为《新青年》编辑部同人。这一年周作人在《新青年》上发表的译著共十八篇，成为其主要撰稿人[3]。

本年底，《新青年》同人又在陈独秀主持下共同筹办《每周评论》。周作人也参与其事，本年 11 月 27 日日记中有"下午至学长室议创刊《每周评论》，……每月助刊资三元"的记载。为支持《每周评论》，周作人写了《人的文学》这篇力作，陈独秀大为赞赏，来信称其"做得极好"，并建议在《新青年》上发表[4]。以后，周作人又应陈独秀之请，在《每周评论》上连续发表了《论黑幕》、《祖先崇拜》、《平民文学》、《思想革命》等文，产生了很大影响。

1919 年 6 月 12 日陈独秀在东安市场散放传单，被北洋政府军警拘押，周作人闻讯后即同李辛白、王抚五等六人以北大代表名义往警厅探视。在陈独秀出狱后，又亲赴陈宅慰问。这一时期，周作人与陈独秀之间是充满了"战友"情谊的，查周作人1920年3月25日日记："上午往寄仲甫函，托代结《炭画》账目"；据《知堂回想录》说，周作人所译《炭画》于1914年4月由文明书局出版后，"初版一千册也不知卖了多少，事隔几年之后去向他算账，书局里说换了东家，以前的事不认账了，版税……一个钱也没有拿到"，托陈独秀代为结账，即为此事。又，陈独秀1920年3月11日致周作人信中有"重印《域外小说集》的事，群益很感谢你的好意"等语[5]；《域外小说集》于1921年由上海群益书局重印发行，陈独秀显然出了力。这都可以看出这一时期他们之间关系的密切。

与此同时，《新青年》内部陈独秀与胡适的矛盾日益尖锐起来。据1919年10月5日周作人日记："下午二时至适之寓，议新青年事，自七卷始由仲甫一人编辑。"陈独秀单独主持《新青年》后，钱玄同因不愿介入陈、胡之争，以为"无论谈什么'主义'和'问题'，都有流弊"[6]而不再给《新青年》写稿。在这种情况下，鲁迅、周作人就成为《新青年》的主要撰稿人，陈独秀曾频频写信给周作人，向周氏兄弟索稿，一再说及"我现在盼望你的文章甚急，务必请你早点动手"，"鲁迅兄做的小说，我实在五体投地的佩服"，"随感录本是一个很有生气的东西，现在为我一人独占了，不好不好，我希望你和豫才、玄同二位有工夫都写点来"，"玄同兄总是无信来，他何以如此无兴致？无兴致是我们不应该取的态度，我无论如何挫折，总觉得很有兴致"[7]，等等，言辞极为恳切。周作人与鲁迅也先后寄出译作《被幸福忘却的人们》、《玛加尔的梦》、《深夜的喇叭》、《世界之霉》、《一滴的牛乳》、《杂译诗二十三首》及《风波》等小说，表示了对陈独秀主持的《新青年》的支持。1920年2月1日出版的《新青年》第7卷第3号发表了周作人译日本武者小路实笃的《与支那未知的友人》，同时发表周作人、陈独秀、蔡元培的跋语，这是周作人与陈独秀等又一次公开合作。

1920 年 5 月 11 日周作人日记："至公园赴适之约，共议《新青年》8 卷事"，从第 8 卷起，《新青年》由陈独秀在上海编辑，与北京同人关系更加疏远。1921 年初，由于陈独秀与胡适的争执，《新青年》终于发生分裂。病中的周作人与鲁迅采取了同一立场，即反对"发表宣言说明不谈政治"，同时希望《新青年》此后"学术思想艺文的气息浓起来"；在胡、陈各执己见的情况下，周作人与鲁迅认为"现在《新青年》的趋势是倾于分裂的，不容易勉强调和统一"，因此主张"不如任他分裂"。[8] 以后《新青年》在陈望道主持下，成为上海共产主义小组的机关刊物。不但胡适不再寄稿，连钱玄同、刘半农等也"噤口不言"，只有周氏兄弟一如既往，继续支持《新青年》。周作人先后寄去了《杂译日本诗三十首》、《病中的诗》、《山居杂诗》等译作，分别载《新青年》第 9 卷第 4、5 号。陈独秀曾因此而专门致书鲁迅、周作人："北京同人料无人肯做文章了，惟有求助于你两位。"[9] 陈望道也在给周作人的信中，表示"'周氏兄弟'是我们上海、广东同人与一般读者所共同感谢的"[10]。1921 年 6 月，陈独秀在报上看到周作人患病的消息[11]，特地从广州去信问候[12]。在同年 8 月 29 日、9 月 20 日，周作人日记中仍有"得仲甫来函"的记录。周作人与陈独秀本人以及陈独秀为领袖的中国共产党人的合作，于此而达至顶点。

（二）

在 1922 年 4 月，周作人与陈独秀围绕"非宗教同盟"运动，展开了一场激烈的论战。这也是周作人及其自由主义知识分子朋友，与中国共产党影响与领导下的左翼知识分子的一次公开分裂。

世界基督教学生同盟决定于 1922 年 4 月 1 日在北京清华学校召开第十一次大会，消息传出，引起了中国知识界与青年学生的强烈反响。3 月 9 日，上海学生首先成立"非基督教学生同盟"，发表宣言，指出："现代的基督教及基督教会"是帝国主义对中国实行"经济侵略的先锋队"，宣布召开抵制世界基督教学生同盟大会[13]。接着，北京也宣布成立"非宗教大同盟"，宣言"我们深恶痛绝宗教之流毒于人类社会十百千倍于洪水猛兽"[14]。李大钊与王星拱、吴虞、李石曾等人于 4 月 4 日发表《非宗教宣言》，宣布"我们反对宗教的运动，不是想靠一种强有力的势力压迫或摧残信仰一种宗教的人们，乃是想立在自由的真理上阐明宗教束缚人心的束缚与蒙蔽"[15]。据报道，参加"非宗教同盟"活动的还有蔡元培、陈独秀、汪精卫、胡汉民、肖子升、罗章龙、周太玄等学界、政界著名人士[16]。各地也纷纷响应，在一个月左右的时间内，在 30 多个地方成立了类似组织，初步形成了一个声势浩大的"非宗教活动"。据当时任北京大学党支部书记的罗章龙回忆，这一运动是由中国共产党北方区领导的，"实际主持与组织者为中共北大支部诸同志"，他认为，"我党在北京发起非宗教运动，是当时中共北方区领导下的革命思想战线上的伟大斗争"。[17]虽然参加者的情况与态度也有不尽一致的地方，但这次非宗教运动与中国共产党领导的共产主义运动有着密切关系，则是可以肯定的。

非宗教运动吸引了五四新文化运动中大部分有影响的知识分子，但在周作人及其朋友那里，却引起了完全不同的反应。就在《晨报》发表非基督教同盟宣言以后，钱玄同即致书周作人，以为宣言中有"改良拳匪"的味道[18]。3 月 29 日，周作人在《晨报副刊》上发表《报应》一文，批评北京非宗教同盟宣言"声讨的口气的太旧——太威严"，"感到一种迫压与恐怖"，这是周作人对非宗教同盟的第一个公开反应。3 月 31 日，由周作人领衔，与钱玄同、沈兼士、沈士远、马裕藻四人联合发表《主张信教自由宣言》，宣称："我们不是任何宗教的信徒，我们不拥护任何宗教，也不赞成挑战的反对任何宗教。我们认为人们的信仰，应当有绝对的自由，不受任何人的干涉，除去法律的制裁以外。信教有自由，载在约法，知识阶级的人应首先遵守，至少也不应首先破坏，我们因此对于现在非基督教的同盟运动表示反对。"[19] 周作人等的"宣言"发表后，引来了不少批评意见，周作人也著文力争[20]。

4月2日，陈独秀致书周作人等，指出："无论何种主义学说皆应许人有赞成反对之自由；公等宣言颇尊重信教者自由，但对于反宗教者的自由何以不加以容许？宗教果神圣不可侵犯么？""此间非基督教学生开会已被捕房禁止，我们的言论集会的自由在那里？""请尊重弱者的自由，勿拿自由、人道主义作为礼物向强者献媚"[21]。周作人也于6日作《复陈仲甫先生信》，进行反击："先生们对于我们正当的私人言论反对，不特不蒙'加以容许'，反以恶声见报，即明达如兄者，尚不免痛骂我们为'献媚'，其余更不必说；我不能不说是对于个人思想自由的压迫的起头了。"[22] 陈独秀又于4月21日作《再致周作人先生信》，指出周作人的观点的实质是"主张一切思想皆有不许别人反对之自由"，这与周作人自己"反对过旧思想、神鬼、孔教、军阀主义、复辟主义、古典文学及妇女守节等等"的斗争实践是相矛盾的。[23]

在周、陈论战中，钱玄同曾致书周作人，认为争论信件似无发表之必要，以免"遭出许多不相干的人的口舌来"[24]。在陈独秀《再致》之后，周作人就不再著文辩驳。此后，非宗教运动在一度沉寂后，曾于1924年8月在上海重组"非基督教同盟"，并在《民国日报》副刊《觉悟》上出版"非基督教周刊"，运动重又高涨。而此时的周作人几乎是单枪匹马地在进行一场反封建旧宗教——孔教与道教——复活的斗争，他愤激地大声疾呼："孔教的气势日盛一日了，反对的方面怎样？《新青年》里的老英雄哪里去了？非宗教大同盟的小英雄哪里去了？"[25]他甚至得出了这样的结论："中国的非宗教运动即为孔教复兴之前兆。"[26] 1927 年 1 月，周作人又旧事重提，写了一篇《关于非宗教》，一方面仍然坚持原有立场："非宗教者如为破除迷信，拥护科学，要消灭这宗教本身，没收教会，拆毁寺庙，那一定还要反对"，一面却又指出："现在来反对基督教，只当作反帝国主义的手段之一，正如不买英货等的手段一样，那可是另一问题了"，因为"英国自'五卅'以来，在上海沙基万县汉口等处迭施残暴，英国固忝然自称基督教国，而中外各教会亦无一能打破国界表示反对者，也系事实"，因此，"今当中国与华洋帝国主义殊死斗之时，欲凭一番理论一纸经书，使中国人晓然于基督教与帝国主义之本系截然两物，在此刻总恐怕不是容易的事吧。城门失火，殃及池鱼，对于基督教固然不能不说是无妄之灾，但是没有法子，而且这个责任还应由英国负之，至少也应当由欧洲列强分负其责"[27]。此时的周作人，对"非宗教运动"中强烈的反帝情绪似乎有所理解，于原先"绝对反对"的立场有所校正。

（三）

周作人与陈独秀之间在五四运动以后的 1922 年发生的这场论战具有思想史上的重要意义。论战首先提出的是应如何对待西方传入的宗教问题。其实，早在四年前，新文化运动内部已经有过类似的争论。1920 年 9 月，少年中国学会评议部根据在巴黎的会员的提议，通过了一个决议："以后同人不得介绍任何宗教信仰者为本会会员，并请已入会而有宗教信仰者，尊重此条议决案，自请出会。"[28] 正在日本的会员田汉看到这个决议后非常反感，写信指出：虽然自己不信教，但"信教自由载在约法，宗教信仰的生活亦与人的物质生活、头脑生活鼎立，而相辅助相调和"；他认为，为了进一步实现"少年中国"的理想，会员"所差者正是一点宗教的信仰"[29]。为此，从1920年末开始，少年中国会先后邀请周作人、王星拱、梁漱溟等就宗教问题作了多次演讲，并出了3期"宗教问题"专号集中进行讨论。很显然，1924年周、陈之争正是1920年少年中国会讨论的继续。它表明，在"五四"时期，尽管支持新文化运动的知识分子对于宗教中粗俗的迷信活动都一致地持反对态度，但他们在要不要西方文化中的宗教精神这一关键问题上，却一直有着不同意见。这也是五四东西方文化问题讨论的一个重要侧面。

分歧首先在于如何看待"宗教"的本质。在《少年中国》关于宗教问题的讨论中，就有人从人的本能需要上说明宗教的本质："我们人类一方面虽然属于感觉的自然世界，处处受环境的影响，有自制的倾向，并且是有限的暂时的存在，一方面却是想超越一切束缚——无论是时间是空间，是社会的束缚，是自然的束缚——而趋向自由的一种灵物。"这位作者认为，"科学"与"宗教"正是分别满足了人类自然本性中的不同要求，"谁也没有否定谁的权利"[30]。早在本世纪初，鲁迅在《破恶声论》里也是从"人"的"形上之需求"这一角度为宗教迷信辩护的："虽中国志士谓之迷，而吾则谓此乃向上之民，欲离是有限相对之现世，以趣无限绝对之至上者也。人心必有所冯依，非信无以立，宗教之作，不可已矣。"[31]周作人在"五四"时期也多次谈到了"宗教"与"文学"本质上的一致；他认为宗教与文学都是"情感的产物"，都要表现"全人类的感情"，都寄希望于"将来"；"文学与宗教本来是合一的"，"宗教上的'神人合一'、'物我无间'"，"可以作为宗教的本体思想"，也是文学的最高境界，正因为宗教与文学存在着"根本精神"的"相通"，"即使所有的教会都倒了，文艺方面一定也是有这种宗教的本质的情感"[32]。耐人寻味的是，新文化营垒中周作人上述宗教、文学关系论的有力同道者恰恰是陈独秀。陈独秀也是主张以"美与宗教"来丰富、发展、引导人的"情感"的健全发展的。[33]因此，当非基督教大同盟宣言发表，钱玄同尚不知其背景时，第一个反应是，其矛盾所向是"陈独秀和你(指周作人)之说"[34]。而陈独秀本人在与周作人等进行辩论的同时，也发表文章对"非宗教同盟"全盘否定宗教表示"怀疑"："我们若不积极发展理智性，单是消极的扫荡宗教性，是不是有使吾人生活内容趋于枯燥的缺点？"[35]在1922年陈、周论战中，《生命》杂志曾在"新文化中几位学者对于基督教的态度"标题下，发表了一组文章。可以看出，在大多数学者的眼里，基督教是"西洋文化的一部分"，因此，他们从肯定的角度评价基督教文化，甚至主张"在中国不提倡宗教则已，如其必须提倡宗教，恐怕孔佛耶三大宗教比较起来，还是耶教适宜些，因为佛教的性质……是向后的，而孔子的思想太缺乏奋斗的精神，所以比较起来，耶教或者可以有矫正现在中国的地方"[36]。这也是周作人的观点：他在很有影响的《圣书与中国文学》里曾明确提出"现代文学上的人道主义思想，差不多也都从基督教精神出来"[37]；在1922年所写的《山中杂信》里周作人又进一步主张："要一新中国的人心，基督教实在是很适宜。极少数的人能够以科学艺术或社会的运动去替代他宗教的要求，但在大多数是不可能的。我想最好便以能容受科学的一神教把中国现在的野蛮残忍的多神——其实是拜物——教打倒，民智的发达才有点希望。"[38]有趣的是，在推崇基督教中的西方文化精神这一点上，陈独秀与周作人的基本立场也是一致的。陈独秀在著名的《基督教与中国人》中，就将基督教文化概括为"崇高的牺牲精神"、"伟大的宽恕精神"、"平等的博爱精神"，号召大家"直接去敲耶苏自己的大门，要求把他崇高的伟大的人格和热烈的、深厚的感情与我们合而为一"。胡适也主张将基督教中的"道德教训"与"神学理论","迷信"部分区分开来,后者因不足取,前者"是一个社会革命的先知宣传出来的",具有"保存"与发扬的价值[39]。

但是,非宗教、非基督教运动的倡导者与支持者,不是从思想文化的角度,而是从政治的角度去考察基督教传入中国及其在中国的实际影响,这就必然把它看作是帝国主义文化侵略的一个重要组成部分。正像陈独秀在论战中所说,"各基督教的民族都同样的压迫远东弱小民族,教会不但不帮助弱小民族来抗议,并且作政府殖民政策底导引","中国的教徒最大多数是'吃教'的人;教会在中国所设学校无不重他们本国语言文字而轻科学"[40]。人们还注意到宗教教义中带有封建性的消极成分与中国封建传统观念结合,就会成为中国人民觉醒的最大障碍,据此而宣布宗教"束缚思想,摧残个性、崇拜偶像,立乎一尊"等等"罪状"[41]。应该说,非宗教、非基督教运动的群众的声讨是理直气壮的,它反映了中国人民反对帝国主义侵略的民族情绪。

事实却是,学者的肯定与群众的否定,从不同侧面反映了西方宗教(基督教)在中国的传播所特具的两重性:一方面,它确实带来了西方文化中具有生命力的新因素,有力地冲击了中国封建传统文化,促进了中国人民的觉醒;另一方面,由于它是借助侵略者的武力,强迫中国人民接受的,它的活动必然地具有不同程度的文化侵略的性质,特别是宗教意识中的专断、崇拜、信从成分与中国封建传统观念结合,更成为中国人民觉醒的麻醉剂。正是这两重性很容易造成思想上的某种混乱:或者过分强调前者,而对帝国主义的文化侵略缺乏警惕,以至丧失民族立场;或者过分强调后者,而陷入盲目的排外。

应该说,作为群众运动的领导者兼学者的陈独秀在非宗教运动中头脑是清醒的:他在运动一开始即撰文强调"我们批评基督教,应该分基督教(即基督教教义)与基督教教会两面观察";他一面严厉谴责基督教教会活动"过去的横暴和现在的堕落",同时又提醒人们要注意保护基督教教义中所保留的"博爱、牺牲"等西方文化精神中的"至可宝贵的成分"[42]。非宗教运动形成高潮以后,陈独秀又及时地发出了《对于非宗教同盟的怀疑及非基督教学生同盟的警告》[43],力图用科学的理性精神引导群众运动,以尽量减少盲目性。

在当时的非宗教群众运动中确实存在某种偏颇,陈独秀的"怀疑"与"警告"并非无的放矢。即以作为运动指导性文件的"非宗教大同盟宣言"而言,在正确地谴责了帝国主义利用宗教进行侵略活动的同时,又发表了诸如"有宗教可无人类,有人类应无宗教,宗教与人类不能两立"这样的极端言论。在《非基督教学生同盟章程》里,更明确"以反对基督教为宗旨",并且在《宣言》中不加分析地提出"各国资本家……在中国设立基督教青年会,无非要养成资本家底良善走狗"[44],表现出"打倒一切"的极左倾向[45]。这自然是表现了中国年轻的共产主义者与革命党人的不成熟性的。值得研究的是,这几乎是难以避免的"革命幼稚病"在周作人这类知识分子内心深处所引起的反应,以及对他们的政治选择的影响。周作人曾自称是"经过光复和复辟时恐怖之压迫者"[46],对于任何形态出现的复辟现象,有着特殊的敏感;他又是一个受着西方自由主义思潮熏陶的思想家,绝对不能容忍对于"个人思想自由"的任何侵犯。因此,上述极左言论与行动引起周作人及其友人的强烈反应,是可以想见的。他们从"声讨的口气"中感到了类似封建帝王的"威严"与"迫压"[47],认为"中间措词,大有'灭此朝食'、'食肉寝皮'、'罄南山之竹……决东海之波……'、'歼破小丑,巩我皇图'之气概",透露出类似"改良拳匪"的盲目排外倾向,并为此"不寒而栗"[48]。周作人尖锐地看出了非宗教运动中所表现出来的"热狂与专断"的极左倾向与封建专断主义内在的一致性,从而指责非宗教运动为"孔教复兴之前兆"[49],并且将

"运动恢复帝号"、提倡"东方文化、传统主义"与"非基督教"同视
为"上流社会的教会精神之复活，热狂与专断是其自然的结果，尊孔
读经为应有的形式表现之一"[50]，进而发出了封建主义在现代青年中
复活即"重来"的警告[51]。尽管周作人因此而忽视以至否定了非宗
教运动政治上反帝国主义文化侵略的积极意义，具有明显的"以偏概
全"的片面性；但他从思想意识的角度，对非宗教群众运动中潜在的
复古排外倾向的揭示，却不能不说是一个相当深刻的、具有远见的观
察与分析，并且是当时沉浸于"热狂"之中的不成熟的革命者所不可
能达到与接受的。本来，周作人这类自由主义者，就存在着将个人自
由与群体自由绝对对立的倾向，因此，他进一步由此而得出"这回对
于宗教的声讨，即为日后取缔信仰以外的思想的第一步"，"思想自由
的压迫不必一定要用政府的力，人民用了多数的力来干涉少数的异己
者也即是压迫"的结论[52]，就是顺理成章的事。而且这一结论，尽
管具有更大的片面性，但仍然保存着某些历史的合理性与深刻性。然
而，周作人及其友人将其有相对真理性的论断再往前推进一步，进而
否定群众运动以及共产主义运动本身，就走向了历史的谬误。正是在
论战高潮中，钱玄同在致周作人信中，表示了他的"杞忧"："我在近
一年来时怀杞忧，看看'中国列宁'的言论，真觉害怕，……这条'小
河'，一旦'洪水横流，泛滥于两岸'，则我等'栗树''小草'们实在
不免胆战心惊，而且这河恐非贾让所能治，非请神禹不可的了"[53]；
这"小河"泛滥的"杞忧"本来就是属于周作人的。它典型地表现了
贵族化、绅士化的中国自由主义知识分子对于将要无情地打破他们固
有的地位与生活秩序的革命群众运动的疑惧。正是在"宗教问题"论
战之后，周作人宣布要"保持理性的清明"，以不至于"裹到群众运
动的涡卷里去"。[54]这是一个重要的政治选择：周作人至少是在理论
上宣布了他将与中国共产党领导的革命群众运动划清界限的意向。

对于周作人及其友人来说，这一选择具有特别严峻的意义：他们
自身都是五四新文化运动的领袖人物；要从根本上否定群众运动，就
必然要对五四新文化运动以及当时所采取的斗争战略、策略，作一番
重新估价。在周、陈论战中，陈独秀正是抓住了这一点，向周作人及
其友人提出质问：

> 倘先生们主张一切思想皆有不许别人反对之自由，若反对他
> 们便是侵犯了他的自由，便是"日后取缔信仰以外的思想的第一
> 步"；那么先生们早已犯过这种毛病，因为好像先生们也曾经反
> 对过旧思想、神鬼、孔教、军阀主义、复辟主义、古典文学，及
> 妇人守节等等，为什么现在我们反对基督教，先生们却翻转面孔
> 来说：这是"日后取缔信仰以外的思想的第一步"呢？[55]

陈独秀的诘难是有力的，击中了周作人等将"思想自由"绝对
化，否认必要的思想斗争的要害。历史的逻辑确实无情：周作人等要
否认革命运动本身，就必然要否定"五四"传统以及他们自己。钱玄
同在给周作人的私下通信里也意识到这一点，并以其固有的极端与坦
率表示："我们以后，不要再用那'必以吾辈所主张者为绝对之是而
不容他人之匡正的态度来作'诐诐'之相了。前几年那种排斥孔教，
排斥旧文学的态度很应改变。若有人肯研究孔教与旧文学，鳃理而整
治之，这是求之不可得的事。……即使盲目的崇拜孔教与旧文学，只
要是他一人的信仰，不涉及社会——由及社会、亦当以有害于社会为
界——也应该听其自由"，"我近来觉得'各人自扫门前雪'主义，中
国人要是人人能实行它，便已泽及社会无穷矣"，"自园先生（按：指周
作人）努力种'自己的园地'，我极以为然。我以为比做几条'杂感''短
评'较有意味"[56]。这完全是历史忏悔师的口吻。"五四"时期以"偏

激"的态度名噪一时的钱玄同此时已成了一位平和的、毫无偏颇的绅士。但任何具有现实感的人都不难看出，如果历史真的走了钱玄同们此时主张的"稳健"而毫无"片面性"的道路，恐怕统治中国的依然是封建旧孔教及封建旧文学，根本容不得周作人、钱玄同在这里高谈"自由"与"宽容"。尽管存在着历史逻辑的自相矛盾，无论如何，周作人及其友人要从五四新文化运动"退"下来的意向是无疑的了。

这样，以陈独秀为代表的共产主义知识分子与以周作人为核心的一部分自由主义知识分子之间，通过1922年的"宗教问题"论战，终于出现了根本裂痕。当然，由于"结缘"未了（用我们惯用的语言说，在"反帝反封建"上两部分知识分子还存在着某种共同性），他们的合作关系还要维持相当一段时间。但是，最终分裂已是不可避免：周作人等当然不可能放弃他们贵族式的自由主义立场，纠正由此带来的偏颇；而年轻的中国共产主义运动要彻底纠正自己的"左"倾幼稚病也还需要一段时间。尽管论争之后陈独秀曾试图对非宗教运动中某些"左"的偏颇有所纠正，但在当时条件下，连陈独秀也不可能如周作人们那样，在"左"的言词背后发现封建专断主义对革命队伍的侵袭；中国不成熟的革命者（包括其中的知识分子）只有经过血的实际体验以后才可能达到这样的认识高度。

未了，要补充一句：自1922年论战以后，周作人与陈独秀之间的交往也就中止了。

注释

[1]　在此之前，1917年1月周作人已读过陈独秀主编的《新青年》，并在1月24日日记中写道："得北京十九日寄书一包，内……《青年》一本，……晚阅《青年杂志》，多可读。子谷（按：即苏曼殊）有《断簪记》，颇佳。"

[2]　《本志编辑部启事》，载《新青年》第4卷第1号。

［3］ 1918 年 10 月 21 日周作人日记记有 "玄同说明年起分编《新青年》, 凡陈、胡、陶、李、高、钱、二沈、刘、周、陈（百）、傅十二人云"。但周作人在《知堂回想录》及与友人通信中均否认曾参加过《新青年》的编务。

［4］ 见《过去的工作·实庵尺牍其四》;《人的文学》后载于《新青年》第 5 卷第 6 号。

［5］ 见周作人:《过去的工作·实庵的尺牍其七》。

［6］ 钱玄同致周作人书（1920 年 9 月 19 日、25 日）, 载《中国现代文艺资料丛书》第 5 辑。

［7］ 陈独秀致周作人书（1920 年 7 月 9 日、8 月 22 日, 9 月 29 日、8 月 13 日, 收《过去的工作·实庵的尺牍》。

［8］ 参看鲁迅博物馆编的《鲁迅年谱》有关部分。

［9］ 陈独秀致鲁迅、周作人书（1921 年 2 月 15 日）, 载《中国现代文艺资料》第 5 辑。

［10］ 陈望道致周作人书（1921 年 2 月 13 日）, 载《中国现代文艺资料》第 5 辑。

［11］ 周作人于 1920 年底患肋膜炎, 先后住院、在西山休养至 1921 年 9 月。

［12］ 见周作人:《过去的工作·实庵的尺牍》。

［13］ 见 1922 年 3 月 17 日《晨报》。

［14］ 见 1922 年 3 月 20 日《晨报》。

［15］ 宣言载 1922 年 4 月 4 日《晨报》。

［16］ 据 1922 年 3 月 28 日《晨报》报道。

［17］ 罗章龙:《忆北京大学新闻研究会与邵振青》, 载《新闻研究资料》第 4 辑。

［18］ 钱玄同致周作人书（1922 年 3 月 24 日）, 载《中国现代文艺资料丛刊》第 5 辑。

［19］ 宣言载 1922 年 3 月 31 日《晨报》。

［20］ 见 1922 年 4 月 2 日、3 日、4 日的《晨报》有关报道, 周作人后又在 1922 年 4 月 5 日《晨报》上发表《拥护宗教的嫌疑》。

［21］ 文载《晨报》(1922 年 4 月 11 日)。

［22］ 周作人:《复陈仲甫先生》, 载 1922 年 4 月 11 日《晨报》。在此前后, 周作人还发表了《各随己便》(《北京周报》第 12 期)、《思想压迫的黎明》(1922 年 4 月 15 日《晨报》),《思想界的倾向》(载 4 月 22 日《晨报》), 继续批评 "非宗教同盟"。

［23］ 陈独秀:《再致周作人》, 载 1922 年 4 月 23 日《觉悟》。

［24］ 钱玄同:《致周作人书（1922 年 4 月 8 日）》, 载《鲁迅研究资料》第 9 辑。但《鲁迅研究资料》在发表此信时, 将写信日期定为 1932 年 4 月 8 日, 有误。

［25］ 周作人:《予欲无言》, 载《晨报副刊》1924 年 3 月 8 日。

［26］［49］ 周作人:《谈虎集·非宗教运动》。

［27］ 周作人:《谈虎集·关于非宗教》。

［28］《少年中国学会消息》，载《少年中国》第 2 卷第 4 期。

［29］ 田汉：《少年中国与宗教问题》，《少年中国》第 2 卷第 8 期。

［30］ 屠孝实先生的讲演，载《少年中国》第 2 卷第 8 期。

［31］ 鲁迅：《集外集拾遗补编·破恶声论》。

［32］ 周作人：《宗教问题》，载《少年中国》第 2 卷第 11 期（1921 年 5 月 15 日出版）。

［33］ 陈独秀：《基督教与中国人》，载《新青年》第 7 卷第 3 号。

［34］ 钱玄同：《致周作人书（1922 年 3 月 24 日）》，载《中国现代文艺资料丛刊》第 5 辑。

［35］ 陈独秀：《对于非宗教的怀疑与非基督教学生同盟的警告》，收《陈独秀文章选编》中册。

［36］ 张东荪：《我对于基督教的感想》（《生命》第 2 卷第 7 期）。

［37］ 周作人：《艺术与生活·圣书与中国文学》。

［38］ 周作人：《雨天的书·山中杂信（六）》。

［39］ 胡适：《基督教与中国》，载《生命》第 2 卷第 7 期。

［40］ 陈独秀：《基督教与基督教会》，载《先驱》第 4 号。

［41］《非宗教大同盟宣言》。

［42］ 陈独秀：《基督教与基督教会》（1922 年 3 月 15 日作），载《先驱》第 4 号。

［43］ 文章原载 1922 年 5 月 22 日《广东群报》，转引自《陈独秀文章选编》。

［44］《非基督教学生同盟章程》与《宣言》均载《先驱》第 4 号。

［45］ 作为运动领导人之一的恽代英在 1923 年年底写的《我们为什么反对基督教》里曾坚持“多一个基督教徒，便是多一个洋奴”的极左观点；但不久即认识了错误，并提出了“要求基督教徒教会学生代表共同参加反奴化侵略运动”的正确主张。

［46］ 周作人：《雨天的书·元旦试笔》。

［47］ 周作人：《报应》，载 1923 年 3 月 29 日《晨报》。

［48］ 钱玄同《致周作人书（1923 年 3 月 24 日）》，载《中国现代文艺资料丛刊》，第 5 辑。

［50］ 周作人：《谈虎集·读经之将来》。

［51］ 周作人：《谈虎集·“重来”》。

［52］ 周作人：《复陈仲甫先生书》，载 1923 年 4 月 11 日《晨报》。

［53］ 钱玄同：《致周作人书（1922 年 4 月 8 日）》，载《鲁迅研究资料》第 9 辑。

［54］ 周作人：《谈虎集·关于儿童的书》。

［55］ 陈独秀：《再致周作人》，载 1922 年 4 月 23 日《晨报》。

［56］ 钱玄同：《致周作人书（1922 年 4 月 8 日）》，载《鲁迅研究资料》第 9 辑。

二十、周作人与胡适

——两位自由主义学者之间

（一）

查周作人 1917 年日记，9 月 19 日这一天记有"同君默往看宿舍，遇胡适之君"等语。这大概是周作人与胡适的第一次见面。这时胡适刚于是年夏从美国回国，任北京大学文科教授；周作人也于是年 4 月由绍兴来北京，受聘为北京大学文科教授。19 日日记所记"宿舍"，据《知堂回想录》回忆，即是文科教员预备室，普通叫作"卯字号"；胡适当时正是"卯字号"的名人，是所谓"三个小兔子"之一[1]。

同年 11 月，北大文科研究所开始"分哲学、中文及英文三门，由教员拟定题目，分教员共同研究及学生研究两种"。[2] 周作人报名参加了国文门"改良文字问题"与"小说"两个研究组，小说组同人有胡适与刘半农[3]。11 月 13 日周作人日记中即有"往校研究所开会……遇胡适之、刘半农二君"的记载[4]。据周作人回忆，小说组共有十次聚会，胡适、周作人、刘半农均作了报告[5]。这是建立中国现代小说理论的最初尝试，也是周作人与胡适在新文学事业上的第一次合作。

周作人与胡适在《新青年》第一次配合作战，是以"贞操问题"为突破口，向封建旧伦理道德发起猛烈攻击。《新青年》第 5 卷第 1 号（1918 年 7 月 15 日发行）首先刊登了周作人译作《贞操问题》（原作者为日本著名女作家与谢野晶子），鼓吹"舍掉一切没用的旧思想，旧道德"，奉行新的婚姻观与贞操观。文章强调，仅有"性交"的"接续"而"精神上十分冷淡"的夫妻关系，是不道德的；"爱情结合，结了协同关系；爱情破裂，只须离散"。胡适随即于《新青年》第5卷第1号发表《贞操问题》，热烈称颂《贞操论》的发表，"是东方文明史上一件极可贺的事"；并进一步联系中国实际，指出："贞操问题中，第一无道理的，便是……替未婚夫守节和殉烈的风俗。"胡适的文章又引出了鲁迅的《我之节烈观》（载《新青年》第5卷第2号），对反人性的封建节烈观展开了全面批判。周作人、胡适与鲁迅在这一次战斗中彼此心心相印，配合默契，由此而形成了巨大的战斗力，这是颇能显示《新青年》时期的战斗风貌的。

应该说，在《新青年》同人中，周作人与胡适之间的契合，是更为全面与突出的。胡适于《新青年》第4卷第6号（1918年6月15日发行）发表了《"易卜生主义"》，提倡个人本位主义，指责封建"社会最大的罪恶莫过于摧抑个人的个性，不使他自由发展"，进而发出了"须使个人有自由意志"的召唤。"心有灵犀一点通"，周作人也在《新青年》第5卷第6号（1918年12月15日发行）发表《人的文学》，明确地把"人道主义"精神归结为"个人主义的人间本位主义"，宣布了"从个人做起，要讲人道，爱人类，便须先使自己有人的资格，占得人的位置"的新的道德、人生观原则，强调要以此"为本"，建立"人的文学"。这样，在"五四"时期对于"人"的本质、"人道主义"精神的多种理解中，胡适与周作人结成了一种"精神同盟"；正是以争取"个体自由意志"为中心的"个人主义的人间本位主义"把周作人、胡适紧紧连在一起。以后，他们之间虽时有分歧，但这基本立场的一致，却始终没有变。

胡适、周作人的上述理论活动在当时就引起了人们的广泛重视。1919年4月《新潮》第1卷第5期发表傅斯年《白话文学与心理的改

革》，把胡适的《"易卜生主义"》、《建设的文学革命论》与周作人的《人
的文学》、陈独秀的《文学革命论》同视为"五四""文学革命的宣言书"。
以后，胡适在《中国新文学大系·建设理论集·导言》里，也提出周
作人的《人的文学》和他自己的《建设的文学革命论》是五四文学革
命的纲领。正如批评者所指出，胡适在 30 年代作出这一论断，目的
是为了对抗左翼文艺运动。但我们也不可忽视这一事实：在"五四"
时期，胡适、周作人都是比较注重正面的文学理论建设的；他们自身
的理论活动确实产生了很大影响。

　　"五四"时期的周作人与胡适一方面保持着战斗方向的一致，另
一方面也并不掩饰他们之间思想认识上的分歧：这不仅反映了五四新
文化运动时代气氛的民主、思想的活跃，而且恰恰是能够显示"自由
主义学者"的特有风貌的。"五四"时期周作人曾经热心于提倡新村
运动，响应者颇多；胡适却是少数持保留态度者之一。他于 1920 年 1
月 15 日在《时事新报》上发表《非个人主义的新生活》一文，指出
周作人提倡的新村主义就是孟子所宣扬的"穷则独善其身"的"独善
的个人主义"，"想跳出这个社会去寻找一种超出现社会的理想生活"，
"实在同山林隐逸的生活是根本相同的"。周作人随即在 1 月 24 日《晨
报》第 7 版上发表《新村运动的解说——对于胡适先生的演说》作自
我辩解，强调隐士"归隐、躬耕只是他们消极的消遣"，而新村运动
则是"积极的实行他们泛劳动的主义"。胡适、周作人这一次"交锋"
初步显示了他们之间在人生道路选择上始终"积极入世"与时有退隐、
"出世"之想的差异，这对他们以后思想的发展是有重要意义的。

（二）

　　大约在 1920 年 8 月以后，由于陈独秀与胡适之间日益尖锐的分

歧,《新青年》内部出现了"危机"[6],到 1921 年初发展到了办刊方针的公开论争。在这场论争中,周作人与鲁迅一起,表示不赞成胡适提出的"发表宣言说明不谈政治"的主张,并且在行动上继续给陈独秀主持的《新青年》以支持[7]。这是一次比较严重的政治分歧;但胡适与周氏兄弟之间仍然保持着密切联系。在《胡适来往书信选》中,我们可以看到,就在 1921 年初,胡适曾推荐周作人任燕京大学国文门(即中文系)主任(胡适后来解释说,"启明在北大,用违所长,很可惜的,故我想他出去独当一面"[8])并曾约请周氏兄弟为《尝试集》选诗[9],希望他们支持自己新办的《读书杂志》[10],胡适自己也在周氏兄弟要求下出面为周建人在商务印书馆觅得职业,并主动建议鲁迅、周作人将小说创作及翻译作品汇集成册[11],以后在胡适支持、关怀下,先后出版了《现代日本小说集》(周作人、鲁迅合译,胡适校,上海商务印书馆 1922 年 6 月出版,为"世界丛书"之一)及《现代小说译丛》(周作人、鲁迅、周建人合译,1922 年 5 月由商务印书馆出版发行)。应该说,胡适对周氏兄弟一直给予很高评价,并寄予厚望。胡适在 1921 年 5 月 7 日日记里,曾写道:在中国留学生中,"像周作人先生那样能赏识日本的真正文化的,可有几人吗?"[12]在这一时期所写的《五十年的中国文学》里也是将周氏兄弟视为新文学的重镇的。

但从 1922 年初至 1928 年大革命失败,周作人与胡适之间的分歧日益加剧,先后发生了四次比较重要的论争[13]。

1922 年 4 月 2 日,周作人在《晨报》副刊发表《思想界的倾向》一文,提出:"我看现在思想界的情形,推测将来的趋势,不禁使我深抱杞忧,因为据我看来,这是一个国粹主义勃兴的局面";强调"我们要整理国故,也必须凭借现代的新学说新方法,才能有点成就"。由于文章涉及胡适提倡的"整理国故"运动,胡适以 Q·V 的笔名于同月 24 日《晨报》副刊发表《读仲密君"思想界的倾向"》,把周作人所列举的复古现象（如京沪各处有人提倡孔门的礼乐、《学衡》的出现、章太炎提倡整理国故）等，看作是"退潮的一点回波，乐终的一点尾声"，断言"国粹主义"已"差不多成了过去"。这是"五四"以后，周作人与胡适之间第一次发生的具有严重意义的意见分歧。

1924 年 11 月，冯玉祥国民军包围清宫，逐出清帝，胡适写信给国民军支持下的当时的北方政府，居然提出"抗议"，说什么"堂堂的民国，欺人之弱，乘人之丧，以强暴行之，这真是民国史上的一件最不名誉的事"。在华的英国人庄士敦立刻致书胡适，表示"祝贺"。在这种情况下，周作人于同月 9 日也致书胡适，明确表示，"以经过二十年拖辫子的痛苦的生活，受过革命及复辟的恐怖的经验的个人的眼光来看"，"以直报怨"，"驱逐清废帝"，"这乃是极自然极正当的事"。并告诫胡适，"帝国主义的外国人都不是民国之友，是复辟的赞成人，中国人若听了他们的话，便是上了他们的老当"[14]，要求胡适与帝国主义者划清界限。可惜胡适没有接受周作人的忠告；在如何对待帝国主义侵略与封建复辟势力这些基本问题上，两人的基本分歧未能统一，这是他们在大革命风暴中作出不同政治选择的根本原因。

1925 年，周作人与鲁迅等一起支持女师大爱国学生运动，与北洋军阀政府司法总长兼教育总长章士钊及其支持者陈源之间，展开了短兵相接的尖锐斗争。胡适则试图采取折中、调和的立场。他曾联合十七名北大教授，发表声明，对章士钊与反章派表示"同样的不满"。周作人当即写了《国魂之学匪观》及《忠厚的胡博士》（分别载 1926 年 1 月 10 日《京报》副刊、1925 年 8 月 18 日《京报》副刊），予以辩驳，指出："我不相信世界上有什么中立、公正的物事"，"假装超然，实在的意见及行动还是暗地偏袒一方的"，"以忠厚待人可，以忠厚待害人之文人则不可。古人有言，养虎自贻患"。他甚至愤激地大呼："宽容宽容，几多罪恶假汝之名以行，提倡'宽容'之'流弊'亦大矣，可不戒欤？”

　　1926 年，围绕着“三一八”惨案，鲁迅、周作人为代表的语丝派与陈源、徐志摩为代表的现代评论派之间的斗争日趋白热化。这时，胡适再一次出面调和。他曾经分别致书鲁迅、周作人、陈源，呼吁停止论战。信中说：

> 　　我是一个爱自由的人——虽然别人也许嘲笑自由主义是十九世纪的遗迹，——我最怕的是一个猜疑、冷酷、不容忍的社会。我深深地感觉你们的笔战里双方都含有一点不容忍的态度，所以不知不觉地影响了不少的少年朋友，暗示他们朝着冷酷、不容忍的方向走，这是最可惋惜的。[15]

　　胡适的“建议”在论战双方都受到了冷遇；而且形势的迅速发展，连胡适自己也无法再“调和”下去。

　　周作人与胡适之间的分歧，到 1927 年国民党发动“清党”期间达到了极点。周作人站在人道主义立场上，对国民党屠杀革命者和无辜人民、实行思想专制的反动行径，提出了严正的抗议；而胡适则千方百计为国民党开脱。在清党高潮中，胡适在上海发表演说，说“中国还容人力车，所以不能算是文明国”。周作人立即执笔写了《人力车与斩决》一文，责问道：清党之中，“枪毙之外还有斩首：不知胡先生以为文明否？”“胡先生出去只见不文明的人力车而不见也似乎不很文明的斩首，此吾辈不能不甚以为遗恨者也。”

（三）

　　大革命失败以后的白色恐怖终于吓倒了周作人。在现存的 1930

年1月5日、2月1日周作人致胡适书中，周作人向胡适自荐他的《闭门读书论》，表示："近六、七年在北京，觉得世故渐浑，将成'明哲'，1929年几乎全不把笔，即以前所作亦多暮气。"[16] 又称："闻今年将大开言路，而我现在觉得并无话欲说，可谓辜负好时光矣"[17]，流露出对国民党政府的某些期待：周、胡二人因此而获得了合作的共同基础。彼此之间，时有通信，互诉衷肠，昔日的论争、分歧，已不复提及。1931年6月19日、9月26日，胡适写给周作人信中，都附录了自己诗歌新作。其中一首律诗云："几枝无用笔，半打有心人。毕竟天难补，滔滔四十春"[18]，道尽了胡适内心的苦闷，显然是把周作人作知己者看待的。周作人对胡适也以诚相待，曾于1929年8月因国民党上海党部通过严办胡适的决议案而致书胡适，以拉伯雷"我自己已经够热了，不想再被烤"之言相劝，表示："我总觉得兄的工作在于教书做书（也即是对于国家，对于后世的义务）——完成那《中国哲学史》、《文学史》，以及别的考据工作（如《水浒传考》那一类）"；现在"却耗费于别的不相干的事情上面"，未能"尽其性"，"我想劝兄以后别说闲话"，离开上海，到北京教书，以"在冷静寂寞中产生出丰富的工作"[19]。胡适在回信中承认自己"爱说闲话，爱管闲事"，"受病之源在于一个'热'字"，"对于名利，自信毫无沾恋，但有时候总有些看不过，忍不住。王仲任所谓'心溃涌，笔手扰'，最足写此心境"。信中又说："你信上提起'交浅言深'的话，使我有点感触。生平对于君家昆弟，只有最诚意的敬爱，种种疏隔和人事变迁，此意始终不减分毫。相去虽远，相期至深。此次来书情意殷厚果符平日的愿望，欢喜之至，至于悲酸。"[20] 胡适的坦诚、热情，溢于言表；相形之下，周作人是要"冷"得多，或许是寓至热于冷之中吧。

1932年胡适创办《独立评论》，自诩以"唱低调，说老实话"为宗旨。据胡适后来回忆，周作人曾写信劝他"不要干这种傻事"。但胡适认为周作人"心里是赞成这种傻事的",证据是"傻孩子过两周岁,岂明先生特地寄一篇《太监》来,并且说明是'奉贺独立评论之百一期'",胡适表示盼望周作人"时常捎点结果给这个傻小子,不要等到过年过节才送礼"[21]。以后周作人果然又"捎"来了《"西洋也有臭虫"》(载《独立评论》第 103 号)、《谈禁书》(载《独立评论》第 207 号)、《关于看不懂》(载《独立评论》第 241 号)等文。在这些文章中,有支持胡适,也有与胡适辩驳的,充分地显示了他们之间自由、平等讨论的友好气氛。

1934 年 6 月,胡适在《独立评论》第 103 号发表了《信心与反省》一文,重申:"我们固有文化实在是很贫乏的","我们所有的,欧洲也都有;我们所没有的,人家所独有的,人家都比我们强"。《独立评论》同期还发表了子固《怎样才能建立起民族的信心》一文与胡适辩论,文章大谈"忠孝仁爱信义和平是维系并且引导我们民族更向上的固有文化"。这又引出了周作人的反驳。他在发表于《独立评论》第 107 号上的《"西洋也有臭虫"》中指出:"青年们高唱发扬国中固有文化,原即是老新党说过的'中学为体'。子固先生又质问欧洲可有过一个文化系统过去没有类似小脚、太监等等的东西,则岂不又是'西洋也有臭虫'的老调么?"《独立评论》的这一场论争,不过是"五四"时期东西方文化论战的继续。我们感兴趣的是,无论是胡适对"固有文化"的否定,还是周作人对"中学为体"论的警惕与批判,都是他们各自在"五四"时期的原有立场的继续。

《独立评论》第 241 号(1937 年 7 月 4 日出版)发表的周作人《关于看不懂》一文,则是周、胡之间关于诗歌问题的一场有趣争论。[22]在此之前,《独立评论》第 238 号曾发表读者絮如来信,以卞之琳的诗歌、何其芳的散文为例,批评"一部分所谓作家走入了魔道,故意作出那种只有极少数人,也许竟会没有人能懂的诗与小品文",对青年人产生了极坏影响。胡适在《编者后记》中表示赞同这一意见，并说："现在做这种叫人看不懂的诗文的人，都只是因为表现的能力太差。"周作人对此发表了不同意见。他认为，"从文艺方面看，所谓看不懂的东西可以有两种原因，甲种由于意思的晦涩，乙种由于文章的晦涩"，后者"有一部分如先生所说，是表现能力太差，却也有的是作风如此"，"创作时觉得非如此不能充分表现出他们的思想和情调"。30 年代这场"关于看不懂"的争论，既是"五四"时期诗的"平民化"与"贵族化"争论的继续，又延续到七八十年代，在中国现代新诗发展史上自有其意义。而周作人与胡适之间，这一时期政治倾向上的接近，并不妨碍彼此在诗歌艺术上的争论、切磋，这也是很有意义的。

　　事实上，在这一时期，他们的关系是相当密切的。1932 年，胡适主持的文化基金会董事会编译委员会以较高的稿酬，接受了周作人的译作《希腊拟曲》，这显然与胡适有关。1934 年，周作人作五十自寿诗，一时唱和者蜂起。胡适也寄来了他写的两首。其二题曰《再和苦茶先生，聊自嘲也》：

　　　　老夫不出家，也不著袈裟。人间专打鬼，臂上爱蟠蛇。不敢充油默，都缘怕肉麻。能干大碗酒，不品小钟茶。

　　自注云："昨诗写吾兄文雅，今诗写一个流氓的俗气。"[23]胡适显然意在表现他自己的个性、追求与周作人的差异。这种差异也许在他们私下通信不意之中的表露反而看得更清楚。例如在 1936 年的一封通信里，周作人属于"朋旧雕丧"、"青年无理解"，而劝说胡适"汔可小休"。胡适回信说："吾兄劝我'汔可小休'，我岂不知感激？但私心总觉得我们休假之时太多，紧张之时太少"，"我是一个'好事者'；我相信'多事总比少事好，有为总比无为好'；我相信种瓜总可以得瓜，种豆总可以得豆，但不下种必不会有收获。收获不必在我，而耕种应该是我的责任"。胡适表示自己以孔子为"大神"，"取其'知其不可为而为之'"，"嗜好已深，明知老庄之旨亦自有道理，终不愿以彼易此"。胡适对于周作人也别有一种观察："吾兄自己也是有心人，时时发'谆谆之言'，但胸襟平和，无紧张之气象，故读者但觉其淡远，不觉其为'谆谆之言'。此是涵养功深，不易学到。前日和诗末句，'关门尚学仙'，已改为'萧闲似散仙'，似较切近。"[24] 应该说，胡适看出周作人从根底上是个"有心人"，并不消极，这样的理解是远远超过同时代许多人的。

（四）

尽管在日本侵略者面前，周作人与胡适都曾丧失民族自信心，陷入"民族失败主义"[25]；但在日本占领北平及华北，并继续南下，把侵略势力扩大到长江流域后，他们终于走上了不同道路。

1937 年 8 月 9 日，任北京大学校长职的胡适离开北平南下，周作人作为北大留守教授仍留在北平。据周作人回忆，在此之前，经胡适介绍，文化基金董事会编译委员会以较高的稿酬接受了周作人的译稿《希腊拟曲》，这就使周作人在日军占领北平后，暂时得以维持生活。1938 年 2 月 9 日，周作人出席了有军方背景的大阪《每日新闻社》在北京饭店举行的招待会，4 月 9 日又出席了《每日新闻社》在北京饭店正式召开的"更生文化建设座谈会"。消息传出，全国舆论大哗。在此种情况下，胡适自伦敦赠诗周作人，对其进行了婉转的规劝："臧晖先生昨夜做一个梦，梦见苦雨庵中吃茶的老僧，忽然放下茶盅出门去，飘然一杖天南行。天南万里岂不大辛苦？只为智者识得重与轻。梦醒我自披衣开窗坐，谁知我此时一点相思情。"9 月 21 日，周作人致诗胡适:"老僧假装好吃苦茶,实在的情形还是苦雨,近来屋漏地上又浸水,结果只好改号苦住。晚间拼好蒲团想睡觉,忽然接到一封远方的话,海天万里八行诗,多谢臧晖居士的问讯。我谢谢你很厚的情意,可惜我行脚却不能做到;并不是出了家特地忙,因为庵里住的好些老小。我还只能关门敲木鱼念经,出门托钵募化些米面,——老僧始终是个老僧,希望将来见得居士的面。"[26] 查周作人日记,在胡适、周作人诗信来往的八九月间,周作人确实多次婉辞女子师范学院的聘书,以及北京大学校长兼文学院长的任命。据周作人的回忆,因为听说胡适要到美国去,他将诗信遂寄华盛顿中国使馆转交"胡安定",但大使馆无人知道这是胡适的别号,直到1939年12月胡适才收到这封诗信,而周作人早已于同年8月任伪北京大学文学院院长职。胡适遂写诗一首:"两张照片诗三首,今日开封一惘然。无人认得胡安定,扔在空箱过一年"[27],在无可奈何之中含着某种惆怅之情。

有趣的是,1949年新中国成立前夕,中国又面临着一次新的历史转折,中国知识分子必须作出"何去何从"的选择。据周作人回忆:

> 及1949年冬,北京解放,适之怆惶飞往南京,未几转往上海;那时我也在上海[28],便托王古鲁君代为致意,劝其留在国内。虽未能见听,但在我却是一片诚意,聊以报其昔日寄诗之情。[29]

此后,胡适、周作人分处海峡两岸,未能互通音讯。只是在《周作人晚年手札一百封》中,我们还可以看到周作人在与香港友人通信中,对胡适的评价:"胡博士亦非可全面抹杀的,所云学者成分多,亦是实话","胡君的确有他的可爱处,若其喜谈政治(当初都以不谈政治为标榜),自然也有他的该被骂的地方,唯如为了投机而骂了,那就可鄙了。我与适之本是泛泛之交（寻常朋友），当初不曾热烈的捧他，随后也不曾逐队的骂他，别人看来，或者以为是，或者以为非，都可请便，在我不过是觉得交道应当如此罢了。"周作人写这封信的时间可能是 1965 年 4 月 28 日，此时胡适已作古，周作人也已是八十老翁；信中的这几句话，就算是他们一生交往的总结了。

注释

[1] 据《知堂回想录》回忆，当时胡适、刘半农、刘文典均为辛卯年生，在 1917 年只 27 岁，共称"三个小兔子"。

[2][3]　周作人：《知堂回想录·一二七　五四之前》。

[4] 类似记载还有："1917、12、26，半农来访，同往学长处谈研究小说事"；"1917、11、30、同刘半农拟小说研究表"等记载。

[5] 详见本书《周作人对现代小说、散文理论的历史贡献》有关部分。

[6] 1920 年 8 月 16 日，钱玄同致书周作人："我总不赞成、联络石屋山人（按：指胡适）而排斥独秀枯秃路（按：指陈独秀）"。信收《中国现代文艺资料丛刊》第 5 辑。

[7] 参看本书《周作人与陈独秀》有关部分。

[8] 胡适 1922 年 3 月 4 日日记，收《胡适的日记（上）》。

[9] 胡适：《致周作人书（1921 年 3 月 14 日）》，收《胡适来往书信选（上）》。

[10] 胡适：《致周作人书（1921 年 3 月 2 日）》，收《胡适来往书信选（上）》。

[11] 胡适：《致周作人书（1921 年 8 月 30 日）》，收《胡适来往书信选（上）》。

[12] 收《胡适的日记（上）》。

[13] 学术上的小争论更屡有发生。如：1925 年 12 月周作人曾作《谈"谈谈诗经"》一文，（收《谈龙集》），批评胡适在武昌大学讲演中对《诗经·葛覃篇》所作的穿凿附会的今释，及其"用社会学说诗的方法"，指出："守旧固然是武断，过于求新者也容易流为别的武断。"并说："读诗也不一定要篇篇咬实"，"'不求甚解'四个字，在读文学作品有时倒也是很适用。"

[14] 信收《胡适来往书信选（上）》。

[15] 胡适致鲁迅、周作人、陈源（1926 年 5 月 24 日），信收《胡适来往书信选（上）》。

[16] 周作人：《致胡适书（1930 年 2 月 1 日）》，收《胡适来往书信选（中）》。

[17] 周作人：《致胡适书（1930 年 1 月 5 日）》，收《胡适来往书信选（中）》。

［18］ 胡适：《致周作人书（1930 年 9 月 26 日）》，收《胡适来往书信选（中）》。

［19］ 周作人：《致胡适书（1929 年 8 月 30 日）》，收《胡适来往书信选（中）》。

［20］ 胡适：《致周作人书（1929 年 9 月 4 日）》，收《胡适来往书信选（中）》。

［21］ 《编辑后记》，《独立评论》第 101 号。

［22］ 在这次讨论中，沈从文也发表有文章，见《独立评论》第 241 号。

［23］ 胡适：《致周作人书（1934 年 1 月 18 日）》，收《胡适来往书信选（中）》。

［24］ 胡适：《致周作人书（1936 年 1 月 9 日）》，信收《胡适来往书信选（中）》。

［25］ 参看本书《走向深渊之路》有关部分。

［26］［27］［29］ 周作人：《知堂回想录·一六一　北大感旧录（七）》。

［28］ 抗战胜利后，周作人于 1945 年 12 月以汉奸罪被捕，1946 年 11 月由南京政府首都高等法院处有期徒刑 10 年，1949 年 1 月保释出狱，暂住上海友人尤炳忻家。

二十一、周作人与钱玄同、刘半农

—— "复古"、"欧化"及其他

（一）

在《新青年》、《语丝》同人中，与周作人最接近、思想最为契合的，无疑是钱玄同、刘半农。

周作人自己曾经说过："我当初和钱玄同先生一样，最早是尊王攘夷的思想，在拳民起义的那时听说乡间的一个'洋鬼子'被'破脚骨'打落铜盆帽，甚为快意，写入日记。后来，读了《新民丛报》、《民报》、《革命军》、《新广东》之类，一变而为排满（以及复古），坚持民族主义者计有十年之久。"[1]周、钱二氏确实有着共同的思想基础：当周作人在日记中大呼"驱逐洋人，在此时矣"，"非我族类，其心必异"[2]时，钱玄同"在教师底书桌上看见一部日本人做的书（好像是万国史记）有'清世祖福临'、'清高祖字弘历'这些字样，又不抬头写，那时看了，真觉得难过"[3]（其时他们尚未见面）。1908年，当他们同拜于章太炎门下，在《民报》社太炎先生讲席上相见时，都已是有着浓重的复古倾向的民族主义者。据钱玄同后来回忆说：

> 我那时的思想，比太炎先生还要顽固得多呢。我以为保有国粹底目的，不但要光复旧物，光复之功告成以后，当将满清底政制仪文——推翻而复于古……（而且）愈古愈好。……但有一样

"古"却是主张绝对排斥的，便是"皇帝"。所以我那时对于一切
"欧化"，都持"诎诎拒之"的态度；惟于共和政体，却以为天经
地义，光复后必须采用它。[4]

　　钱玄同原名师黄，后改称怡，字德潜，此时为表示"光复大汉"的
决心，自取号曰汉一，后"听太炎先生说古人名号皆有相连的意义"，遂
改名为"钱夏，取其与汉一相连。'夏'字据《说文》上说乃'中国之人也，
从页首也，曰两臂也，文两足也'"[5]。在听章太炎讲课的学生中，钱玄
同最为活跃；周作人回忆，"常看他与太炎先生谈论，高兴起来，指手画
脚的，连坐席也会移动，所以鲁迅叫他诨名为'爬来爬去'"[6]；而与太
炎先生彻夜谈话的课题，也"无非是'文字复古的方法'"[7]。太炎先生
提出用小篆书写；钱玄同后来果然写有"用小篆精写"的《说文窥管》，
依照小篆用楷书笔势写的章太炎《小学答问》文、《三体石经考》。直到
辛亥前后，钱玄同还作《深衣冠服说》[8]，并"曾经戴上'玄冠'，穿上
'深衣'，系上'大带'上办公所去，赢得大家笑一场，朋友们从此传
为笑柄"[9]。周作人此时也同样沉迷于"复古"。他和鲁迅一起翻译《域
外小说集》，换上了许多古字；并曾试图用古奥的古文来翻译福音书及伊
索寓言；甚至主张废除圈点，一篇文章整块连写到底。周作人以后把它
们戏称为"复古"三"支路"，并总结复古的经验，指出："我们这样的
复古，耗费了不少的时间与精力，但也因此得到一个极大的利益，便是
'此路不通'的一个教训。……这样看来，古也非不可复，只要复的彻底，
言行一致的做去，不但没有坏处，而且反能因此寻到新的道路。"[10]

（二）

　　周作人与钱玄同再度相会，已是"五四"前夕。钱玄同于1913

年随其兄钱恂来京，任北京高等师范学校历史地理部及附属中学国文、经学教员，兼任北京大学预科文字学教员。1917 年 4 月，周作人也来到北京，同月 12 日日记中即有"见钱玄同君"的记载，虽寥寥几字，但老友重逢的喜悦仍是不难想象的。约 9 月，刘半农由上海来到北京，与周作人一见即成为至交[11]。刘半农后来回忆他们第一次见面的情景说："余二人相识，余已二十七，岂明已三十三。时余穿鱼皮鞋，犹存上海少年滑头气，岂明则蓄浓髯，戴大绒帽，披马夫式大衣，俨然一俄国英雄也。"[12] 钱玄同与刘半农很快成为周氏兄弟所住补树书屋的座上常客。在周作人 1917 年、1918 年日记里，经常可以看到"下午钱君又来，留饭剧谈，至晚十一时去"、"半农来访，同在学长处谈，研究小说事"[13]这样的记录。钱玄同谈锋尤健，每回来访不至深夜是不归的。鲁迅曾生动地描绘过钱玄同上补树书屋的情景：每次来时，总是"将手提的大皮夹放在破桌上，脱下长衫，对面坐下了，因为怕狗，似乎心房还在怦怦的跳动"[14]。周氏兄弟正是在钱玄同的劝说下，开始执笔为《新青年》写作。第一篇是周作人的译文《陀思妥夫斯奇的小说》，发表在《新青年》第 4 卷第 1 号上；到第 5 号，鲁迅才正式上阵，发表了《狂人日记》。据刘半农在《新青年》发表《除夕》一诗所记，1918 年 2 月，旧历除夕，周氏兄弟与刘半农曾一起商议，要仿照日本杂志的办法，在《新青年》开辟"介绍新刊"的专栏，以"笃促编译界之进步"[15]。事实上，此时，周氏兄弟已经成为《新青年》的主要骨干力量。

　　《新青年》时期周氏兄弟与钱玄同、刘半农的活动特点，可以用周作人的一句话来概括："第一期'复古'做得很彻底。第二期便来个'反复古'运动，同样的彻底，不过传播得更广远了。"[16]这里所谓"第一期"系指本世纪初日本留学时期，已如前述；"第二期"即指五四新文化运动时期。周作人曾谈到，亲历了张勋复辟，他与鲁迅"深深感觉中国改革之尚未成功，有思想革命之必要"[17]，钱玄同也因张勋复辟的刺激而"往反复古的方面更坚定的前进"[18]。钱玄同在以后写给周作人的一封信里，也有"张勋败后，我和你们兄弟两人在绍兴会馆的某院子里槐树底上所谈的偏激话"等语[19]。他们当时说了什么"偏激话"，现已不可考查；但在"五四"时期，周氏兄弟、钱玄同（以及刘半农），确实是以极端"偏激"的姿态出现在反对复古派、国粹派斗争的第一线，这是有大量事实可以作为佐证的。鲁迅"要少——或者竟不——看中国书，多看外国书"[20]的主张至今被认为是"偏激"之言。周作人在著名的《人的文学》里，也一反常态，以最极端的态度，将《西游记》、《聊斋志异》、《水浒》等都打入"一切都该排斥"的"非人的文学"[21]之列。刘半农"破坏旧韵，重造新韵"的主张[22]也是名极一时的。但被认为言辞最为激烈的，则是钱玄同。正如鲁迅所说，一般人"十分话最多只须说到八分，而玄同则必说到十二分"[23]。周作人也说："玄同所主张常涉两极端，因为求彻底，故不免发生障碍。"[24]查钱玄同在《新青年》上发表的言论，最激进者无非是主张废除汉字与旧戏；而这两种言论最坚决的支持者恰恰都是周氏兄弟。钱玄同自己就说过，他在《中国今后之文学问题》里大声疾呼："欲使中国不亡，欲使中国民族为二十世纪文明之民族，……废记载孔门学说及道教妖言之汉文，尤为根本解决之根本解决"，完全是"代朋友立言"，而"朋友"即是鲁迅。[25]据说鲁迅曾对钱玄同说过，"中国最好改用一种外国文字如德文；若办不到，则仍写汉文并多多羼入外国文的字句"[26]。至于"要中国的真戏，非把中国现在的戏馆全数封闭"的主张，则是与周作人讨论的结果。周作人也认为，"旧戏有害于'世道人心'"，"凡中国戏上的精华，在野蛮民族的戏中无不具备"[27]。值得注意的是，《新青年》同人中，对于上述具体主张意见并非完全相同，但却一致肯定其在反封建复古派、国故派斗争中的作用。陈独秀在《本志罪案之答辩书》中说：

> 社会上最反对的，是钱玄同先生废汉文的主张。……（钱
> 先生）只因为自古以来汉文的书籍，几乎每本每页每行，都带着
> 反对德赛两先生的臭味；又碰着许多老少汉学大家，开口一个国
> 粹，闭口一个古说，不啻声明汉学是德、赛两先生天造地设的对
> 头，他愤极了，才发出这种激切的议论。像钱先生这种用石条压
> 驼背的医法，本志同人多半是不赞成的。但是社会上有一班人，
> 因此怒骂他，讥笑他，却不肯发表意见和他辩驳，这又是什么道
> 理呢？难道你们能断定汉文是永远没有废去的日子吗？

后来鲁迅自己也说：

> 钱玄同先生提倡废止汉字，用罗马字代替，这本来也不过是
> 一种文字革新，很平常的，但被不喜欢改革的中国人听见，就大
> 不得了。于是便放过了比较平和的文学革命而竭力来骂钱玄同。
> 白话乘了这一个机会，居然减去了许多敌人，反而没有阻碍，能
> 够流行了。[28]

周氏兄弟、钱玄同以及刘半农在"五四"时期反复古、反国粹的
战斗意义就这样得到了历史的肯定。

（三）

五四运动以后，"新青年"同人都面临着"寻路"的"歧途"。
刘半农首先于 1920 年由当时的教育部派赴欧洲留学。周作人认

为，这"乃是胡适之所促成的"，"刘半农因为没有正式的学历，为胡博士他们所看不起。……半农受了这个刺激，所以发愤去挣他一个博士头衔来，以出心头的一股闷气"[29]。刘半农本人是始终留恋于新文化战线的战斗的；因此，他在去欧洲留学前夕，还写信给周作人，倡议与周氏兄弟合作，共同编《近代文艺小丛书》，系统介绍西方文学艺术（除小说、戏剧、诗歌、文艺理论外，还包括音乐、雕刻、绘画、歌谣等），并以其固有的热情，开始着手王尔德短篇小说与屠格涅夫散文诗的翻译[30]。此动议得到鲁迅、周作人支持，后因刘半农出国而未实行，留下了中国翻译出版事业上的一大遗憾。

而钱玄同在 1920 年却引人注目地沉默了。1920 年 8 月 13 日、9 月 4 日、9 月 28 日陈独秀三次致书周作人，询问"玄同兄总无信来，他何以如此无兴致？"希望钱玄同能与周氏兄弟一样多写些《随感录》。看来，周作人是把陈独秀的意见转告了钱玄同的；因此，在 1920 年 10 月 25 日，钱玄同在致周作人信中作了如下回答："很感谢你规劝我的好意"，"但我对于做《随感录》未免还有些迟疑"[31]。钱玄同为何"迟疑"呢？他在另一封信里，谈到他对《新青年》当年战斗的"反省"："我近来很觉得两年前在《新青年》杂志上做的那些文章，太没有意思。……仔细想来，我们实在中孔老爹'学术思想专制'之毒太深，所以对于主张不同的论调，往往有孔老爹骂宰我，孟二哥骂杨、墨，骂贫成括之风。"[32]他同时强调，"我以为我们应该要服膺圣训'君子和而不同，一语'"，"要是有依赖他人的行为，有结党成群的意味，别说干坏事，就是干好事亦是不足取"，"即如'双簧'等行为，偶尔兴到，做他一次，尚无碍事，然不可因此便生结党成群之心理"[33]。钱玄同就这样站在自由主义、个人主义立场上否定了他自己亲自参加的"五四"反复古、反国粹的思想斗争，最后的选择只能是"退出战线"："我近来颇有些宗教的迂腐气味，觉得减除精神上良知上痛苦为唯一要义"，"今后颇思自修一种外国文，将来我的新事业，想在'文学'一方面"[34]。

但历史是无情的，当钱玄同（以及一定程度上的周作人）努力地为"盲目地崇拜孔教与旧文学"的国粹派争取"言论自由"时[35]，中国思想文化界一次又一次地掀起了封建复辟的恶浪。而且封建复古派对新文化运动中的人是一律打击，并无半点宽容。这对天真而善良的钱玄同无疑是一剂极有效的清醒剂。于是，在 1923 年 7 月 1 日给周作人的信中，钱玄同特地注明，这一天正是张勋复辟之纪念日，他因而有了新的"反省"："我近来很动感情，觉得二千年来的国粹，不但科学没有，哲学也玄得利害，理智的方面毫无可满足之点，即感情方面的文学除了那颂圣、媚上、押韵、对仗、用典等等'非文学'以外，那在艺术上略有地位的"，"实在也是一种'受戒的文学'，因此觉得说来说去毕竟还是民国五六年间的《新青年》中陈仲甫的那些西方化的话最为不错，还是德莫克拉西和赛恩斯两先生最有道理。"[36]一周以后，钱玄同在给周作人信中又更明确地表示：

> 我近来耳闻目睹有几件事，觉得梁启超在壬寅年的《新民丛报》虽然已成历史上的东西，而陈独秀 1915 年—1917 年的《新青年》中的议论，现在还是救时的圣药。现在仍是应该积极去提倡"非圣"、"逆伦"，应该去铲除"东方化"。总而言之，非用全力来"用夷变夏"不可。我之烧毁中国书之偏谬精神又渐有复活之象。[37]

这标示着，钱玄同又返回到五四新文化运动"彻底地反封建"的立场上来，而且激烈的态度仍然不减当年。但对于周作人来说，再返归"五四"，已属不可能。于是，这两位朋友之间终于出现了微妙的分歧。

（四）

周作人与钱玄同的分歧，集中表现在《语丝》上的两次论战。而这两次至今尚未引起人们足够重视的论战，对了解"五四"以后中国知识分子对东、西方文化的选择以及他们的历史动向，是有一定的意义的。

论争首先是在周作人、刘半农与钱玄同之间展开的。《语丝》第4期（1924年12月8日出版）发表周作人《致溥仪君书》，信中有"可惜中国国民内太多外国人"，"应该觉悟只有自己可靠"等语，这意思与周作人本人在这一时期反复强调的"复兴千年前的旧文明"的"民族主义"[38]是一致的。此信引起了刘半农的共鸣，他立即从巴黎来信表示支持。来信还对周作人在《林琴南与罗振玉》（发表于《语丝》第3期）中所提出的林琴南"在中国文学史上的功绩是不可泯没的"的观点表示赞赏，并进一步发挥说："后悔当初之过于唐突前辈。我们做后辈的被前辈教育两声，原是不足为奇，无论他教训的对不对。"刘半农的来信以"巴黎通信"为题载《语丝》第20期（1925年3月30日），同期发表了钱玄同《写在半农给启明的信底后面》，提出不同意见，文章针锋相对地提出："中国国民内固然太多外国人，却也太多中国人"，"对于帝国主义底压迫是绝对应该抗拒的"，但"对于'国故'（最广义的）"也绝对地应取"排斥"的态度。因此，文章对鲁迅"要少——或者竟不——看中国书"的主张极表赞同，而宣称"我所爱的中国"是"欧化的中国"。据钱玄同在《回语堂的信》（《语丝》第23期）中解释，"所谓欧化，便是全世界之现代文化，非欧洲人所私有，不过欧人闻道较早，比我们先走了几步。我们倘不甘'自外生成'惟有拼命追赶这位大哥。"钱玄同在《写在半农给启明的信底后面》里，还尖锐批评了刘半农对林琴南的态度，指出前辈"如果有荒谬无理的态度，一样应该斥责他，教训他，讥讽他，嘲笑他，乃至于痛骂他；决不可因他是前辈而对他退让。前辈后辈同样是人，本无尊卑贵贱之分"。周、刘、钱之间的这一次讨论，涉及对东、西方文化的态度及对五四运动的评价，这深深影响了他们间以后的论争。

在此前后，又有"国民文学"的论争。1925 年 3 月 1 日，《京报副刊》在"论国民文学的三封信"的总题下发表了穆木天、郑伯奇、周作人的通信。穆木天首先提出"我们要复活我们祖先的话语"，实现"我们祖先传来的理想的极致"，"发掘我们民族的真髓"；郑伯奇在回信中也强调"要追怀古代的光荣"，"向残虐无道的外国资本主义算总账"，据此，他们提出了建立"国民文学"的口号。这显然反映了 1925 年反帝斗争高潮下，民族主义情绪高涨中蕴含着某种"复古"倾向。周作人则一面肯定"中国人里面外国人太多，西崽气与家奴气太重，国民的自觉太没有"，"国民文学的呼声可以说是这种堕落民族的一针兴奋剂"，一面又提醒人们注意："提倡国民文学必须提倡个人主义"，否则"容易变成狂信，这个结果是凡本国的必好，凡别国的必坏，自己的国土是世界的中心"[39]。显然，周作人是看出，并且警惕着封建复古主义的趁机复活的。沉寂了几个月以后，在 1925 年 7 月 6 日出版的《语丝》第 34 期又发表了周作人、穆木天、张定璜、钱玄同等人的通信。穆木天仍然坚持"唤起已死了百千年的国民精神作坚牢的大石"。钱玄同则力主"应该将过去的本国旧文化'连根拔去'，将现代的世界新文化'全盘承受'"；并说："我坚决地相信社会是进化的"，"所以我认为过去的各国文化，不问其为中国的、欧洲的、印度的、日本的……都应该弃之若敝屣"。周作人则认为："现在要紧的是唤起个人的与国民的自觉，尽量地研究介绍今古的文化，让它自由地渗进去，变成民族精神的滋养料，因此可望自动地发生出新汉族的文明来。"[40] 这里，对于东、西文化的选择，各人的侧重面的不同是显而易见的。

（五）

再度忆及"五四"时代的光辉业绩，是在 1934 年。其时，周作人、钱玄同、刘半农都成了中国思想文化界的名流学者：刘半农时为北平大学女子文理学院院长，钱玄同为国立北平师范大学国文系主任教授，周作人则以"苦雨斋老人"之名坐镇北方文坛。是年 4 月 5 日，林语堂主持的《人间世》创刊号上发表周作人五十自寿诗，并钱玄同等人的和诗。钱玄同诗云："但乐无家不在家，不皈佛教没袈裟。腐心桐选诛邪鬼，切齿纲伦打毒蛇。读史敢言无舜禹，谈音尚欲析遮麻。寒雷凛冽怀三友，蜜桔酥糖普洱茶。"钱诗后附说明云："也是自嘲"；并另有一信云："火气太大，不象诗而象标语，真要叫人齿冷。"其实，在我们看来，钱玄同无非是保留了一些"五四"时期的战斗锋芒而已。回顾当年"腐心桐选诛邪鬼，切齿纲伦打毒蛇"及所向披靡的战斗业绩，再返视今日"街头终日听说鬼，窗下通年学画蛇。老去无端玩骨董，闲来随分种胡麻"（周作人原诗）的生活，是不能不令人感慨系之的。

《人间世》创刊号还发表了刘半农《新年自咏次知堂老人韵四首》手迹，及刘半农《双凤凰砖斋小品文》。在《题双凤凰砖》中，有"昔苦雨老人得一凤凰砖，甚自喜，即以名其斋。今余所得砖乃有双凤凰。半农他事或不如岂明，此则倍之矣"等语。因此，《人间世》创刊号可以看作是周作人与刘半农友谊的一个纪念。

在此期间，周作人与胡风曾就"蔼理斯的时代"问题展开过一场论战。胡风在《蔼理斯的时代及其他》（载 1935 年 3 月 1 日《文学》第 4 卷第 3 号）一文中曾将周作人与刘半农的文章联系起来，认为"代表了文坛上的一种气流"。刘半农在他的文章中，表示了"抹杀了自己专门去追逐时代"必然"抓住了和尚丢掉了自己"的忧惧。胡风认为"这种害怕失掉了'我'的耽心或错觉"，也是周作人的："周作人因为怕湮没了'我'，所以对于过去和未来两不偏袒，一味地寄以同情，但没有料到他把'我'过于提高了，离开了地面，没有给他以尘世的内容。失掉了'我'之所以为'我'的意义，使它成了空空洞洞的东西。"刘半农虽然没有参加这场论争，但胡风的分析倒是抓住了周作人、刘半农（也许还有钱玄同）这一时期思想共同倾向的要害的：他们都陷入"自我"的象牙塔中，距时代越来越远。

周作人、刘半农发表在《人间世》、《论语》的杂文，典型地表现了他们的"闲适"趣味。周作人写有《为半农题摜跤图》（载《人间世》第5期），刘半农《题双凤凰砖小品文》之五十四《记砚弟之称》，回忆当年因张作霖封闭《语丝》而避难于日本友人家中的情景，娓娓叙述中隐含着沉痛。1934年7月1日出版的《论语》第44期发表了刘半农《桐花芝豆堂诗集》（六十一），抄录了刘半农《自题画像》与《知堂老人步原韵和章》。刘半农原诗云："名师执笔美人参，画出冬烘两鬓斑。桐眼注明劳碌命，评头未许穴窬钻。诗文讽世终何补，磊块横胸且自宽。蓝布大衫偏窃喜，笑看猴子沐而冠。"周作人和诗云："宝相庄严许拜参，面皮光滑鬓毛斑。眼斜好显娥眉细，头大难将狗洞钻，脚下鱼鳞方步稳，壶中芝豆老怀宽。布衫恰是新章服，抵得前朝一品冠。"[41]刘半农原诗与周作人的和诗，不但于刘半农神形毕肖，而且也映照出周作人性格的或一侧面，嬉笑之间也正足以显示出他们之间的情深意笃。

但谁也不曾料到，仅仅十天以后，1934年7月14日刘半农竟因在西北调查方言病染回归热，遽然而逝。时周作人正在日本访问；消息传来，"只觉得出意外，除了惘然若失而外，别无什么话可说"[42]。9月4日，北京大学举行追悼会，周作人致词中极力称颂刘半农为人之"真"与治学之"杂"；以后又写有打油诗二首，其一曰："昔时笔祸同蒙难，菜厂幽居亦可怜。算到今日逢百日，寒泉一盏荐君前。"[43]

直到 11 月 30 日，刘半农逝世四个多月，周作人才写出《半农纪念》一文。文章说："半农和我是十多年的老朋友，这回半农的死对于我是一个老友的丧失，我所感到的也是朋友的哀感，这很难得用笔墨记录下来。朋友的交情可以深厚。而这种悲哀总是淡泊而平定的，与夫妇子女间沉挚激越者不同，然而这两者都是同样的难以文字表示得恰好。"1935 年，刘半农安葬于北京西郊香山，墓前矗碑两块，其一即是由周作人撰写墓志的。

刘半农逝世后，钱玄同成了周作人唯一的"畏友"——这是周作人自己说的："老朋友中玄同和我见面时候最多，讲话也极不拘束而且多游戏，但他实在是我的畏友。浮泛的劝诫与嘲讽，虽然用意不同，一样的没有什么用处。玄同平常不务苛求，有所忠告必以谅察为本，务为受者利益计，亦不泛泛徒为高论，我最觉得可感，虽或未能悉用而重违其意，恒自警惕，总期勿太使他失望也。"[44]据当时与他们一起共事的徐炳昶回忆，钱玄同对周作人在生活上注重享受非常不满，曾多次向徐炳昶惋惜而愤然地说过周作人"除了个人享受以外，几无余事"的话[45]。

1938 年，北平沦陷。周作人与钱玄同都滞留北京，未能南下。他们又一次面临着历史大转折时期的历史选择。

是年春，钱玄同再一次恢复旧名"钱夏"，表示是"夏"而非"夷"，不做敌伪的顺民。又改"疑古"为"逸谷"或署"逸叟"。又号"忆菰翁"，或称幼名"师黄"，或间称"德潜"，都寓有困居思旧的意思[46]。在此之前，他在给周作人的信中也曾有"我近来忽然抒怀旧之蓄念，发思古之幽情"之说[47]。看来钱玄同有恢复早年在"复古"旗号下坚持民族主义立场的老传统之意。他间接从北平寄语随师范大学迁居陕西城固的好友黎锦熙等先生："钱玄同决不污'伪命'。"[48]可以想见，他大概也是如此地规劝自己的老友周作人的。但是其时，周作人早已蓄有"和日"之志，自然听不进去。因此，当周作人于 1939 年元旦遇刺不久，钱玄同即因有脑溢血遽然离去时，周作人已经有了某种预感。他在题为《纪念玄同》的悼文中称钱玄同为"畏友"，并说："今玄同往矣，恐遂无复有能规诫我者"；对于周作人，"污'伪命'"已是不可避免的历史选择：他终于背叛了民族，也背叛了自己与朋友。

　　但周作人仍然没有忘记给朋友的历史功绩以科学的评定。在写于钱玄同逝世百日后的《玄同纪念》里，他强调："玄同的文章与言论，平常看去似乎颇是偏激，其实他是平正通达不过的人。"在 1944 年所写《我的杂学》里，称道王充、李贽、俞樾为中国历史上"思想界之三盏灯火"；接着又评论说："民国以来号称思想革命，而实亦殊少成绩，所知者唯蔡子民、钱玄同二先生可当其选，但多未著之笔墨，清言既绝，亦复无可征考，所可痛惜也。"[49] 解放后，周作人除了写有题为《钱玄同》的专文[50]外，在《鲁迅小说里的人物》及《知堂回想录》里均有对钱玄同的详尽回忆。在其晚年，更写有长篇回忆文章[51]，以"复古"与"反复古"概括钱玄同一生，并且对钱玄同的历史功绩作了如下评定："据我所知道，在所谓新文化运动中间，主张反孔教最为激烈，而且到后来没有变更的，莫过于他了"——周作人毕竟还是有"知人之明"，也有"知己之明"的。

注释

[1]　周作人：《雨天的书·元旦试笔》。
[2]　周作人：《知堂回想录·二三　义和拳》。
[3]　钱玄同：《三十年来我对于满清的态度底变迁》，载《语丝》第 8 期。
[4]　[9]　钱玄同：《三十年来我对于满清的态度底变迁》。
[5]　周作人：《钱玄同之复古与反复古》，收曹述敬著《钱玄同年谱》（下同）。
[6]　[7]　[18]　[19]　[24]　周作人：《钱玄同之复古与反复古》。

[8] 深衣，是古代士大夫朝祭之服，又是唐人的"吉服"。

[10] 周作人：《雨天的书·我的复古的经验》。

[11] 周作人与刘半农的"神交"还要上溯到1905年。是年10月，《中华小说界》第2卷第10期发表刘半农译诗《希腊拟曲》，在前语中说："去冬十月，本界刊载启明君前译《希腊拟曲》三首，情文双绝，古色灿然，谈者每称为译林珍品"，并说及自己的译作，"启明兄见之，得勿嗤为狗尾续貂耶？"

[12] 刘半农：《记砚兄之称——双凤凰小品文之五十四》。

[13] 时周作人、刘半农同为北大研究所国文门小说组的成员，这是他们的第一次合作。

[14] 鲁迅：《呐喊·自序》。

[15] 刘半农：《除夕》，载《新青年》第4卷第3号。

[16] 周作人：《钱玄同》，载《羊城晚报》1957年11月27日。

[17] 周作人：《知堂回想录·复辟前后（一）》。

[20] 鲁迅：《华盖集·青年必读书》。

[21] 周作人：《艺术与生活·人的文学》。

[22] 刘半农：《我之文学改良观》。

[23] 转引自黎锦熙：《钱玄同先生传》，收《钱玄同年谱》。

[25] [26] 参看《记钱玄同先生关于语文问题的谈话》，原载《文化与教育》旬刊第27期（1934年8月10日），转引自曹述敏《钱玄同年谱》。

[27] 周作人：《论中国旧戏剧之应废》，载《新青年》第5卷第5号（1918年11月15日出版）。

[28] 鲁迅：《二心集·无声的中国》。

[29] 周作人：《知堂回想录·一二三　卯字号的名人（三）》、《一六二　北大感旧录（八）》。

[30] 刘半农：《致周作人书（1920年1月）》，收周作人：《过去的工作·曲庵的尺牍》。

[31] 钱玄同：《致周作人（1920年10月25日）》，信载《中国现代文艺研究资料》第5辑。

[32] 钱玄同：《致周作人（1920年9月25日）》，信载《中国现代文艺研究资料》第5辑。

[33] 钱玄同：《致周作人（1920年9月19日）》，发表处同上。

[34] 钱玄同：《致周作人（1920年9月19日）》，发表处同上。

[35] 钱玄同：《致周作人（1932年4月8日）》，载《鲁迅研究资料》第9辑。

[36] 钱玄同：《致周作人（1923年7月1日）》，转引自周作人：《钱玄同的复古与反复古》。

[37] 钱玄同：《致周作人书（1923年7月9日）》，转引自周作人：《钱玄同的复古与

反复古》。

［38］　见周作人《雨天的书·生活之艺术》、《雨天的书·元旦试笔》（1925 年 1 月 12 日）。

［39］［40］　周作人：《雨天的书·与友人论国民文学书》。

［41］　诗后有刘半农自注："余十五年前，曾穿过一双灰蓝细花缎帮鞋子，玄同戏称为'鱼皮鞋'。"

［42］　对这次避难生活，刘半农有如下回忆："越十年，红胡（按：指张作霖）入关主政，北新封，语丝停……余与岂明同避菜厂胡同一友人家。……室仅一桌，桌仅一砚。寝，食，相对枯坐而外，低头共砚写文而已。砚兄之称自此始"（《记砚兄之称》）。

［43］［44］　周作人：《药味集·玄同纪念》。

［45］　徐炳昶：《我所认识的钱玄同先生》，转引自曹述敬：《钱玄同年谱》。

［46］　转引自曹述敏：《钱玄同年谱》。

［47］　钱玄同：《致周作人书（1937 年 8 月 20 日）》，转引自周作人：《钱玄同的复古与反复古》。

［48］　转引自曹述敏：《钱玄同年谱》。

［49］　周作人：《苦口甘口·我的杂学》。

［50］　载 1957 年 11 月 17 日《羊城晚报》。

［51］　文题为《钱玄同的复古与反复古》，载《文史资料选辑》第 94 辑（1984 年 4 月）。

二十二、周作人与文研会、创造社同人
——"自然主义"、"浪漫派"及其他

（一）

 　　周作人是"五四"时期最有影响的文学团体文学研究会的发起人与主要骨干，这本来是一个无须讨论的简单事实。但长期以来，人们竟然一再回避，以至于我们不得不对有关史料作一番清理——意义当然不仅仅在于"证实"上述事实。

　　文学研究会的发起人和主要作家中，最早与周作人发生联系的是叶圣陶。周作人1919年9月4日日记里记有："上午得叶圣陶君三十一日函。"[1]但首先熟识、并有密切往来的，则无疑是文学研究会的实际组织者郑振铎。查周作人日记："1920年3月23日：（得）《新社会》函"，"1920年5月31日：社会实进会约19日（作）关于新村之讲演。"这两个组织都与郑振铎有关："社会实进会"是附属于北京基督教青年会的一个以社会福利和社会服务事业为目的的组织，郑振铎是其主要负责人之一；《新社会》则是郑振铎及其友人瞿世英、瞿秋白、耿匡（耿济之）、许地山等人共同创办的刊物。社会实进会邀周作人作关于新村的演讲，发动者显然是郑振铎。周作人在接到社会实进会邀请不久，即1920年6月8日，就收到了郑振铎的一封信，这也是我们见到的郑、周之间的"第一封通信"。信中说："我们对于新村运动，很有研究——实行——的兴味；我个人尤有想去实行的意思"，"你是现

时中国内极注意于新村运动的——也是实行新村组织的——一个人。"[2]
这里所说的"我们",即是前述郑振铎和他的友人。他们早在 1919 年即
在《新社会》上展开过关于"新村运动"的讨论。郑振铎主张:

> 乘这个时候,中国的资本主义还未十分发展的时候,最好能
> 用了预防的方法,使一方面物质文明不至落后,一方面可以免了
> 一切资本家——外国的和本国军阀的——的侵害,……我想最好
> 是协作社的提创了,一面自己做工人,他一面又是股东,这是最
> 好的办法。[3]

瞿秋白则在分析了美国宗教新村失败的原因,指出新村主义和一般乌
托邦的弱点,并且将马克思主义和空想社会主义的新村运动比较,得
出如下结论:"我以为历史派的——马克思主义派的直接运动是绝不可
少的,……不至于像办新村办不好,往往是新式理想的'桃阁'。"[4]
意见的分歧并不妨碍郑振铎和他的朋友对"新村运动"的热情关注。
在 1920 年,《新社会》出第 319 号以后被当局查封,他们又创办了《人
道》月刊,并且预定《人道》月刊第 2 期为"新村专号"。正是在这
一期间,他们通过社会实进社邀请周作人讲演,讲题即是"新村的理
想与实际"[5]。查 1920 年下半年周作人日记,周作人与郑振铎为首
的《人道》月刊社的朋友们关系是相当密切的。如"1920 年 8 月 5 日:
为《人道》月刊作文了"[6];"1920 年 9 月 30 日:得《人道社》函";
"1920 年 10 月 1 日:三时至青年会,赴《人道》月刊社,共 16 人"
等等。周作人与郑振铎个人的来往则更多。查周作人日记,郑振铎在
1920 年 6 月 8 日与周作人第一次通信后,与周作人一直书信往来不
断,8 月开始正式登门拜访:"8 月 2 日,郑振铎君来,赠《人道》月
刊";"8 月 9 日,郑君来赠《俄国短篇小说》一册,携去武者君照片

一枚"。武者小路实笃正是日本新村运动的倡导人之一。可以说，是新村运动的空想社会主义思潮将周作人与郑振铎及其友人首先联系在一起的。这个事实是颇有意义的，因为进一步的考察，我们发现，在以后的文学研究会发起人中，有相当一部分人（如郑振铎、郭绍虞、王统照、许地山、谢冰心等）都不同程度地受到了空想社会主义的影响，文研会早期创作与主张中的"爱"与"美"的倾向，浓重的人道主义色彩，以及对于下层人民的同情，都可以从这种影响中得到部分的（当然不是全部）说明。

（二）

周作人 1920 年 11 月 23 日日记中有如下记载："下午至万宝盖（胡同）耿济之宅赴会，共七人。"这次集会的议题应是酝酿成立文学研究会。据以后发表于《小说月报》第 12 卷第 6 号的"文学研究会会务报告"（第一次）介绍，文学研究会北京发起人曾于同年 11 月 29 日"借北京大学图书馆主任室开一个会，议决积极的筹备文研会的发起，并推郑振铎起草会章"，这应是文研会的正式筹备会。12 月 4 日，"北京的同志又在万宝盖耿宅开了一个会，讨论并通过会章，并推周作人君起草宣言"，这即是人们通常所说文学研究会的正式成立会。查这两日周作人日记，11 月 29 日记有"上午往大学"，但并无参加会议的记载（按：周作人日记的惯例，此类社会活动一般是写入日记的），而 12 月 4 日周作人因发烧，终日在家，很可能因此而没有参加会议[7]。12 月 25 日周作人日记中写着："为伏园作文学会宣言一篇"；孙伏园是周作人辛亥革命后在浙江第五中学任教时的学生，与周作人关系十分密切，由他来传达请周作人起草文学研究会宣言的会议决议是很自然的。以后宣言及文学研究会简章发表在《小说月报》第 12

卷第 1 号。发起人共 12 人，周作人列其首。以后，周作人日记里，不断有"上午赴文学研究会，三时半返"（1921 年 12 月 4 日）这类参加活动的记载。郑振铎 1922 年 7 月 11 日致周作人信中，曾报告上海召开文研会南方会员年会的情形[8]。1921 年 8 月 10 日周作人与文研会另一主要负责人沈雁冰的通信中，曾谈及"文学研究会分子只限对于文学有研究者，实际似狭一点"[9]，"有许多中学程度之人，尚不得其门，而没有书可给他们看"[10]。为在这一部分人中扩大新文学的影响，占领阵地，他们讨论拟"发起（文学）讲演会"[11]。以上事实都说明周作人积极参加了文研会的组织工作。

当然，最能说明问题的还是周作人与《小说月报》的关系。1921年 1 月 10 日出版的《小说月报》第 12 卷第 1 号是在沈雁冰主持下，实行刊物改革的开端；而这一期居头条位置的，正是周作人的《圣书与中国文学》。这一期还发表了周作人翻译的日本加藤武雄的小说《乡愁》，发表后即引来了《时事新报》副刊《学灯》主编李石岑的热情赞扬；他在 1921 年 1 月 11 日《学灯评坛》栏中撰文说："周作人君所译的《乡愁》，亦使余阅之俯仰不置，默坐冥思者多时。"

查周作人日记，于 1920 年 12 月 22 日有"夜得沈雁冰君 21 日快信"的记载，这是我们所知道的周作人与沈雁冰的第一次通信。从发表于《小说月报》第 12 卷第 2 号的周作人 1920 年 12 月 27 日的回信推断，沈雁冰信是为《小说月报》第 12 卷第 2 号催稿。但这时周作人患肋膜炎卧病在床，原定发表在《小说月报》第 12 卷第 2 号的译诗不能及时译出。沈雁冰不仅在这一期"记者附白"里郑重声明，表示"我们很不幸，不能早读周先生的文章"，而且特地在通信栏里发表了周作人告病的来信，一面又致书周作人，表示预定 3 月号"俄国文学专号""若没有先生的文，那真是不了的事"[12]，因此决定将"俄国文学号"挪后，以专候周作人的译文[13]，足见当时沈雁冰是将周作人作为《小说月报》的中坚力量看待的；而并非茅盾晚年所说，《小说月报》是因为周作人是"教授"才不得已将他的文章置于首位，"我与大多数文学研究会同人并不赞同"他的意见[14]。

《小说月报》第12卷第2号通信栏里，沈雁冰还曾提出，要请郑振铎、鲁迅、周作人、许地山、瞿菊农、王统照、冰心、郭绍虞等参加审稿工作；这一计划看来以后是部分实现了的。为筹划"被压迫民族文学专号"，沈雁冰即与周作人两次通信，反复磋商[15]，本年10月出版的专号中，周作人的译文就有五篇之多。

这一时期，沈雁冰与周作人之间有频繁通信，并因此在《小说月报》上展开过几场很有意义的争论。其中比较重要的有，第12卷第2号关于"翻译文学书"的讨论[16]，第12卷第9号、第12号，第13卷第1、2、3、4号关于"语体文欧化"讨论[17]；而关于"自然主义"的讨论更是与文学研究会的创作有着直接关系，引起了广泛的注意。1921年8月3日沈雁冰首先致书周作人，指出当前小说创作的主要缺陷，"（一）是描写的事境，本身初未尝有过经验，（二）是要创作然后创作，并不是印象深了有不能不言之慨，然后写出来，（三）是不能用客观的观察法作底子，（四）是只注重了人物便忽略了境地，只注重了境地便忽略了人物，一篇中的境地和人物生关系的很少，不能使读者看后想到：这境地才会生出这种人"。沈雁冰据此而提出了"自然主义在中国应有一年以上的提倡和研究"[18]。一个月以后（即同年9月3日）郑振铎也致书周作人，谈及："同人某君，在《读卖新闻》上，有一篇批评中国创作的文字，……尽力讥笑中国现在的创作是平凡的，做作的，不是写实的，能动人的。可见这种观察是人人所同了。先生'从外边涂上去'的话，对极！这种趋向似乎不可不变改一下。提倡修改的自然主义，实在必要，好的作品，所叙述是极真切……现在大部分作品所欠缺的就是真字也。"[19]一个月以后（10月

15 日）沈雁冰再次来信，又具体地提出了"借纪念法国福楼拜百年生日纪念，出一自然主义号"的计划，请周作人"发表一些意见"[20]。以后，出专号的计划虽未实现，《小说月报》第 12 卷第 12 号上仍发表了沈雁冰《纪念佛罗贝尔的百年生日》与日本岛村抱有《文艺上的自然主义》的译文，在《小说月报》第 13 卷第 5 号上进行了"自然主义论战"。第 13 卷第 6 号"通信栏"又在"自然主义的怀疑与解答"主题下发表一批通信，其中沈雁冰在给读者的信中提到了周作人对提倡自然主义的态度："周启明先生去年秋给我一信，曾说'专在人间看出兽性来的自然派，中国人看了，容易受病'，但先生亦赞成以自然主义的技术药中国现代创作界的毛病。"沈雁冰也表示："我们要自然主义来，并不一定就是处处照他。……我们现在所注意的，并不是人生观的自然主义，而是文学的自然主义。我们要采取的，是自然派技术的长处。"以后，沈雁冰又于《小说月报》第 13 卷第 7 号上发表了《自然主义与中国现代小说》的长文，系统地阐述了自己的"自然主义文学观"。以上关于"修改的自然主义"的提倡与讨论，对于了解文学研究会的文学主张及现实主义在现代中国文学的发展，都具有一定的史料价值。

　　周作人在《小说月报》上发表的作品以日本文学的翻译、介绍及被压迫民族文学译作为主[21]。《小说月报》第 13 卷第 2 号曾以头条位置发表周作人的创作《西山小品》；第 13 卷第 6 号又发表了沈雁冰与读者的通信。读者黄绍衡来信反映，读了周作人的《西山小品》，"觉得平平淡淡，没有什么趣味"。沈雁冰回信说："在中国，因为传统的观念和习俗的熏染，人道主义的作品，几乎完全不能得人了解。……周先生的《西山小品》第一篇借迷信事写人对人的同情心，第二篇写被压迫的卖汽水人孤寂而强词宽慰的心情，颇给我以深刻的印象；而我因此觉得那个卖汽水的人是个可爱的人，是一个'人'，有一个'朴质'的心。这两件事是平淡无奇的，然而在这两件事下跳跃的情绪真正光怪陆离。"沈雁冰的回答简要而中肯，道出了周作人作品的特殊风味与价值。应该说这是周作人研究的最初重要收获。

（三）

《小说月报》第12卷第1号上发表的周作人起草的"文学研究会"宣言中有"将文艺当作高兴时的游戏或失意时的消遣的时候，现在已经过去了"等语，显然是针对鸳鸯蝴蝶派的。与鸳鸯蝴蝶派及其他形式出现的复古派文艺思潮的斗争，构成了文学研究会活动的一个重要方面；周作人无疑是这场斗争的主力之一，他与沈雁冰、郑振铎等互相配合，很打了几次"硬仗"。

沈雁冰于1921年接办《小说月报》后，即连续发表文章对鸳鸯蝴蝶派的创作倾向进行了严肃的批评。作为鸳鸯蝴蝶派主要阵地的《礼拜六》杂志扬言要提出诉讼，并通过商务印书馆当局中的保守派王云五等对沈雁冰施加压力，甚至暗中对《小说月报》发排的稿子实行检查。沈雁冰以强硬态度待之，提出了辞呈。1921年9月21日在致周作人书中，沈雁冰对此作了通报。后因陈独秀、周作人等人的劝阻，遂决定暂留一年，并在1921年10月15日致周作人信中说："先生教我奋斗，我不知怎的，求效心甚急，似乎非一下成功，就完全无望，现在且领教下一年水磨工程，再看如何。"[22]据茅盾在《我走过的路》中回忆，续任一年，条件是"在我仍主编《小说月报》第十三卷内任何一期的内容，馆方不能干涉，馆方不能用'内部审查'的方式抽去或删改任何一篇。"这样，沈雁冰就取得了主动权，更加放手地在《小说月报》上展开对形形色色复古派的斗争。

1922年1月东南大学胡先骕、吴宓等成立学衡社，在《学衡》创刊号上发表了梅光迪《评提倡新文化者》及胡先骕《评〈尝试集〉》，对新文学大加讨伐。沈雁冰立即于 2 月 9 日致书周作人："如今《学衡》初出，若不乘此稍稍辩论，又恐'扶得东来又西倒'的青年先入了这些话；所以赶紧订正他们，又很重要。"[23]周作人在此之前即以"式芬"的笔名在同年 2 月 4 日《晨报副镌》上发表《评〈尝试集〉匡谬》，予以反击。郑振铎读后写信给周作人，大加赞赏，指出："欧化的守旧者虽极力反对新文化运动，但照现在的趋势看来，新文学运动决不会十分寂寞——或至因反对而消灭，我们很应该努力。"[24]郑振铎很快就在自己主持的《民国日报》副刊《学灯》上转载了周作人的文章。尽管《小说月报》一般不发表思想论争的文章，沈雁冰仍在《小说月报》第 13 卷第 3 号（1922 年 3 月 10 日出版）"通讯"栏内转载了"式芬"（周作人）这篇文章，并且加上了"反动力怎样帮忙"的醒目标题。

　　同年 10 月 3 日，郑振铎又致书周作人，报告上海文坛情况："礼拜六派的势力，甚为盛大"，"商务近来亦拟出一种小说周刊，做稿的人，亦为他们一流"，表示等他们出版后，"我们想在上海攻击一下"，希望"先生在北京方面，也应该给他们些教训才好"[25]。周作人也同时看到了礼拜六派复起的危险性。在郑振铎写信前一天即 10 月 2 日，已经在《晨报副镌》上以"子严"的笔名，发表《恶趣味的毒害》一文，表明自己虽本已"声明要去自修'胜地'，不再来讲无益的闲话"，但现在看到礼拜六派的复活，"决意打开书房门，出来加入'反反动运动'"。在收到郑振铎来信后，周作人又写了《读〈红杂志〉》与《读〈笑〉第三期》两文（分别载《晨报副镌》10 月 8 日与 10 月 13 日）。沈雁冰也在《小说月报》第 13 卷第 11 号的社评栏内特意发表了《真有代表旧文化旧文艺的作品么？》一文，详尽地引用了周作人《恶趣味的毒害》中的观点："这些（礼拜六）以下的出版物所代表的并不是什么旧文化旧文学，只是现代的恶趣味——污毁一切的现世与纵欲的人生观（！）"；沈雁冰并且补充说："子严君以为此派小说在思想上为害尤大，我也有同感；但是他们在文学上的影响，似乎也不容忽视，至少也要使在历史上有相当价值的中国的文艺蒙受意外的奇辱。"正像茅盾在晚年回忆中所说，"子严"（即周作人）的文章抨击礼拜六派比他自己写的《自然主义与中国现代小说》"尖锐得多"。他在《小说月报》上郑重介绍这篇文章，"可以说是我在离所以前对王云五及商务当权者中间的顽固派一份最后的'礼物'。"[26]

（四）

文学研究会与创造社之间的论争在 20 年代文坛上也是颇引人注目的。近人在研究这场论争的"缘起"时，提到了如下事实：1920 年 10 月 10 日，《学灯》出版双十节增刊，依次发表了周作人翻译的波兰作家的《世界的霉》，鲁迅创作的《头发的故事》，郭沫若创作的《棠棣之花》和郑振铎翻译的俄国作家的《神人》。郭沫若对这样的编排次序极为不快，并于两个多月以后的 12 月 20 日写信给《学灯》主编李石岑，说了一通"久未宣泄的话"："我觉得国内人士只注意媒婆，而不注重处子；只注重翻译，而不注重生产"，提出"当打破偶像崇拜的陋习，不宜以人定标准"。这里所说的"偶像"，自然是指名字排列在他之前的周氏兄弟，至少是周作人[27]。大概这就埋下了日后周作人与文研会同人和郭沫若与创造社同人之间冲突的最初的"根子"[28]。

我们现在所见到的最早的关于周作人与郭沫若、创造社关系的材料是 1921 年 11 月 3 日郑振铎给周作人信中的一段话："郭沫若、田汉登的《创造》的广告，实未免太为可笑了。郭君人极诚实，究不知此广告为何人所做。先生对于他们的举动，真是慨乎言之：他们似乎过于神秘了，我以为就是新浪漫派，也应以实写精神作骨子，他们于写实的精神，太为缺乏……"[29] 信中所说的"广告"，是郁达夫起草、由创造社全体成员署名的《纯文学季刊〈创造〉出版预告》，刊载在这年 9 月 29 日出版的《时事新报》第 1 版上。《预告》写道："自文化运动发生后，我国新文艺为一二偶像所垄断，以致艺术之新兴气运，渐灭将尽，创造社同仁奋然兴起打破社会因袭，主张艺术独立，愿与天下之无名作家，共兴起而造成中国未来之国民文学。"这是继郭沫若之后第二次提出要打破"偶像""垄断"，矛头又是指向鲁迅与周作人的。郑振铎曾专门去信质问过郭沫若，郭沫若推说不了解情况（实际上郁达夫曾将"预告"事告诉过郭沫若；郭沫若看了"预告"后也曾表示"感得快意"），郑振铎信以为真，因此在信中说"郭君人极诚实"，为之开脱。不过，郑振铎信中对创造社偏于"新浪漫派"，缺乏"写实的精神"的批评是更值得注意的。这不仅说明创造社初打出旗帜时，人们即已注意它与西方现代主义（当时称为"新浪漫派"）的联系，而且表明创造社与文研会的论争，除含有个人的意气成分，很大程度是属于不同创作方法与流派的论争。

　　但不久，就有了郭沫若对周作人的点名批评。在 1922 年 9 月出版的《创造季刊》第 1 卷第 2 号发表的《批判意门湖译本及其他》中，郭沫若指责周作人重译的《法国俳谐诗》（载《诗》第 1 卷第 3 号）是"纯粹的直译死译，那只好屏诸艺坛之外了"，"对于原文在若解若不解之间，或竟至全未了解，便梦梦然翻译，这种态度我觉得可以深有忏悔了罢"。这显然是针对鲁迅、周作人所一贯坚持的"直译"法的。这同样使人们很容易联想起前述郭沫若自己的创作被压在周作人译作之后所引起的"不快"，其中包含的"意气用事"的成分是显而易见的。

　　1923 年 5 月 19 日，郑振铎从上海将本月 13 日出版的《创造周报》第 1 号寄给了在北京的周作人，同时写了一封信："《创造周报》已出版，太会骂人了。……我们原无与他们敌对之意，而他们却愈逼愈紧，骂到无所不骂。难道我们竟忍到无可复忍之地步，还要忍受下去吗？乞北京同人商量一下，应如何对待他们？"引起郑振铎如此强烈反响的《创造周报》上的文章是成仿吾的《诗之防御战》。文章从"文学是直诉我们的感情，而不是刺激我们的理智的创造"的文艺观出发，点名批评了胡适、俞平伯、周作人、冰心等的诗作，嘲笑周作人的《所见》，"不说是诗，只能说是所见，倒亏他知道了"，并指责周作人介绍日本和歌与俳句是"拾得""浅薄无聊的日本人"的"残骸"，"偏要为他们大吹大奏"。成仿吾的意见实际上是代表了创造社同人的，郭沫若直言不讳地把这篇文章称为"一发大炮弹"。这在一定程度上，正是创造社与文学研究会论战的继续。

尽管郑振铎建议文研会"北京同人"组织反击，但周作人们却并未作出文字上的反应。四个月后，钱玄同又写信告诉周作人："《创造周报》第5号（？）中，郭'前辈'有'黑魆魆的什么'一首诗，似乎是骂你的。这几位'前辈'近日大发其'前辈'之大脾气，其实是很可笑的。我不知道他们究竟要闹到怎样地步才肯罢休也。"[30] 钱玄同信中所指的是郭沫若发表于《创造周报》第6号（6月16日发行）上的《黑魆魆的文字窖》一诗，诗中有这样的诗句："高贵的诗人抒写着高贵的情绪，而且形式是新鲜，学的是东方的俳句，明朝这首'诗'出世时，诗人的名誉可以无翼而飞，排字的工人全得中毒而死！——一将功成万骨枯，何止是指那将军幕府！"郭沫若的指责，把他与周作人之间关于日本俳句的评价的学术争论，提到了"阶级"的高度，暗示周作人是"贵族"文学家，这可以说是以后"革命文学"论争中创造社把周氏兄弟称为"有闲阶级"作家的先声。

同年11月28日出版的《创造周报》第25号又发表郭沫若《批评——欣赏——检察》一文，文章对周作人《自己的园地·自序》里所表露的批评观提出不同意见。语气虽是缓和的，讨论式的，并无创造社作家惯有的咄咄逼人的架势，然而这里的分歧意见已经超出了文研会与创造社论争的范围。

20 年代郭沫若与周作人之间的"文字之争"大约有上述几次。人们自然注意到，说是"文字之争"，并不十分贴切，因为事实上只有郭沫若的批评，而无周作人的反批评。尽管周作人周围的朋友如郑振铎、钱玄同一再表示愤愤然[31]，周作人本人却始终保持沉默。相反，1922 年周作人亲自向日本《北京周报》介绍五四新文学时，他所选择的作家作品，不仅有鲁迅的《孔乙己》、文研会作家叶绍钧的《一生》，冰心的《爱的实现》，而且有创造社作家成仿吾的《一个流浪人的新年》，他显然是将文研会与创造社都看作是五四新文学的中坚力量。因此，即使在 20 年代连续的笔战之外，还是有友好的交往的。1922 年 7 月 16 日《北京周报》第 5 期发表周作人、张黄（张凤举）的谈话，透露北京大学教务会议决定新设立日本学科，从 9 月份新学期先行准备，到第 2 年再独立成立日本文学系，为此，急需大量教员。张凤举原是创造社发起人之一，经他举荐，周作人批准邀请刚从日本医科大学毕业的郭沫若来系任教，张凤举为此曾代表周作人写信给郭沫若。这事后来没有成功，郭沫若仍记在《创造十年》中，可见当年也是认真地考虑过周作人的邀请的。

（五）

鲁迅说过，"我一向很回避创造社里的人物"，但郁达夫却是例外，"相遇之际"，是可以"随便谈谈"，成为"熟识"的朋友的。[32] 周作人与创造社的关系中，如上所述，颇多不快，但与郁达夫却是极好的朋友，情况正与鲁迅相似。

1921 年 11 月 30 日，周作人日记中记有"得郁达夫片"寥寥几

字，这却是他们友谊的开端的记录。1921 年 12 月 9 日，周作人日记
又有"上午得郁君寄赠《沉沦》一本"的记载。此时他们尚处于"神交"
而未正式见面。

《沉沦》于 1921 年 10 月 15 日由上海泰东图书馆出版，引起了轩
然大波。郁达夫自己后来追忆说："社会上因为还看不惯这一畸形的
新书，所受的讥评嘲骂还不知有几十百次。"[33]正是在这样的背景下，
周作人于 1922 年 3 月 26 日在《晨报》副刊以仲密笔名发表《自己的
园地·"沉沦"》，公开为郁达夫声辩。因其采取了科学分析的态度，
因此，对于廓清旧文学营垒借新文学作品中的性描写而制造的种种思
想混乱，起了很大作用。正如郁达夫所说，周作人文章一出，"一般骂
我诲淫，骂我造作的文坛壮夫，才悄悄收敛了他们痛骂的雄词"[34]。
郁达夫与周作人也就由此而建立起了深厚的友谊。

1923 年 2 月 17 日，周作人日记："约友人茶话，到者达夫、凤举、
耀辰、士远、尹默、兼士、幼渔、遏先八人，下午四时散去"；查鲁
迅日记，鲁迅也出席作陪。这是郁达夫与周氏兄弟第一次见面。郁达
夫后来向陈翔鹤谈到他与鲁迅、周作人见面后的感想："二周兄弟都
会着了。周作人温文尔雅的，看来很有学问，真正像一个读书人的样
子。鲁迅为人很好，有什么说什么，也喜欢喝点黄酒。看来我们从前
的误会，真正是多余，可惜沫若、仿吾不能到北京来玩玩。"[35]

据王自立、陈子善《郁达夫生平活动大事记》，郁达夫是这年 2
月初辞去安庆教职，来北京郁华（郁达夫长兄）家小住的。4 月初回
上海，在北京约玩了两个月。同年 10 月，又应聘北京大学，任统计
学讲师，直至 1925 年 2 月才离京赴武昌任武昌师范大学文科教授。
郁达夫自己后来回忆：

　　那时候，我住在阜城门内巡捕厅胡同的老宅里，时常来往

的，是住在东城禄米仓的张凤举、徐耀辰两位，以及沈尹默、沈兼士、沈士远三昆仲，不时也常和周作人氏，钱玄同氏，胡适之氏，马幼渔氏等相遇，或在北大的体育室里，或在公共宴会的席上。[36]

查周作人日记，可以发现这样的记载："1923 年 10 月 13 日：往禄米仓晚餐，客系郁、郑、史、马、陈等六人，三沈，张，徐，黎为主，十时返"；"1923 年 11 月 3 日：耀辰、凤举来，晚共宴张欣海、林玉堂、丁燮林、陈源、郁达夫及士远、尹默共十人"；"1923 年 11 月 20 日：至忠信堂为泽村饯行，有冈田、今西、鸳渊、松浦、梦麐、夷初、抚五、达夫等共二桌二十人"；"1923 年 12 月 18 日，下午往燕大邀达夫讲演"等等，这是可以与郁达夫的上述回忆互为佐证的。这些宴会往来，自然有消解误会、联络情感的作用。在京任教期间，郁达夫不仅积极促进创造社与太平洋社（也即现代评论派）的合作，而且热心于联络周作人与现代评论派君子之间的感情。据 1923 年 10 月 22 日与 11 月 1 日郁达夫致周作人书透露，郁达夫曾与陈源商谈，"颇想将南北文人溶合成一大汇"，组织"文学合同大会"，但张凤举、徐耀辰表示反对，以为"尤其是志摩、适之等大人物，最不可靠"，因而作罢。[37]

1925 年 2 月，郁达夫南下任武昌师范大学文科教授，以后虽偶回北京暂住（如 1925 年 10 月中旬），但主要活动地区一直在武昌、杭州、上海、广东一带，未能与周作人有直接见面的机会。但他们仍然互相支持，理解日深。周作人在 1926 年所写《论并非文人相轻》一文中，公开表示："如郁达夫先生……我是十分尊重他，觉得他是中国新文学界唯一的作者。"[38]郁达夫对周作人的意见也极为重视；1927 年 2 月 15 日，郁达夫在日记中写道：

晚上在家里看书，接到了周作人的来信，系赞成我这一回的创作《过去》的。他说我作风变了，《过去》可与 Dostoicffski、Garsin 相比的杰作，描写女性，很有独到的地方。我真觉得汗颜，以后要努力一些，使他的赞词能够不至落空。[39]

（六）

30 年代，周作人"闭门读书"以后，与郭沫若、沈雁冰（茅盾）走上了不同道路，基本上断绝了往来。与郑振铎之间也有所疏远。继续保持密切联系的，唯有郁达夫。他们虽一北一南，仍通过书信往来，互通心曲。在革命文学论争中，郁达夫与周作人都受到太阳社、创造社人的攻击；1928 年 6 月 23 日郁达夫致周作人信中说："说到没落，彼此都是一样，我也不曾浮起过，所以没也没不落到地狱底里。"1929 年 9 月 19 日信中又说："现在上海，沉闷得非常，文艺界是革命文学家的天下，而且卑鄙龌龊，什么事情都干，我以后想不再做什么东西了。等生活定下来后，只想细心来翻译一点东西。"[40]这都是真实地反映了郁达夫脱离创造社后，"作了大家攻击的中心"[41]后的心情的。

从 1929 年至 1931 年周作人与郁达夫通信中可以得知，周作人曾几度设法促进郁达夫北上任教；周作人希望郁达夫离开政治斗争旋涡中心的上海，到北京"平静的学术环境"中充分发挥其创作才能。对周作人这一番苦心，郁达夫是心领的，1931 年 7 月 6 日郁达夫在给周作人的回信中，表示："溯自两三年来，因无业而累及先生不知多少次。心里头的感激，其没有言语可以形容。"[42]郁达夫始终未能北上，但地理的隔绝并不能阻碍他们心灵的交流。1930 年 5 月 21 日，郁达夫在痔漏病痛之中曾在写给周作人的信中谈到"沪上文学家，百鬼夜行，无恶不作，弟与鲁迅，空被利用了一场，倒受了一层无形的损失"[43]；1931 年 7 月 6 日信中又提到："自广东回沪之后，迄今五年，因为一时的昏迷，就铸成了大错[44]。遇人不淑，绝似法国魏尔仑的晚年。……欲谋解脱，原非不可能，但是责任之感，又不能使我断然下此决心，不得已只能归之前定之运命而已。五年来的无心创作，无心做事情，原因都在于此。"[45]郁达夫显然是把周作人当作知己而坦诚倾诉衷肠的。

　　1934 年 8 月中旬至 9 月初，郁达夫与王映霞同游北京，周作人正在东京访问，9 月 2 日返回北京，两人于 3 日匆匆一见，第二天郁达夫即离京南下。郁达夫在日记里这样记下了这次会见："晨八时半，访周作人氏，十年不见了，丰采略老了些。"寥寥数语，却含无限感慨。——郁达夫更料想不到，此次分手，竟成永诀。

　　1935 年，应良友图书公司之约，周作人与郁达夫分别编选《中国新文学大系·散文集》，这是他们第一次、也是最后一次友好合作。在编选过程中，曾就选材分工原则进行了通信讨论。现存郁达夫 1935 年 1 月 21 日致周作人信中说："1 月 13 日的信拜读了，以人名决定界限，最直接了当，我们以后，只须想出人数，各补各的不足好了。"[46]可见当时讨论情况之一斑。在周作人负责编选的《散文一集》中，选了郁达夫《还乡记》、《给一位文学青年的公开信》等 8 篇散文；郁达夫在他编选的《散文二集》中，以其固有的热情、极端，将全书十分之六、七的篇幅给了鲁迅、周作人二兄弟，并在《序言》中说："中国现代散文的成绩，以鲁迅、周作人两人的为最丰富最伟大，我平时的偏嗜，亦以此二人的散文为最所溺爱。一经开选，如窃贼入了阿拉伯的宝库，东张西望，简直迷了我取去的判断。"郁达夫并对周作人散文艺术作了精当的评价："周作人的文体""舒徐自在，信笔所至，初看似乎散漫支离，过于繁琐，但仔细一读，却觉得他的漫谈，句句含有分量，一篇之中，少一句就不对，一句之中，多一字也不可，读完之后，还想翻转来从头再读的。"上述评语以后不断为人们所引述，几乎已成定评，亦可见郁达夫对周作人相知之深。

（七）

30年代中期，面对着日益严重的民族危机，中国知识分子又面临一次新的选择与分化。正在这历史的关键时刻，在20年代失之交臂的周作人与郭沫若意外地在日本获得了一次见面的机会。1934年7月，周作人利用学术假与其妻回到了东京，郭沫若也正避居日本。据郭沫若1934年8月6日日记："午前徐耀辰来信，说岂明先生欲一见，问我几时可回市川，以10号前后回去的消息答复了他。"日记透露，"岂明此时小寓江户，江户文士礼遇甚殷，报上时有燕会招待之记事"。郭沫若因此而发出一番感慨："岂明先生的生活觉得很可羡慕。岂明先生是黄帝子孙，我也是黄帝子孙。岂明夫人是天孙人种，我的夫人也是天孙人种。而岂明先生的交游是骚人墨客，我的朋友则是刑士宪兵。"[47]查周作人日记，周、郭相见是在7月底与8月初：7月30日，郭沫若首先同其女来访，徐耀辰（祖正）亦在座，相谈"良久而去"。8月4日，周作人又至郭沫若所住市川须和田二六七回访。据陶亢德《知堂与鼎堂》（载《古今》第20、21期）一文中回忆，1934年郭沫若与《宇宙风》编辑部林语堂、陶亢德曾有过冲突，陶因"在报纸或刊物上见到二堂相见晤谈的消息"，即去信周作人问其对郭沫若的印象。周作人在回信中说："鼎堂相见大可谈，唯下笔时便难免稍过。当作个人癖性看，亦可不必太计较。故鄙人私见以为互讦恐不合宜，虑多为小人们所窃笑也。"据陶亢德回忆，"为了知堂一言"，林、陶反驳文章未发表，后来郭沫若也来信"痛言国事之亟，大家不应再作意见之争"。一场笔墨官司就此避免。这可算是"二堂相见"的一个小插曲。

1937年"七七"事变后，郭沫若即潜回国内，并在《宇宙风》、《逸经》、《西风》非常时期联合旬刊上发表《国难声中怀知堂》一文。文章劈头就说："古人说，'闻鼙鼓之声则思将帅之臣'，……我自回国以来所时时怀念着的，都是北平苦雨斋中的我们的知堂"；"近年来能够在文化界树一风格，撑得起来，对于国际友人可以分庭抗礼，替我们民族争得几分人格的人，并没有好几个，而我们的知堂是这没有好几个中的特出一头地者，虽然年轻一代的人不见得尽能了解。"文章最后以郭沫若所特有的极端热情的语言宣称："'如可赎兮，人百其身'，知堂如真的可以飞到南边来，比如就像我这样的人，为了换掉他，就死上几千百个都是不算一回事的。"据陶亢德回忆，他看到郭文后，即将剪报寄送周作人，周作人随即回信表示："15日所寄刊物，且感且愧，但亦不敢不勉耳。"[48]

关心周作人"历史选择"的，岂止郭沫若一人？文研会的老友郑振铎在"七七"事变前离开北平的时候，专门去看过周作人。后来，郑振铎回忆说："我劝他，有必要的时候，应该离开北平。他不以为然，他说，和日本作战是不可能的。人家有海军，没有打，人家已经登岸来了，我们的门户是洞开的，如何能够抵抗人家？"[49]在振振有辞的"失败论"背后实际上已经预伏着以后的"结局"。

周作人终于出席了有日本军方背景的"更生中国文化建设座谈会"，辜负了郭沫若、郑振铎以及所有对他抱有期望的朋友们的一片赤诚之心。消息传出，全国文艺界大为震惊。1938年5月14日《抗战文艺》发表18位作家《致周作人的一封公开信》，严厉谴责周作人"背叛民族屈膝事仇"。《公开信》领衔者即为当年在《小说月报》与周作人密切合作的茅盾（沈雁冰），郁达夫亦列名其中（有关民族大义郁达夫是从不含糊的）。但《公开信》又有"凡我文艺界同人无一不为先生惜，亦无一人不以为此为耻"等语，仍给周作人留下了后路。据郁达夫1938年8月所写《回忆鲁迅》里说，这封公开信"最后的决定，也是由我改削过的"；郁达夫说："说周作人已作了汉奸，但我始终仍是怀疑。我总以为周作人先生，与那些甘心卖国的人，是不能作一样的看法的。"但事实更无情面：就在郁达夫作出这样的善良的论断以后，不到一年，周作人就接受了北京大学校长的伪职。郁达夫显然是过于天真了；从另一面看，这也是郁达夫可贵之处。

对于周作人投敌感到痛心与惋惜的，还有郑振铎。直到1946年南京政府公审周作人时，郑振铎还在《周报》第19期（1946年1月12日出版）上发表了《惜周作人》一文。尽管郑振铎站在爱国立场上，绝不能原谅周作人的背叛，但他仍然强调"周作人不同于郑孝胥一类的汉奸"，"他确在新文学上尽过很大的力量"，并且"始终是代表着中国文坛上的另一派。假如我们说，'五四'以来的中国文学有什么成就，无疑的，我们应该说，鲁迅先生和他是两个颠扑不破的巨石重镇；没有了他们，新文学史上便要黯然失光"。文章最后说："他实在太可惜了！我们对他的附逆，觉得格外痛心，比见了任何人的堕落还要痛心！我们觉得，即在今日，我们不单悼惜他，还应该爱惜他！"这是一篇十分感人的文字，后来收在郑振铎的《蛰居散记》里。郑振铎对周作人堕落的惋惜、痛心、爱护，不仅出于对周作人个人的友情，更出于他对于新文学的挚爱，是能够充分地显示郑振铎本人的忠厚、诚爱的。

注释

[1] 1920年10月11日周作人日记中又记有："下午郭君交来叶圣陶作剧一篇，属阙"。
[2] 信收《中国现代文艺资料丛刊》第5辑。

［3］　见《新社会》第 17 号.

［4］　瞿秋白：《读〈美利坚的宗教新村运动〉》，载《新社会》第 9 号。

［5］　周作人演讲时间为 1920 年 6 月 19 日。

［6］　此文系应郑振铎 6 月 8 日来信所约而写，现未查实。

［7］　周作人 12 月 3 日日记："下午振铎来"，很可能是来通知周作人参加次日的文研
　　　会成立会，周作人也可能是事先告了病假的。成立会召开后，12 月 7 日、8 日，
　　　周作人连续致书郑振铎，郑振铎也于 12 月 10 日有信来。

［8］　文收《鲁迅研究资料》第 4 辑。

［9］　沈雁冰：《致周作人书（1921 年 8 月 11 日）》，收《鲁迅研究资料》第 11 辑。

［10］［11］　沈雁冰：《致周作人书（1921 年 10 月 22 日）》，收《鲁迅研究资料》第 11 辑。

［12］　信收《鲁迅研究资料》第 11 辑。

［13］　后来，"俄国文学研究"以"号外"形式于 1921 年 9 月出版。

［14］　参看茅盾回忆录：《我走过的路》。

［15］　见沈雁冰：《致周作人（1921 年 7 月 20 日，7 月 30 日）》，收《鲁迅研究资料》
　　　第 11 辑。

［16］　详见本书《周作人的翻译理论与实践》一章有关部分。

［17］　详见本书《周作人与五四文学语言的变革》一章有关部分。

［18］　沈雁冰：《致周作人书（1921 年 8 月 3 日）》，载《鲁迅研究资料》第 11 辑。

［19］　见《中国现代文艺资料丛刊》第 5 辑。

［20］　见《鲁迅研究资料》第 11 辑。

［21］　主要有：日本加藤武雄《乡愁》（第 13 卷第 1 号）；日本志贺直哉《到网里去》
　　　（第 12 卷第 4 号）；波兰戈木列支奇《燕子与蝴蝶》（第 12 卷第 8 号）；波兰普鲁
　　　斯《影》（第 12 卷第 8 号）；波兰显克微支《二草原》（第 12 卷第 9 号）；波兰
　　　科诺布涅支加：《我的姑母》（第 12 卷第 10 号）；新希腊蔼夫达利阿谛思：《伊
　　　伯拉亨》（同上）；芬兰哀禾《父亲拿洋灯回来的时候》（同上）；《日本诗人一茶
　　　的诗》（论文）（第 12 卷第 11 号）；《日本的诗歌》（论文）（第 12 卷第 5 号）。

［22］　信收《鲁迅研究资料》第 11 辑。

［23］　信收《鲁迅研究资料》第 11 辑。

［24］　郑振铎：《致周作人书（1922 年 2 月 9 日）》，信收《中国现代文艺资料丛刊》第
　　　5 辑。胡适本人也于周作人文章发表当日看到了此文，以为"颇有中肯的话"，
　　　并特意抄录于当日日记中（见《胡适的日记（上）》）。

［25］　信收《中国现代文艺资料丛刊》第 5 辑。

［26］　茅盾：《我所走过的路》。

［27］ 郭沫若自己后来解释，他是因为很欣赏鲁迅这篇小说，而它却被"屈居"于翻译文章之后而感到"不平"，因而说了这通话（《鲁迅与王国维》），这是难以说服人的。因为同一个郭沫若在作出上述解释的 15 年前（1930 年）曾明确说明，鲁迅的《头发的故事》"总有点和自己的趣味相反驳"。郭沫若在 1936 年写的《我的读诗的经过》把话说得更清楚："李君（按：即李石岑）对我每每加以冷遇，有一次把我一篇自认为煞费苦心的创作登了一篇死不通的翻译后面，因而便激起了我说翻译是媒婆，创作是处女，处女应该加以尊重的话。"

［28］ 陈福康：《创造社与文学研究会之争的缘起与是非》，《鲁迅研究资料》第 16 辑。

［29］ 信载《中国现代文艺资料丛刊》第 5 辑。

［30］ 钱玄同：《致周作人书(1923 年 7 月 1 日)》，信收《中国现代文艺资料丛刊》第 5 辑。

［31］ 倒是沈雁冰在 1922 年 9 月 20 日致周作人信中表示："对于《创造》及郁、郭二君，我本无敌意，唯其语言太逼人，一时不耐，故亦反骂。新派不应自相争，郁君在发起《女神》出版周年纪念时，似亦有此意"（信收《鲁迅研究资料》第 11 辑）。

［32］ 鲁迅：《伪自由书·前记》。

［33］［34］ 郁达夫：《鸡肋集·题辞》。

［35］ 陈翔鹤：《郁达夫回忆琐记》，原载《文艺春秋》副刊第 1 卷第 1—3 期，后收王自立、陈子善编《郁达夫研究资料》。

［36］ 郁达夫：《回忆鲁迅》。

［37］ 信收《郁达夫文集》第 9 卷。

［38］ 文载 1926 年 4 月 10 日《京报副刊》。

［39］ 郁达夫：《日记九种·穷冬日记》，收《郁达夫文集》第 9 卷。

［40］［42］［43］［45］［46］ 信收《郁达夫文集》第 9 卷。

［41］ 郁达夫：《日记九种·后叙》。

［44］ 指与王映霞相爱。

［47］ 郭沫若：《归去来·浪花十月》。

［48］ 陶亢德：《知堂与鼎堂》，《古今》第 20、21 期。

［49］ 郑振铎：《蛰居散记·惜周作人》。

二十三、周作人与现代评论派、新月派诸君子
——"绅士"、"流氓"及其他

（一）

周作人在《知堂回想录》中，对于他和东吉祥诸君子（即现代评论派）的关系，作了如下概括：

> 我以前因张凤举[1]的拉拢，与东吉祥诸君子谬托知己的有些来往，但是我的心里是有"两个鬼"潜伏着的，即所谓绅士鬼与流氓鬼，我曾经说过，"以开店而论，我这店是两个鬼品开的，而其股份与生意的分配，究竟绅士鬼还只居其小部分"，所以去和道地的绅士们周旋，也仍旧是合不来的。有时流氓鬼要露出面来，结果终于翻脸，以至破口大骂；这虽是由于事势的必然，但使我由南转北，几乎作了一百八十度的大回旋，脱却绅士的"沙龙"，加入从前那么想逃避的女校，终于成了代表，与女师大共存亡，我说运命之不可测就是如此。[2]

其实，周作人在这里只说到了事实的一半：因为后来周作人又作了一次"一百八十度的大回旋"，再次回到绅士的"沙龙"。周作人与现代评论派（以及新月派）的交往，所经历的这个"合—分—合"的大圆圈，是周作人心中"两个鬼"互相打架的结果，而"绅士鬼"终于占了上风。

周作人说他"以前因为张凤举的拉拢，与东吉祥诸君子谬托知己的有些来往"，这在他的日记里是有所反映的——

1923年11月3日："耀辰、凤举来，晚共宴张欣海、林玉堂、丁燮林、陈源、郁达夫及士远、尹默共十人，九时散去。"

1923年11月17日："午至来今雨轩赴张钦海、陈通伯[3]、徐志摩约午餐，同座者八人。"

1924年6月24日："往公园，赴现代评论社晚餐，共约四十人。"

1924年7月5日："下午凤举同通伯来谈，通伯早去。"

1924年7月30日："下午通伯邀阅英文卷[4]，阅五十本。"

1924年7月31日："上午往北大二院，阅英文卷。"

1924年8月18日："全家与陈通伯、丁燮林等同游卧佛寺。"

1925年1月30日："赴现代评论社约餐。"

1925年2月12日："下午同丁燮林、陈通伯、凤举等乘汽车往西山，在玉泉山旅馆午饭，抵碧云寺前，同步登玉皇顶，又至香山香露旅馆饮茶，六时返家。"

同步登山共饮茶，关系已相当密切。但两个星期后，1925年2月28日周作人日记中又出现了"女高师旧生田、罗二女士来访，为女师大事也"的记录，这是周作人介入女师大风潮的开端。周作人终于在时代潮流的推动下，与反对学生运动的现代评论派的绅士分手，并成为互相对立的双方。

1925年5月27日《京报》发表了鲁迅拟稿的《对于北京女子师范大学风潮宣言》，公开表示支持女师大学生运动。署名者为女师大教员7人，周作人亦列名。陈源即在5月30日出版的《现代评论》上散布关于"女师大风潮……有某籍某系的人在暗中鼓动"的流言。周作人遂写《京兆人》一文载6月1日《京报》，据理反驳，指出："没有某籍人不能说校长不对的道理，所以我犯了法还不明白其所以然。

这种先发制人的流言者之卑劣的心理实在可怜极了。"这是周作人与陈源论战的开始。

但同为现代评论派的徐志摩仍然对周作人抱有好感。1925 年 12 月 16 日，周作人看到当日《晨报副刊》上发表的蔼理斯《接吻发凡》译文有错误，即写信给《晨报副刊》主笔徐志摩提出意见。徐志摩很快就以《周作人先生来函》为题将全信发表于本月 21 日《晨报副刊》，并慎重加上《附复》："我接手编辑以来也快三个月了，但这还是第一次作人先生给我们机会接近他的温驯的文体，这虽只是简短的校阅，我们也可以看出作人为学的谨慎与不苟"，并赞扬说，"作人先生的幽默与'爱伦内'——正像是镂空西瓜黑点上了蜡发出来的光彩，亮晶晶的绿滟滟的讨人欢喜"，对周作人的钦慕之情溢于言表。

但仅在一个月以后，双方就陷入了一场激烈的论战，这大概是周作人与徐志摩本人都不曾料及的罢。1926 年 1 月 13 日，徐志摩在《晨报副刊》上发《"闲话"引出来的闲话》，吹捧陈源"是分明私淑法朗士的，……他对女性的态度，那是太忠贞了"。此文引起周作人的强烈反感，遂写了《闲话的闲话之闲话》，投寄《晨报副刊》，并于 1 月 20 日发表。文章揭露："我知道在北京有两位新文化新文学的名人名教授，因为愤女师大前途之棘，先章士钊、后杨荫榆而扬言于众曰，'现在的女学生都可以叫局'。"周作人因此而发出感慨："许多所谓绅士压根儿就没有一点人气，还亏他们恬然自居于正人之列。"在周作人文章发表当晚，陈源即写信给周作人，认为所说"名人名教授"包括自己在内，要求公开澄清，并说："先生兄弟两位捏造的事实，传布的'流言'，本来已经说不胜说，多一个少一个也不打紧"，无端地将鲁迅拉扯了进来。周作人将此信以《陈源先生的来信》为题在《语丝》第 64 期（1926 年 1 月 1 日出版）发表，并加附记，说明所说的两位绅士："一个 A 君，我们间接从 B 君听来的，但 B 君现在往欧洲

去了，无从再去问他。一个 X 君，C 君听 D 君转述他的话，但可惜 X
君的真姓名 C 君说已经记不起了。A 君与陈源先生是别一个人，X 君
的姓名虽然忘记，惟据 C 君说也不是陈先生。所以我就于廿二日写一
封信给陈先生，告诉他所说的两个人里面查得并没有他。"周作人 1
月 21 日、22 日给陈源的信，以后又在陈源《闲话的闲话之闲话引出
来的几封信》总题下，发表于 1 月 30 日《晨报副刊》。关于所谓"叫局"
问题的真相，川岛在《语丝》第 68 期（1926 年 3 月 1 日出版）有过
明确的说明："我也听说是陈源教授所说，在 14 年 5 月 30 日午后 6
点的时节，北京什刹海会贤堂楼窗口张凤举先生和我说的。"《语丝》
第 69 期又载周作人《致川岛》书，说明他的信中"替陈源先生辩明
的话，则是根据 C 君后来告诉我的话"。所谓 C 君即指张凤举，他不
愿出来作证，周作人才不得不在给陈源的信中否认了此事。周作人在
信中最后说：

> 你说我在装绅士，这或者是对的。我决不是绅士，但是有一
> 种疑古玄同式的"端午吃月饼中秋吃粽子"的怪脾气，有时候喜
> 欢学学绅士，虽然不摆架子却总想摆身份。

在周作人与陈源的这次论战中，徐志摩的态度颇值得注意。他于
1 月 26 日、31 日两次致书周作人，表示："我们都认为有从此息争的
必要，拟由两面的朋友出来劝和。"同时又说："只有令兄鲁迅先生脾
气不易捉摸，怕不易调和，我们又不易与他接近"[5]，显然有与周作
人和解，而继续与鲁迅周旋之意。周作人于 2 月 4 日复信（后以《代
邮——寄徐志摩》为题载 2 月 6 日《京报副刊》）中，一面表示"关
于这闲话事件，别人骂我的话我都不介意……倒是老兄和陈先生恭维
我的话，我听了有点痛心，如说我是'正人君子'啦，什么文学啦，

博学啦，这比说我是猴子还厉害"；一面又说："女大的公理维持会出现，我也说过好些嘲讽的话，虽然那会里边有几个北大的同事，我始终对于他们个人怀着'厚意'。现在事情过去了，嘲讽的意思也随着过去，厚意却不妨保有其原来的程度"，暗示对现代评论派诸君子"个人（仍）怀着'厚意'。"而此时本来与此事无关、硬被牵扯进来的鲁迅，却仍在执意于"我还不能'带住'"，兄弟俩再次显出了"差异"。

　　但是，周作人与陈源（们）的论争没有、也不可能"过去"。1926年"三一八"惨案中，陈源偏袒军警方面的态度，再一次引起周作人的不满，忍不住又开始了"笔战"。3月28日周作人作《陈源口中的杨德群女士》（载同月30日《京报副刊》），针对陈源所谓杨德群牺牲是因为被人利用与强迫的"流言"，指出："陈先生所说实系利用死者，以发表其阴险之暗示"，"他实在是现代评论社里替章士钊最出力的唯一的人。"文章并说："有朋友对我说，在这样社会里与那样阴险的人去为难，是颇危险的。自然，我也知道，但这是我的坏脾气，喜欢多说话，一时改不过来。至于危险呢，或者就是通缉吧？因了言论而被通缉，倒也是很好玩的。"在以后的文章中，周作人始终把攻击的火力集中于陈源一人，而很少涉及现代评论派的其他人。他一再地表示："我轻陈源，与他是否文人毫不相关，我只轻他是章士钊的徒党，是现代评论社第一捧章的人。"[6]并一再声明："我平常是对于私怨最不计较的人，因了这与己无干的闲事却不惜抹下脸来，与曾经有过交际的现代评论及陈源先生吵闹，这实在是我的一种坏脾气，虽坏而无可补救的脾气。"[7]周作人同时又坚持，对于陈源的揭露是一场原则的斗争；他指出：

　　　　"五四"时代北京各校教职员几乎是一致反对政府。这回屠杀之后，不特不能联合反抗，……现代评论的陈源之流，使用了明枪暗箭，替段政府出力，顺了通缉令的意旨，归罪于所谓群众领袖，转移大家的目光，减少攻击政府的力量，这种丑态是"五四"时代所没有的。[8]

1926年6月7日出版的《语丝》第82期以《陈源教授的报复》为题，发表了北大英文系学生董秋芳的来信；董因在《京报副刊》上发表文章，批评陈源关于"三一八"事件的闲话"有辱没死者和嫁祸生者的阴险的用意"，遂遭身为北大英文系教授陈源的报复，不准其听英译对译课。周作人在董秋芳来信案语中指出，陈源"是拿了章士钊的一千元为虎作伥的《现代评论派》的第一角色"，"他的那样的报复我想正是当然的"。

在1925、1926年女师大风潮与"三一八"惨案中，对于陈源的揭露与批判，周作人的锋芒并不亚于鲁迅，但陈源似乎对周作人始终持宽容态度，而死死揪住鲁迅不放。应该说，陈源们是有眼光的，他们看出周作人身上的绅士气，在本质上与他们是相通的。胡适在双方激战正酣时，曾写信给鲁迅、周作人与陈源，认为这是"'我们'自家人的一点子误解，一点子小猜嫌"[9]。此话可以用来说明陈源（们）与周作人的关系，用于鲁迅则不妥。

因此，当1931年12月徐志摩突然坠机而亡时，在周作人那里引起了强烈反应，这就可以理解了。周作人写了《志摩纪念》，发表于《新月》第4卷第1期，是这期"志摩纪念"专栏的第3篇，居于徐志摩的遗孀陆小曼与胡适的悼文之后。周作人在文章中说："照交情来讲，我与志摩不算顶深，过从不密切，所以留在记忆上想起来时可以引动悲酸的情感的材料也不很多"，即使如此，周作人仍给徐志摩的诗歌、散文"在文体变迁史"上的贡献给予很高评价。而周作人特别推崇与"悼惜"的则是"志摩的人"："志摩这人很可爱，他有他的主张，有他的派路，或者也许有他的小毛病，但是他的态度和说话总是和蔼真率，令人觉得可亲近，凡是见过志摩几面的人，差不多都受到这种感化，引起一种好感，就是有些小毛病小缺点也好像脸上某处的一颗小黑痣，也是造成好感的一小部分，只令人微笑点头，并没有嫌憎之感。"徐志摩得到了这样的理解与评价，可谓遇到了"知己"。

至于周作人与陈源之间，在那场笔墨官司之后，似乎没有更多的来往。60年代周作人在与友人谈到当年的陈源时，仍流露出不胜惋惜之意："陈西滢亦是颇有才气的人，唯以乡谊之故，乃以'正人君子'自命，参加女师大一段，妄费许多力气，亦深可惜也。"[10]

<h2 style="text-align:center">（二）</h2>

周作人与新月派大将梁实秋的关系也是饶有趣味的。

"不打不相识"，周作人与梁实秋的相交，是由一场关于"丑的字句"的争论开始的。梁实秋于1922年5月27日至29日在《晨报副刊》上连续发表了《读〈诗底进化的还原论〉》，强调"艺术是为艺术而存在的"，"美即是真，真即是善"，"诗的内容只应要美的"，"无论如何我们绝不肯令艺术薄弱的民间的诗在诗国里称霸"，"与其说'向民间找老师去'，毋宁说向没有人的地方求仙去"。梁实秋显然对周作人等所倡导的民谣征集运动有所保留，而梁实秋"美即是真，真即是善"的文艺观，与周作人这一时期"须以真为主，美即在其中"[11]的文艺观也是对立的。周作人因此写了《"丑的字句"》一文（载6月2日《晨报副刊》），提出疑问："我很怀疑诗人自己既然是人，为什么不能在人间求出诗来，而且仙人何以是诗源泉？"文章并且指出："梁君议论的一切根据是在美，但他并不说明仙人怎样即是美，而凡人是丑。"周作人文章发表后，梁实秋先后在6月25日、7月5日《晨报副刊》上发表《读仲密先生的"丑的字句"》、《让我来补说几句》，进行反驳；6月3日《晨报副刊》又发表周作人《小杂感》，作为对梁实秋的答辩。"五四"时期关于诗的发展的激烈争论中，"丑的字句"的论争并不十分引人注目；但朱自清却独具慧眼，在他的《中国新文学研究纲要》的"初期的诗论"部分单独列了"'丑的字句'讨论"一条，并在《中国新文学大系·诗歌导言》中专门提到了这场争论。

在"丑的字句"论争之后，不到半年，周作人1922年10月22日日记中出现了"梁实秋君来，约为清华文学社讲演"的记载。

也许是当年留下的印象过于强烈，时隔四十六年后，1968年梁实秋在台湾回想起这次会见，还仿佛就发生在昨天一般，记忆竟是如此的清晰——

> ……八道湾在西城，是名符其实的一条弯曲小巷。进门去，一个冷冷落落的院子，多半个院子积存着雨水，我想这就是"苦雨斋"命名的由来了。临街一排房子算是客厅，地上铺着凉席，陈设简陋。我进入客厅正值鲁迅先生和一位写新诗的何植三君谈话，鲁迅问明我的来意便把岂明先生请出见我。这是我第一次会见岂明老人。
>
> 我没想到，他是这样清癯的一个人，戴着高度近视眼镜，头顶上的毛发稀稀的，除了上唇一小撮髭须之外好像还有半脸的胡子渣儿，脸色是苍白的，说起话来有气无力的，而且是绍兴官话……[12]

尽管当时梁实秋还只是清华大学的学生，而且刚刚发生过那样一场争论，周作人仍然"一口答应下来"，并于1923年3月2日仆仆风尘地到了清华园，讲题是《日本的小诗》。"他坐在讲坛之上，低头伏案照着稿子宣读，而声音细小，坐在第一排的人也听不清楚，事后我知道他平常上课也是如此。一个人只要有真实学问，不善言词也不妨事，依然受人敬仰"。[13]

1924 年，梁实秋进了美国哈佛大学，求师于提倡新人文主义的白璧德教授，文艺观因此而发生根本变化：由浪漫主义一变而为古典主义。1926 年 2 月，梁实秋在美国写出了《现代中国文学之浪漫的趋向》，对"五四"新文学中他称之为"浪漫的趋向"进行了全面的"清算"。在梁实秋看来，中国新文学浪漫主义式的混乱主要表现在：作为"浪漫主义的末流"的"印象主义"，"风行一时"的"小诗"及鼓吹"灵魂的冒险"，"不承认有任何固定的标准"的批评均属此列；"把文学当作生活的逋逃薮"，"由现在生活逃避到幻想生活，由成年时代逃避到儿童时代，由文明社会逃避到原始社会"，"现今中国从事于采集歌谣者……其心理是浪漫主义"；"把文学完全当作自然流露的产物，否认艺术的价值"等等，而这些方面都直接间接地涉及周作人。梁实秋曾经将他的老师白璧德的新人文主义归结为"寻求人类的'完全'、'均衡'、'正常态'、'理性'、'伦理'、'抑制'、'反对自我扩张，依循普遍的理性'"，[14] 其理性主义与中庸主义的色彩是十分浓厚的；而在一般人的眼里，以及周作人的自述中，也都认为周作人亦是强调理性主义与中庸主义的，因此，梁实秋与周作人之间是存在着根本的相通的：这是一个并不错误的观察。而现在梁实秋从新人文主义立场出发，却"发现"了周作人的思想与气质，特别在"五四"时期，表现出相当浓重的浪漫主义气息，应该说这也是一个深刻而独到的观察。梁实秋的《现代中国文学之浪漫的趋势》发表以后，周作人并未立即作出反应；但在四年以后的 1930 年所写的《重刊〈霓裳续谱〉序》里提起这篇文章：

　　　　从前"创造社"的一位先生说过，中国近来的新文学运动等等都只是浪漫主义的发挥，歌谣研究亦是其一，大家当时大为民众民族等观念所陶醉，故对于这一面的东西以感情作用而竭力表扬，或因反抗旧说而反拨地发挥，一切估价就自然难免有些过当，不过这在过程上恐怕也是不得已的事。[15]

这里所说"创造社的一位先生"自然是周作人的误记。它表明，周作人从"五四"到 30 年代，也经历了从浪漫主义到理性主义的转变，他与梁实秋最终仍是"殊途同归"的。

因此，当 1934 年梁实秋到北京大学任教，与周作人同在一系，他们之间立刻有了密切往来。

梁实秋亲切地回忆了他再访八道湾的情景：

> 我到家去访问，不再被迎入临街的那个客厅，而直接进入二门到上房落座了。那上房是一明两暗，明间像是书库，横列着一人多高的几只书架，中西书籍杂陈，但很整洁。右面一个暗间房屋虚掩，不知作什么的。左边一间显然是他的书房，有一块小小的镜框，题着"苦雨斋"三字，是沈尹默先生的手笔，一张宽大的柚木书桌，上面有笔筒砚台之类，清清爽爽，一尘不染，此外便是简简单单的几把椅子了。照例有一碗清茶献客，茶具是日本式的，带盖的小小茶盅，小小的茶壶有一只藤子编的提梁，小巧而淡雅。永远是清茶，淡淡的青绿色，七分满，房子是顶普通的北平式的小房子，可是四白落地，几净窗明。就是在这个地方他翻阅《金枝》，吟咏俳句，写他的冷隽的杂文小品。[16]

梁实秋是一位散文艺术家；他的上述回忆，不仅有精细的描写，更蕴含着他对周作人的理解，他内心的共鸣。

　　梁实秋为我们保留了周作人写给他的几封信。其中一封谈到"寒斋有英文文学书数十册（传、史为多），现已无用，不知学校能买入否？"梁实秋后来回忆说："我记得我给转达负责的人照办了。读书人卖书，自有其不得已的缘故。岂明先生非富有，但以'研究教授'所得，亦尚宽裕，我想必是庵中逼仄，容不得十分增多的书卷，否则谁肯把平夙摩挲过的东西作价出卖？它究竟真相如何，我为了尊重人家的秘密，没有追问，也没有打听。"周作人尽管收入甚丰，却一直显经济窘困状，不只梁实秋一人提出疑问，这几乎成了周作人的私生活的隐秘。周作人显有难言之隐。这不禁使人想起鲁迅的话："我对启明，总老规劝他的，教他用钱应该节省一点，我们不得不想想将来，但他对于经济，总是进一个花一个的，尤其是他一位夫人。"[17]周作人与鲁迅失和，以至后来周作人的事敌，原因自然复杂，但都有"经济问题"的阴影，这也是事实。这对周作人来说，是可悲的。

　　在现存周作人致梁实秋书中，也许1935年7月6日这一封最值得重视。信中说："小文附呈，乞察收。本来想一说和日和共的狂妄主张，又觉得大可不必，故复中止。"这里最早透露了周作人在历史转折关头的政治动向。梁实秋在《忆岂明老人》中说："可惜他的这一篇文章没有写，否则我们也可以窥见他日后失节的一点来龙去脉。""和共"之说，周作人确实再没有提起，而"和日"的意思，周作人仍然在这一时期的文章中委婉曲折地表露过。[18]

　　这封信中还谈到稿件，是因为这时梁实秋正主编《自由评论》，周作人即其重要撰稿人，先后发表了《论策论》、《文学的未来》、《谈日本文化书（致梁实秋）》等文章，似乎也没有产生更大影响。

　　此后他们两人各自都走了曲折的路。60年代周作人在北京写给香港朋友的信中，谈到梁实秋时说："其实就是梁实秋（在没有到台湾去以前）"也"确有可取的地方"，"所以十三妹说他比创造社的人要好，可谓是有见识的话"。在另一次通信中又说："语堂与梁实秋皆系美材，亦同犯才子之毛病。盖才子到老辄有倚老卖老之病，亦即是才尽也。"

1967 年，周作人逝世后的第二年，梁实秋在台湾写了《忆岂明老人》，这样概括了他对周作人的评价："他一生淡泊，晚节不终，实在是至堪痛惜而无可原谅之事。但是除此一点之外，他的学养的风度仍令人怀想而不能自已。"

这样，他们各自对对方都是有所否定，也有所肯定的。

注释

[1] 张凤举，周作人在北京大学任教的同事，20 年代曾共同组织骆驼社。

[2] 周作人：《知堂回想录·一四六　女师大与东吉祥（二）》。

[3] 陈通伯，即陈源。日记中张钦海（即张欣海）、丁燮林（即丁西林）、陈源、徐志摩都是现代评论派的同人。

[4] 陈源时为北京大学英文系主任。

[5] 信载《鲁迅研究资料》第 4 辑。

[6] 周作人：《论并非文人相轻》，载 1926 年 4 月 10 日《京报副刊》。

[7] 周作人：《论并非睚眦之仇》，载《语丝》第 75 期。

[8] 周作人：《恕府卫》，载 1926 年 4 月 2 日《京报副刊》。

[9] 《胡适来往书信选》（上）。

[10] 周作人：《周作人晚年手札一百封》。

[11] 周作人：《艺术与生活·平民的文学》。

[12] [13] 梁实秋：《看云集·忆岂明老人》。

[14] 梁实秋：《白璧德及其人文主义》。

[15] 周作人：《看云集·重刊〈霓裳续谱〉序》。

[16] 梁实秋：《看云集·忆岂明老人》。

[17] 转引自郁达夫：《回忆鲁迅》。

[18] 详见本书《走向深渊之路》的有关部分。

二十四、周作人与湖畔诗人

——良师益友及其他

　　鲁迅对年轻一代的爱护、关怀与培养，是人所共知的。"五四"时期的周作人，对于年轻一代的帮助，同样也是无微不至。这构成了一代"历史中间物"的历史特征。因此，在"五四"时期年轻一代心目中，周氏兄弟几乎占有同样的地位：都是他们可以信赖的良师益友。

　　周作人与"湖畔诗人"的关系即是突出的一例。

　　湖畔诗人中与周作人交往最早的是汪静之。1921 年 9 月 7 日周作人在日记中记有："得汪静之君三日函。"此时周作人正在西山碧云寺般若堂养病。据汪静之在《鲁迅——萌花的园丁》[1] 中回忆，他曾请鲁迅将他的新诗稿转送周作人，鲁迅因此于 7 月 13 日写信给周作人："我想汪公之诗，汝可略一动笔，由我寄还，以了一件事。"查 9 月 15 日周作人日记"作汪君诗序一篇"，即奉兄长之命而作。但查 1922 年 8 月出版的汪静之《蕙的风》并无周作人写的序，汪静之在 1922 年 7 月 15 日所写的《自序》里只是说明："我借此处谢谢替此集作序的诸先生和写封面字的周作人先生"，未提作序事，而周作人这篇序也从此失落[2]。

　　1921 年 12 月 22 日，周作人日记中又有"得静之 19 日函并稿"的记载，说明以后汪静之仍有诗稿寄周作人（据汪静之回忆，他在《蕙的风》出版后，就不再给周作人寄诗稿了）。

　　湖畔诗社的正式成立大约在 1922 年 4 月左右。成立不久，汪静之即于 4 月 17 日致书周作人，报告消息[3]。随信附寄了湖畔诗社另一位成员潘训（潘漠华）于 4 月 13 日写的一封信。信中说："你在每封寄静之的信里，我们读了，都感着你底热情的影子。"潘训在信中特意提到"波特来耳底散文诗，我们不能全盘细微的领会。如此的诗底思想，我想在过去的中国诗里将不能找到……"，看来周作人在以前的通信中，是曾向湖畔诗社诗人们推荐过波特来耳的散文诗的。潘训还随信寄上了诗稿及小说《乡心》，请周作人推荐发表。查 1922 年 5 月 16 日《晨报副刊》发表的潘训散文诗《罪徒》，估计即是潘训信中寄来的诗稿中的一篇。1922 年 6 月 6 日《小说月报》主编沈雁冰在给周作人信中谈到"潘训君等稿都已收到，其中《沉默》一篇或者要稍缓发表，大约在九号，因八号中想登五篇匈牙利人的东西也"[4]。查《小说月报》，第 13 卷第 7 号发表了潘训的《乡心》及《长途的倦容》（署名潘漠华）；小说《人间》、《牧生和他的笛》则分别载于《小说月报》第 14 卷第 8 号与第 15 卷第 10 号。

一个月以后，周作人又收到了汪静之寄来的信件及《湖畔》诗集 100 本，并应他们的要求代为接洽，在《晨报副刊》刊登广告，由北大出版部和新知书社代售《湖畔》。周作人还特地写了《介绍小诗集〈湖畔〉》一文发表于 5 月 18 日《晨报副刊》，称赞《湖畔》诗集"是青年人的诗，许多事物映在他们的眼里，往往结成新鲜的印象"。

同月 15 日，湖畔诗社第三个成员应修人又致书周作人，称其为"启明我师"，并说："我觉得你是十分可爱敬的而不是可敬爱的"，"你为甚这么和蔼？——使未识面的人都深深地感着你那诚挚的仁慈的爱"。在另一封信中，应修人还说："在你面前无论怎样放荡，无论怎样笨拙，都不要紧的，你是怎样地爱真率呵！"[5]"我只深深地祷祝北京快凉爽了；能少流些你底汗，就多静了些我底心"[6]，恳切，又有几分天真的言辞里，活画出周作人当时在热烈追求真理的青年人心目中的形象。以后，应修人还连续给周写信，表现了极大的依恋。在信中请教学习外语的方法[7]，请求改诗[8]，讨论诗歌创作[9]，对文坛的论争交换意见[10]，等等，几乎是无所不谈，显然将周作人当作爱师与知己。在 1922 年 7 月 31 日的一封信里，应修人告诉周作人："前两天买几本去年的《小说月报》，重看了两遍你底论日本诗歌文，细领略了些俳句、短歌底美"，并说："旧体诗里铿锵的美，似乎也有几分采取的价值"，"我们要采取西洋音底长而发挥我们固有的以和成一种较好的诗体"。这不仅显示了周作人翻译、介绍的日本俳句、短歌对湖畔诗人的影响，而且信中所表示的湖畔诗人的诗歌观与周作人中、外诗歌"融化"为一体的理想也是暗合的[11]。

1922 年 8 月，汪静之的新诗集《蕙的风》由亚东书局出版。周作人 1922 年 9 月 26 日记载："上午得汪静之寄《蕙的风》一书。"周作人随即写了题为《情诗》的评论，发表在同年 10 月 12 日《晨报副刊》上。文章热情地肯定"《蕙的风》里的'放情地唱'"是"诗坛解放的一种呼声，期望他精进成就"；同时指出，"由传统的权威看去，不特是有嫌疑，确实是不道德的了"，但"这旧道德上的不道德，正是情诗的精神"[12]。

《蕙的风》出版后，东南大学学生胡梦华先后写了《读〈蕙的风〉以后》和《悲哀的青年——答章鸿熙君》（分别载于 1922 年 10 月 24 日与 11 月 3 日《学灯》），把《蕙的风》判定为"堕落轻薄"的作品，并加以"有意的挑拨人们的情欲"、"自己兽性的冲动的表现"等"罪名"，宣称"应当严格取缔"。周作人又写了《什么是不道德的文学》（载 1922 年 11 月 1 日《晨报副刊》），对胡梦华的无端指责提出质问："我不明白，为什么性爱是如此丑恶，至于不能说起，至于会增加罪恶？"文章指出："无论凭了道德或法律的神圣的名去干涉艺术，都是法利赛人的行为。"周作人的文章在社会上引起了积极反响，《学灯》、《觉悟》同时转载,《学灯》编者李一岑特地加了按语,表示"赞赏"周作人的意见。鲁迅于 11 月 17 日写了《反对"含泪"的批评家》与周作人相呼应。胡梦华也连续写了《读了〈蕙的风〉以后》(一)、(二)、(三)(分别载 1922 年 11 月 18 日、19 日、20 日《学灯》),与周作人纠缠,并竭力为自己辩护,又引起其他人的反驳[13],周作人本人则不再置一辞。后来沈从文在《论汪静之〈蕙的风〉》一文中谈到这场论战时说:"《蕙的风》所引起的骚扰,由年青人看来,是较之陈独秀对政治上的论文还大的。"

湖畔诗人中应修人、潘训先后走上了革命道路,与周作人的通信逐渐稀少。只有汪静之继续与周作人保持通信联系。据汪静之回忆,他的第 2 本诗集《寂寞的国》于 1929 年出版时,曾寄赠周作人[14]。1925 年 5 月 1 日汪静之又致书周作人,对他发表于《语丝》第 24 期的《希腊牧歌·私语》大加赞赏:"你译的《私语》美得很,和三四年前发表在《晨报副刊》上的'古文艺'一样美。那些'古文艺'我都把报纸一张一张地保留着,看起来便当些。"[15]后来,沈从文在《论汪静之的〈蕙的风〉》中,对周作人的译作对汪静之创作的影响,曾作了这样的分析:"作者从爱欲描写中,迎合到自己的性的观念,虽似乎极新,然而却并不能脱去当时风行的雅歌以及由周作人介绍的牧歌的形式。"[16]这是颇为中肯的。

湖畔诗社中第四个诗人冯雪峰是否与另外三位诗人一样,与周作人有通信联系,现在还缺乏材料。我们所能见到的是周作人 1926 年 4月 25 日日记中有一条记载:"冯雪峰君来借去高濑舟等三册。"冯雪峰于 1925 年至 1927 年间,在北京过着流浪生活,曾"走进北京大学的教室听过几次鲁迅先生的讲课"[17],大概也在这种情况下与周作人有了交往。从可以自由借书这一点看,关系似已相当密切了。1927 年7 月,冯雪峰还以"画室"的笔名在周作人主持的《语丝》第 139 期上，发表了题为《打倒智识阶级与五民主义》的杂文[18]，与周作人（署名岂明）的《排日平议》、《关于擦背》共同编排在"闲话拾遗"专栏内。冯雪峰的文章对"主张文人御用"的"国家主义"和纷纷"南归"、"在南京做大官"的现代评论派的尖锐批判与揭露，和在此前后周作人发表的文章在战斗方向上是完全一致的，可以说是一次密切的配合（参见周作人《国旗颂》，载《语丝》第 112 期；《北京的好思想》，载《语丝》第 120 期；《灭赤救国》，载《语丝》第 124 期；《诺贝尔奖金》，载《语丝》第 136 期；《猫脚爪》，载《语丝》第 137 期；《随感录·一，小引》，载《语丝》第 141 期）。但在此之后，他们之间似乎一直没有什么来往。冯雪峰谈及周作人，已是鲁迅逝世以后；据周建人回忆，冯雪峰重读了周作人的全部著作以后，得出一个结论："周作人是中国第一流的文学家，鲁迅去世后，他的学识文章，没有人能相比。"[19]但周作人的附敌背叛终于使冯雪峰又写出了《谈士节兼论周作人》[20]，为周作人"以五四新文化运动的老将的身份"，"漂聚到'皇军'和'日本文化'之下"而感到愤怒与悲哀。冯雪峰说：周作人及同类附敌知识分子"加给民族的罪恶和加重我们的负担是很难计数的"；作为湖畔诗人之一的冯雪峰在眼看着当年的"良师益友"如今竟站到了自己（以及整个民族）的敌对阵营里，是不能不感到心灵"负担"的沉重的。正因为如此，冯雪峰这一代人——"五四"时代的"学生辈"，对曾经"为人师表"的周作人的谴责与唾弃，就具有一种特殊的分量。

注释

[1]　文收北京鲁迅博物馆编《鲁迅诞辰百年纪念集》。

[2]　我曾就此事请教过熟悉湖畔社资料的陈山同志，他在来信中作了如下答复："我曾就此事问过汪静之本人，他说也已记不清了。据我自己考证，这篇序言大概已失落了。朱自清的诗集《序》作于 1922 年 2 月 1 日，胡适《序》作于 1922 年 6

月 6 日，刘延陵《序》作于 7 月 22 日，俱成于《蕙的风》出书前夕。而《蕙的风》中的诗汪静之曾几次作增删，定本最后一首诗的写作时间是 1922 年 7 月。因此，周作人写《序》时，《蕙的风》中现收的诗有相当一部分当时还没写成或发表，周作人当然也没见到。《蕙的风》出版定本时，或汪或周有可能决定将写得过早的此序弃而勿用"。我很同意陈山的分析，故录以备考。

［3］ 汪静之：《致周作人书（1922 年 4 月 17 日）》，收《鲁迅研究资料》第 8 辑。

［4］ 信收《鲁迅研究资料》第 11 辑。

［5］ 应修人：《1922 年 6 月 18 日致周作人书》，载《鲁迅研究资料》第 8 辑。

［6］［8］ 应修人：《1922 年 7 月 20 日致周作人书》，载《鲁迅研究资料》第 8 辑。

［7］ 应修人：《1922 年 6 月 18 日致周作人书》，载《鲁迅研究资料》第 8 辑。

［9］ 应修人：《1922 年 7 月 31 日致周作人书》，载《鲁迅研究资料》第 8 辑。

［10］ 应修人：《1922 年 8 月 1 日致周作人书》，载《鲁迅研究资料》第 8 辑。

［11］ 周作人：《谈龙集·〈扬鞭集〉序》。

［12］ 周作人：《自己的园地·情诗》。

［13］ 论战双方的文章现已收入王训昭选编《湖畔诗社评论资料选》（华东师范大学出版社）。

［14］ 据汪静之：《鲁迅——萌花的园丁》（收北京鲁迅博物馆编《鲁迅诞辰百年纪念集》）。

［15］ 信收《鲁迅研究资料》第 8 辑。

［16］ 文收沈从文《沫沫集》。

［17］ 冯雪峰：《雪峰文集（四）·回忆鲁迅》。

［18］ 此材料系孙玉石老师提供。

［19］ 周建人：《鲁迅与周作人》，载《新文学史料》1983 年第 4 期。

［20］ 文收《雪峰文集》第 3 卷。

二十五、周作人与俞平伯、废名

——师生之间

1934 年 8 月，周作人访日期间，接见日本记者井上红梅时，谈及自己"在文坛上露头角的得意门生""只两三个"；首先举出来的，就是"现任清华教授的俞平伯"和"用废名这笔名的冯文炳"[1]。这大体符合事实：在一般人的心目中，也确实是将俞平伯与废名视为周作人的真正"传人"的。

（一）

1920 年 10 月 26 日周作人日记中写道："（得）俞平伯君廿二日函"，这是他们之间的最早通信。在此之前，1919 年 12 月 17 日周作人在香厂浣花春出席新潮社会议时，与早已是新潮社社员的俞平伯见过一面。

他们真正"相识"是在 1922 年初关于新诗问题的讨论。本年 1 月，俞平伯在《诗》创刊号上发表了《诗的进化还原论》，提出"平民性是诗底主要质素，贵族色彩是后来加上去的"，"诗的效用是能深刻地感多数人向善的"，且没有一首不是通俗的；他并且表示同意托尔斯泰的观点："美底概念，游移恍惚，……人们所喜悦的，丝毫没有标准。"周作人于 2 月 26 日在《晨报副刊》上发表《诗的效用》一文，针锋相对地提出："个人将所感受的表现出来，即是达到了目的，有了他的效用"，文学不必将自己的艺术去迁就群众。
"倘若舍己从人，去求大多数人的了解，结果最好也只是'通俗文
学'的标本，不是真的自己的表现了"；善字的"概念也是游移恍惚，
没有标准，正如托尔斯泰所攻击的美一样"，如"以为文学必须劝
人为善"，反会使文学步入歧途[2]。3月27日周作人又致书俞平伯，
信中说："我以为文学的感化力并不是极大无限的，所以无论善之
华恶之华都未必有什么大影响于后人的行为，因此，除了真是不道
德的思想以外（如资本主义军国主义及名分等）可以放任。"[3]这
场争论，涉及到新诗发展的基本方向问题，具有重要的理论与实践
意义。对于周作人与俞平伯，则是显示了他们由于年龄、经历的不
同而产生的差异。正如后来废名所说，这时候俞平伯正是"年轻的
时候有大欢喜，逞异想"，受着启蒙主义思潮的熏染，作着"时代"
的"梦"[4]；而周作人此时已步入中年，对"五四"时期的启蒙主
义发生或一程度的怀疑了。

　　周作人与废名的交往大约也开始于这一时期。据周作人回忆：
"认识废名的年代，当然是他进了北京大学之后，推算起来应当是民
国十一年考进预科，两年后升入本科，中间休学一年，至民国十八年
才毕业。但是在他来北京之前，我早已接到他的几封信，其时当然只
是简单的叫冯文炳，在武昌当小学教师，……推想起来这大概总是在
民九民十之交吧。"[5]查周作人日记，1921年11月10日记有"得……
武昌冯君稿一本"，这就是他们交往的开端。至于交往初期的情况，
周作人语焉不详，只说"废名之貌奇古，其额如螳螂，声音苍哑，初
见者每不知其云何"[6]。但废名却有较为真切的回忆："在'五四'以
后中国社会运动发轫的时候，我正是一个青年，时常有许多近乎激烈
的思想，仿佛新时代就在我们的眼前，那时同岂明先生见面谈话的材
料差不多总是关乎实际问题的居多，我的有些意见他是赞同的，有些

意见他每每唯唯，似乎他不能与我同意，但他不打破我的理想。"[7]
情况正与这一时期周作人与俞平伯的交往相似：学生远比老师激进，
而老师则取宽容态度。

（二）

但周作人与俞平伯、废名师生之间的思想差异终于缩小：不是
较为"保守"的老师向较为"激进"的学生靠近，而是相反。废名在
前述文章中，在如实地写出初期他与周作人存在的分歧之后，接着就
说："事实终于是事实，我随着中国革命而长了若干岁，这里头给了
我不少的观察与参照，有一天我忽然省悟，……岂明先生一向所取一
个历史态度是科学态度，一切都是事实。"而周作人的"历史态度"
又是什么呢？废名解释说："他曾经说过这样的话：昔巴枯宁有言，
'历史唯一的用处是警戒人不要再那么样'，我则反其言曰，'历史唯
一的用处是告诉人又要这么样了！'他仿佛总是就过去的情形推测将
来的趋向，历史上有过的事情将来也会有。"[8]就这样，历史的反复，
"五四"以后低潮期历史的"故鬼重来"，使一定程度背离了周作人的
废名，又跟随他的这位老师陷入了历史循环论，达到了"不能说悲观，
也不能说乐观"的"知命"境界[9]。于是，周作人在废名写于1923
年前后的《竹林的故事》、《桃园》里感到了一种"隐逸的""温和"、
"平淡"而又不免有几分寂寞的"空气"[10]。而在此之后，俞平伯写
出了《西湖六月十八夜》这类寻梦的文字，表达一种"一切都和我疏阔，
连自己在明月中的影子看起来也朦胧得甚于烟雾"的心境，被周作人
选为在燕京大学讲授国文课的基本教材，而此时俞平伯也正在燕京大
学中文系任新文学组的讲师[11]。从此，人们分明感到，周作人终于
有了自己的"传人"了。

于是，就有了周作人、俞平伯、废名师生在《语丝》时期的密切合作。

1924年11月17日《语丝》创刊号出版时，俞平伯正在为当月15日病故的岳父料理后事，因此，未能在《语丝》长期撰稿人中列名。1924年底，俞平伯举家迁往北京，从此，在北京东城老君堂97号宅定居下来。1925年1月12日《语丝》第9期首次发表俞平伯的作品《忆之第五十三》；同月16日，俞平伯又与《语丝》同人钱玄同、江绍原、孙伏园、李小峰、章川岛及许钦文等共庆周作人四十寿辰。以后，俞平伯就经常出席《语丝》每月月底的集会。"俞平伯善饮，又善品佳肴，尤其是和情趣相投的朋友们在一起，边谈边说，实在是其乐无穷。"[12]语丝的聚会，给俞平伯提供了与周作人见面的更多机会，自然就有了一种亲切感。

俞平伯在《语丝》上先后发表了十二篇作品，这一时期的《语丝》编辑工作主要是周作人主持的。发表于第63期（1926年1月25日出版）的《梦游》是更进一步的"写梦"之作，曾被周作人及钱玄同误认为"明人或清初"的作品。而最引人注目的是俞平伯与郑振铎关于"国耻"问题的论争。1925年6月，正值五卅运动高潮时期，俞平伯在《语丝》第32期发表《雪耻与御侮》一文，强调欲御外侮，必先自雪其耻，"贵有实力，不是可以意气用事的"，对于当时盛行的"宣战"、"经济绝交"等主张提出异议。西谛[13]在《文学周报》第180期写了《杂谭》一文，不点名地批评了俞平伯的观点（据郑说，沈雁冰、叶圣陶等人也有同感），以后双方又在《语丝》著文反复论辩。郑振铎强调"内固然不能不努力整理，外却又不能不同时对待"，当务之急是"唤醒群众，群众的力量是不可侮的"；[14]俞平伯则主张"因外面的压迫，移目光向内"，并以为不能"迷信群众之力"，"多数人的力诚不可侮，但是多数人背后有少数人牵着线呢"。[15]在论战中俞平伯特意提出的"题外的闲谈"也许是更值得注意的。他说:"热情与冷智,在我以为同样的可爱","摇旗呐喊与袖手旁观实在同样的可耻,而色厉内荏,外强中干的人尤觉可厌"[16]。他批评郑振铎:"他的话未必全错,却总搔不着痒处。他说的是门面话,是演说台上的话。我的话即使错了,却是对朋友家人们在书室里说的。他是喜雀,我是老鸹,……然则我的倒霉,岂待西谛驳辩之来而后知哉。"[17]这番"闲话"明显的是为自己辩护,但也触及到双方在思想方法、人生态度以至气质上的某些差异。周作人在这场论战中没有发表直接参战的文章,但他在《代快邮》(载《语丝》第39期)里明确表示欣赏俞平伯"自己谴责"的精神,并且说,"我的意思是与平伯相近",同样以为"反抗自己更重要得多",中国人"丧失了他们做人的资格",这"才真是国耻";同样地"不很相信群众","对于中国国民性根本地有点怀疑"[18]。郑振铎(支持者有沈雁冰等)与俞平伯(支持者有周作人)的这场论战,从一个侧面反映了文学研究会内部的某些分歧,他们以后走上了不同道路,在这次论战中是可以看出某些思想上的原因的。

《语丝》时期废名还是北京大学英文学系的学生,因此他仅以主要撰稿人的身份出现,并未参加编辑部工作。废名在《语丝》上发表的作品主要是《桥》。废名自己在1926年6月的一篇日记里,曾经提到"我在这四年内,真是蜕了不少的壳,最近一年尤其蜕得古怪",他因此自己废去"冯文炳"名,自署"废名"[19]。周作人认为,从《竹林的故事》到《桥》,表现了废名创作的两个阶段[20]。按照鲁迅的意见,废名的《竹林的故事》尚能"以冲淡为衣",表现社会人生的某一角,《桥》以后的创作就"过于珍惜有限的'哀愁'",限于孤寂自我的狭窄范围[21];周作人则强调"文体的变迁",即由"平淡朴讷"转向"简洁或奇辟生辣"[22]。这种变迁既是向周作人的"靠拢",又预示着对周作人的某种"超越",后者也许是更为重要的信息。

（三）

大革命失败以后，周作人立志"闭门读书"，以"苟活于乱世"。他蛰居苦雨斋内，与外界来往极少。但与俞平伯、废名等弟子的交往却日益密切。周作人与俞平伯不仅经常见面，而且时有书信沟通；俞平伯曾先后三次将周作人来函裱订成《春在堂所藏苦雨斋尺牍》三册[23]，由周作人亲作题跋[24]。1933年周作人又将给俞平伯、废名及沈启无的信中选出一部分，连同其他公开发表的书信，编成了《周作人书信》一书[25]。在这些信中，周作人经常向俞平伯等吐露心曲。这里摘出一二片断，以见他们此时关系之一斑——

> 长雨殊闷人，院子里造了一个积水潭，不愁平地水高一尺了。但毕竟还是苦雨，不过是物质的罢了，想见亦有同感。（1928年8月12日致平伯书）
>
> 近来苦于无闲思索，而且下笔板滞，甚不自满意，见人家挥洒自如，十分妒羡，有如武童生才举得起石墩，看在马上挥舞百六十斤大刀的壮士，能不汗颜耶。所以同志还须努力也夫。（1928年10月20日致俞平伯书）

字里行间，透露出一种心灵的默契，早已越过师生的界限，而成为真正的老友了。

据周作人回忆：

> 民国十六年张大元帅入京，改办京师大学校，废名失学一年余，及北大恢复乃复入学。废名当初不知是住公寓还是寄宿舍，总之在那失学的时代也就失所寄托，有一天写信来说，近日几乎

没得吃了。恰好章矛尘夫妇已经避难南下，两间小屋正空着，便招废名来住，后来在西门外一个私立中学走教国文，大约有半年之久，移住西山正黄旗村里，至北大开学再回城内。……从西山下来的时候，也还寄住在我们家里，以后不知是那一年，他从故乡把妻女接了出来，在地安门里租屋居住……[26]

这样，周作人与废名之间又有了朝夕共处的机会；正如周作人所说，"常往来如亲属"[27]，关系确实不同一般[28]。

这样，30年代周作人周围，除了《新青年》、《语丝》时代的老友钱玄同、刘半农，《骆驼》社同人徐祖正、张凤举等之外，还有一个以周作人个人为中心的"小圈子"，俞平伯、废名（以及沈启无）等即为其中主要成员。

1930年5月，周作人主持的散文周刊《骆驼草》创刊，废名是该刊的实际编辑者，并与俞平伯同为主要撰稿人。《发刊词》宣称："我们开张这个刊物也没有什么新的旗鼓可以整得起来，反正一向都是有闲之暇，多少做点事儿。"又宣言"不谈国事"，"不为无益之事"，"文艺方面，思想方面，或而至于讲闲话，玩骨董，都是料不到的，笑骂由你笑骂，好文章我自为之，不好亦知其丑，如斯而已，如斯而已"。这里打出的旗帜是"自我性灵的自由表现"，确是能够代表这一时期周作人与俞平伯、废名共同的思想与文艺倾向的，但与时代距离之远也是可以想见的。因此，出刊不久，就受到了普罗作家中某些人的批评。先是1930年6月3日《新晨报副刊》发表了"千因"（即谭丕谟）的《读〈骆驼草〉上几篇东西》，讥讽《骆驼草》撰稿人都是"落到资本主义泥坑里的大学教授，领到了几百块闲暇安然地坐上骆驼，谈起了'草'，如斯而已"。接着1930年6月11、12日《新晨报副刊》又发表了"非白"（傅非白）的《鲁迅与周作人》，宣告周作人是"似不幸又命定地趋于死亡的没落了"。这自然引起了"骆驼"们的反感。俞平伯写了《又是没落》一文（载《骆驼草》第 7 期）予以反击，文章重申了"创作欲是自足的，无求于外"的主张，并且严正声明："我之与《骆驼草》只是被废名兄拉作文章而已，好比拉散车"，并非系某"党"某"派"。俞平伯在《骆驼草》上共发表了 9 篇文章，创刊号与终刊号上都有，因此有人说"俞平伯是看着《骆驼草》诞生，而又护送着它寿终正寝的人"[29]。废名在《骆驼草》创刊号上以丁武的笔名发表《"中国自由运动大同盟宣言"》一文，对列名其上的鲁迅、胡适等似乎都有所不满；鲁迅在给章廷谦的信中作了这样的反应："丁武当系丙文无疑，那一篇短评，实在晦涩不过。以全体而论，也没有《语丝》开始时那么活泼"[30]，虽对《骆驼草》有所批评，但语气是温和的。在鲁迅看来，《骆驼草》虽就其组成或宣言都给人以《语丝》继承者的印象，但实际上已无当年的思想锋芒，因而也就失去了（至少是减弱了）刊物"活泼"的生命力。但无论如何，《骆驼草》在 1930 年出版仍是引人注目的。周作人和他的弟子毕竟打出了自己的旗帜。

对于周作人们来说，创作实绩是比旗帜更为重要的。俞平伯在前述《又是没落》里，在回答攻击者时就说："理论固然要讲，也请拿点作品出来看看。"从 20 年代末到 30 年代，俞平伯的《杂拌儿》、《燕知草》、《杂拌儿之二》、《古槐梦遇》等先后出版，废名也有《桃园》、《枣》、《桥》、《莫须有先生传》等不断问世，周作人为他们每一本书都写有序或跋，颇为文坛瞩目。废名也写有《周作人散文钞·序》、《所藏苦雨斋尺牍题跋》，以及《知堂先生》、《关于派别》等有关评论周作人其人其文的文章，以及俞平伯《古槐梦遇·小引》。在周作人的鼓励下，俞平伯重刊《陶庵梦忆》（〔明〕张岱著），周作人也写了序。周作人自己还写有沈启无编选《近代散文钞·序》、《近代散文钞·新序》及刘大杰《重刊〈袁中郎集〉序》、孙席珍编《现代散文选·序》，以及轰动一时的《中国新文学的源流》。以上序跋文既是周作人师生之间创作上的互相切磋，又可以看作是一种文学创作潮流的自觉提倡。这是明末散文小品的"复兴"[31]，"以科学常识为本，加上明净的感情与清彻的智理，调和成功的一种人生观"[32]，同时追求"文词、气味的雅致"[33]，"文体之简洁或奇僻生辣"[34]或"渐近自然"[35]。正是在这样的自觉的理论倡导与艺术实践中，周作人和他的弟子在30年代逐渐形成了一个有着鲜明个性的文学创作流派，并且立刻为批评家们所注目。1933年阿英在他所写的《散文小品十二家·俞平伯》里，即指出："周作人的小品文，在中国新文学运动中，是成了一个很有权威的派别。这派别的形成，不是由于作品形式上的冲淡平和的一致性，而是思想上的一个倾向……在新旧势力对立到尖锐的时候，就是正式冲突的时候，有一些人，不得不退而追寻另一条安全的路……（这）是周作人一派的小品文获得存在的基本的道理。"[36]阿英这里只强调社会历史原因造成的共同思想倾向，而有意忽略了文体自身的"一致性"，这自然也是反映了30年代时代思潮的。

　　阿英的评价中更值得重视的，也许是他所发现的周作人与俞平伯之间的差异："周作人与俞平伯的小品，虽是对黑暗之力的逃避，但（对周作人）这逃避是不得已的，不是他所甘心的，所以在他的文字中，无论怎样，还处处可以找到他对黑暗现实的各种各样的抗议的心情"；"周作人的倾向，更是说明奋斗的无力，俞平伯的倾向，则是根本不要奋斗"。阿英的这一论断可谓知人知文之论。周作人与俞平伯自己在私下议论中，也曾谈到"对于中国有些事情"，周作人似乎比俞平伯"还要热心，虽然年纪比他大"；他们都一致归之于周作人亲身参加了本世纪以来的社会变革，"有过期待"[37]。

　　这种学生比先生"消极"得更彻底的现象，在废名身上体现得更为明显。周作人自己就这样说过："从意见的异同上说，废名君似很赞同我所引的说蔼理斯是叛徒与隐逸合一的话,他现在隐居于西郊农家,但谈到这些问题他的思想似乎比我更为激烈。"[38]也就是说,无论先前参与政治之"积极",与现在逃避现实之"消极",废名都比周作人"激烈"[39]。周作人说"废名君是诗人,虽然做着小说;我的头脑是散文的,唯物的"[40],这是能够说明他们气质上的差别的。

因此,周作人虽然喜谈"隐逸",却一天也没有"隐"过,真正实行"隐居"的,正是废名。在周作人所提到的"隐居西郊农家"期间,废名读李义山诗,读老子庄子,渐及佛经,终于"悟道",与周作人的差异由此而产生。周作人1937年在写给正独居在雍和宫的废名信中说:"自知如能将此种怅惘除去,可以近道,但一面也不无珍惜之意,觉得有此怅惘,故对于人间也未能恝置。此虽亦是一种苦,目下却尚不忍即舍去也。"[41]这大概就是周作人所说"余未能如废名之悟道"[42]。以后,周作人在《怀废名》中还有更真切的回忆:

> 废名自云喜静坐深思,不知何时乃忽得特殊的经验,趺坐少顷,便两手自动,作种种姿态,有如体操,不能自已,仿佛自成一套,演毕乃复能活动。鄙人少信,颇疑是一种自己催眠,而废名则不以为然。其中学同窗有为僧者,甚加赞叹,以为道行之果,自己坐禅修道若干年,尚未能至,而废名偶尔得之,可为幸矣。废名虽不深信,然似亦不尽以为妄。假如是这样,那么这道便是于佛教之上又加了老庄以外的道教分子,于不佞更是不可解。照我个人的意见说来,废名谈中国文章与思想确有其好处,若舍而谈道,殊为可惜。[43]

其实,废名不过是将周作人思想中的"隐逸"坚持到底而已;但周作人这一代人毕竟是接受了西方影响,有过反叛传统的历史的,因此,他的思想总有一些界限是不可越过的，例如他可以赞同复归传统，但要发展推崇"老庄以外的道教分子"（在周作人眼中，这是中国传统中最恶劣的部分），就是周作人所不能接受的了。

但无论如何，周作人与俞平伯、废名毕竟是最为相知的；周作人就说过废名"实在是知道我的意思之一人"[44]。这样，在1936年间，他们又有了一次共同主持《明珠》副刊的愉快合作。直到1942年，周作人还对之怀念不已：

> 那时是民国二十五年冬天，大家深感到新的启蒙运动之必要，想再来办一个小刊物，恰巧《世界日报》的副刊《明珠》要改编，便接受了来，由林庚编辑，平伯、废名和我帮助写稿，虽然不知道读者觉得何如，在写的人则以为是颇有意义的事。但是报馆感觉得不大经济，于二十六年元旦又断行改组，所以林庚主编的《明珠》只办了三个月，共出了九十二号。[45]

周作人对"明珠"时期废名的文章给予很高的评价，他特意提出废名在《明珠》上发表的十九篇论文中，《三竿两竿》、《陶渊明种树》、《中国文章》、《孔门之文》这几篇都"是经过好多经验思索而得的，里边有其颠扑不破的地方"，"在这一时期我觉得他的思想最是圆满"[46]。俞平伯也在《明珠》上连续发表《秋荔亭随笔》及《我也谈谈韩愈》等文章，约有十三篇。周作人本人的文章也多达17篇，其中《宋人议论》、《水浒里的杀人》、《谈韩文》、《谈儒家》等文，都是剖析传统文化的力作，其中不乏启发人思考的真知灼见。《明珠》上的文章集中表现了周作人与他的弟子在30年代对于中国传统文化的"再思考"，在学术论述中仍可见启蒙主义的批判锋芒，在学术研究史上具有不可忽视的价值，这是周作人及其弟子的最后一次有意义的合作。以后他们回顾这段历史，

"深有今昔之感"，难以排除心中"怅惘"[47]，自然是可以理解的。

对于周作人，这种"怅惘"之情是有更深的含意的。因为在《明珠》这一次合作之后，随着战争的爆发、北京的沦陷，师生三人的生活、道路发生了急剧变化。废名南下归乡，隐居山村；俞平伯虽与周作人一起困居北京城，却保持了政治上的节操；唯有作为老师的周作人却"一失足而成千古恨"。1938年11月末，周作人曾作《怀废名》，文中说："次女若子亡十年矣，今日循俗例小作法事，废名如在北平，亦必来赴，感念今昔，弥增怅触。余未能如废名之悟道，写此小文，他日如能觅路寄予一读，恐或未必印可也。"但文章"终于未曾抄了寄去"。五年以后，1943年的春寒季节，周作人再次提笔，仍用原题《怀废名》。文章结尾说："废名曾撰联语见赠云，微言欣其知之为海，道心恻于人不胜天。今日找出来抄录于此，废名所赞虽是过重，但他实在是知道我的意见之一人，现在想起来，不但有今昔之感，亦觉得至可怀念也。"[48]在这"今昔之感"与"怀念"之情之外，自然还有许多弦外之音，难言之隐。我们读者大概也能略略体味一二，但真正能读懂的，理应是废名与俞平伯，但他们谁也没有再提这段往事。我们只是在《胡适来往书信选》中读到1945年冬周作人因汉奸罪被捕后，俞平伯寄给胡适的一封信。信中自责自己"以其初被伪命，平同在一城，不能出切直之谏言，尼其沾裳濡足之厄于万一，深愧友谊，心疚如何"，又请求胡适出面援救，言词十分恳切。1946年北平十五教授呈国民党政府法院文，为周作人说情，列名者中也有俞平伯。

注释

[1] 同时提出的"得意门生"还有冰心与沈启无。后者在敌伪时期与周作人发生了激烈冲突，导致周作人公开宣布将其"逐门"。

［2］　周作人：《自己的园地·诗的效用》。

［3］　载《诗》第1卷第4期。

［4］　废名：《古槐梦遇·小引》。

［5］［6］　周作人：《药堂杂文·怀废名》。

［7］　废名：《周作人散文选·序》。废名在解放后写的《废名小说选·序》里，也说自己"原来是很热心政治的人"。

［8］［9］　废名：《周作人散文选·序》。

［10］　周作人：《谈龙集·〈竹林的故事〉序》。

［11］　参看周作人：《知堂乙酉文编·关于近代散文》。

［12］　孙玉蓉：《俞平伯资料三题》，《现代文学研究丛刊》1986年第1期。

［13］　即郑振铎。

［14］　西谛（郑振铎）：《答平伯君》，《语丝》第39期（1925年8月10日出版）。

［15］　俞平伯：《答西谛君》，同上。

［16］　俞平伯：《质西谛君》，《语丝》第36期（1925年7月20日）。

［17］　俞平伯：《答西谛君》，载《语丝》第39期（1925年8月10日出版）。

［18］　周作人：《谈虎集·代快邮》。

［19］　废名：《忘记了的日记》，载《语丝》第128期。

［20］　周作人：《药堂杂文·怀废名》。

［21］　鲁迅：《中国新文学大系·小说二集导言》。

［22］　周作人：《谈龙集·〈竹林的故事〉序》、《看云集·〈枣〉和〈桥〉的序》。

［23］　即1929年4月初、1930年9月以及1932年2月3次。废名也编有《废名藏苦雨斋尺牍》。

［24］　文收《夜读抄》。

［25］　内收："与俞平伯君书35通"，"与废名君书17通"，"与沈启无书25通"。

［26］［27］　周作人：《药堂杂文·怀废名》。

［28］　如1930年11月18日周作人给当时已迁居西山的废名写信："本月二十日为若子（周作人的爱女，已故）周年纪念，循俗延僧诵经，兄如有暇，甚望能来"，显然将废名视为家人。

［29］　孙玉蓉：《俞平伯资料三题》，《中国现代文学研究资料》1986年第1期。

［30］　鲁迅：《致章廷谦书（1930年5月24日）》，信中"丙文"即指废名的本名"冯文炳"。

［31］　周作人：《泽泻集·陶庵梦忆·序》。

［32］［33］　周作人：《苦雨斋序跋文·杂拌儿之二·序》。

［34］ 周作人:《看云集·〈枣〉和〈桥〉的序》。

［35］ 废名:《知堂先生》,载《人间世》第 13 期（1934 年 10 月 5 日出版）。

［36］ 如将周作人为中心的流派视为散文创作流派,则不包括废名。如作为一个更大的文学派别,废名应是其中重要代表作家。

［37］ 周作人:《苦茶随笔·后记》。

［38］ 周作人:《永日集·〈桃园〉跋》。

［39］ 解放后,废名还有一次大转变。正如卞之琳所说,他"主观上全心接受、拥护社会主义,甚至有点从左到'左'了",但"他晚年激进,绝不是风派。却有时一反自己过去的作风,不加自己的独立思考,'闻风而动',热肠沸涌,不能自已。于是乎旧时的妙悟、顿悟,爱发奇谈怪论的思想方法,一旦与感人的新事物结合,我看不免有不少离谱的地方……（而又让人）觉得天真可爱"（卞之琳:《冯文炳（废名）选集·序》,载《新文学史料》1984 年第 2 期）。

［40］ 周作人:《永日集·〈桃园〉跋》。

［41］［42］［43］［44］［45］［46］［47］［48］ 周作人:《药堂杂文·怀废名》。

附录：当代部分青年眼里的周作人

前　言

　　1987年上半年，我为北京大学文学专业83、84两届同学、研究生及进修教师开设了"周作人研究"课程。据说，这是国内第一次向当代青年学生集中而系统地介绍周作人——这位在现代思想史、文学史上因其内在的复杂性而长期被回避，实在又回避不了的历史人物。应该说，向青年学生讲周作人，不是没有顾虑的。倒不是政治上感到有什么压力，而纯属教师的考虑。在此之前，我曾向学生讲过鲁迅，受到了出乎意料的欢迎，听课的人越来越多，不得不一再改换教室；现在再来讲周作人，会受到学生欢迎吗？另一方面，周作人思想中某些消极面，会不会也给学生们以负的影响呢？但事实很快就证明，我的顾虑是多余的。学生们照样踊跃听课，以至不得不一再改换教室；而无论是课堂上的反应，课后的交谈，还是课堂作业，都说明学生能够独立思考，对周作人作出自己的评价，有些见解的深刻性、独创性，是超过了老师的分析的。这使我受到了极大的鼓舞。我不但在本书书稿的撰写、修订中吸收了学生的有些研究成果（在此向有关学生表示衷心感谢），而且决心把学生作业中的部分见解整理出来——这就是本文的来由。需要说明的是，这毕竟是听课后的作业，因此，在某些倾向性与观点上受到教师的影响，是不可避免的。再加上周作人著作出版极少，学生不可能广泛地阅读，这也不能不影响他们对周作人的独立判断。因此，本文所提供的"信息"，既十分可贵，又是有限的。读者在阅读本资料时当会注意到这一点。

（一）

　　在题为"选择的痛苦"的作业中反映出同学们最为注目，课后议论、思考得最多的是周作人与鲁迅的"不同选择"，特别是"思想文化上的选择"与"人生道路的选择"上的差异。有位学生写道，这引起了我的兴趣，也使我更加困惑：这种选择的差异到底意味着什么？人们该怎样进行自己的选择？这些问题恐怕是永恒的主题。选择可以五花八门，千差万别，但选择的痛苦却无处不在，无孔不入。

　　不少学生进一步引申说，周氏兄弟的选择，实质上是在现代中国社会大变革与东西文化的大撞击中中国知识分子的选择。他们由此而认为，周作人的悲剧是"中国传统文化的悲剧"与"中国现代知识分子的悲剧"。

　　有比较多的青年人对周作人的文化选择与人生选择，特别是作为周作人思想核心的"中庸主义"作出了严峻的批判与否定。

　　一位进修教师从周作人的"消闲"说起——

　　　　消闲固然好，闭门读书也高雅得很。然而一味地消闲下去，一旦面临具体环境成问题，恐怕就很难再消闲下去而不成为帮闲了。

　　　　靠"闭门读书"来"得体地"生活，恐怕无异于卖身。鲁迅所谓"壕堑战"是欧洲战场上的兵士出于战斗的自觉而在战斗间隙躲在战壕里打牌喝酒，尽情享受生命，保护生命然后去更好地战斗，去死。并不是躲在壕堑里一味保存下去而放弃战斗的活命哲学。……

得体的活就是要活，不是因为必须死才得体地活。倘在大众，就盲目而无耻得多，所谓"好死不如赖活"。但文人觉得这样未免可耻，未免俗气，所以写很多文章，三皇五帝，尧经舜典，谈风说月，呵佛骂祖，其妙用各异，究其根本不过还是要活，并且依旧是好死不如赖活。……所谓"得体"即装蒜，所谓以退为进，以守为攻，这是东方人的智慧，阴谋家的嘴脸，不过为现代人所利用来装饰自己的丑陋罢了。

如果迷失的是目标，则何退何进，何守何攻，犹如一只帆船航行于海面无参照物，时间失去了意义，无法估算出速度，无论前进，后退，一切都毫无变化，于是纵然是能"得体"地活，与死又何异？

中国文人的"出世""入世"皆出于欲摆脱内心苦味而不得已，这是生命力的萎缩和内心的无力。只希望摆脱，而不再希望有罪或为自己的纯洁而继续努力。"不要够多的无耻，也不要够多的道德"，既无力作恶也无力为善。

说无道德是事实，它在于我们既不愿（事实上是不能）承担自己也不愿承担别人。一味惧怕内心的冲突，以此为苦难而急于摆脱，并不懂得冲突是生命的形式，摆脱了冲突即摆脱了生命的活力。与其说对中庸之道的选择，还不如说是被选择，因而所谓"以入世的精神出世，以出世的精神入世"丝毫谈不上人的自觉，而是人的妥协。

这里，对鲁迅与周作人的人生哲学、生命形态的臧否，是十分鲜明的。

就周作人的"清淡",一位进修教师论道:周作人一生崇尚清淡,然则周作人真正清淡自身了么?周作人之清淡并非一种不合污流的清奇骨格的表现(倘如是,他将如一生清淡似水的朱自清重气节重操守),而是一种压下焦躁,虚心静养,消忧解闷的方法,是一种消极的中庸的人生观。他偏偏又不是生于太平盛世,温谧和平的牧歌社会。苟且生命于乱世,他自有妙法:远避着时代的血雨腥风,只守住一份"清淡"的生活,表现了对国家民族生死存亡的漠然态度,这种清淡就不免沦为一种纯个人主义的自私表现。然而他并没有获得轻松、舒爽、畅快,常为烦恼痛苦所缠。一生没有淋漓的大悲痛,亦没有脱尽一切羁縻的彻底轻松,左右夹足,半死不活,渴望自由、宁静、悦怡的生命却浸没在苦雨苦茶之中,这正是"清淡"反为"清淡"苦。

有人从另一个角度,对周作人的中庸之道作了深刻的剖析:

　　归根结底,他只是生活的一个奴隶,中庸主义只是他主动对生活所采取的被动态度。理论的规范是一回事,在这里,"中庸"至高无上,而现实则又是另一回事,现实相信的是实在的行动和切实的结果,直面现实的强者就会孕育出更为壮硕的果子;只有弱者,才会顺乎自然,最后为生活所淘汰。因为生活从来就不曾有过中庸的立足地。"中庸"只是中国知识分子对于现实的无奈而在愿望里所作的一种调和而已。以周作人为典型代表的中国知识分子这种自欺中求平衡的人生哲学,很让人瞧不起,总希望中国文化能有一次裂变,摆脱掉致命的中庸弱点,在生活面前,充分地显出人的强大来。

人们从阅读周作人作品的直观感受中,发现了周作人一个致命弱点,对周作人的悲剧作了独特的思考——

周作人的"汉奸"问题，似乎强烈地吸引了人们的注意力，实则他思想上的疾病是更为致命的。思想与历史世界的关系，不只是一个"现实性"问题，而是一个思想本性的问题。周作人于此处的失误和沉迷，正使他在这一分水岭上，滑入了"玩味"而非"思想"的地步。有一句哲理话："思想是一种疾病。"周作人的思想就属于此类疾病之列。它是一种才智的玩味的十足的合理化。它申说的并非心声，而是一种永远超然于问题之外的姿态，误人、误民族且自误，而沦入了传统文化中陈腐的一面。当其卑下之际，仍以为自己是高尚的，这种思想疾病的"聪明"是一出值得深思的戏剧。

为此，使人想到一个问题：周作人的思想何以总没有伟大的震撼力而总是停留在一般的层次呢？怕是他不曾理解了"死"吧。在《死的默想》中周作人说："关于死的问题，我无事也曾默想过（但不坐在树下，大抵是大车上），可是想不出什么来……"他对这一范畴的不认识，造成了他整个的平庸，没有激烈的思想，因而总不能深入。而鲁迅却多少次产生过死后的想法。在那样的时代，不必多论证，"死"肯定是一个重要的思想范畴。没有这种对照，周作人那生活的艺术就显得极为苍白和无聊，缺乏崇高感。一般人是怕死的，周作人对此却觉得没有灵感，倒是怪现状了。

有位同学尖锐地看出了周作人思想中的根本弱点，他认为：

周作人作为一个有智慧而博学的大师，其许多言论至今仍闪烁着光彩。但在百事草创的"五四"及现代，文化与时代限制了他，他的某些结论今天看来未免失之粗略、片面和印象化。对于下层人民的生活方式、审美趣味及道德规范，周作人总带着士大

夫的玩赏气，比道学家对下层文化的鄙视更为可怕。这不是真正
的理解。如果是真正的理解，就必须是鲁迅式的"哀其不幸，怒
其不争"……对农村的所谓"素朴而真"的生活方式的向往也很
像在鲁迅《风波》里所讽刺的那样……

　　关于提倡得体地活着，推崇明清"性灵"派文学，不光是当
时，在今天也是没有多少积极意义的。一个人愿意怎么活着有他
的自由，但如果他想影响他人，也确实影响了他人，我们就不得
不加以审慎的评判了。

　　显然，周作人的智慧是东方式的智慧，而不是西方式的智
慧。如果就西方式智慧而言，鲁迅比周作人更有资格。我认为倒
不如这样说，周作人是学者型，鲁迅是思想家型。

　　这位学生极为推崇鲁迅："鲁迅过得苦，但他是民族的伟人；周
作人也不见得过得甜蜜，但他像许多知识分子那样自欺欺人，他的
文学仍有瞒与骗的成分，他的观点有大量似是而非的东西。虽然抗
日以前周作人的声名与鲁迅不相上下，但即使他不当汉奸，他仍不能
与鲁迅比肩。"

　　同学们认为，周作人当没当汉奸无关紧要，重要的是他是一个
典型的中国知识分子，中国文化的优质和全部劣根性都积淀在他的
身上。因此，一些青年对周作人思想的批判、否定，就不能不归结
到对中国传统文化与中国知识分子的批判。他们这样写道："中国文
化五千年的稳固、连绵、辉煌令人惊讶，如同它的封闭、凝滞、迟缓
一样令人吃惊。它创造了人类精神无可比拟的奇迹，但同时也给历史
留下了人类精神最大的弱点，最大的悲剧，直到我们今天在民族生活
中，还时时可见它所积淀的结果，即它本质上的不合理性。一般人认
为，中国文化、中国传统最现实，这是一个笼统的概括，而它的基本

精神还是周作人所鼓吹的顺应物理，顺应自然，顺应事实，这其实是一种退让，一种卑微，是奴隶哲学。它躲避冲突，没有明确的主体意识，不讲创造，根本上是逃避现实的。在闭关锁国、唯我独尊的封建历程中，它的虚伪和弱点因少有外部冲突而隐没在缓慢生存中，在物质文明、现代观念强烈冲击的现实社会面前，它空虚无力的一面就充分暴露，尤其是传统本身所决定的像阿Q精神这一类致命弱点，一再给历史投下沉重阴影。周作人的历史，代表中国知识分子的传统悲剧，从中可以窥见中国传统文化的某些内在创伤。

"中国知识分子的选择，在各个方面都表现为一种'退却'。而像周作人同样意识的知识分子，他们的'以出世的精神入世，以入世的精神出世'的危害尤大。想用你，来，'以出世的精神入世'；不想用你，去，'以入世的精神出世'了。似乎成为别人手中的玩偶，而缺少一种精神——主人的独立意志与选择。其结果造成这样一种状况：知识分子自命清高，而为社会所轻视。这种状况再也不能继续下去了！

"周作人在中国知识分子意识中的复活，其中既有酸味又有甜味。酸者，周作人始终甩不脱汉奸的臭名，这就妨碍了周作人精神后裔们公开与之认同；甜者，周作人的思想确使知识者们感到可亲可近，特别是在这种'和平'境遇中，周作人的东西是可以受用不尽的。不像鲁迅，辣味太烈，盐味太重，苦味太浓，虽然深刻，但学不来，不敢学，也不愿学。难怪鲁迅虽一直受人推崇，人们始终只将他当'说说而已'的偶像，让他始终'后继无人'，至今还是独一无二地存在于赞叹敬服之中。而在内心里，骨子里，中国知识分子更倾心周作人。虽然，大多数人并不知道有周作人其人，这并不妨碍在中国'周作人精神'市场之广大。而真的鲁迅精神在中国知识分子中，谁见过几多踪迹？当今中国知识分子对鲁迅与周作人所作的这种选择，是通过比较得来的。这符合大自然的物理学原理：一种力的趋势倾向于阻力小损耗少的地方去。

　　"当今中国知识分子这种'选择',恐怕说是'被选择'更为恰当。'民族魂'是多层面多重性的东西,'苟且偷安'未必不是最现成的继承。中国人'怕运动',知识分子尤其怕,结果连自身内在的矛盾运动也回避、压抑,更不敢将自身的动感运行起来,与历史运动相结合,在投入历史运动中实现当今中国知识分子的整体价值,实现每个创造者的自我价值。结果总是'被运动'。中国知识分子整体性的卑怯,使枪打出头鸟成为可能。历史终将嘲笑中国历代知识分子这种整体性的耻辱,包括我们自己!

　　"中国知识分子自我教化的克制造成了中国知识分子普遍良好的自我感觉:知足常乐。知足常乐有许多层次:从皇恩浩荡到结庐人境,从象牙塔、研究院到四合院、苦雨斋,从得体地活到一箪食一壶浆而已,中国知识分子总能从生活中寻出甜蜜蜜美滋滋的味儿。只有鲁迅跟大家过不去,将这说成是'僵尸的乐观'。而周作人的人生信条'入世化的出世,出世化的入世'显得精辟而实用,它灵活,柔韧,暗藏锋芒,温和中有铁,是以柔克刚之法,驾驭万方之术,放之四海皆可。说到底不过是一种滑头哲学。它所显示的中国知识分子整体性的适度感,其实并不比中国老百姓高明。千百年来,中国民间不是早就有了如下一些格言么:'比上不足,比下有余';'人家骑马我骑驴,背后还有光脚汉';'往前看,我不如人;往后看,人不如我。'于是,众生各安其位,希望永无尽头!"

　　这已经有几分杂文味道了。

<h2 style="text-align:center">(二)</h2>

　　另外一部分青年更注重对周作人的文化与人生选择的理解与描

述；他们并不认同于周作人，但批判意识显然不如前一部分人强烈。

他们认为，"周作人往往爱将自己看成脱离任何规则限制的人类之一分子意义上的人。这样一种来自于现实而又不顾现实的思想，正是他个性激进追求到达了虚妄地步的表现。……一切的社会现实评价都让位于他的自我评价，他思考的中心在于他如何实现自己的自我，社会已经处于其次的地位。两者相冲突必然取前者。他实施了自己的选择这一点最重要，其他则可有可无。总而言之，周作人已不在乎结局如何。

"周作人并非一个怪而且难以理解、同情的人，他既非一个道德家，也不是游戏人生者，即他绝不是一个楷模。周作人是用不着别人说他什么好话的，他畅其所以言：这就是他对自己的乐趣。

"周作人是一个思想的集大成者。他自己对于思想的看法倾向于融合，最能代表他思想的是他的中庸主义。中庸并非任何人都可以做到的。他的中庸是思想者的中庸，所以他走的依然是一条孤独者的路。

"对待世界虚无的态度使周作人对自己投敌举动并不十分看重，事后也不觉得十分懊悔。他过于相信、顺从天地运命了。周作人是几个灵魂的合身，其世故也深，其童心也淳。其性格中呈千百样姿态，林林总总，不可捉摸。要探索中国传统文人的性格、特点，研究其矛盾心态，周作人是最恰当不过的人选。他身上什么色彩都有，只缺乏一种执着，一种对待人生信念的执着精神。他一生的历史，只写着三个字：无所谓，或者干脆就是'空'、'无'。"

有位同学用"苦雨斋中的'大儿童'"来概括他对周作人的印象。他认为，"周作人在《瓜豆集·常言道》一文中所说的'逢场作戏'、'见景生情'八个字准确地概括了周作人成年后对人生、文艺、时事的游戏态度，周作人不会坚定地崇拜任何信仰或主义，因此，他绝不会成为一个彻底的民主主义战士，但也不会堕入复古主义的泥坑；他既不是坚定的爱国主义者，但也绝不会心甘情愿去做汉奸；他不会沦为十足消极颓废的虚无主义的信徒，但也不会执着于动荡变幻的现实。至于他到底属于哪一类人，也许他自己都无法回答。这个调皮而任性的大儿童不断地向世界宣告他的各式各样千变万化的想法，我们一时被弄得头晕目眩。但是在这种种纷繁复杂的现象背后，我们不难发现知堂老人的苦涩心境。事实上他试图在各种思想中间保持一定的张力以达到动态中的平衡，使自己不会投入任何思想又可以随意融合或运用。它是兴之所至，是左右逢源，还是不伦不类，谁也说不清楚。但无论怎样，我们都可以肯定地讲，他说的是真话。"

有人对周作人的人生价值作了这样的评价："周作人之美，正在于他的矛盾之处，在于他的缺憾之美。如果说，'五四'时代造就出了像鲁迅这样'敢于直面人生'的勇士，那么，同样也应该能成就周作人这样充满矛盾和缺陷的一个同样完整的统一体。否则，怎么能显示出'五四'时代中华民族崛起的曲折性与复杂性的一面呢？试想，去掉了所有缺陷的周作人，还会具有如此奇特的魅力吗？"他的结论是："周作人，只该看作一个由特殊构成的人而研究他，不该批判他。"

有的学生则由周作人的矛盾想到自身的矛盾，从周作人的困惑看到当代知识分子的困惑。一位研究生举出大量事实说明："从反对传统文化，提倡西方文化，最后有意无意地回归传统，周作人这一思想历程在现代中国知识分子中是有一定代表性的。接着就产生了一系列疑问：为什么会发生这样的现象呢？它是否具有某种内在的必然性呢？由此而引出这样的问题：在中西文化的撞击下，中国文化未来的前途何在？"另一位研究生则认为，"周作人以入世的态度出世，以出世的态度入世，正是由于传统文化的影响使他无法不入世，而社会环境又迫使他无法有太大的目标，而今天的知识分子仍然摆脱不了这样的现实，因此，周作人这种人生观的影响，也是无法排除的，我们平日所说'想得开'不也就是这个意思吗？唯于此，才能维系内心的平衡，保持精神的稳定，但它的消极性也是明显的。那么，究竟应作何选择呢？"

学生们从周作人的人生哲学里看到了一种悲剧性，这不只是周作人的悲剧，更是人的悲剧，中国人的悲剧。他这样阐述他的观点："这悲剧首先表现在，是想要超越而又被现实所阻。作为人，天性自由，个性总是要求超出一切，不受任何束缚，而一切国家、社会永远是个体的对立面，都是共性对个性的压抑。只有为前者牺牲后者，才能为社会价值所认可。个人想要超越社会，而个人的价值却必定要被社会所裁判，这是个人与社会的冲突、悲剧。"

"看透人世，看透人世的虚无、无常而想要出世，这是因人本性要求知、探索，要竭力于无常中把握永恒；另一方面，人天性要求发展、创造，要表现，而这一天性在人生态度上的表现就是入世，入这个唯一的在他看透看破的虚无又纷茫的世界。这是一代中国知识分子政治上激进，人生观上虚无的矛盾。

"另外，作为一个爱智者，而本身又是一个大智者，无论他是否真超脱，他也尽量以俯视的眼光观世界，他是想成为一个超越者，旁观者。他注定是孤独的，不可被理解的。他的世界主义被狭隘的民族主义所扭曲，他的个性要求也必定被共性所摧毁，他的超政治性也只能被政治所涂改，他成了公众的牺牲品。

"周作人最后走的路，正好证明了人的复杂性。并且从这里是不是可以看出人的本能对人的理性的冲击；社会和时代对人的制约；历史在人的心灵刻下的阴影；乃至于人的存在状态的无可奈何，不由自主，以及人的孤独感、荒诞感等等现代哲学问题。周作人在思想的深刻上远远不及鲁迅，但是周作人对人自身本性的思索要比其兄充分，因为鲁迅更侧重于人的社会性的批判。"

（三）

　　有些同学试图探讨周作人"游戏人生"的态度对今天的现实有否借鉴意义："在周作人生活的时代，国难当头之际，周作人对国家、民族失去了应有的责任感而去追求个人的闲适，必然会被历史所遗弃。然而，在和平时期的我们有时似乎也应具备一点这种游戏的态度，即非功利的审美态度。这里并非宣称要放弃责任感，而是在具有责任感的同时，如何能尽情地享受生命所能给予的快乐，如何使人生更加丰富多彩，更加充满诗意，一句话，如何使人生过程艺术化。要知道，这与共产主义理论并不相悖，因为马克思主义的最终目标就是从根本意义上解放人，完善人。"

　　从民族学角度对周作人"生活艺术化"这一命题的借鉴意义进行研究的学生认为，"哲学研究人为什么活着，而民俗学探求人怎样活着。周作人的民俗学研究既能'入乎其内'，又能'出乎其外'，从欣赏而之于创造，周作人所谓'艺术地活着'，旨趣或即在于此。"有一位学生这样表示："我与周作人最能发生共鸣的是'喝茶'的境界"，即对于"生活的艺术"的境界的追求，在不完全的现世享受一点美与和谐，在刹那间体会永久。他认为《北京的茶食》里的"焚香静坐"，恐怕也是周作人领解万物、感受一切的心的安详的容止吧？这是中国传统文化的精华，周作人称之为"礼"，并感叹真正的中国的礼早已丧失，只还略存于茶酒之间。还有位学生对周作人"得体地活着"作了这样的理解："历史把我推上舞台，我可以喧闹一番；历史冷淡了我，那么周作人晚年的日子，也是非常得体，非常美妙的。"这与前述同学对"得体地活着"的批判与拒绝态度显然不同。

　　学生们还从中国文化研究史的角度，对周作人"生活之艺术"这一命题及周作人的历史地位作出了自己的独立判断与分析："知堂（还有林语堂等人）其实是结束了中国传统文化中最后一道遗留的历史性人物。清代学者对中国古文化进行了卓有成效、带有毕其功于一役性质的清理工作，他们涉及了经、史、子三部及集部主要是诗文的正统文学，而对于非正统文学和杂学虽有所搜罗（如《古今图书集成》），但并没有用妥当的态度和较大的力量作整理工作。中国杂学与民间说唱部文学的真正崛起是从宋朝开始的，杂学其实就是与市民生活息息相关的'生活学问'。知堂对照日本文化（其实是唐文化余韵，代表宋以前文化生活）对杂学作出了自己的总结性的判断，提出了'艺术的生活'的主张（林语堂也曾作《生活的艺术》一书），这是对上千年代表中国市民文化的杂学的最理想、最符合实际的总结。"

有位学生对鲁迅、周作人的历史命运的看法也是别具一格的。他说："鲁迅是一个刚强自重、宁折不弯的汉子，他万无所惧，坦坦然走完一辈子的路，但他是深怕着一件事的，那就是他死后会被别人扭曲成什么样子，利用到什么程度，这是他唯一无力抗拒的；不管怎么说，知堂毕竟避免了鲁迅的命运，这对于他自己来说，未始不是一件幸事。在当时他是最可能成为继承鲁迅的一头奶牛或奶羊，虽然这不是件坏事，但他还是躲开了。自然挨骂是难免的，……他毕竟让那帮人大失所望过一回，每想及此，我便欣欣然颇有快意。"

有好几位青年学生都谈到了周作人思想的"现代性"。认为"周作人比现在某些貌似现代的人要现代得多。没有周作人，中国现代文学以至现代思想史会苍白无力很多。特别值得强调的是，周作人对妇女问题、性问题的探讨，比起我们今天的人还要科学化、现代化。对性的看法触及到中国人最敏感的那根神经。周作人说得好，禁欲和纵欲都是出于对性的恐惧。周作人的性理论无异于给传统性观念一记响亮的耳光，……性问题是考察中国国民劣根性最深刻的一环"。（有人显然不同意这一观点，认为"周作人的性理论核心是'发于情止于情'，仍然是主张'得体的性交'，周作人的说教虽然带有引导意义，然而在不知放荡为何物的国民面前谈节制，就难免语焉不详而为种种道德家所利用。从得体地生活到得体地性交，构成了周作人一个重要改良性特征，终于走不出传统文化的沼泽……")

周作人在文学艺术上的贡献，自然是学习中国现代文学的青年学生们最为关注的。学生们提出，"评价周作人这样的作家，不能以人取文，应从实际创作成就对其作出实事求是的评价。我们古代文学史并没有根据人的政治倾向去裁夺他的艺术创作，而今天为什么这样没有风度？知堂当了汉奸是他的悲剧，也是民族的耻辱，但一切荣辱臧否都会被历史湮没，而知堂的散文却不会那么快就被忘却的吧？我们的现代文学史是不是应该好好修改一下，以重新估价周作人在现代文学史上的地位。我们不应该只留短短的几行字介绍周作人的散文，我们需要知道的是周作人作为一个大作家在现代文坛上的影响，而不是在大汉奸名义下肯定他的'某些成就'所谓'辩证'的'一分为二'。"

好几位同学都在作业中着重分析了周作人的散文艺术，写下了他们的"周作人散文艺术特质"的随想——

要把握周作人的散文风格，或许首先需要把握他那不断在出世与入世、隐士与叛徒、绅士与流氓……两极之间徘徊的心态，由此而形成的其人的复杂性，他的散文作为人格的外化，也在清冷与峻急，洒脱与执重，晦涩与晓畅，放纵与节制，凝滞与通达……所形成的张力场中，在冲淡、清冷基调和背景映衬下呈现出美学风格的丰富性与多样性。任何偏向一方的简单概括在其文面前都要相形见绌。你面对的是一个有些棘手的庞杂而丰富的系统。

读那些现实性，政治性较强的作品，你总感到周作人在那里竭力保持着分寸，保持着类乎绅士的那种风度。于是愤慨由于抑制而变为'冷嘲'，周作人内在的性格矛盾也体现在文体风格上，让你读这类文章时，总有那么一种生硬和做作之感，没有鲁迅杂文那种"热讽"的内质所决定的痛快淋漓劲儿。

倒是那些平淡而琐屑的题材与周作人力图求得一种平和超逸的心境更为吻合。也许正因为易于无所顾忌地抒写真实的心理感受和体验，周作人某些心理深处的本质的东西也不期然地流露出来，使你觉得在这种大时代中毕竟有那么些更为重大的内容不能使他真正忘怀，时刻潜在心理深处，总是不着痕迹地有所表现。

体现在周作人散文中的更多的是人生的无奈感。他的热望本身也不那么急切，因此失望起来也是淡淡的，有一副无所谓的样子。而内心深处却是苦涩的，作者不大肯说出来，却也难以言说，只在字里行间略略露出，使人如嚼未熟的橄榄。

于是，在周作人力求平和冲淡之中，总要泛上苦涩与沉重，而且因为冲淡背景的反衬，越发令人难以忍受。那是一种缓慢而绵长的情绪，几乎无以排遣。这种持久的凝重感有时比突发性的情感冲击更为压抑。即使周作人想用喜剧的诙谐来冲淡也不能。这里总有那么一点悲剧的意味，使你甚至对作者产生悲悯感；这是周作人不曾料及的。

只有在对纯粹的故乡生活的回忆中，周作人才能找到一种淡淡的平稳的而且始终如一的调子，夹带着对于人世间平凡而富于韵味生活的珍惜与追求，化愁苦为乐趣的豁达，悲天悯人的情怀。在给人忘却尘嚣之感的同时又夹杂了不得超脱的憾意与失落的茫然；周作人是把写作当成一个梦的。总奇怪为什么连那些平淡无奇又琐碎细小的题材，在周作人笔下竟充满如许的魅力，这里面总有一点别人难以望其项背的神秘地方所在。

由半个多世纪后的这一代人去管窥那个时代的复杂的大家，而且还缺乏从史料中得出的时代氛围的具体感知，总有力不从心之感。一切似乎有待以更宏阔的文化背景和历史环境的掌握来放置有那么一点麻烦的周作人。那只好把这个宏愿留给今后的日子了。

（四）

一部分外国留学生，特别是日本留学生对这门课表现了极大的兴趣。也许进修生加藤三由纪的反应最有代表性。他说："我最感兴趣的是周作人和日本的关系，想到日本文化给周作人带来的很大的幸福和极大的不幸，作为日本留学生我难免心酸。周作人无疑是世界少有的日本通。有些外国人（其中包括现在的中国人）拿日本的武士道和奢华的和服，或拿严厉的管理机构和勤劳精神来赞美日本文化，周作人却不一样。他赞美的是日本人民的日常生活，这才是日本人觉得最亲切的生活方式，而且是长期不变的东西。他对日本文化了解之深，简直令人惊叹。周作人所以能够捉住日本文化的核心，一个重要原因是他对个性的尊重，尊重对方的独立性，才能发现对方特有的东西——本质性的东西。于是，才能认识到人类文化的深层的共通性。另一方面，周作人来日本没有产生陌生感，他接受日本文化没有感觉对方的个性和自己的个性之间所发生的阻力，这是难以相信的奇迹，而且他所指出的中日两国文化深层的共通性，好像有些牵强的感觉。"这位留学生还怀着沉重的心情，提出："日本的最好的理解者周作人，在关键时刻选错了自己的道路，这是否表现了日本文化的脆弱性。周作人面临着日本人的宗教性的热狂，不得不认识到共通性里的异质性，而且周作人赞美的日本的'人情美'在'忠孝'面前没有力量。现在，中日两国基本上都摆脱了宗教性的热狂时代（侵略战争和文化大革命），在和平的环境下，我们能够追求周作人式的纯粹的文化交流的理想。"

<h2 style="text-align:center">（五）</h2>

从以上介绍可以看出，青年学生在观察周作人时，总是"情不自禁"地要与鲁迅相比较。他们指出，"周氏兄弟"本身即构成了现代文坛上"怪异"而又"典型"的现象：他们所走的不同道路不仅象征性地勾勒了不同作家、不同知识分子的截然分野，又映现出他们之间经历、修养、心理、性格的相互牵连与渗透，而且两者比较本身又具有方法论的意义，能够给我们许多思想上的启示。一位进修教师在他的作业《听课札记》里在理论上所作的一些概括，是颇能引人思考的。他提出了"存在与意识"、"超前与落伍"、"童心与童痴"三个问题——

　　存在与意识。"存在"是指衣食住等人类生存的物质需要。可同是家境"中道衰落"，鲁迅从中产生的是第一次感受到社会颓败、世态炎凉的忧愤；而周作人却因此留下了终身未泯的对童年经历的"小康"安乐的追念。存在对意识的"决定"，竟有着如此的差异性。

　　"存在"也包括文化、教育、信仰、传统等人类发展的精神需要。整个童年浸泽身心的童话、传说、习俗、嬉戏等等潜移默化的熏陶，在周作人一生写作中处处可见。作为影响作家意识的潜在印记，无疑是不应忽视的。决定意识的"存在"不应该，也不可能是狭隘的，对于作家尤为如此。

超前与落伍。二者之间没有天堑鸿沟。历史又往往在超前的意识与凝固的现实的极大距离中，导演出一幕幕天才的悲剧。

以周作人为例：最先在封建蒙昧中发现人，率先从多种科学角度对人加以发掘研究，将文学同人紧密联系，举起"为人生的艺术"的大旗的人道主义作家，却在非人的严酷现实中，失落了作家的人格；那么谙熟、热爱东方文化，又那么醉心于东西文化的研究，向往世界的、人类的文化的融会，却在一场世界性的人类残杀中，因"附逆"在中国新文化史上留下难以洗去的污点；那么深邃地探寻中国传统文化与民族精神的"根"，对儒、道、佛的分野与融合有着那么透辟的见解，却在民族文化遭受蹂躏的时刻，出现了精神意识的大分裂，不儒不道不佛地充当了"弃文就武"的"法"（西斯）家。

时代为中国现代作家提供的现实环境是太严酷了！"超前意识"于人类发展趋势的合理性，与其在特定历史阶段中被击得粉碎，应该责难谁呢？

童心与童痴。不失童心，是任何称得起大作家的人生与艺术追求。周作人的"童心"往往处于同"俗心"的纠缠、矛盾之中，大致显现三个层次：真童心——对童年的真切回忆，对儿童文学、儿童心理的真切探究，对文学艺术充满童心的追求；玩童心——人常称戏耍人生、玩世不恭的人为"老玩（顽）童"。周作人明明空虚孤寂，偏充"看破红尘"，又要强作儿童的"欢乐"。将"童心"与"苦茶"并用，借以麻木"苦雨斋"的"苦心"；童痴——孩童的幼稚、痴迷，孩童的"得理不让人"，乃至八旬老翁对童年的痴情的思念，对自己、对鲁迅、对新文学史的执拗而稚真却终谈不上正确的争辩——这一切都属于、也只能属于周作人。

"如可赎兮，人百其身"。在对文化大师的崇仰与叹惋中，不也暗含着以主观的"可赎"与"不可赎"将其完整的性格断然分裂的可能吗？愿早日从作家学的科学范畴，还给这位作家真实的精神风采与内心世界的矛盾乃至卑琐吧。

这里说到了作家学。周作人大概可以算是"作家学"研究的理想标本吧。——不过，这已经是题外话了。看来，"周作人研究"的路子还很宽，现在所作的一切，仅仅是一个开始：这就是我读了学生的作业，并作了一番整理以后的主要收获与感想。

后　记

　　奉献给读者的是我的第二本专著。但本书第一章《二十世纪中国大变革中的历史抉择》的写作却远在《心灵的探寻》一书之前。尽管我的主要兴趣在鲁迅，但我的研究工作是从周作人开始的。从所显示的观念、方法以至文风看，本书更是我的学术研究的"起步"。

　　这是怎样一个"开端"呢？

　　最近，我为我的"同代人"的一本著作写了如下一大段文字——

　　　　我（和）……我的同学、朋友辈，都是"同代人"。这不是通常年龄意义上的"同代人"，而是指我们是在同一历史机遇下，同时出现在现代文学研究的历史舞台上，担负着共同的历史使命，因而表现出某些类似的历史特征。……在现代文学研究学术史上，我们是"承上启下"的一代，我们的研究工作，无论内容与方法，都具有鲜明的过渡性。

　　　　据说有人把我们称为"新派"。如果这是指我们有一种"创新"的历史追求，这是我们自己也不否认的；但据我的理解，在这个多少隐含着"不以为然"的意味的称谓里，是将我们与"前人"、"传统"对立起来的。……我常常因此而感到一种"隔膜"，一种不被理解的悲哀。其实，作为"历史中间物"，这一代人最大的历史特点，正在于我们与"传统"存在着千丝万缕的历史联系。这是我们的优点所在，也构成一种历史的局限。就这个命题的积极意义而言，我们是在前辈学者心血浇灌下成长起来的：这是我们自己永远不会忘怀，人们在对这一代人作出历史评价时必须首先注意的基本事实。由于历史的原因，前辈学者的历史地位，以及他们的治学道路、经验，直到新时期才得到充分的肯定；而我们，作为新时期所培养的第一代研究生，就不但有幸得到了前辈学者的精心培育，而且，我们的研究道路也必然以对前辈传统的继承为开端。……这种继承前人传统的高度自觉性，以及不拘一格、广泛吸取的开放姿态，都很能显示这一代人的历史共性。……

但也不能低估"传统"影响的消极方面。朋友们经常谈到我们在研究道路上迈步的艰难。可以说每迈一步，都强烈地感受到与时代、学科发展不相适应的旧的观念、思维定势、研究方法、知识结构，以至语言习惯对我们的束缚；于是，我们只能一面挣扎，一面前进。我们不断地反省自己，否定自己，修正自己的形象，经常处于"今是而昨非"的感慨与惶惑之中。我们十分清醒地意识自己的研究成果的局限性，就如鲁迅所说，"至多不过是桥梁中的一木一石，并非什么前途的目标、范本"。现代文学研究的真正突破，将不由我们，而是在另一代（很可能是好几代人）手中实现——他们处在另外的历史条件下，理应有比我们这一代更合理、更健全的观念、思维方式、知识结构与研究方法。我们中许多人既对于学科的发展有着强烈的责任感和使命感，又清醒于自我的局限性，于是，在积极方面便时时产生一种危机感，紧迫感，迫使自己不断学习，不断探索，不敢有半点松懈；消极方面却又形成了巨大的精神压力：我们自己背起的"十字架"实在是过于沉重了。

但历史的辩证法恰恰在于，正因为我们这一代有着清醒的反省意识，我们就不仅知道不可能做什么，更清楚自己能够做什么；尽管我们不可能做到真正的全面突破，但我们可以做些为后代人"开路"的工作。在这个意义上，也可以说，我们又确确实实是"创新"的一代。何况客观的历史条件已经具备。朋友们经常谈到，在我们这一代人走上研究岗位之前，命运之神对我们是无情的（甚至是残酷的）；而当有幸成为现代文学研究队伍中的一员以后，我们又似乎成了历史的幸运儿。我们不仅在"大气候"上遇到了建国以来最好的历史时期，而且现代文学研究界的"小气候"又特别适宜于我们的成长：我们几乎得到了一切方面(不仅是我们的老师)的热情扶植。更重要的是，现代文学研究这门学科的不成熟，以及受极"左"路线干扰特别严重这样一些历史情况，都造成了这门学科留有特别多的生荒地，我们又面临着文学观念、方法的大变革时代，这就使我们获得了一个几乎是绝无仅有的历史机缘：在现代文学研究的任何领域，只要我们肯下力气，大胆探索，就能有丰硕的收获，建立起"拓荒"的功业……

读者们自然明白，我同时是在说"自己"。本想以本书的写作为例，对上述"自我剖析"作一点补充说明与发挥；但我突然意识到，这将是多余的"蛇足"。应该相信读者，读者的判断比作者的自白更重要，更可靠，也更有价值。

但我仍然要在这里表示我的一点心情，以了却我长期积下的心愿：我要向我的上下两代人表示衷心的感谢。这首先是我的导师王瑶先生、严家炎先生，以及乐黛云先生，他们严谨而开放、创新的研究风格（我以为，这也就是所谓"北大学风"传统）给了我深刻的影响。尤其是王瑶先生，近十年来，我有幸一直在他身边学习、工作，可以毫不夸大地说，是王瑶先生引导我走上了学术研究的道路。王瑶先生曾多次指出鲁迅的《中国小说史略》、《汉文学史纲》、《中国新文学大系·小说二集导言》等著作，以及计划写的中国文学史章节的拟目，都具有文学史研究的方法论意义；他自己是以此作为研究工作的指针的。王瑶先生这一研究方向与道路，对我有极大的启示。而王瑶先生自觉追求"治学与做人的统一"，在他的研究工作中所显示的人格力量，更深深地吸引着我，并将影响我的一生。同时，我还要感谢我的学生——我的北京大学的学生，北京大学分校、国际关系学院、华侨大学、烟台大学、福建师范大学助教进修班……的学生，还有我最为偏爱的贵州、安顺的学生，以及一大批见过面的，或仅在通信中认识的年轻朋友。他们对我的研究工作的意义，是怎么估价也不会过分的。我不认为自己为上、下两代人作出了什么"牺牲"，我感到的是一种极为丰厚的"赐予"。我甚至认为，能够时时从上下两代人身上吸取智慧与力量，这正是我的"优势"所在，我的"得天独厚"之处。

但我也不想否认我内心的矛盾。此刻，我的书桌上正放着一位学生写的"就周作人研究致钱理群老师书"。我已经读过不止一遍。每读一次都会掀起感情的巨大波澜。思考得最多的是信中这样一段话——

　　我不想说太多的褒美之辞，其他人也许说得够多了。如果先生不嫌鄙人过于冒昧的话，那么我想说，先生的课仍有不尽如人意的地方。这学期听"周作人研究"，原先听"鲁迅研究"时所曾有过的那种急不可耐和激动不已的心情减弱了不少，也许是我在某些方面成熟了些，还有一个原因是先生的课暴露了一些局限性。

　　先生的课是宏观的，但站在比周作人高的地位而作出的精到的分析和评论并不多，也就是说，叙述性掩盖了评论性。研究某一个人，虽不必各个方面都超过他；但作为后人，在整体上无疑应该比前人站得更高。……

　　要站得比周作人更高，是不容易但又是可能的。为此，我觉得研究范围（至少是准备范围）不应局限在周作人或周氏兄弟中，也不能局限在20世纪中国文学中。对周作人这样博涉古今、兼通中西的大师，如果不是对西方文化、日本文化、中国古代文化以至于哲学、宗教有深入而独到的见解，就无权加以评论。先生对周氏兄弟及20世纪中国文学的熟悉是没有说的了，但其他方面似略有欠缺……

　　在读到这封发自肺腑的批评信的最初刹那，我被深深地感动了：我体味到一种巨大的信任感；我又被深深地刺痛了：它击中了要害。随之升腾起来的是一种说不出的幸福与喜悦的感情：学生成熟了！他们尊敬老师，却又绝不陷入盲目崇拜，自觉地保持独立的、批判的态度——这不正是我们这一代所最为缺乏的吗？如此尖锐，却又如此准确地看出老师缺陷所在，这是最可贵的"超越"的开端。——作为自觉的"历史中间物"，我所追求的不正是这种来自学生的"超越"吗？但是，我得承认，在这难言的幸福与喜悦中，又隐含着一种说不出的辛酸与悲凉。从给学生以巨大影响，到学生中"不满足感"的产生，仅仅一两年的时间！我分明感到了一代人（而不是一两个学生）挑战的威压——这挑战虽在理智上的预料之中，却来得这么早，又这样有力！而且，在这挑战面前，我几乎是无力的……学生说的这些局限，我自己何尝不想突破，但，我们这一代毕竟耽搁得太久，有些缺陷已经无力弥补了。是的，"客观的历史条件已经具备"——为此，我们曾经付出了巨大的代价；而现在，突然发现，阻碍"突破"实现的，竟是自己主观的局限。这怎能不引起我内心深处持续不断地隐隐作痛呢？！……

当然，我们不会因此而沮丧——这一代人的精神是不那么容易被击垮的。我们仍要在"绝望"中"一面挣扎，一面前进"。而正如鲁迅所说："绝望而反抗者难，比因希望而战斗者更勇猛，更悲壮。"

写于 1988 年第一个早晨